O Poder Psiquiátrico

MICHEL FOUCAULT

O Poder Psiquiátrico

Curso dado no Collège de France (1973-1974)

✦

Edição estabelecida por Jacques Lagrange
sob a direção de François Ewald
e Alessandro Fontana

Tradução EDUARDO BRANDÃO
Revisão técnica SALMA TANNUS MUCHAIL
MÁRCIO ALVES DA FONSECA

martins Fontes

Esta obra foi publicada originalmente em francês com o título
LE POUVOIR PSYCHIATRIQUE: COURS AU COLLÈGE
DE FRANCE (1973-1974) por Éditions du Seuil, Paris.

"Ouvrage publié avec le concours du Ministère Français chargé
de la Culture – Centre National du Livre."
"Obra publicada com a colaboração do Ministério Francês
da Cultura – Centro Nacional do Livro."

Publisher *Evandro Mendonça Martins Fontes*
Coordenação editorial *Vanessa Faleck*
Produção editorial *Carolina Cordeiro Lopes*
Revisão *Renata Sangeon*
Bárbara Parente

2ª edição novembro de 2022 | **Fonte** Berkeley Oldstyle Book
Papel Lux Cream 60 g/m² | **Impressão e acabamento** Imprensa da Fé

Dados Internacionais de Catalogação na Publicação (CIP)
Angélica Ilacqua CRB-8/7057

Foucault, Michel, 1926-1984

O poder psiquiátrico : curso dado no Collège de France (1973-1974) / Michel Foucault ; tradução de Eduardo Brandão ; revisão da tradução de Salma Tannus Muchail, Márcio Alves da Fonseca. – 2. ed. – São Paulo : Martins Fontes – selo Martins, 2022.
528 p.

Edição estabelecida por Jacques Lagrange sob a direção de François Ewald e Alessandro Fontana.
Bibliografia
ISBN 978-65-5554-018-5
Título original: Le pouvoir psychiatrique

1. Psiquiatria – Filosofia I. Título II. Brandão, Eduardo III. Muchail, Salma Tannus IV. Fonseca, Márcio Alves da

22-1663 CDD 616.890092

Índice para catálogo sistemático:
1. Psiquiatria – Filosofia

Martins Editora Livraria Ltda.
Av. Dr. Arnaldo, 2076
01255-000 São Paulo SP Brasil
Tel.: (11) 3116 0000
info@emartinsfontes.com.br
www.emartinsfontes.com.br

SUMÁRIO

NOTA

Michel Foucault ensinou no Collège de France de janeiro de 1971 até a sua morte em junho de 1984 – com exceção de 1977, quando gozou de um ano sabático. O título da sua cadeira era: *História dos sistemas de pensamento*.

Essa cadeira foi criada em 30 de novembro de 1969, por proposta de Jules Vuillemin, pela assembleia geral dos professores do Collège de France em substituição à cadeira de História do pensamento filosófico, que Jean Hyppolite ocupou até a sua morte. A mesma assembleia elegeu Michel Foucault, no dia 12 de abril de 1970, titular da nova cadeira[1]. Ele tinha 43 anos.

Michel Foucault pronunciou a aula inaugural no dia 2 de dezembro de 1970[2].

O ensino no Collège de France obedece a regras particulares. Os professores têm a obrigação de dar 26 horas de aula por ano (metade das quais, no máximo, pode ser dada na forma de seminários[3]). Eles devem expor cada ano uma pes-

....

1. Michel Foucault encerrou o opúsculo que redigiu para sua candidatura com a seguinte fórmula: "Seria necessário empreender a história dos sistemas de pensamento" ("Titres et travaux", *in Dits et Écrits*, 1954-1988, ed. por D. Defert e F. Ewald, colab. J. Lagrange, Paris, Gallimard, 1994; cf. vol. 4, t. I, p. 846).
2. Publicada pelas Éditions Gallimard em maio de 1971 com o título: *L'Ordre du discours*.
3. Foi o que Michel Foucault fez até o início dos anos 1980.

quisa original, o que os obriga a sempre renovar o conteúdo do seu ensino. A frequência às aulas e aos seminários é inteiramente livre, não requer inscrição nem diploma. E o professor também não fornece certificado algum[4]. No vocabulário do Collège de France, diz-se que os professores não têm alunos, mas ouvintes.

O curso de Michel Foucault era dado todas as quartas-feiras, do começo de janeiro até o fim de março [ou do início de novembro ao início de fevereiro, como este (N. T.)]. A assistência, numerosíssima, composta de estudantes, professores, pesquisadores, curiosos, muitos deles estrangeiros, mobilizava dois anfiteatros do Collège de France. Michel Foucault queixou-se repetidas vezes da distância que podia haver entre ele e seu "público" e do pouco intercâmbio que a forma do curso possibilitava[5]. Ele sonhava com um seminário que servisse de espaço para um verdadeiro trabalho coletivo. Fez várias tentativas nesse sentido. Nos últimos anos, no fim da aula, dedicava um bom momento para responder às perguntas dos ouvintes.

Eis como, em 1975, um jornalista do *Nouvel Observateur*, Gérard Petitjean, transcrevia a atmosfera reinante: "Quando Foucault entra na arena, rápido, decidido, como alguém que pula na água, tem de passar por cima de vários corpos para chegar à sua cadeira, afasta os gravadores para pousar seus papéis, tira o paletó, acende um abajur e arranca, a cem por hora. Voz forte, eficaz, transportada por alto-falantes, única

....

4. No âmbito do Collège de France.

5. Em 1976, na (vã) esperança de reduzir a assistência, Michel Foucault mudou o horário do curso, que passou de 17h45 para as 9 da manhã. Cf. o início da primeira aula (7 de janeiro de 1976) de "*Il faut défendre la société*". *Cours au Collège de France, 1976*, ed. sob a dir. de F. Ewald e A. Fontana por M. Bertani e A. Fontana, Paris, Gallimard/Seuil, 1997. [Trad. bras. de Maria Ermantina Galvão, *Em defesa da sociedade. Curso no Collège de France (1975-1976)*, São Paulo, Martins Fontes, 1999.]

concessão ao modernismo de uma sala mal iluminada pela luz que se eleva de umas bacias de estuque. Há trezentos lugares e quinhentas pessoas aglutinadas, ocupando todo e qualquer espaço livre [...] Nenhum efeito oratório. É límpido e terrivelmente eficaz. Não faz a menor concessão ao improviso. Foucault tem doze horas por ano para explicar, num curso público, o sentido da sua pesquisa durante o ano que acaba de passar. Então, compacta o mais que pode e enche as margens como esses missivistas que ainda têm muito a dizer quando chegam ao fim da folha. 19h15. Foucault para. Os estudantes se precipitam para sua mesa. Não é para falar com ele, mas para desligar os gravadores. Não há perguntas. Na confusão, Foucault está só". E Foucault comenta: "Seria bom poder discutir o que propus. Às vezes, quando a aula não foi boa, pouca coisa bastaria, uma pergunta, para pôr tudo no devido lugar. Mas essa pergunta nunca vem. De fato, na França, o efeito de grupo torna qualquer discussão real impossível. E, como não há canal de retorno, o curso se teatraliza. Eu tenho com as pessoas que estão aqui uma relação de ator ou de acrobata. E, quando acabo de falar, uma sensação de total solidão..."[6].

Michel Foucault abordava seu ensino como um pesquisador: explorações para um livro por vir, desbravamento também de campos de problematização, que se formulavam muito mais como um convite lançado a eventuais pesquisadores. Assim é que os cursos do Collège de France não repetem os livros publicados. Não são o esboço desses livros, mesmo que certos temas possam ser comuns a livros e cursos. Eles têm seu estatuto próprio. Originam-se de um regime discursivo específico no conjunto dos "atos filosóficos" efetuados por Michel Foucault. Ele desenvolve aí, em particular, o programa de uma genealogia das relações saber/po-

6. Gérard Petitjean, "Les Grands Prêtres de l'université française", *Le Nouvel Observateur*, 7 de abril de 1975.

der em função do qual, a partir do início dos anos 1970, refletirá seu trabalho – em oposição ao de uma arqueologia das formações discursivas que até então dominara[7].

Os cursos também tinham uma função na atualidade. O ouvinte que assistia a eles não ficava apenas cativado pelo relato que se construía semana após semana; não ficava apenas seduzido pelo rigor da exposição: também encontrava neles uma luz para a atualidade. A arte de Michel Foucault estava em diagonalizar a atualidade pela história. Ele podia falar de Nietzsche ou de Aristóteles, da perícia psiquiátrica no século XIX ou da pastoral cristã, mas o ouvinte sempre tirava do que ele dizia uma luz sobre o presente e sobre os acontecimentos contemporâneos seus. A força própria de Michel Foucault em seus cursos vinha desse sutil cruzamento de uma fina erudição, de um engajamento pessoal e de um trabalho sobre o acontecimento.

✦

Os anos 1970 conheceram o desenvolvimento e o aperfeiçoamento dos gravadores de fita cassete – a mesa de Michel Foucault logo foi tomada por eles. Os cursos (e certos seminários) foram conservados graças a esses aparelhos.

Esta edição toma como referência a palavra pronunciada publicamente por Michel Foucault. Ela fornece a transcrição mais literal possível[8]. Gostaríamos de poder publicá-la tal qual. Mas a passagem do oral ao escrito impõe uma intervenção do editor: é necessário, no mínimo, introduzir uma pontuação e definir parágrafos. O princípio sempre foi o de ficar o mais próximo possível da aula efetivamente pronunciada.

....

7. Cf. em particular "Nietzsche, la généalogie, l'histoire", *in Dits et Écrits*, II, p. 137.

8. Foram mais especialmente utilizadas as gravações realizadas por Gérard Burlet e Jacques Lagrange, depositadas no Collège de France e no IMEC.

Quando parecia indispensável, as repetições foram suprimidas; as frases interrompidas foram restabelecidas e as construções incorretas, retificadas.

As reticências assinalam que a gravação é inaudível. Quando a frase é obscura, figura entre chaves uma integração conjectural ou um acréscimo.

Um asterisco no rodapé indica as variantes significativas das notas utilizadas por Michel Foucault em relação ao que foi dito.

As citações foram verificadas e as referências aos textos utilizados, indicadas. O aparato crítico se limita a elucidar os pontos obscuros, a explicitar certas alusões e a precisar os pontos críticos.

Para facilitar a leitura, cada aula foi precedida por um breve resumo que indica suas principais articulações[9].

O texto do curso é seguido do resumo publicado no *Annuaire du Collège de France*. Michel Foucault os redigia geralmente no mês de junho, pouco tempo depois do fim do curso, portanto. Era, para ele, uma oportunidade para extrair do mesmo, retrospectivamente, sua intenção e seus objetivos. E constituem a melhor apresentação das suas aulas.

Cada volume termina com uma "situação", de responsabilidade do editor do curso. Trata-se de dar ao leitor elementos de contexto de ordem biográfica, ideológica e política, situando o curso na obra publicada e dando indicações relativas a seu lugar no âmbito do *corpus* utilizado, a fim de facilitar sua compreensão e evitar os contrassensos que poderiam se dever ao esquecimento das circunstâncias em que cada um dos cursos foi elaborado e dado.

O poder psiquiátrico, curso ministrado em 1973, é editado por Jacques Lagrange.

....

9. No fim do volume (pp. 455 ss.), o leitor encontrará os critérios e as soluções adotadas pelos editores para este ano de curso.

✦

Com esta edição dos cursos no Collège de France, um novo aspecto da "obra" de Michel Foucault é dado à luz.

Não se trata, propriamente, de inéditos, já que esta edição reproduz a palavra proferida em público por Michel Foucault, com exceção do suporte escrito que ele utilizava e que podia ser muito elaborado. Daniel Defert, que possui as notas de Michel Foucault, permitiu que os editores as consultassem. A ele nossos mais vivos agradecimentos.

Esta edição dos cursos no Collège de France foi autorizada pelos herdeiros de Michel Foucault, que desejaram satisfazer à forte demanda de que eram objeto, assim na França como no exterior. E isso em incontestáveis condições de seriedade. Os editores procuraram estar à altura da confiança que neles foi depositada.

François Ewald e Alessandro Fontana

AULAS,
ANO 1973-1974

AULA DE 7 DE NOVEMBRO DE 1973

Espaço asilar e ordem disciplinar. – Operação terapêutica e "tratamento moral". – Cenas de cura. – Os deslocamentos efetuados pelo curso em relação à *História da loucura*: (1) De uma análise das "representações" a uma "analítica do poder"; (2) Da "violência" à "microfísica do poder"; (3) Das "regularidades institucionais" às "disposições" do poder.

O tema que lhes proponho este ano é o poder psiquiátrico, um pouco em descontinuidade com o que lhes falei nos dois anos precedentes, mas só um pouco.

Vou começar procurando contar uma espécie de cena fictícia, cujo cenário é o seguinte, vocês vão reconhecê-lo, é familiar a todos:

"Eu queria que esses hospícios fossem construídos em florestas sagradas, em lugares solitários e escarpados, no meio das grandes comoções, como na Grande-Chartreuse etc. Geralmente, seria bom que o recém-chegado fosse descido por máquinas, que atravessasse, antes de chegar ao destino, lugares sempre mais novos e mais surpreendentes, que os ministros desses lugares usassem trajes originais. O romântico convém aqui, e muitas vezes eu me disse que se poderiam aproveitar aqueles velhos castelos junto de cavernas que varam um morro de lado a lado, para chegar a um vale sorridente [...] A fantasmagoria e os outros recursos da física, a música, as águas, os relâmpagos, os trovões etc. seriam usados sucessivamente e, sem dúvida, não sem algum sucesso sobre os homens comuns[1]."

✦

Esse castelo não é exatamente aquele em que devem se desenrolar os *Cento e vinte dias*[2]; é um castelo em que devem se desenrolar dias muito mais numerosos e quase infinitos, é a descrição de um asilo ideal por Fodéré em 1817. O que deve acontecer no interior desse cenário? Pois bem, no interior desse cenário, claro, reina a ordem, reina a lei, reina o poder. No interior desse cenário, no castelo protegido por esse cenário romântico e alpino, nesse castelo inacessível a não ser usando máquinas complicadas e cujo aspecto deve surpreender os homens comuns, dentro desse castelo reina, antes de mais nada, simplesmente uma ordem, no sentido simples de uma regulação perpétua, permanente, dos tempos, das atividades, dos gestos; uma ordem que envolve os corpos, que os penetra, que os trabalha, que se aplica à superfície deles, mas que também se imprime até mesmo nos nervos e no que um outro chamava de "fibras moles do cérebro"[3]. Uma ordem, portanto, pela qual os corpos não são mais que superfícies a atravessar e volumes a trabalhar, uma ordem que é como uma grande nervura de prescrições, de sorte que os corpos sejam assim parasitados e atravessados pela ordem.

"Não há por que se espantar muito", escreve Pinel, "com a importância extrema que dou à manutenção da calma e da ordem num hospício de alienados, e às qualidades físicas e morais que essa vigilância requer, uma vez que essa é uma das bases fundamentais do tratamento da mania e que sem ela não obtemos nem observações exatas, nem uma cura permanente, não importando quanto se insista, de resto, com os medicamentos mais elogiados[4]."

Ou seja, como vocês estão vendo, certa ordem, certa disciplina, certa regularidade que se aplica no próprio interior dos corpos são necessárias a duas coisas.

Por um lado, à própria constituição do saber médico, já que, sem essa disciplina, sem essa ordem, sem esse esquema prescritivo de regularidades não é possível ter uma observação exata. A condição do olhar médico, sua neutralidade, a possibilidade de ele ter acesso ao objeto, em outras palavras, a própria relação de objetividade, constitutiva do saber médico e critério da sua validade, tem por condição efetiva de possibilidade certa relação de ordem, certa distribuição do tempo, do espaço, dos indivíduos. Para dizer a verdade – aliás, voltarei a esse ponto –, não se pode nem mesmo dizer "os indivíduos"; digamos, simplesmente, certa distribuição dos corpos, dos gestos, dos comportamentos, dos discursos. É nessa dispersão regrada que se encontra o campo a partir do qual algo como a relação do olhar médico com seu objeto, a relação de objetividade, é possível – relação que é apresentada como efeito da dispersão primeira constituída pela ordem disciplinar. Em segundo lugar, essa ordem disciplinar, que aparece nesse texto de Pinel como condição para uma observação exata é, ao mesmo tempo, condição da cura permanente; ou seja, a própria operação terapêutica, essa transformação a partir da qual alguém considerado doente deixa de ser doente, só pode ser realizada no interior dessa distribuição regrada do poder. Logo, a condição da relação com o objeto e da objetividade do conhecimento médico, e a condição da operação terapêutica são as mesmas: a ordem disciplinar. Mas essa espécie de ordem imanente, que pesa indiferentemente sobre todo o espaço do asilo, na realidade é percorrida, inteiramente animada de ponta a ponta por uma dissimetria que faz que ela seja ligada, e ligada imperiosamente, a uma instância única que é, ao mesmo tempo, interior ao asilo e o ponto a partir do qual se fazem a repartição e a dispersão disciplinares dos tempos, dos corpos, dos gestos, dos comportamentos etc. Essa instância interior ao asilo é ao mesmo tempo dotada de um poder ilimitado, a que nada pode nem deve resistir. Essa instância, inacessível, sem simetria, sem reciprocidade, que funciona assim como fonte de poder, elemento da dissimetria essencial da ordem, que faz com que essa ordem seja uma ordem sempre derivada de uma relação não recíproca de poder, pois bem, é evidentemente a instância médica que, como vocês vão ver, funciona como poder muito antes de funcionar como saber.

Porque: o que é esse médico? Pois bem, ei-lo que aparece agora, quando o doente foi levado ao asilo pelas espantosas máquinas de que eu lhes falava há pouco. Sim, tudo isso é uma descrição fictícia, no sentido de que eu a construo a partir de certo número de textos que não são de um só psiquiatra; porque, se fossem de um só psiquiatra, a demonstração não teria valor. Utilizei Fodéré: o *Tratado do delírio*; Pinel: o *Tratado médico-filosófico* sobre a mania; Esquirol: os artigos reunidos em *Das doenças mentais*[5], e Haslam[6].

Então, como se apresenta essa instância do poder dissimétrico e não limitado que atravessa e anima a ordem universal do asilo? Eis como ela se apresenta no texto de Fodéré, o *Tratado do delírio*, que data de 1817, esse grande e fecundo momento da proto-história da psiquiatria do século XIX; 1818: é o grande texto de Esquirol[7], é o momento em que o saber psiquiátrico se inscreve no interior do campo médico e, ao mesmo tempo, adquire sua autonomia como especialidade. "Um belo físico, isto é, um físico nobre e másculo, talvez seja, em geral, uma das primeiras condições para ter sucesso na nossa profissão; ele é indispensável em contato com os loucos, para se impor. Cabelos castanhos ou branqueados pela idade, olhos vivos, um porte altivo, membros e um peito que anunciam força e saúde, traços salientes, uma voz forte e expressiva: são essas as formas que produzem em geral um grande efeito sobre indivíduos que se creem acima de todos os outros. Sem dúvida, o espírito é o regulador do corpo; mas não se o vê logo de início, ele necessita das formas exteriores para arrastar a multidão[8]."

Logo, como vocês estão vendo, a própria personagem vai inicialmente funcionar ao primeiro olhar. Mas, nesse primeiro olhar, que é aquilo a partir do que se estabelece a relação psiquiátrica, o médico é essencialmente um corpo, mais precisamente, é um físico, certa caracterização, certa morfologia bem precisa, em que há a amplitude dos músculos, a largura do peito, a cor dos cabelos etc. E essa presença física, com essas qualidades, que funciona como a cláusula de dissimetria absoluta na ordem regular do asilo, é essa presença que faz com que o asilo não seja, como nos diriam os psicossociólogos, uma instituição que funciona de acordo com certas regras; é um campo na realidade polarizado por uma dissimetria essencial do poder, que adquire portanto sua forma, sua figura, sua inscrição física no próprio corpo do médico.

Mas esse poder do médico, claro, não é o único poder que se exerce; porque, no asilo como em toda parte, o poder nunca é aquilo que alguém detém, tampouco é o que emana de alguém. O poder não pertence nem a alguém nem, aliás, a um grupo; só há poder porque há dispersão, intermediações, redes, apoios recíprocos, diferenças de potencial, defasagens etc. É nesse sistema de diferenças, que será preciso analisar, que o poder pode se pôr em funcionamento.

Vocês têm portanto em torno do médico toda uma série de intermediações; os principais são os seguintes:

Os vigilantes, primeiro, aos quais Fodéré reserva a tarefa de informar sobre os doentes, de ser o olhar não armado, não científico, uma espécie de canal ótico através do qual vai se exercer o olhar científico, isto é, o olhar objetivo do próprio psiquiatra. Esse olhar intermediário, proporcionado pelos vigilantes, é igualmente um olhar que deve se voltar para os serventes, isto é, para os que detêm o último elo da autoridade. O vigilante é, portanto, ao mesmo tempo o mestre dos últimos mestres e aquele cujo discurso, cujo olhar, cujas observações e relações devem possibilitar a constituição do saber médico. O que são os vigilantes? Como devem ser? "Há que exigir num vigilante de insensatos uma estatura de corpo bem proporcionada, músculos cheios de força e vigor, uma postura altiva e intrépida, se for o caso, uma voz cujo tom seja fulminante, quando necessário; além disso, ele deve ser de uma probidade severa, ter costumes puros, uma firmeza compatível com formas doces e persuasivas [...] e uma docilidade absoluta às ordens do médico[9]."

Enfim – eu passo por cima de certo número de intermediações –, a última etapa é constituída pelos serventes, que detêm um poder curiosíssimo. De fato, o servente é o último intermediário dessa rede, dessa diferença de potencial que percorre o asilo a partir do poder do médico; é portanto o poder de baixo. Mas ele não está embaixo simplesmente porque está no último nível dessa hierarquia; ele está embaixo também porque deve estar abaixo do doente. Deve estar não apenas a serviço dos vigilantes que estão acima dele, mas a serviço dos próprios doentes; e, nessa posição de serviço aos doentes, eles não devem ser, na verdade, mais que o simulacro do serviço aos doentes. Aparentemente obedecem às ordens destes, assistem-lhes materialmente, mas de tal modo que, por um lado, o comportamento dos doentes possa ser observado por trás, por baixo, no nível das ordens que podem dar, em vez de ser visto de cima, como pelos vigilantes e pelo médico. Portanto os doentes vão ser de certo modo manipulados pelos serventes, que vão olhá-los no nível da cotidianidade e na face de certo modo interna da vontade que exercem, dos desejos que têm; e o servente vai relatar o que é digno de ser relatado ao vigilante, que relatará ao médico. É ele, ao mesmo tempo, que, quando o doente dá ordens que não devem ser executadas, terá como tarefa – fingindo estar a serviço do doente, fingindo obedecer-lhe, por conseguinte fingindo não ter vontade autônoma – não fazer o que o doente pede, referindo-se à grande autoridade anônima do regulamento ou à vontade singular do médico. Com isso, o doente, que é manipulado pela observação do servente, vai ser manipulado pela vontade do médico, com quem ele vai ter no mesmo momento em que dá ao servente certo número de ordens, e, nesse simulacro de serviço, o envolvimento do doente pela vontade do médico ou pelo regulamento geral do asilo vai ser assegurado.

Eis a descrição desses serventes nessa posição de manipulação:

"§ 398. Os serventes ou guardas devem ser grandes, fortes, probos, inteligentes, limpos em sua pessoa e em sua roupa. Para não melindrar a extrema sensibilidade de alguns alienados, principalmente quanto ao ponto de honra, conviria quase sempre que os serventes parecessem ser muito mais seus domésticos do que seus guardas [...] No entanto, como também não devem obedecer aos loucos e como muitas vezes são inclusive forçados a reprimi-los, para conciliar a ideia de doméstico com a desobediência e para afastar todo e qualquer desentendimento, será tarefa do vigilante insinuar habilmente aos doentes que aqueles que os servem receberam certas instruções e certas ordens do médico, que não podem desconsiderar sem receber a permissão imediata deste[10]."

Vocês têm portanto esse sistema de poder que funciona no interior do asilo e que distorce o sistema regulamentar geral, sistema de poder que é assegurado por uma multiplicidade, por uma dispersão, por um sistema de diferenças e de hierarquias e, mais precisamente, pelo que poderíamos chamar de uma disposição tática na qual os diferentes indivíduos ocupam um lugar determinado e cumprem certo número de funções precisas. Vocês têm aí, portanto, um funcionamento tático do poder ou, melhor dizendo, é essa disposição tática que permite que o poder se exerça.

E, se vocês retomarem o que o próprio Pinel dizia sobre a possibilidade de obter uma observação num asilo, verão que essa observação, que proporciona ao discurso psiquiátrico sua objetividade e sua verdade, só é possível por uma distribuição tática que é relativamente complexa – digo "relativamente complexa" porque o que acabo de dizer ainda é muito esquemático. Mas, na realidade, se há efetivamente esse aparato tático, se é preciso tomar tantas precauções para chegar, no fim das contas, a algo tão simples como a observação, é verossimilmente porque, nesse campo regulamentar do asilo, há algo que é um perigo, algo que é uma força. Para que o poder se exiba assim com tanta astúcia, ou melhor, para que o universo regulamentar seja povoado por essas espécies de intermediações de poder que o falseiam e o distorcem, pois bem, é provavelmente porque existe, no próprio cerne desse espaço, um poder ameaçador que se trata de dominar ou de vencer.

Em outras palavras, se se chega a tal disposição tática é que o problema, antes de ser, ou melhor, para poder ser o problema do conhecimento, da verdade da doença e da sua cura, deve antes de mais nada ser um problema de vitória. Logo, é um campo de batalha que está efetivamente organizado nesse asilo.

Pois bem, o que há que dominar é, evidentemente, o louco. Citei há pouco a curiosa definição do louco dada por Fodéré, que dizia que o louco é aquele que se crê "acima de todos os outros"[11]. De fato, é assim que o louco aparece no interior do discurso e da prática psiquiátricas do início do século XIX, e é aí que se encontra essa grande reviravolta, essa grande clivagem de que já se falou, que é o desaparecimento do critério do erro para a definição, para a assinalação da loucura.

Até o fim do século XVIII, *grosso modo* – inclusive no caso dos relatórios policiais, mandados de prisão, interrogatórios etc., que se referiam a indivíduos em hospícios como Bicêtre, como Charenton –, dizer que alguém era louco, assinalar sua loucura, era sempre dizer que ele se enganava, em que, sobre que ponto, de que maneira, até que limite ele se enganava. E era, no fundo, o sistema de crença que caracterizava a loucura. Ora, a gente vê surgir bruscamente no início do século XIX um critério de reconhecimento e de assinalação da loucura que é totalmente diferente e que é – eu ia dizendo "a vontade", o que não é correto; na verdade, o que caracteriza o louco, aquilo por que se assinala a loucura do louco a partir do início do século XIX, digamos que é a insurreição da força, ou seja, no louco, uma certa força se desencadeia, força não dominada, força talvez não dominável, que assume quatro formas principais conforme o domínio em que se aplica e o campo em que faz suas devastações.

Vocês têm a força pura do indivíduo que é, segundo a caracterização tradicional, chamado de "furioso".

Vocês têm a força na medida em que ela se aplica aos instintos e às paixões, a força desses instintos desencadeados, a força dessas paixões sem limite; e é isso que vai caracterizar justamente uma loucura que não é uma loucura de erro, uma loucura que não comporta nenhuma ilusão dos sentidos, nenhuma falsa crença, nenhuma alucinação, o que chamamos de mania sem delírio.

Em terceiro lugar, vocês têm uma espécie de loucura que se aplica às ideias mesmas, que as abala, as torna incoerentes, que as choca umas contra as outras, e é isso que se chama mania.

Enfim, vocês têm a força da loucura quando ela se aplica, não mais ao domínio geral das ideias assim abaladas e entrechocadas, mas a uma ideia particular que se encontra indefinidamente reforçada e que vai se inscrever obstinadamente no comportamento, no discurso, no espírito do doente; o que se chama seja melancolia, seja monomania.

E a primeira grande distribuição dessa prática asilar no início do século XIX transcreve muito exatamente o que acontece dentro do asilo, isto é, o fato de que se trata, não mais de reconhecer o erro do louco, mas de situar muito exatamente o ponto em que a força desencadeada da loucura deflagra sua insurreição: qual é o ponto, qual é o domínio, a propósito do qual a força vai se desencadear e aparecer, abalando inteiramente o comportamento do indivíduo.

Por conseguinte, a tática do asilo, em geral, e, mais particularmente, a tática individual que vai ser aplicada pelo médico a este ou aquele doente no âmbito geral deste sistema de poder vai ser e deve ser ajustada à caracterização, à localização, ao domínio de aplicação desta explosão da força e do seu desencadeamento. De modo que, se é mesmo esse o objetivo da tática asilar, se é mesmo esse o adversário dessa tática – a grande força desencadeada da loucura –, pois bem, que pode ser a cura, senão a submissão dessa força? É assim que encontramos em Pinel essa definição muito simples, mas, creio, fundamental da terapêutica psiquiátrica, definição que vocês não vão encontrar antes dessa época, apesar do caráter rústico e bárbaro que ela pode apresentar. A terapêutica da loucura é "a arte de subjugar e de domar, por assim dizer, o alienado, pondo-o na estreita dependência de um homem que, por suas qualidades físicas e morais, seja capaz de exercer sobre ele um império irresistível e de mudar a corrente viciosa das suas ideias"[12].

Nessa definição da operação terapêutica por Pinel, tenho a impressão de que tornamos a cruzar um pouco em diagonal com tudo o que eu disse a vocês. Primeiro, o princípio de estreita dependência do doente em relação a certo poder; esse poder tem de estar encarnado num homem, e somente num homem, o qual exerce esse poder não tanto em função e a partir de um saber, quanto em função de qualidades físicas e morais que lhe permitem exercer um império que não pode ter limites, um império irresistível. E é a partir daí que se torna possível a mudança da corrente viciosa das ideias, essa ortopedia moral, digamos assim, a partir da qual a cura é possível. E é por isso que, finalmente, encontramos como ato terapêutico fundamental, nessa protoprática psiquiátrica, algumas cenas e uma batalha.

Na psiquiatria dessa época, vocês veem distinguirem-se nitidamente dois tipos de intervenção. Um, que é regular e continuamente desqualificado no primeiro terço do século XIX: a prática propriamente médica ou medicamentosa. Depois vocês veem, ao contrário, desenvolver-se uma prática que se chama "tratamento moral", que foi inicialmente definida pelos ingleses, essencialmente por Haslam, e rapidamente adotada na França[13].

E esse tratamento moral não é, absolutamente, como se poderia imaginar, uma espécie de processo de longo prazo que teria essencialmente como função primeira e terminal fazer surgir a verdade da loucura, poder observá-la, descrevê-la, diagnosticá-la e, a partir daí, definir a terapêutica. A operação terapêutica que se formula desde esses anos de 1810-1830 é uma cena, e é uma cena de enfrentamento. Essa cena de enfrentamento pode adquirir dois aspectos. Um, digamos, incompleto, que é como que a operação de desgaste, de teste, que é exercida, não pelo médico – porque o médico, evidentemente, deve ser soberano –, mas que é exercida pelo vigilante.

Eis um exemplo desse primeiro esboço da grande cena dado por Pinel no *Tratado médico-filosófico.*

Diante de um alienado furioso, o vigilante "avança com um ar intrépido, mas lenta e gradativamente na direção do alienado, e, para evitar exasperá-lo, não leva nenhuma arma; fala com ele enquanto avança, com o tom mais firme e mais ameaçador e, com intimações calculadas, continua a fixar toda a atenção dele, para furtar-lhe a visão do que acontece em volta. Ordens precisas e imperiosas de obedecer e de se render; o alienado, um tanto desconcertado com essa postura altiva do vigilante, perde qualquer outro objeto de vista e, a certo sinal, é de repente atacado pelos funcionários de serviço, que avançavam a passos lentos e como sem ele saber; cada um deles agarra um membro do furioso, um o braço, outro uma coxa ou uma perna"[14].

Ele dá em complemento o conselho de utilizar certo número de instrumentos, por exemplo "um semicírculo de ferro" na ponta de uma vara comprida, de maneira que, no momento em que o alienado está fascinado pela altivez do vigilante, só preste atenção no vigilante e não veja que se aproximam dele, nesse momento, que avançam em sua direção essa espécie de lança terminada por um semicírculo e imprensam-no contra a parede de tal maneira que por fim o dominam. É essa, digamos, a cena imperfeita, a que é reservada ao vigilante, a que consiste em quebrar a força descontrolada do alienado por essa espécie de violência astuciosa e súbita.

Mas é óbvio que não é essa a grande cena da cura. A cena da cura é uma cena complexa. Eis um exemplo famoso no *Tratado médico-filosófico* de Pinel. Era um rapaz que era "dominado por preconceitos religiosos" e que pensava que para alcançar sua salvação devia "imitar as abstinências e as macerações dos antigos anacoretas", isto é, rejeitar não apenas, é claro, todos os prazeres da carne, mas também qualquer alimentação. Um belo dia ele recusa com mais dureza que de costume uma sopa que lhe servem. "O cidadão Pussin se apresenta de noite à porta da sua cela com um aparato ["aparato" no sentido do teatro clássico, é claro; M.F.] próprio para assustar, olhos em fogo, um tom de voz fulminante, um grupo de serventes à sua volta, armados com fortes correntes, que agitam ruidosamente; põem uma sopa junto do alienado e dão-lhe a ordem mais clara de tomá-la durante a noite, se não quiser sofrer os mais cruéis tratamentos; retiram-se e deixam-no no mais penoso estado de flutuação, entre a ideia da punição que o ameaça e a perspectiva apavorante dos tormentos da outra vida. Após um combate interior de várias horas, a primeira ideia prevalece e ele se determina a ingerir sua alimentação. Submetem-no depois disso a um regime destinado a restaurá-lo; o sono e as forças retornam gradativamente, assim como o uso da razão, e ele escapa desse modo a uma morte certa. Foi durante a sua convalescença que ele me confessou suas agitações cruéis e suas perplexidades durante aquela noite da sua provação."[15] Temos aí uma cena importantíssima, creio eu, em sua morfologia geral.

Em primeiro lugar, como vocês veem, a operação terapêutica não passou pelo reconhecimento, operado pelo médico, das causas da doença. Nenhum trabalho diagnóstico ou nosográfico, nenhum discurso de verdade são requeridos pelo médico para que sua operação tenha êxito.

Em segundo lugar, é uma operação que é importante porque, como vocês veem, não se trata de modo algum, num caso como esse e em todos os casos semelhantes, de aplicar a algo que seria considerado como processo ou comportamento patológico uma receita técnica médica; trata-se do choque de duas vontades: a do médico e daquele que o representa, de um lado, e a do doente. É portanto uma batalha, certa relação de força que se estabelece.

Em terceiro lugar, essa relação de força tem por primeiro efeito suscitar uma segunda relação de força dentro, de certo modo, do próprio doente, já que se trata de suscitar um conflito entre a ideia fixa a que o doente se agarrou e o medo da punição – um combate que provoca outro. E todos os dois, quando a cena é bem-sucedida, devem remeter a uma vitória, a vitória de uma ideia sobre outra, que deve ser ao mesmo tempo a vitória da vontade do médico sobre a do doente.

Em quarto lugar, o que é importante nessa cena é que acaba se dando um momento em que a verdade se manifesta; é o momento em que o doente reconhece que sua crença na necessidade de jejuar para alcançar sua salvação era errada e delirante, em que ele reconhece o que aconteceu, em que confessa que passou por certo número de flutuações, de hesitações, de tormentos etc. Em suma, é o próprio relato do doente que constitui, nessa cena em que até agora a verdade nunca interveio, o momento em que a verdade se manifesta.

E, último ponto, é quando essa verdade é assim adquirida, mas por intermédio da confissão e por intermédio de um saber médico reconstituído, é no momento efetivo da confissão que se efetua, consuma e sela o processo da cura.

Vocês têm aí portanto toda uma distribuição da força, do poder, do acontecimento, da verdade, que não é de maneira nenhuma o que se pode encontrar num modelo que se poderia dizer médico e que estava se constituindo na mesma época na medicina clínica. Na medicina clínica da época, podemos dizer que se constituía certo modelo epistemológico da verdade médica, da observação, da objetividade, que ia permitir que a medicina se inscrevesse efetivamente no interior de um domínio de discurso científico em que ela ia se juntar, com suas modalidades próprias, à fisiologia, à biologia etc. O que acontece nesse período de 1800-1830 é, creio, algo bem diferente do que se tem o costume de crer. Parece-me que, de ordinário, interpreta-se o que aconteceu nesses trinta anos como o momento em que a psiquiatria vem enfim inscrever-se no interior de uma prática e de um saber médicos a que ela tinha sido até então relativamente estranha. Tem-se o hábito de pensar que a psiquiatria aparece nesse momento, pela primeira vez, como uma especialidade dentro do domínio médico.

Parece-me – sem colocar ainda o problema de saber por que uma prática como essa pôde efetivamente ser considerada prática médica, por que foi necessário que pessoas que faziam essas operações fossem médicos –, sem encarar esse problema, dizia eu, parece-me que, entre os que podemos considerar como fundadores da psiquiatria, a operação médica que efetuam quando curam não tem em sua morfologia, em sua disposição geral, praticamente nada a ver com o que está se tornando a experiência, a observação, a atividade diagnóstica, o processo terapêutico da medicina. Esse acontecimento, essa cena, esse procedimento são, creio, nesse nível, desde esse momento, absolutamente irredutíveis ao que acontece na mesma época na medicina.

É portanto essa heterogeneidade que vai marcar a história da psiquiatria no momento mesmo em que ela se funda no interior de um sistema de instituições que a vincula, entretanto, à medicina. Pois tudo isso, essa encenação, a organização do espaço asilar, o desencadeamento e o desenrolar dessas cenas, só é possível, só é aceito e só é institucionalizado no interior de estabelecimentos que recebem nessa época o estatuto médico, e da parte de pessoas que têm a qualificação médica.

✦

Temos aí, por assim dizer, um primeiro pacote de problemas. É o ponto de partida do que eu queria estudar um pouco este ano. *Grosso modo*, é o ponto de chegada ou, em todo caso, de interrupção do trabalho que eu havia feito antes na *História da loucura*[16]. É nesse ponto de chegada que eu gostaria de retomar as coisas; só que com certo número de diferenças. Parece-me que, nesse trabalho, de que me sirvo como referência porque é, para mim, uma espécie de *background* para o trabalho que faço agora, havia certo número de coisas que eram perfeitamente criticáveis, sobretudo no último capítulo em que eu chegava precisamente ao poder asilar.

Em primeiro lugar, creio que eu havia ficado numa análise das representações. Parece-me que eu tinha tentado estudar sobretudo a imagem que se tinha da loucura nos séculos XVII e XVIII, o medo que ela suscitava, o saber a seu respeito que se formava, seja tradicionalmente, seja a partir de modelos botânicos, naturalistas, médicos etc. Era esse núcleo de representações, de imagens tradicionais ou não, de fantasmas, de saber etc., era essa espécie de núcleo de representações que eu tinha colocado como ponto de partida, como lugar em que se originam as práticas que puderam ser concretizadas a propósito da loucura nos séculos XVII e XVIII. Em suma, eu havia concedido um privilégio ao que poderíamos chamar de percepção da loucura[17].

Ora, agora eu queria tentar ver, neste segundo volume, se é possível fazer uma análise radicalmente diferente, no sentido de que eu queria ver se não se pode colocar no ponto de partida da análise, não mais essa espécie de núcleo representativo que remete necessariamente a uma história das mentalidades, do pensamento, mas um dispositivo de poder. Ou seja: em que medida um dispositivo de poder pode ser produtor de certo número de enunciados, de discursos e, por conseguinte, de todas as formas de representações que podem posteriormente [...*] daí decorrer?

O dispositivo de poder como instância produtora da prática discursiva. É nisso que a análise discursiva do poder estaria, em relação ao que chamo de arqueologia, num nível – a palavra "fundamental" não me agrada muito –, digamos num nível que permitiria apreender a prática discursiva precisamente no ponto em que ela se forma. A que devemos referir, onde devemos procurar essa formação da prática discursiva?

Não se pode evitar, creio, passar por algo como a representação, o sujeito etc., e portanto apelar para uma psicologia e para uma filosofia já constituídas, se se buscar a relação entre prática discursiva e, digamos, estruturas econômicas, relações de produção etc. O problema que está em jogo para mim é este: no fundo, não são precisamente os dispositivos de poder, com o que essa palavra – "poder" – ainda tem de enigmático e que vai ser preciso explorar, o ponto a partir do qual deve-se poder assinalar a formação das práticas discursivas? Como esse arranjo do poder, essas táticas e estratégias do poder podem dar lugar a afirmações, negações, experiências, teorias, em suma, a todo um jogo da verdade? Dispositivo de poder e jogo de verdade, dispositivo de poder e discurso de verdade, é um pouco isso que eu gostaria de examinar este ano, retomando no ponto de que falei: o psiquiatra e a loucura.

Segunda crítica que faço a este último capítulo é que apelei – mas, afinal de contas, não posso dizer que tenha feito isso muito conscientemente, porque eu era muito ignorante acerca da antipsiquiatria e, principalmente, da psicossociologia da época –, apelei, implícita ou explicitamente,

....

* Gravação: "se formar a partir daí e...".

para três noções que me parecem fechaduras enferrujadas com as quais não dá para ir muito longe.

Primeiro, a noção de violência[18]. O que de fato me impressionou quando li, naquele momento, Pinel, Esquirol etc., é que, ao contrário do que contavam os hagiógrafos, Pinel, Esquirol e os outros apelavam muito para a força física; e, por conseguinte, pareceu-me que não se podia creditar a reforma de Pinel a um humanismo, porque toda a sua prática ainda era atravessada por algo como a violência.

Ora, se é verdade que de fato não se pode creditar a reforma de Pinel ao humanismo, não creio que seja porque ele recorre à violência. De fato, quando se fala de violência, e é aí que essa noção me incomoda, sempre se tem presente ao espírito uma espécie de conotação que se refere a um poder físico, a um poder irregular, passional, a um poder desenfreado, se ouso dizer. Ora, essa noção me parece perigosa porque, de um lado, ela deixa supor, esboçando assim um poder físico, irregular etc., que o bom poder ou o poder pura e simplesmente, aquele que não é atravessado pela violência, não é um poder físico. Ora, parece-me ao contrário que o que há de essencial em todo poder é que seu ponto de aplicação é sempre, em última instância, o corpo. Todo poder é físico, e há entre o corpo e o poder político uma ligação direta.

Depois, essa noção de violência não me parece muito satisfatória, porque ela deixa supor que o exercício físico de uma força desequilibrada não faz parte de um jogo racional, calculado, administrado, do exercício do poder. Ora, os exemplos que eu lhes citei há pouco provam claramente que o poder tal como se exerce no asilo é um poder meticuloso, calculado, cujas táticas e estratégias são perfeitamente definidas; e, no interior mesmo dessas estratégias, vê-se muito exatamente quais são a posição e o papel da violência, se se chamar de violência o exercício físico de uma força inteiramente desequilibrada. Tomado em suas ramificações últimas, em seu nível capilar, onde ele toca o próprio indivíduo, o poder é físico e, por isso mesmo, violento, no sentido de que é perfeitamente irregular, não no sentido de que é desenfreado, mas, ao contrário, no sentido de que obedece a todas as disposições de uma espécie de microfísica dos corpos.

Segunda noção a que me referi e, creio, de maneira não muito satisfatória, é a de instituição[19]. Tinha me parecido que se podia dizer que, a partir do início do século XIX, o saber psiquiátrico havia adquirido as formas e as dimensões que conhecemos em ligação com o que poderia ser chamado de institucionalização da psiquiatria; mais precisamente ainda, com certo número de instituições de que o asilo era a forma mais importante. Ora, não creio tampouco que a noção de instituição seja muito satisfatória. Parece-me que ela encerra certo número de perigos porque, a partir do momento em que se fala de instituições, fala-se, no fundo, ao mesmo tempo de indivíduos e de coletividade, o indivíduo, a coletividade e as regras que as regem já estão dados, e, por conseguinte, pode-se precipitar aí todos os discursos psicológicos ou sociológicos*.

O que se deveria mostrar, na verdade, é que o essencial não é a instituição com sua regularidade, com suas regras, mas sim, precisamente, esses desequilíbrios de poder, sobre os quais tentei lhes mostrar como falseavam e, ao mesmo tempo, faziam funcionar a regularidade do asilo. O importante, portanto, não são as regularidades institucionais, mas muito mais as disposições de poder, as redes, as correntes, as intermediações, os pontos de apoio, as diferenças de potencial que caracterizam uma forma de poder e que, creio, são precisamente constitutivos ao mesmo tempo do indivíduo e da coletividade.

O indivíduo, parece-me, não é mais que o efeito do poder, na medida em que o poder é um procedimento de indi-

* O manuscrito acrescenta: "A instituição neutraliza as relações de força ou só as faz atuar no espaço que ela define".

vidualização. E é sobre o fundo dessa rede de poder, que funciona em suas diferenças de potencial, em seus desvios, que algo como o indivíduo, o grupo, a coletividade, a instituição aparece. Em outras palavras, aquilo com que se tem de lidar, antes de lidar com as instituições, são as relações de força nessas disposições táticas que perpassam as instituições.

Enfim, a terceira noção a que me referi para explicar esse funcionamento do asilo no início do século XIX é a família, e eu havia *grosso modo* procurado mostrar que a violência de Pinel [ou] a de Esquirol tinha sido a de introduzir o modelo familiar na instituição asilar[20]. Ora, creio que "violência" não é a palavra adequada, que "instituição" também não é o nível de análise em que devemos nos colocar, e não creio que seja tampouco de família que se deva falar. Em todo caso, relendo Pinel, Esquirol, Fodéré etc., afinal encontrei muito pouco a utilização desse modelo familiar. E não é verdade que é a imagem ou o personagem do pai que o médico procura reativar no interior do espaço asilar; isso vai se produzir muito mais tarde, no fim mesmo, creio, do que poderíamos chamar de episódio psiquiátrico na história da medicina, isto é, somente no século XX.

Não é a família, não é tampouco o aparelho de Estado; e, creio, seria igualmente equivocado dizer, como tantas vezes se diz, que a prática asilar, o poder psiquiátrico não fazem outra coisa senão reproduzir a família em benefício de ou a pedido de certo controle estatal, organizado por um aparelho de Estado[21]. Não é nem o aparelho de Estado que pode servir de fundamento*, nem a família que pode servir de modelo [...**]

* O manuscrito precisa: "Não se pode utilizar a noção de aparelho de Estado, porque ela é ampla demais, abstrata demais para designar esses poderes imediatos, minúsculos, capilares, que se exercem sobre o corpo, o comportamento, os gestos, o tempo dos indivíduos. O aparelho de Estado não dá conta dessa microfísica do poder".

** Gravação: "o que acontece".

nessas relações de poder que podemos detectar no interior da prática psiquiátrica.

Creio que o problema que se coloca é – prescindindo-se dessas noções e desses modelos, isto é, prescindindo-se do modelo familiar, da norma, se preferirem, do aparelho de Estado, da noção de instituição, da noção de violência – fazer a análise dessas relações de poder próprias da prática psiquiátrica na medida em que – e será esse o objeto do curso – são produtores de certo número de enunciados que se apresentam como enunciados legítimos. Logo, em vez de falar de violência, eu preferiria falar de microfísica do poder; em vez de falar de instituição, preferiria procurar ver quais são as táticas que são postas em ação nessas forças que se enfrentam; em vez de falar de modelo familiar ou de "aparelho de Estado", o que eu gostaria de procurar ver é a estratégia dessas relações de poder e desses enfrentamentos que se desenrolam na prática psiquiátrica.

Vocês me dirão que é muito bonito substituir violência por microfísica do poder, instituição por tática, modelo familiar por estratégia; avancei alguma coisa com isso? Evitei termos que permitiam a introdução, em todas essas análises, do vocabulário psicossociológico, e agora me vejo diante de um vocabulário pseudomilitar, que não deve ser muito melhor. Mas vamos tentar ver o que podemos fazer com isso*.

* O manuscrito (ff. 11-23) prosseguia sobre a questão de definir o que é o problema da psiquiatria atualmente e propunha uma análise da antipsiquiatria.

NOTAS

1. François Emmanuel Fodéré (1764-1835), *Traité du délire, appliqué à la médecine, à la morale et à la législation*, t. II, seção VI, cap. 2, "Plan et distribution d'un hospice pour la guérison des aliénés", Paris, Croullebois, 1817, p. 215.

2. Donatien Alphonse François de Sade (1740-1814), *Les Cent vingt Journées de Sodome, ou l'École du libertinage* (1785), *in Oeuvres Complètes*, t. XXVI, Paris, Jean-Jacques Pauvert, 1967.

3. Joseph Michel Antoine Servan (1737-1807): "Nas fibras moles do cérebro está fundada a inabalável base dos mais sólidos impérios" (*Discours sur l'administration de la justice criminelle*, proferido por M. Servan, Genebra, 1767, p. 35; reed. *in* C. Beccaria, *Traité des délits et des peines*, trad. fr. P. J. Dufey, Paris, Dulibon, 1821).

4. Philippe Pinel (1745-1826), *Traité médico-philosophique sur l'alinénation mentale, ou la Manie*, seção II, "Traitement moral des aliénés", § XXIII, "Nécessité d'entretenir un ordre constant dans les hospices des aliénés", Paris, Richard, Caille et Ravier, ano IX/1800, pp. 95-6.

5. Jean Étienne Dominique Esquirol (1772-1840), *Des maladies mentales considérées sous les rapports médical, hygiénique et médico-légal*, Paris, J.-B. Baillière, 1838, 2 vol.

6. John Haslam (1764-1844), [1] *Observations on Insanity, with Practical Remarks on the Disease, and an Account of the Morbid Appearances of Dissection*, Londres, Rivington, 1798; obra reeditada e aumentada com o título de *Observations on Madness and Melancholy*, Londres, J. Callow, 1809; [2] *Considerations on the Moral Management of Insane Persons*, Londres, R. Hunter, 1817.

7. J. E. D. Esquirol, *Des établissements consacrés aux aliénés en France, et des moyens d'améliorer le sort de ces infortunés* (Memória apresentada ao ministro do Interior em setembro de 1818), Paris, impr. de Mme Huzard, 1819; republicado *in Des maladies mentales*..., *op. cit.*, t. II, pp. 399-431.

8. F. E. Fodéré, *Traité du délire*, *op. cit.*, t. II, seção VI, cap. 3, "Du choix des administrateurs, des médecins, des employés et des servants", pp. 230-1.

9. *Ibid.*, p. 237.

10. *Ibid.*, pp. 241-2.
11. *Ibid.*, p. 230.
12. Ph. Pinel, *Traité médico-philosophique*, *op. cit.*, seção II, § VI, "Avantages de l'art de diriger les aliénés pour seconder les effets des médicaments", p. 58.
13. O "tratamento moral" que se desenvolve no fim do século XVIII reúne todos os meios de intervenção sobre o psiquismo dos doentes, em oposição ao "tratamento físico", que age sobre o corpo através de remédios, meios de contenção. Foi após a morte da mulher de um *quaker*, ocorrida em 1791, em condições suspeitas, no asilo do condado de York, que William Tuke (1732-1822) propôs a criação de um estabelecimento destinado a acolher os membros da "Sociedade dos Amigos" acometidos de distúrbios mentais. No dia 11 de maio de 1796, a *Retreat* abre as suas portas (cf. *infra*, p. 149, nota 18). John Haslam, boticário do Bethlehem Hospital, antes de se tornar doutor em medicina em 1816, desenvolve os princípios do tratamento em suas obras (cf. *supra*, nota 6). Na França, Pinel adota o princípio em "Observations sur le régime moral qui est le plus propre à rétablir, dans certains cas, la raison égarée des maniaques", *Gazette de santé*, 1789, nº 4, pp. 13-5; e em sua Memória "Recherches et observations sur le traitement moral des aliénés", *Mémoire de la Société médicale d'émulation. Section Médecine*, 1798, nº 2, pp. 215-55; republicado com variantes no *Traité médico-philosophique*, *op. cit.*, seção II, pp. 46-105. Étienne Jean Georget (1795-1828) sistematiza os princípios desse tratamento em *De la folie. Considérations sur cette maladie: son siège et ses symptômes, la nature et le mode d'action de ses causes; sa marche et ses terminaisons; les différences qui la distinguent du délire aigu; les moyens du traitement qui lui conviennent; suivies de recherches cadavériques*, Paris, Crevot, 1820. François Leuret porá a ênfase na relação médico-doente; cf. *Du traitement moral de la folie*, Paris, J.-B. Baillière, 1840. Ver as páginas que lhe consagra a *Histoire de la folie à l'âge classique*, parte III, cap. 4, "Naissance de l'asile", Paris, Gallimard, ed. de 1972, pp. 484-7, 492-6, 501-11, 523-7. Cf. também R. Castel, "Le traitement moral. Thérapeutique mentale et contrôle social au XIXe siècle", *Topique*, 1970, nº 2, fevereiro, pp. 109-29.
14. Ph. Pinel, *Traité médico-philosophique*, *op. cit.*, seção II, § XXI, "Caractère des aliénés les plus violents et dangereux, et expédiens à prendre pour les réprimer", pp. 90-1.
15. *Ibid.*, seção II, § VIII, "Avantage d'ébranler fortement l'imagination d'un aliéné dans certains cas", pp. 60-1.

16. M. Foucault, *Folie et Déraison. Histoire de la folie à l'âge classique*, Paris, Plon, 1961.

17. Por exemplo, na *Histoire de la folie*, parte I, cap. V, "Les insensés", ed. de 1972, pp. 169 e 174; parte II, cap. I, "Le fou au jardin des espèces", p. 223; parte III, cap. II, "Le nouveau partage", pp. 407 e 415. O ponto de partida dessa crítica da noção de "percepção" ou de "experiência" se encontra em *L'Archéologie du savoir*, Paris, Gallimard ("Bibliothèque des sciences humaines"), 1969, cap. III, "La formation des objets" e cap. IV, "La formation des modalités énonciatives", pp. 55-74.

18. A noção de violência subjaz às análises dos modos de tratamento empreendidos na parte II da *Histoire de la folie*, cap. IV, "Médecins et malades", ed. de 1972, pp. 327-8 e 358, e na parte III, cap. IV, "Naissance de l'asile", pp. 497, 502-3, 508, 520. (Cf. *infra*, "Situação do curso", pp. 464 ss.)

19. É o caso das análises consagradas ao nascimento do asilo, *ibid.*, pp. 483-530.

20. Sobre o papel do modelo familiar na reorganização das relações entre loucura e razão e a constituição do asilo, cf. *ibid.*, pp. 509-11.

21. Alusão às análises de Louis Althusser, que introduz o conceito de "aparelho de Estado" em seu artigo "Idéologie et appareils idéologiques d'État. Notes pour une recherche", *La Pensée. Revue du rationalisme moderne*, nº 151, junho de 1970, pp. 3-38; republicado em *Positions (1964-1975)*, Paris, Éditions Sociales, 1976, pp. 65-125.

AULA DE 14 DE NOVEMBRO DE 1973

Cena de cura: Jorge III. Da "macrofísica da soberania" à "microfísica do poder" disciplinar. – A nova figura do louco. – Pequena enciclopédia das cenas de cura. – Prática da hipnose e histeria. – A cena psicanalítica; cena antipsiquiátrica. – Mary Barnes em Kingsley Hall. – Manipulação da loucura e estratagema de verdade: Mason Cox.

Todos vocês certamente conhecem a cena tida como a grande fundadora da psiquiatria moderna – enfim, da psiquiatria pura e simplesmente – que se inaugurou no início do século XIX. Essa cena é a famosa cena de Pinel que, no que não era exatamente um hospital, em Bicêtre, tirou as correntes que prendiam os loucos furiosos no fundo da sua masmorra; e esses loucos furiosos que eram retidos porque temia-se que, se fossem deixados soltos, eles dariam livre curso ao seu furor, esses furiosos, mal são soltos das suas correntes, exprimem seu reconhecimento a Pinel e entram, por esse fato mesmo, no caminho da cura. Eis pois o que acontece na cena inicial, fundadora, da psiquiatria[1].

Ora, na verdade, há outra cena que não teve a sorte dessa, se bem que, por motivos que é fácil compreender, teve grande repercussão na época. Uma cena que não ocorreu na França, mas na Inglaterra – e que aliás foi relatada com certo detalhe por Pinel no *Tratado médico-filosófico* do ano IX (1800) –, e que, como vocês já vão ver, não deixou de ter uma espécie de força, de postura plástica, na medida em que, não na época em que se produziu – ela se situa em 1788 –, mas na época em que foi conhecida na França e em que finalmente foi conhecida em toda a Europa, tinha se tornado, digamos, como que um hábito dos reis perder a cabeça. É uma cena que tem importância porque põe em cena exatamente o que podia ser, desde essa época, a prática psiquiátrica enquanto manipulação regrada e concertada das relações de poder.

Eis o texto de Pinel, que é o que circulou na França e torna conhecido esse caso:

"Um monarca [Jorge III, rei da Inglaterra; M.F.] entra em mania e, para tornar sua cura mais pronta e mais sólida, não se faz nenhuma restrição às medidas de prudência daquele que o dirige [notem a palavra: é o médico; M.F.]; por conseguinte, todo o aparelho da realeza se desvanece, o alienado, afastado da família e de tudo o que o rodeia, é relegado a um palácio isolado e encerrado sozinho num quarto cujo chão e cujas paredes são forradas de colchões para que ele fique impossibilitado de se ferir. Aquele que dirige o tratamento lhe declara que ele não é mais soberano, que deve dali em diante ser dócil e submisso. Dois dos seus antigos pajens, de uma estatura de Hércules, são encarregados de atender às suas necessidades e prestar-lhe todos os bons ofícios que sua condição exige, mas também de convencê-lo de que ele está sob a inteira dependência deles e que doravante deve obedecer-lhes. Eles observam com ele um tranquilo silêncio, mas em todas as ocasiões fazem que sinta o quanto eles lhe são superiores em força. Um dia, o alienado, em seu fogoso delírio, recebe duramente seu ex-médico que o vem visitar, e o cobre de dejetos e imundices. Um dos pajens entra imediatamente no quarto sem dizer nada, agarra pela cintura o delirante, também reduzido a um estado de sujeira repugnante, derruba-o numa pilha de colchões, despe-o, limpa-o com uma esponja, troca suas roupas e, olhando para ele com altivez, afasta-se logo em seguida e volta para o seu lugar. Lições assim, repetidas a intervalos durante alguns meses e secundadas por outros meios de tratamento, produziram uma cura sólida e sem recaída[2]."

Eu gostaria de analisar um pouco os elementos dessa cena. Há, primeiro, parece-me, algo que salta aos olhos no texto de Pinel, que tomou emprestado de Willis, que era o médico de Jorge III[3]. A meu ver o que aparece em primeiro lugar é, no fundo, uma cerimônia, uma cerimônia de destituição, uma espécie de sagração ao revés em que se indica muito claramente que se trata de pôr o rei sob uma dependência total; vocês se lembram das palavras: "todo o aparelho da realeza se desvanece", e o médico, que é de certo modo o operador dessa descoroação, dessa dessagração, lhe declara explicitamente que "ele não é mais soberano".

Por conseguinte, decreto de destituição: o rei reduzido à impotência. Parece-me que até os "colchões" que o cercam e que têm um papel tão grande, ao mesmo tempo no cenário e na cena final, são importantes. O colchão é ao mesmo tempo o que isola o rei do mundo exterior, o que o impede tanto de ouvir e de ver como de comunicar suas ordens ao exterior; isto é, por meio dos colchões, todas as funções essenciais da monarquia são, no sentido estrito, postas entre parênteses. E no lugar daquele cetro, daquela coroa, daquela espada que deviam tornar visível e sensível a todos os espectadores o poder universal do rei que reina sobre seu reino, no lugar desses símbolos, não há mais que os "colchões" que o encerram e o reduzem, lá onde ele está, ao que ele é, isto é, ao seu corpo.

Destituição, queda do rei portanto; mas não tenho a impressão de que seja do mesmo tipo que poderíamos encontrar, digamos, num drama shakespeariano: não é nem Ricardo III ameaçado de cair sob o poder de outro soberano[4], nem o rei Lear despojado da sua soberania e errando pelo mundo na solidão, na miséria e na loucura[5]. Na verdade, a loucura do rei [Jorge III], ao contrário da do rei Lear, que o fazia errar pelo mundo, fixa-o num ponto preciso e, sobretudo, o faz cair sob um poder que não é um outro poder soberano; ela o faz cair sob um poder que é de um tipo totalmente diferente do da soberania e que, creio, se opõe a ela termo a termo. É um poder anônimo, sem nome, sem rosto, é um poder que é repartido entre diferentes pessoas; é um poder, sobretudo, que se manifesta pela implacabilidade de um regulamento que nem sequer se formula, já que, no fundo, nada é dito, e está bem escrito no texto que todos os agentes do poder ficam calados. É o mutismo do regulamento que vem de certo modo ocupar o lugar deixado vazio pela descoroação do rei.

Não se trata, por conseguinte, da queda de um poder soberano sob outro poder soberano, mas da passagem de um poder soberano, que foi decapitado pela loucura que se apossou da cabeça do rei e foi descoroado por essa espécie de cerimônia que indica ao rei que ele não é mais soberano, para outro poder. Pois bem, no lugar desse poder decapitado e descoroado se instala um poder anônimo múltiplo, pálido, sem cor, que é no fundo o poder que chamarei da disciplina. Um poder de tipo soberania é substituído por um poder que poderíamos dizer de disciplina, e cujo efeito não é em absoluto consagrar o poder de alguém, concentrar o poder num indivíduo visível e nomeado, mas produzir efeito apenas em seu alvo, no corpo e na pessoa do rei descoroado, que deve ser tornado "dócil e submisso"[6] por esse novo poder.

Enquanto o poder soberano se manifesta essencialmente pelos símbolos da força fulgurante do indivíduo que o detém, o poder disciplinar é um poder discreto, repartido; é um poder que funciona em rede e cuja visibilidade encontra-se tão somente na docilidade e na submissão daqueles sobre quem, em silêncio, ele se exerce. E é isso, creio, o essencial dessa cena: o enfrentamento, a submissão, a articulação de um poder soberano a um poder disciplinar.

Quem são os agentes desse poder disciplinar? Vocês estão vendo que, curiosamente, o próprio médico, aquele que organizou tudo, aquele que é, na verdade, até certo ponto, o elemento focal, o núcleo desse sistema disciplinar, não aparece: Willis nunca está presente. E, quando, um pouco depois, encontramos a cena do médico, é um ex-médico, precisamente, e não o próprio Willis. Quais são então os agentes do poder? Está dito que são dois antigos pajens de estatura hercúlea.

Aqui, creio que devemos nos deter um pouco, porque na cena eles também têm grande importância. A título de hipótese, mas posso estar equivocado, direi que a relação desses pajens hercúleos com o rei louco e despojado deve ser comparada a temas iconográficos. Penso que a força plástica dessa história se deve, em parte, ao fato de que, justamente, temos nela elementos [...*] da iconografia tradicional na qual os soberanos são representados. Ora, o rei e seus servidores são tradicionalmente representados, parece-me, sob duas formas.

Ou a representação do rei guerreiro, de couraça, de armas, do rei que ostenta e torna sensível a sua onipotência, o rei Hércules, se assim podemos dizer; e, ao lado dele, abaixo dele, submetidos a essa espécie de poder esmagador, personagens que são a representação da submissão, da fraqueza, da derrota, da escravidão, eventualmente da beleza. É essa, podemos dizer, uma das primeiras oposições que encontramos na iconografia do poder real.

Vocês têm outra possibilidade, com um jogo de oposições, mas que se dá de outra maneira. É o rei, não hercúleo, mas o rei de estatura humana, que é despojado de todos os signos visíveis e imediatos da força física, que só é revestido dos símbolos do seu poder; o rei em seu manto de arminho, com seu cetro, seu globo e, abaixo dele ou acompanhando-o, a representação visível de uma força que lhe é submetida: os soldados, os pajens, os servidores, que são a representação de uma força, mas de uma força que é, de certo modo, comandada silenciosamente por intermédio desses elementos simbólicos do poder: cetro, manto, coroa etc. Parece-me que é assim, *grosso modo*, que se veem representadas na iconografia as relações do rei com os servidores: sempre no modo da oposição, mas sob a forma dessas duas oposições.

Ora, aqui, nessa cena contada por Pinel a partir de Willis, vocês encontram os mesmos elementos, mas inteiramente deslocados e transformados. Por um lado, vocês têm a força selvagem do rei, que voltou a ser a besta humana, o rei que está exatamente na posição desses escravos submetidos e

* Gravação: "que fazem parte".

agrilhoados que encontrávamos na primeira das versões iconográficas de que eu lhes falava; e, diante disso, a força contida, disciplinada, serena, dos servidores. Nessa oposição entre o rei, que volta a ser força selvagem, e os servidores, que são a representação visível de uma força, mas de uma força disciplinada, creio que vocês têm o ponto em que se prende a passagem de uma soberania em vias de desaparecer a um poder disciplinar que está se constituindo e que encontra nesses pajens mudos, musculosos, suntuosos, ao mesmo tempo obedientes e onipotentes, parece-me, sua fisionomia mesma.

Ora, como esses servidores hercúleos exercem suas funções? Aqui também, creio que o texto deva ser visto com certo detalhe. Está dito que esses servidores hercúleos estão ali para servir ao rei; é dito muito exatamente, inclusive, que eles estão destinados a prestar os serviços relativos às suas "necessidades" e à sua "condição". Ora, parece-me que, no que poderíamos chamar de poder de soberania, o servidor está, de fato, a serviço das necessidades do soberano; ele deve satisfazer às exigências e às necessidades da sua condição: de fato, é ele que veste e despe o rei, que presta os serviços relativos ao seu corpo, à sua limpeza etc. Mas, cada vez que o servidor se incumbe assim dos serviços relativos às necessidades e à condição do soberano, é essencialmente porque é essa a vontade do soberano; ou seja, a vontade do soberano vincula o servidor, e o vincula, individualmente, na medida em que ele é este ou aquele servidor, a essa função que consiste em prestar os serviços relativos às necessidades e à condição. A vontade do rei, seu estatuto de rei é o que fixa o servidor às suas necessidades e à sua condição.

Ora, na relação de disciplina que logo vemos aparecer, o servidor não está de modo algum a serviço da vontade do rei, ou não é porque tal vontade é a vontade do rei que ele está a serviço das necessidades do rei; ele está a serviço das necessidades e da condição do rei sem que nem a vontade nem o estatuto do soberano intervenham; são somente as exigências de certo modo mecânicas do corpo que fixam e determinam o que deve ser o serviço do servidor. Desconexão, por conseguinte, entre a vontade e a necessidade, o estatuto e a condição. E o servidor só intervirá como força de repressão, só deixará o serviço para se tornar um freio à vontade do rei, quando esta vier a se exprimir acima das suas necessidades, acima da sua condição.

Eis, *grosso modo*, digamos assim, o cenário da cena. E agora gostaria de passar ao que é o próprio episódio, importante, dessa cena assim situada, o episódio do enfrentamento com o médico: "Um dia, o alienado, em seu fogoso delírio, recebe duramente seu ex-médico que o vem visitar, e o cobre de dejetos e imundices. Um dos pajens entra imediatamente no quarto sem dizer nada, agarra pela cintura o delirante..."[7].

Depois, vamos dizer, da cena da decadência, da descoroação, é a vez da cena do dejeto, do excremento, da imundice. Não é mais simplesmente o rei que está descoroado, não é simplesmente o desapossamento dos atributos da soberania, é a inversão total da soberania. Esse rei não tem mais outra força além do seu corpo reduzido ao estado selvagem, e não tem outras armas além das dejeções do seu corpo, e são precisamente essas armas que ele vai utilizar contra seu médico. Ora, creio que, fazendo isso, o rei inverte efetivamente sua soberania, não apenas porque substituiu seu cetro e sua espada por suas imundices, mas porque, muito precisamente, ele retoma com isso um gesto que tem sua significação histórica. Esse gesto, que consiste em atirar lama e imundices em alguém, é o gesto secular da insurreição contra os poderosos.

Agora, existe toda uma tradição que quer que falemos do dejeto, da imundice apenas como símbolos do dinheiro; enfim, haveria uma história política do dejeto e da imundice a fazer, uma história ao mesmo tempo política e médica da maneira como o dejeto e a imundice puderam ser um problema em si e sem nenhuma simbolização de nenhuma ordem: podem ter sido um problema econômico, um problema médico, claro, mas também podem ter sido o móvel de uma luta política, que é muito nítida no século XVII, e principalmente no século XVIII. E esse gesto profanador que consiste em jogar lama, imundice e dejetos na carruagem, na seda e no manto dos grandes, pois bem, o rei Jorge III sabia perfeitamente o que significava, por ter sido vítima dele.

Temos aqui a inversão total do que é a função soberana, já que o rei faz seu o gesto insurrecional, não apenas dos pobres, mas dos que são os mais pobres dentre os pobres. Pois os camponeses, quando se revoltavam, utilizavam para combater os instrumentos de que dispunham: foices, paus etc.; os artesãos também se serviam das suas ferramentas de trabalho, e eram apenas os mais pobres, os que não tinham nada, que iam catar na rua as pedras e os dejetos para atirar nos poderosos. É esse papel que o rei está assumindo em seu enfrentamento com o poder médico que entra no quarto em que ele se encontra. A soberania, ao mesmo tempo transtornada e invertida, contra a pálida disciplina.

E é nesse momento que intervém o pajem mudo, musculoso, invencível, que entra, agarra o rei, joga-o na cama, despe-o, limpa-o com uma esponja e se retira, como diz o texto, "olhando para ele com altivez"[8]. Vocês têm aí, mais uma vez, o deslocamento dos elementos de uma cena de poder, que não é mais, desta vez, da ordem da coroação, da representação iconográfica; é, como estão vendo, o cadafalso, é a cena do suplício. Mas aqui também com inversão e deslocamento: onde aquele que atenta contra a soberania, que lhe atira pedras e imundices teria sido morto, enforcado e esquartejado, segundo a lei inglesa, pois bem, a disciplina, ao contrário, que intervém agora sob a forma do pajem, vai dominar, abater, desnudar, limpar, tornar o corpo ao mesmo tempo limpo e verdadeiro.

Eis o que eu queria dizer a vocês sobre essa cena que me parece ser, muito mais que a cena de Pinel soltando os loucos, bastante sinalética do que é posto em jogo na prática que chamo de protopsiquiátrica, isto é, *grosso modo*, a que se desenvolve nos últimos anos do século XVIII e nos vinte ou trinta primeiros anos do século XIX, antes do grande edifício institucional do asilo psiquiátrico, que podemos situar no correr dos anos 1830-1840 – digamos 1838, na França, com a lei sobre o internamento e a organização dos grandes hospitais psiquiátricos[9].

Essa cena me parece importante. Primeiro porque ela me permite retificar um erro que cometi na *História da loucura*. Vocês estão vendo que não se trata aqui, de maneira nenhuma, da imposição de algo como o modelo familiar à prática psiquiátrica; não é verdade que são o pai e a mãe, não é verdade que são as relações características da estrutura familiar que a prática psiquiátrica iria tomar emprestadas e viria aplicar à loucura e à direção dos alienados. A relação com a família vai ocorrer na história da psiquiatria, mas vai se produzir mais tarde e, até onde posso ver atualmente, é no campo da histeria que devemos apreender o momento em que se faz o enxerto de um modelo familiar na prática psiquiátrica.

Vocês também estão vendo que esse tratamento, sobre o qual Pinel diz, com um otimismo que posteriormente os fatos desmentiram, que teria "produzido uma cura sólida e sem recaída"[10], vocês estão vendo que ele se faz sem nada que possa valer como descrição, análise, diagnóstico, conhecimento verdadeiro do que é a doença do rei. Assim como o modelo da família só intervém mais tarde, também o momento da verdade intervirá mais tarde na prática psiquiátrica.

Enfim gostaria de salientar o seguinte: é que vocês estão vendo aqui muito claramente um jogo de elementos, que são estritamente os do poder, postos em jogo, deslocados, invertidos etc. – e isso fora de toda instituição. Tenho a impressão, aqui também, de que o momento da instituição não é prévio a essas relações de poder. Isso significa que não é a instituição que determina essas relações de poder, como tampouco é um discurso de verdade que as prescreve, como tampouco é o modelo familiar que as sugere. De fato, vocês veem essas relações de poder funcionar, eu ia dizendo quase a nu, numa cena como essa. E é nisso que ela me parece pôr em evidência a base das relações de poder que constituem o elemento nuclear da prática psiquiátrica, a partir do que, de fato, vamos ver serem construídos em seguida edifícios institucionais, surgirem discursos de verdade, a partir do que vamos ver também serem enxertados ou importados certo número de modelos.

Mas, por enquanto, ainda estamos na emergência de algo que é o poder disciplinar, cuja figura específica, a meu ver, aparece aqui com uma clareza singular na medida mesmo em que esse poder disciplinar se encontra, no caso em apreço, deparado com outra forma de poder político que eu chamarei de poder de soberania. Isso quer dizer que, se as primeiras hipóteses que me conduzem agora forem exatas, não bastaria dizer: na prática psiquiátrica encontramos, desde a origem, algo como um poder político; parece-me que é mais complicado, aliás vai se tornar cada vez mais complicado. Por enquanto, gostaria de fazer uma esquematização. Não é qualquer poder político, são dois tipos de poder perfeitamente distintos e correspondentes a dois sistemas, a dois funcionamentos diferentes: a macrofísica da soberania, tal como podia funcionar num governo pós-feudal, pré-industrial, e a microfísica do poder disciplinar, cujo funcionamento é encontrado nos diferentes elementos que dou a vocês e que aparece aqui apoiando-se de certo modo nos elementos desconectados, arruinados, desmascarados do poder soberano.

Transformação, portanto, da relação de soberania em poder de disciplina. E vocês veem que no cerne disso tudo há, no fundo, uma espécie de proposição geral que é a seguinte: "Se você é louco, não adianta ser rei, que não será mais rei"; ou: "Você pode ser louco, mas não é por isso que será rei". O rei Jorge III, no caso, só pôde ser curado na cena de Willis, na fábula, podemos dizer, de Pinel, na medida em que não foi tratado como rei e na medida em que foi submetido a uma força que não era a do poder real. A proposição: "Você não é rei" me parece estar no cerne dessa espécie de protopsiquiatria cuja análise procuro fazer. E, se vocês se remeterem então aos textos de Descartes que tratam dos loucos que se tomam por reis, notarão que os dois exemplos que Descartes nos dá da loucura são: "tomar-se por rei" ou "ter um corpo de vidro"[11]. É que, para dizer a verdade, para Descartes e de modo geral [...*] para todos os que falaram da loucura até o fim do século XVIII, "tomar-se por rei" ou acreditar ter "um corpo de vidro" era exatamente a mesma coisa, ou seja, eram dois tipos de erros absolutamente equivalentes, que contradiziam imediatamente os dados mais elementares da sensação. "Tomar-se por rei", "acreditar ter um corpo de vidro" era sinalético, simplesmente, da loucura como erro.

Daí em diante, parece-me que "crer-se rei" é, nessa prática protopsiquiátrica e, por conseguinte, para todos os discursos de verdade que vão se conectar a partir daí, "crer-se rei" é o verdadeiro segredo da loucura. E, quando vocês veem a maneira como se analisava na época um delírio, uma ilusão, uma alucinação etc., o fato de alguém se crer rei, isto é, de que o conteúdo do seu delírio seja supor-se no exercício do poder real ou, ao contrário, seja crer-se arruinado, perseguido ou rejeitado pela humanidade inteira, pouco importa. Para os psiquiatras da época, o fato de impor assim essa crença, de opô-la a todas as provas, até de objetá-la ao saber médico, de querer impô-la ao médico e, por fim, a todo o asilo, objetá-la assim a qualquer outra forma de certeza ou de saber, isso é que é uma maneira de se crer rei. Quer você se creia rei, quer você se creia miserável, querer impor essa certeza como uma espécie de tirania a todos os que o rodeiam, isso é que é, no fundo, "crer-se rei"; e é por isso que toda loucura é uma espécie de crença arraigada no fato de ser o rei do mundo. Os psiquiatras do início do século XIX poderiam ter dito que ser louco era tomar o poder na cabeça. E, aliás, Georget, num texto de 1820, o tratado *Da loucura*, apresen-

* Gravação: "podemos dizer".

tava como sendo, no fundo, o grande problema da psiquiatria: "como dissuadir" quem se crê rei?[12]

Se insisti assim nessa cena do rei foi por certo número de razões. Primeiro, parece-me que isso ajuda a compreender um pouco melhor essa outra cena fundadora da psiquiatria, de que eu lhes falava no início, que é a cena de Pinel, a cena da libertação. Aparentemente, Pinel em Bicêtre, em 1792, entrando nas masmorras, tirando as correntes deste ou daquele doente que estava encerrado e agrilhoado havia semanas ou meses, é exatamente o contrário da história do rei desapossado, é exatamente o contrário da história do rei encerrado, agarrado e vigiado por pajens musculosos. Mas de fato, olhando bem as coisas, percebemos que as duas cenas estão em continuidade.

Quando Pinel liberta os doentes encerrados nas masmorras, trata-se de estabelecer entre o libertador e os que acabam de ser libertados certa dívida de reconhecimento que vai e deve ser paga de duas maneiras. Primeiro, o libertado vai saldar sua dívida contínua e voluntariamente pela obediência; vai-se portanto substituir a violência selvagem de um corpo, que só era contida pela violência dos grilhões, pela submissão constante de uma vontade a outra. Em outras palavras, tirar as correntes é realizar por intermédio de uma obediência reconhecida algo como uma sujeição. E a dívida será saldada de uma segunda maneira, desta vez involuntariamente da parte do doente. É que, a partir do momento em que ele for assim sujeitado, em que o saldo voluntário e contínuo da dívida de reconhecimento o leva a submeter-se à disciplina do poder médico, o próprio jogo dessa disciplina e nada mais que a sua força vão fazer o doente curar-se. Com isso, a cura tornar-se-á involuntariamente a segunda moeda da peça da libertação, a maneira pela qual o doente, ou melhor, a doença do doente pagará ao médico o reconhecimento que lhe deve.

Vocês estão vendo que, de fato, essa cena da libertação, claro, todos sabemos, não é exatamente uma cena de humanismo; mas creio que podemos analisá-la como sendo uma relação de poder, ou ainda, como a transformação de certa relação de poder, que era de violência – a prisão, a masmorra, os grilhões: aqui também tudo isso pertence à velha forma de poder de soberania –, numa relação de sujeição, que é uma relação de disciplina.

Essa a primeira razão pela qual contei a história de Jorge III. É que ela me parece inaugurar toda uma prática psiquiátrica cujo mérito costuma ser atribuído a Pinel.

A outra razão pela qual eu a havia citado é que me parece que a cena de Jorge III se inscreve em toda uma série de outras cenas. Primeiro, em toda uma série de cenas que, durante os vinte e cinco ou trinta primeiros anos do século XIX, vão constituir essa prática protopsiquiátrica. Poder-se-ia dizer que, durante o primeiro quartel do século XIX, houve uma espécie de pequena enciclopédia das curas canônicas que foi constituída a partir dos casos publicados por Haslam[13], Pinel[14], Esquirol[15], Fodéré[16], Georget[17], Guislain[18]. E essa pequena enciclopédia comporta cerca de cinquenta casos que encontramos circulando assim em todos os tratados de psiquiatria da época e que, todos, obedecem mais ou menos a um modelo análogo. Eis um ou dois exemplos que mostram, creio, de maneira bem nítida como todas essas cenas de cura se aparentam a essa cena maior da cura de Jorge III.

Eis, por exemplo, no *Tratado médico-filosófico* de Pinel, a seguinte história: "Um militar, ainda num estado de alienação [...] é subitamente dominado pela ideia exclusiva da sua partida para o exército". Ele se recusa a voltar à noite para a cela, como lhe ordenam. Quando está nela, põe-se a rasgar tudo, a sujar tudo. Amarram-no na cama. "Oito dias se passam nesse estado violento, e ele parece enfim entrever que não pode seguir os próprios caprichos. De manhã, durante a ronda do chefe, adota o tom mais submisso e, beijando-lhe a mão: 'Você me prometeu', diz a ele, 'restituir minha liberdade dentro do hospício se eu ficasse calmo; pois bem, eu lhe ordeno que cumpra com a sua palavra!' O outro lhe exprime, sorrindo, o prazer que sente com esse feliz retorno dele a si mesmo; fala mansamente com ele e, no mesmo instante, faz cessar toda coerção..."[19]

Outro exemplo: um homem estava dominado pela ideia exclusiva da sua "onipotência", só uma consideração o detinha, o "medo de fazer perecer o exército de Condé [...] que, a seu ver, estava destinado a realizar os desígnios do Eterno". Como superar essa crença? O médico espreitava "um desvio que o pusesse em erro e autorizasse tratá-lo com rigor". Eis que, de fato, por sorte, "um dia em que o vigilante se queixava com ele das sujeiras e dos dejetos que ele havia deixado na cela, o alienado voltou-se contra ele com violência e ameaçou aniquilá-lo. Era uma ocasião favorável para puni-lo e convencê-lo de que sua onipotência era quimérica"[20].

Mais outro exemplo: "Um alienado do hospício de Bicêtre, que tinha o delírio de se crer uma vítima da Revolução, repete dia e noite que está pronto para enfrentar seu destino". Como deve ser guilhotinado, acha que não é mais necessário cuidar da sua pessoa; "recusa-se a dormir na cama" e fica deitado no chão. O vigilante é obrigado a recorrer à coerção: "O alienado é amarrado na cama, mas procura se vingar recusando qualquer tipo de alimento com a mais insuperável obstinação. Exortações, promessas, ameaças, tudo é inútil". Mas, passado certo tempo, o doente fica com sede; bebe água, mas "rejeita com dureza o caldo que lhe oferecem ou qualquer outro alimento, líquido ou sólido". Por volta do décimo segundo dia, "o vigilante lhe anuncia que vai privá-lo da sua bebida de água fria, já que ele se mostra indócil, e a substitui por um caldo gordo". Enfim, vencido pela sede, "ele toma com avidez o caldo". Nos dias seguintes, come alimentos sólidos e "retoma assim, pouco a pouco, todos os atributos de uma saúde firme e robusta"[21]*.

....

* O manuscrito menciona também um caso exposto no parágrafo IX: "Exemplo destinado a mostrar com que atenção o caráter do alienado deve ser estudado para trazê-lo de volta à razão" (ff. 196-7).

Tornarei sobre toda a morfologia fina dessas cenas, mas gostaria de lhes mostrar que, no início da psiquiatria do século XIX, antes mesmo e, creio, independentemente de todas as formulações teóricas, antes mesmo e independentemente de todas as organizações institucionais, foi definida certa tática da manipulação da loucura que desenhava de certo modo a trama de relações de poder necessárias a essa espécie de ortopedia mental que devia levar à cura. A cena de Jorge III faz parte, no fundo, dessas cenas; é uma das primeiras.

E creio que poderíamos reconstituir em seguida o futuro, o desenvolvimento, a transformação dessas cenas e descobrir como, em que condições, essas cenas protopsiquiátricas se desenvolveram numa primeira fase que poderíamos chamar de fase do tratamento moral, de que Leuret foi o herói, durante os anos 1840-1870[22].

Depois, essa mesma cena protopsiquiátrica transformada pelo tratamento moral viu-se consideravelmente transformada por um episódio fundamental na história da psiquiatria, que foi ao mesmo tempo a descoberta e a prática da hipnose, e a análise dos fenômenos histéricos.

Vocês têm, é claro, a cena psicanalítica.

Vocês têm, enfim, a cena, podemos dizer, antipsiquiátrica. E não deixa de ser curioso ver o quanto essa primeira cena da protopsiquiatria, a cena de Jorge III, é próxima da que vocês encontram no livro de Mary Barnes e Berke. Vocês sabem, a história de Mary Barnes no Kingsley Hall, em que os elementos são mais ou menos os mesmos que encontramos na história de Jorge III:

"Um dia, Mary procurou pôr à prova meu amor por ela, fazendo um derradeiro teste. Ela se cobriu de merda e aguardou minha reação. O relato que ela dá desse incidente me diverte, porque ela estava absolutamente certa de que a sua merda não poderia me enojar. Afirmo que foi o contrário. Quando, sem desconfiar de nada, entrei na sala de jogos e uma Mary Barnes fedida, parecendo sair de uma história de terror, me abordou, fui tomado pelo horror e pelo nojo. Minha primeira reação foi a fuga. Afastei-me a grandes passos, o mais depressa possível. Ainda bem que ela não tentou me seguir. Eu teria sido capaz de bater nela.

"Lembro-me muito bem da primeira coisa que pensei: 'É demais, meu Deus. Chega! a partir de agora, ela que se cuide sozinha. Não quero mais saber dela'."

Depois Berke pensou melhor, disse a si mesmo que, se ele não cuidar dela, tudo estará terminado com ela; e isso ele não quer. Este último argumento não admite réplica. Ele vai atrás de Mary Barnes, não sem muita reticência. "Mary continuava lá na sala de jogos, cabeça baixa, em lágrimas. Balbuciei alguma coisa como: 'Vamos, não é nada. Vamos subir e tomar um banho bem quente'. Foi preciso mais de uma hora para lavar Mary. Ela estava num estado lamentável. Cheia de merda por toda parte, nos cabelos, debaixo do braço, entre os dedos do pé. Eu revia a protagonista de um velho filme de terror, *The Mummy's Ghost*[23]."

Na realidade, ele não reviu a protocena da história da psiquiatria, isto é, a história de Jorge III: era exatamente isso.

O que eu queria fazer este ano é, no fundo, uma história dessas cenas psiquiátricas, levando em conta o que talvez seja, de minha parte, um postulado, em todo caso uma hipótese: é que essa cena psiquiátrica e o que se trama nessa cena, o jogo de poder que se desenha nela, devem ser analisados antes de tudo aquilo que possa ser organização institucional, ou discurso de verdade, ou importação de modelos. E gostaria de estudar essas cenas salientando também uma coisa: é que essa cena, de que lhes falei a propósito de Jorge III, não apenas é a primeira de uma longa série de cenas psiquiátricas, mas faz historicamente parte de toda uma outra série de cenas. Vocês encontram na cena protopsiquiátrica tudo o que poderíamos chamar de cerimônia da soberania – coroação, desapossamento, submissão, fidelidade, rendição, restauração etc. –, mas também encontram a série dos rituais de serviço que são impostos por alguns aos outros: dar ordens, obedecer, observar regras, punir, recompensar, responder, calar-se. Vocês encontram a série dos procedimentos judiciais: proclamar a lei, vigiar as infrações, obter uma confissão, constatar um erro, pronunciar um julgamento, impor uma punição. Enfim, encontram toda a série das práticas médicas, essencialmente a grande prática médica da crise: esperar o momento em que a crise intervém, facilitar seu desenrolar e seu término, fazer que as forças sãs prevaleçam sobre as outras.

Parece-me que, se se quiser fazer uma verdadeira história da psiquiatria, em todo caso da cena psiquiátrica, tem-se de situá-la nesta série de cenas: cenas de cerimônia de soberania, dos rituais de serviço, dos procedimentos judiciais, das práticas médicas, e não dando como ponto essencial e ponto de partida a análise da instituição*. Sejamos bastante anti-institucionalistas. O que me proponho este ano é mostrar a microfísica do poder, antes mesmo da análise da instituição.

Agora, gostaria de ver mais de perto essa cena protopsiquiátrica de que já lhes dei uma primeira ideia. Parece-me que a cena de Jorge III constitui um corte muito importante na medida em que contrasta nitidamente com certo número de cenas que tinham sido a maneira regrada e canônica de tratar a loucura até então. Parece-me que até o fim do século XVIII, e ainda encontramos exemplos bem no início do século XIX, a manipulação da loucura pelos médicos tinha sido da ordem do estratagema de verdade. Tratava-se de constituir em torno da doença, de certo modo no prolongamento da doença, deixando-a ir em frente e seguindo-a, uma espécie de mundo ao mesmo tempo fictício e real em que a loucura ia cair na armadilha de uma realidade que havia sido insidiosamente induzida. Vou lhes dar um exemplo; é uma observação de Mason Cox, que foi publicada em 1804 na Inglaterra e em 1806 na França, no livro intitulado *Observações sobre a demência*.

* O manuscrito precisa a noção de cena: "Por cena, não entender um episódio teatral, mas um ritual, uma estratégia, uma batalha".

"Mr..., 36 anos, de um temperamento melancólico, mas extremamente apegado ao estudo e sujeito a acessos de tristeza sem causa, às vezes passava noites inteiras em cima dos seus livros, e então era extremamente sóbrio, só bebia água e se privava de qualquer alimentação animal. Seus amigos lhe apontaram em vão o mal que faria desse modo à sua saúde, e sua governanta, insistindo veementemente em que ele seguisse um regime diferente, fez surgir nele, com sua insistência, a ideia de que ela queria tirar-lhe a vida. Ele chegou a se persuadir de que ela havia idealizado o plano de matá-lo com camisas envenenadas, a cuja influência ele já atribuía seus pretensos sofrimentos. Nada pôde dissuadi-lo dessa ideia sinistra. Tomaram então a decisão de fingir acreditar nele. Submeteram uma camisa suspeita a uma série de experiências químicas feitas em sua presença e rodeada de formalidades, cujo resultado foi manipulado de maneira que provasse a verdade das suas suspeitas. Submeteram a governanta a um interrogatório que, apesar dos seus protestos de inocência, pôde fazê-la parecer culpada. Conseguiram contra ela um falso mandado de prisão, que foi executado na presença do doente por falsos oficiais de justiça, que fingiram levá-la para a prisão. Depois disso, organizaram uma consulta em devida forma, na qual uma junta médica insistiu na necessidade de diversos antídotos, que, administrados algumas semanas seguidas, persuadiram enfim o doente da sua cura. Receitaram-lhe então um regime e um modo de vida que o preservaram de recaídas[24]."

Numa história como essa, vocês veem finalmente como uma prática psiquiátrica funcionou. No fundo, tratava-se de desenvolver, a partir da própria ideia delirante, uma espécie de labirinto absolutamente conforme ao próprio delírio, homogêneo à ideia errada, pelo qual se faria o doente passear. O doente acredita, por exemplo, que sua criada lhe dá camisas engomadas com enxofre, que lhe irritam a pele; pois bem, dá-se trela ao delírio. Submetem as camisas a uma perícia química que, claro, dá resultado positivo; como é um resultado positivo, submetem o caso a um tribunal; o tribunal recebe as provas; pronuncia uma sentença, que é de condenação, e finge-se levar a criada para a prisão.

Organização, portanto, de um labirinto homogêneo à ideia delirante; e, no fim desse labirinto, o que se põe, e o que vai precisamente efetuar a cura, é uma espécie de saída bifurcada, de saída em dois níveis. De um lado, vai haver um acontecimento que se produz no interior mesmo do delírio; ou seja, no nível do delírio do doente, a detenção da culpada confirma a verdade do delírio, mas, ao mesmo tempo, assegura ao doente que ele se livrou do que, dentro do seu delírio, é a causa da sua doença. Logo vocês têm essa primeira saída, no próprio nível do delírio, autenticando o delírio e afastando o que no delírio funciona como causa.

Ora, o que acontece aqui no nível do delírio, num outro nível – ou seja, no nível dos médicos, no nível do círculo pessoal –, é algo bem diferente [...*]. Fingindo prenderem a criada, põem-na fora de jogo, afastam-na do doente, e o doente se encontra assim posto ao abrigo do que, na realidade, era a causa da sua doença, isto é, a desconfiança ou o ódio que ele tinha por ela. De sorte que o que é causa no – e o que é causa do – delírio vai ser com isso curto-circuitado numa só e mesma operação.

E essa operação tinha de ser a mesma, isto é, ela tinha de se produzir ao fim do próprio labirinto do delírio, porque, para os médicos, está claro que, se a criada tivesse sido pura e simplesmente afastada, sem ser afastada como causa no interior do delírio, este teria recomeçado. O doente teria imaginado que ela ainda o perseguia, que ela havia encontrado um jeito de tapeá-lo; ou ele teria transferido para outra pessoa a desconfiança que tinha da sua criada. A partir do momento em que se efetua o delírio, em que se dá realidade a ele, em que se autentica o delírio e em que, ao mesmo tem-

* Gravação: "que acontece".

po, se suprime o que é causa no delírio, a partir desse momento tem-se as condições para que o próprio delírio se liquide*. E, se essas condições para que o delírio se liquide são ao mesmo tempo a supressão do que causou o próprio delírio, então a cura está garantida. Logo, por assim dizer, supressão da causa do delírio, supressão da causa no delírio. E é essa espécie de forquilha obtida pelo labirinto da verificação fictícia que garante o próprio princípio da cura.

Porque – e é este o terceiro momento –, a partir do momento em que o doente de fato acredita que seu delírio era verdade, a partir do momento em que acredita que foi suprimido aquilo que, no seu delírio, era a causa da sua doença, então ele se encontra na possibilidade de aceitar uma intervenção médica. A pretexto de curar a doença que lhe havia sido infligida pela criada, nessa espécie de brecha, dá-se uma medicação que é medicação no delírio, medicação que no delírio deve permitir que ele escape da doença que a criada havia provocado e que é uma medicação do delírio, já que lhe dão de fato medicamentos que, acalmando seus humores, acalmando seu sangue, livrando-o de todas as obstruções do seu sistema sanguíneo etc., garantem-lhe a cura. E vocês veem que um elemento de realidade – o medicamento – vai funcionar também aqui em dois níveis: como medicação no delírio e como terapia do delírio. E é essa espécie de jogo organizado em torno da ficção de verificação do delírio que garante efetivamente a cura.

Pois bem, é esse jogo da verdade no delírio e do delírio que vai ser inteiramente suprimido na prática psiquiátrica que se inaugura no início do século XIX; e parece-me que é a emergência do que podemos chamar de prática disciplinar, é essa nova microfísica do poder que vai varrer tudo isso e instaurar os elementos nucleares de todas as cenas psiquiátricas que vão se desenvolver em seguida e sobre as quais se construirão tanto a teoria como a instituição psiquiátricas.

* O manuscrito acrescenta: "Suprime-se realmente, mas numa forma virtualmente aceitável para o delírio, o que no delírio funciona como causa".

NOTAS

1. “Philippe Pinel libertando dos grilhões os alienados no hospício de Bicêtre” – onde, nomeado em 6 de agosto de 1793, assume suas funções de “médico das enfermarias” em 11 de setembro de 1793 – é a versão que dá seu filho mais velho, Scipion Pinel (1795-1859), relatando-a em 1792 num artigo apócrifo atribuído ao seu pai: “Sur l’abolition des chaînes des aliénés, par Philippe Pinel, membre de l’Institut. Note extraite de ses cahiers, communiquée par M. Pinel fils”, *Archives générales de médecine*, 1º ano, t. 2, maio de 1823, pp. 15-7; e comunicação à Academia de Medicina: “Bicêtre en 1792. De l’abolition des chaînes”, *Mémoires de l’Académie de médecine*, 1856, nº 5, pp. 32-40. O pintor Charles Müller imortaliza a cena em 1849 num quadro intitulado *Pinel manda tirar os grilhões dos alienados de Bicêtre*. M. Foucault se refere a ele na *Histoire de la folie*, *op. cit.*, parte III, cap. IV, ed. de 1972, pp. 483-4 e 496-501.

2. Ph. Pinel, *Traité médico-philosophique sur l’aliénation mentale, ou la Manie*, *op. cit.*, seção V, “Police intérieure et surveillance à établir dans les hospices d’aliénés”, § VII, “Les maniaques, durant leurs accès, doivent-ils être condamnés à une réclusion étroite?”, pp. 192-3. Jorge III (1738-1820), rei da Grã-Bretanha e da Irlanda, apresentou vários episódios de distúrbios mentais em 1765, 1788-1789, de fevereiro a junho de 1801, e de outubro de 1810 até a sua morte, em 29 de janeiro de 1820. Cf. I. Macalpine e R. Hunter, *George III and the Mad-Business*, Nova York, Pantheon Books, 1969.

3. Sir Francis Willis (1718-1807), proprietário em Lincolnshire de um estabelecimento para pessoas afetadas por distúrbios mentais, é chamado em 5 de dezembro de 1788, em Londres, no âmbito de uma comissão criada pelo Parlamento a fim de se pronunciar sobre o estado do rei. Willis trata de Jorge III até a melhora dos distúrbios, em março de 1789; episódio mencionado por Ph. Pinel em “Observations sur le régime moral qui est le plus propre à rétablir, dans certains cas, la raison égarée des monarques”, art. cit. (1789), pp. 13-5 (reproduzido em J. Postel, *Genèse de la psychiatrie. Les premiers écrits de Philippe Pinel*, Le Plessis-Robinson, Institut Synthélabo, col. “Les Empêcheurs de penser en rond”, 1998, pp. 194-7) e no *Traité médico-philosophique*,

pp. 192-3 e 286-90, em que Pinel cita o *Report from the Committee Appointed to Examine the Physicians who Have Attended His Majesty During His Illness, Touching the Present State of His Majesty's Health*, Londres, 1789.

4. William Shakespeare, *The Tragedy of King Richard the Third*, drama histórico, composto em fins de 1592-início de 1593, que descreve a ascensão à realeza, por usurpação, de Ricardo, duque de Gloucester, irmão do rei Eduardo IV, depois sua morte na batalha de Bosworth [*Richard III*, trad. fr. J. Malaplote, *in Oeuvres complètes. Histoires II*, ed. bilíngue, Paris, Robert Laffont, col. "Bouquins", 1997, pp. 579-85].

5. *The Tragedy of King Lear* (representada na corte no dia 26 de dezembro de 1606, publicada primeiro em 1608, depois, numa versão remanejada em 1623) [*Le Roi Lear*, trad. fr. G. Monsarrat, *in Oeuvres complètes. Tragédies II*, ed. bilíngue, Paris, Robert Laffont, col. "Bouquins", 1995, pp. 371-581]. M. Foucault se refere a ela em *Histoire de la folie*, ed. de 1972, p. 49, e remete à obra de A. Adnès, *Shakespeare et la folie. Étude médico-psychologique*, Paris, Maloine, 1935. Tornará sobre ela no Curso no Collège de France, ano letivo de 1983-1984: "O governo de si e dos outros. A coragem da verdade", 21 de março de 1984.

6. Ph. Pinel, *Traité médico-philosophique*, *op. cit.*, p. 192.

7. *Ibid.*, p. 193.

8. *Loc. cit.*

9. No dia 6 de janeiro de 1838, o ministro do Interior, Adrien de Gasparin, apresenta à Câmara dos Deputados um projeto de lei sobre os alienados, que é votado pela Câmara dos Pares em 22 de março, e no dia 14 de junho pela Câmara dos Deputados. A lei é promulgada em 30 de junho de 1838. Cf. R. Castel, *L'Ordre psychiatrique. L'âge d'or de l'aliénisme*, Paris, Éd. de Minuit, col. "Le sens commun", 1976, pp. 316-24.

10. Ph. Pinel, *Traité médico-philosophique*, *op. cit.*, p. 193.

11. Alusão a Descartes evocando "esses insensatos cujo cérebro é tão perturbado [...] que eles afirmam constantemente que são reis, quando são muito pobres [...] ou imaginam ter um corpo de vidro", *Méditations touchant la première philosophie*, 1641, trad. fr. do duque de Luynes, 1647, "Première méditation: Des choses que l'on peut révoquer en doute", *in Oeuvres et Lettres*, ed. por A. Bridoux, Paris, Gallimard, "Bibliothèque de la Pleiade", 1952, p. 268. Ver M. Foucault, "Mon corps, ce papier, ce feu", *Paideia*, setembro de 1971, *in Dits et Écrits, 1954-1988*, ed. por D. Defert e F. Ewald, colab. J. Lagrange, Paris,

Gallimard, 1994, 4 vol. [daqui em diante DE, no que se refere a essa edição]: cf. t. II, nº 102, pp. 245-68; e *Histoire de la folie, op. cit.*, ed. de 1972, Appendice II, pp. 583-603.

12. E. J. Georget: "Nada no mundo pode dissuadi-los. Diga [...] a um pretenso rei que ele não é rei, e ele responderá com invectivas", *De la folie. Considérations sur cette maladie..., op. cit.*, p. 282.

13. Cf. *supra*, p. 23, nota 7.

14. Cf. *ibid.*, nota 4. – O manuscrito menciona casos que figuram na seção II, § VII, "Effets d'une répression énergique", pp. 58-9; § XXIII (citado), pp. 96-7; e a seção V, "Police intérieure et surveillance à établir dans les hospices d'aliénés", cap. 3, pp. 181-3 e § 9, pp. 196-7.

15. Cf. *ibid.*, nota 5.

16. F. E. Fodéré, [1] *Traité du délire, op. cit.*; [2] *Essai médico-légal sur les diverses espèces de folie vraie, simulée et raisonnée, sur leurs causes et les moyens de les distinguer, sur leurs effets excusant ou atténuant devant les tribunaux, et sur leur association avec les penchants au crime et plusieurs maladies physiques et morales*, Estrasburgo, Le Roux, 1832.

17. E. J. Georget, [1] *De la folie, op. cit.*; [2] *De la physiologie du système nerveux et spécialement du cerveau. Recherches sur les maladies nerveuses en général, et en particulier sur le siège, la nature et le traitement de l'hystérie, de l'hypocondrie, de l'épilepsie et de l'asthme convulsif*, Paris, J.-B. Baillière, 1821, 2 vol.

18. Joseph Guislain (1797-1860), [1] *Traité sur l'aliénation mentale et sur les hospices des aliénés*, Amsterdam, Van der Hey et Gartman, 1826, 2 vol.; [2] *Traité sur les phrénopathies ou Doctrine naturelle nouvelle des maladies mentales, basée sur des observations pratiques et statistiques, et l'étude des causes, de la nature des symptômes, du pronostic, du diagnostic et du traitement de ces affections*, Bruxelas, Établissement Encyclographique, 1833.

19. Ph. Pinel, *Traité médico-philosophique, op. cit.*, seção II, § VII, pp. 58-9.

20. *Ibid.*, § XXIII, pp. 96-7, n. 1.

21. *Ibid.*, seção V, § III, pp. 181-3.

22. François Leuret desenvolve suas concepções em: [1] "Mémoire sur le traitement moral de la folie", *Mémoires de l'Académie royale de médecine*, t. 7, Paris, 1838, pp. 552-76; [2] *Du traitement moral de la folie, op. cit.*; [3] "Mémoire sur la révulsion morale dans le traitement de la folie", *Mémoires de l'Académie royale de médecine*, t. 9, 1841, pp. 655-71;

[4] *Des indications à suivre dans le traitement moral de la folie*, Paris, Le Normant, 1846.

23. Mary Barnes, enfermeira, entra, aos 42 anos, no centro de recepção do Kingsley Hall aberto em 1965 para pessoas que sofriam de distúrbios mentais, fechado em 31 de maio de 1970. Ela passa aí cinco anos, e sua história é conhecida pela obra que escreveu com seu terapeuta. Cf. M. Barnes e J. Berke, *Mary Barnes. Two Accounts of a Journey through Madness*, Londres, McGillon and Lee, 1971 [*Mary Barnes. Un voyage autour de la folie*, trad. fr. M. Davidovici, Paris, Le Seuil, 1973; texto citado: pp. 287-8].

24. Joseph Mason Cox (1763-1818), *Practical Observations on Insanity*, Londres, Baldwin and Murray, 1804 [*Observations sur la démence*, trad. fr. L. Odier, Genebra, Bibliothèque Britannique, 1806; texto citado: Observation IV, pp. 80-1].

AULA DE 21 DE NOVEMBRO DE 1973

Genealogia do "poder de disciplina". O "poder de soberania". A função-sujeito nos poderes de disciplina e de soberania. – Formas do poder de disciplina: exército, polícia, aprendizagem, oficina, escola. – O poder de disciplina como "instância normalizadora". – Tecnologia do poder de disciplina e constituição do "indivíduo". – A emergência das ciências do homem.

Pode-se dizer que a psiquiatria clássica reinou e funcionou sem, afinal de contas, muitos problemas externos entre os anos 1850 e 1930, a partir de um discurso que ela considerava e fazia funcionar como um discurso verdadeiro; em todo caso, a partir desse discurso ela deduzia a necessidade da instituição asilar e, igualmente, a necessidade de que certo poder médico se desenvolvesse no interior dessa instituição como lei interna e eficaz. Em resumo, de um discurso verdadeiro ela deduzia a necessidade de uma instituição e de um poder.

Parece-me que poderíamos dizer o seguinte: a crítica institucional – hesito dizer "antipsiquiátrica" –, enfim, certa forma de crítica que se desenvolveu a partir dos anos 1930-1940[1] partiu, ao contrário, não de um discurso psiquiátrico que se supõe verdadeiro para dele deduzir a necessidade de uma instituição e de um poder médicos, mas sim do fato da instituição, do funcionamento da instituição, da crítica da instituição, para evidenciar, por um lado, a violência do poder médico que nela se exercia e, por outro lado, os efeitos de desconhecimento que perturbavam logo de saída a suposta verdade desse discurso médico. Portanto, podemos dizer que nessa forma de análise partia-se da instituição para denunciar o poder e analisar os efeitos de desconhecimento.

Eu gostaria de tentar, em vez disso – foi por isso que comecei o curso assim –, pôr em destaque esse problema do poder. Remeto para um pouco mais tarde as relações entre essa análise do poder e o problema do que é a verdade de um discurso sobre a loucura[2].

Parti portanto dessa cena de Jorge III enfrentando seus serviçais, que eram ao mesmo tempo agentes do poder médico, porque este me parecia um belo exemplo do enfrentamento entre um poder que, na própria pessoa do rei, é um poder soberano que esse rei louco encarnava e outro tipo de poder, um poder ao contrário anônimo, mudo e que, paradoxalmente, se apoiava na força, ao mesmo tempo musculosa, dócil e não articulada em discurso, dos serventes. Logo, de um lado, o desenfreamento do rei e, diante deste, a força regrada dos serventes. E a operação terapêutica, que Willis e, depois dele, Pinel supõem, consistiu em fazer a loucura migrar de uma soberania que ela desenfreava e no interior da qual ela se desenfreava, para uma disciplina que devia subjugá-la. O que aparecia nessa captação da loucura, antes de toda instituição e inclusive fora de todo discurso de verdade, era portanto certo poder que chamo de "poder de disciplina".

O que é esse poder? A hipótese que eu queria propor é que existe em nossa sociedade algo como um poder disciplinar. Com isso entendo nada mais que uma forma de certo modo terminal, capilar, do poder, uma última intermediação, certa modalidade pela qual o poder político, os poderes em geral vêm, no último nível, tocar os corpos, agir sobre eles, levar em conta os gestos, os comportamentos, os hábitos, as palavras, a maneira como todos esses poderes, concentrando-se para baixo até tocar os próprios corpos individuais, trabalham, modificam, dirigem o que Servan chamava de "fibras moles do cérebro"[3]. Em outras palavras, creio que o poder disciplinar é certa modalidade, bem específica da nossa sociedade, do que poderíamos chamar de contato sináptico corpo-poder*.

....

* O manuscrito acrescenta: "O que metodologicamente implica deixarmos de lado o problema do Estado, dos aparelhos de Estado, e nos desembaraçarmos da noção psicossociológica de autoridade".

A segunda hipótese é que esse poder disciplinar, no que tem de específico, tem uma história, que esse poder não nasceu de repente, que também não existiu sempre, que se formou e seguiu uma trajetória de certo modo diagonal, através da sociedade ocidental. E, para tomar apenas, digamos, a história que vai da Idade Média aos nossos dias, creio que podemos dizer que esse poder, no que ele tem de específico, não se formou propriamente à margem da sociedade feudal, nem, certamente, tampouco em seu centro. Formou-se no interior das comunidades religiosas; dessas comunidades religiosas, ele se transportou, transformando-se, para comunidades laicas que se desenvolveram e se multiplicaram nesse período da pré-Reforma, digamos, nos séculos XIV-XV. E podemos apreender perfeitamente essa translação em certos tipos de comunidades laicas não exatamente conventuais, como os célebres "Irmãos da Vida Comum" que, a partir de certo número de técnicas que tomavam emprestadas da vida conventual, a partir igualmente de certo número de exercícios ascéticos que tomavam emprestados de toda uma tradição do exercício religioso, definiram métodos disciplinares relativos à vida cotidiana, à pedagogia[4]. Mas esse é apenas um exemplo de toda essa ramificação, anterior à Reforma, de disciplinas conventuais ou ascéticas. E, pouco a pouco, são essas técnicas que vemos então difundir-se em larga escala, penetrar a sociedade do século XVI e, sobretudo, dos séculos XVII e XVIII, e tornar-se no século XIX a grande forma geral desse contato sináptico: poder político/corpo individual.

E creio que o ponto de chegada de toda essa evolução, que vai, para tomarmos uma referência simbólica, dos Irmãos da Vida Comum, isto é, do século XIV, ao ponto de eclosão – isto é, o momento em que esse poder disciplinar se torna uma forma social absolutamente generalizada –, é o *Panopticon* de Bentham, em 1791[5], que dá exatamente a fórmula política e técnica mais geral do poder disciplinar. Creio que o enfrentamento entre Jorge III e seus serviçais, que é mais ou menos contemporâneo do *Panopticon*, esse enfrentamento entre a loucura do rei e a disciplina médica é um dos pontos históricos e simbólicos da emergência e da instalação definitiva do poder disciplinar na sociedade. E não creio que se possa analisar o funcionamento da psiquiatria limitando-se justamente ao funcionamento da instituição asilar. É claro que não se trata de analisar nem mesmo o funcionamento da psiquiatria a partir do discurso supostamente verdadeiro da psiquiatria; mas creio que não se pode fazê-lo nem mesmo a partir da análise da instituição: é a partir do funcionamento desse poder disciplinar que se deve compreender o mecanismo da psiquiatria.

✦

Então o que é esse poder disciplinar? É disso que eu queria lhes falar esta noite.

Estudá-lo não é muito fácil. Primeiro porque tomo uma escala de tempo, no fim das contas, bem ampla: tomarei exemplos nas formas disciplinares que vão aparecer no século XVI e que se desenvolvem até o fim do século XVIII. Não é fácil também porque, para fazer direito as coisas, seria preciso analisar esse poder disciplinar, essa junção corpo-poder, em oposição a outro tipo de poder, que o teria precedido, que teria se justaposto a ele. É o que vou começar a fazer, sem ter aliás muita certeza do que digo a vocês.

Parece-me que poderíamos opor o poder disciplinar a um poder que o precedeu historicamente, com o qual, aliás, ele se misturou por muito tempo, antes de triunfar. Esse poder que o precedeu eu chamarei, em oposição portanto ao poder de disciplina, de poder de soberania – sem me encantar muito com o termo –, vocês já vão ver por quê.

✦

Bom, o que é o poder de soberania? Parece-me que é uma relação de poder que vincula soberano e súdito segundo um par de relações assimétricas: de um lado, a coleta, do outro a despesa. Na relação de soberania, o soberano recolhe produtos, colheitas, objetos fabricados, armas, força de trabalho, coragem; também recolhe tempo, serviços, e vai, não devolver o que recolheu, porque não tem de devolver, mas, numa operação de retorno simétrico, vai haver a despesa do soberano, que pode assumir seja a forma da dádiva, que pode ser efetuada durante cerimônias rituais – dádivas de eventos alegres, dádivas por ocasião de um nascimento –, seja a de um serviço, mas de tipo diferente do que recolheu, como, por exemplo, o serviço de proteção ou o serviço religioso, que é levado a cabo pela Igreja; pode ser também a despesa feita quando, para os festejos, para a organização de uma guerra, o senhor faz os que o rodeiam trabalhar, mediante retribuições. Vocês têm aí, portanto, esse sistema coleta-despesa que me parece caracterizar o poder de tipo soberano. Claro, a coleta sempre prevalece, e muito, sobre a despesa, e a dissimetria é tão grande que vemos se delinear, por trás dessa relação de soberania e desse par dissimétrico coleta-despesa, a depredação, os saques, a guerra.

Em segundo lugar, a relação de soberania sempre traz, creio, a marca de uma anterioridade fundadora. Para que haja relação de soberania, é preciso que haja outra coisa, como um direito divino ou como uma conquista, uma vitória, um ato de submissão, um juramento de fidelidade, um ato firmado entre o soberano que concede privilégios, uma ajuda, uma proteção etc., e alguém que, em compensação, se empenha; ou tem de haver algo como um nascimento, direitos de sangue. Em suma, podemos dizer, a relação de soberania olha sempre para trás, na direção de algo que a fundou de uma vez por todas. Mas isso não impede que essa relação de soberania deva ser reatualizada de maneira regular ou irregular; e a relação de soberania sempre é – esta é mais uma das suas características – reatualizada por algo como a cerimônia, o ritual; também é reatualizada pelo relato e é atualizada por gestos, sinais, hábitos, obrigações de cumprimento, sinais de respeito, insígnias, brasões etc. Que toda relação de soberania seja assim fundada numa anterioridade e reatualizada por certo número de gestos mais ou menos rituais, isso se deve ao fato de que essa relação é, em certo sentido, intangível, que ela é dada de uma vez por todas, mas, ao mesmo tempo, é frágil, está sempre exposta à caducidade, à ruptura. Logo, para que essa relação de soberania se mantenha verdadeiramente, há sempre, fora do rito do recomeço, da reatualização, fora do jogo dos sinais rituais, sempre há a necessidade de certo suplemento de violência ou de certa ameaça de violência, que está presente, por trás da relação de soberania, que a anima e que a apoia. O reverso da soberania é a violência, é a guerra.

Terceira característica das relações de soberania: não são isotópicas. Quero dizer com isso que elas se entrecruzam, se entrelaçam umas nas outras de maneira tal que não dá para estabelecer entre elas um sistema em que a hierarquia seja exaustiva e planejada. Em outras palavras, as relações de soberania são perpétuas relações de diferenciação, mas não são relações de classificação; elas não constituem um quadro hierárquico unitário com elementos subordinados, elementos superordenados. O fato de serem não isotópicas quer dizer, em primeiro lugar, que não têm medida comum, são heterogêneas umas em relação às outras. Vocês têm, por exemplo, a relação de soberania que encontramos entre o servo e o senhor; vocês têm outra relação de soberania, que é absolutamente insuperponível àquela e que é a relação entre detentor do feudo e suserano; vocês têm a relação de soberania exercida pelo padre em relação ao leigo. Todas essas relações não podem ser integradas no interior de um sistema verdadeiramente único. Além disso – é também o que marca a não isotopia da relação de soberania –, os elementos que ela implica, que ela põe em jogo, não são equivalentes: uma relação de soberania pode perfeitamente dizer respeito à relação entre um soberano ou um suserano – não faço diferença em uma análise tão esquemática como esta – e uma família, uma coletividade, os habitantes de uma paróquia, de uma região; mas a soberania pode ter por objeto outra coisa que não as multiplicidades humanas, pode ter por objeto uma terra, uma estrada, um instrumento de produção (um moinho, por exemplo), os usuários – as pessoas que passam por um pedágio, uma estrada, caem sob a relação de soberania.

De sorte que, como vocês estão vendo, a relação de soberania é uma relação na qual o elemento-sujeito não é tanto – pode-se até dizer que não é quase nunca – um indivíduo, um corpo individual. A relação de soberania não se aplica a uma singularidade somática, mas a multiplicidades que estão, de certo modo, acima da individualidade corporal: a famílias, usuários ou, ao contrário, a fragmentos, aspectos da individualidade, da singularidade somática. É na medida em que alguém é filho de x, burguês de tal cidade etc., que vai ser pego numa relação de soberania, seja ele soberano ou, ao contrário, sujeito, e pode ser ao mesmo tempo sujeito e soberano sob diversos aspectos e de tal maneira que nunca o planejamento total de todas essas relações possa se apresentar num quadro único.

Em outras palavras, numa relação de soberania, o que chamarei de função-sujeito se desloca e circula acima e abaixo das singularidades somáticas; e, inversamente, os corpos vão circular, se deslocar, se apoiar aqui ou ali, fugir. Vai-se ter portanto nessas relações de soberania um perpétuo jogo de deslocamentos, de litígios, que vão fazer as funções-sujeitos circular umas em relação às outras e, depois, as singularidades somáticas, digamos – com uma palavra que não me agrada muito, vocês já verão por quê –, os indivíduos. E a vinculação da função-sujeito a um corpo determinado é coisa que só se pode fazer de maneira descontínua, incidente, momentânea, por exemplo em cerimônias. Nesse momento, o corpo do indivíduo é marcado por uma insígnia, pelo gesto que faz: é, por exemplo, a homenagem, é o momento em que uma singularidade somática vem efetivamente se fazer marcar pelo selo da soberania que o aceita, ou, também, é na violência que a soberania faz valer seus direitos e vai impô-los à força a alguém que ela subjuga. Logo, no nível mesmo em que a relação de soberania se aplica, se assim podemos dizer, na extremidade inferior da relação de soberania, vocês nunca encontram uma adequação entre esta relação e as singularidades corporais.

Em compensação, se vocês olharem para cima, perceberão nesse momento aquela individualização que não encontram embaixo; começarão a vê-la se esboçando para cima. Tem-se uma espécie de individualização tendencial da relação de soberania para cima, isto é, na direção do soberano. E haveria como uma espécie de espiral monárquica que acarreta necessariamente esse poder de soberania. Isso quer dizer que, na medida mesma em que esse poder de soberania não é isotópico, mas acarreta perpetuamente litígios, deslocamentos, na medida em que por trás dessas relações soberanas ainda ecoam a depredação, os saques, a guerra etc., e em que o indivíduo como tal nunca é pego na relação, tem de haver, num momento dado e do lado de cima, algo que faça a arbitragem; tem de haver um ponto único, individual, que seja o topo de todo esse conjunto de relações heterotópicas umas em relação às outras e absolutamente não planejáveis num só e mesmo quadro.

A individualidade do soberano é implicada pela não individualização dos elementos a que se aplica a relação de soberania. Necessidade, por conseguinte, de algo como um soberano que seja, em seu corpo mesmo, o ponto para o qual convergem todas essas relações tão múltiplas, tão diferentes, tão inconciliáveis. E é assim que vocês têm necessariamente no topo mesmo desse tipo de poder algo como o rei em sua individualidade, com seu corpo de rei. Mas vocês logo veem um fenômeno muito curioso, que foi estudado por Kantorowicz em seu livro *Os dois corpos do rei*[6]: o rei, para assegurar sua soberania, deve ser um indivíduo com um corpo, mas esse corpo não pode perecer com a singularidade somática do rei; quando o monarca desaparece, a monarquia tem de subsistir; este corpo do rei, que mantém juntas todas essas relações de soberania, não pode desaparecer com o indivíduo X ou Y que acaba de morrer. É necessária portanto certa permanência do corpo do rei; é necessário que o corpo do rei não seja simplesmente sua singularidade somática, tem de ser, além disso, a solidez do seu reino, da sua coroa. De sorte que a individualização que vemos se esboçar no topo da relação de soberania implica a multiplicação do corpo do rei. O corpo do rei é pelo menos duplo, segundo Kantorowicz; estudado de perto, ele sem dúvida é, a partir de certa época, um corpo absolutamente múltiplo.

Logo, creio que se pode dizer o seguinte: a relação de soberania põe em ligação, aplica algo como um poder político no corpo, mas nunca faz a individualidade aparecer*. É um poder que não tem função individualizante ou que só esboça a individualidade do lado do soberano, e ainda assim à custa dessa curiosa, paradoxal e mitológica multiplicação dos corpos. De um lado, corpos, mas não individualidade; de outro lado, uma individualidade, mas uma multiplicidade de corpos.

✦

Pois bem, agora, o poder disciplinar, pois é principalmente disso que eu gostaria de falar.

Creio que podemos opô-lo quase termo a termo ao poder de soberania. Em primeiro lugar, o poder disciplinar não

....

* O manuscrito precisa: "O polo sujeito nunca coincide continuamente com a singularidade somática, salvo no ritual da marca".

põe em ação esse mecanismo, esse acoplamento assimétrico coleta-despesa. Num dispositivo disciplinar, não há dualismo, assimetria; não há essa espécie de apropriação parcial. Parece-me que o poder disciplinar pode se caracterizar em primeiro lugar pelo fato de implicar, não uma coleta com base no produto ou numa parte do tempo, ou em determinada categoria de serviço, mas por ser uma apropriação total, ou tender, em todo caso, a ser uma apropriação exaustiva do corpo, dos gestos, do tempo, do comportamento do indivíduo. É uma apropriação do corpo, e não do produto; é uma apropriação do tempo em sua totalidade, e não do serviço.

Temos um exemplo nítido disso na aparição, em fins do século XVII e em todo o correr do século XVIII, da disciplina militar. Até o início do século XVII, até a Guerra dos Trinta Anos, *grosso modo*, a disciplina militar não existia; o que existia era uma perpétua passagem da vagabundagem ao exército, isto é, o exército era sempre constituído por um grupo de pessoas que eram recrutadas, conforme as necessidades da causa, por um tempo finito e às quais se dava comida por meio do saque e teto por meio da ocupação dos locais que se conseguia encontrar. Em outras palavras, nesse sistema que ainda era da ordem da soberania, tomava-se certo tempo da vida das pessoas, tomavam-se alguns dos seus recursos exigindo delas que viessem com suas armas, e prometia-se a elas algo como a grande retribuição do saque.

A partir de meados do século XVII, vocês veem surgir algo como o sistema disciplinar no exército, isto é, um exército que era aquartelado e no qual os soldados ficam ocupados. Quer dizer, eles ficam ocupados o dia inteiro, o tempo todo da campanha, eles ficam, à parte certo número de desmobilizações, ocupados igualmente durante o período de paz e, no limite, até o fim dos seus dias, já que, a partir de 1750 ou 1760, quando acaba sua vida de soldado, o soldado vai receber uma pensão, será soldado reformado. A disciplina militar começa a ser o confisco geral do corpo, do tempo, da vida; não é mais uma coleta com base na atividade do indivíduo, é uma ocupação do seu corpo, da sua vida e do seu tempo. Todo sistema disciplinar, creio, tende a ser uma ocupação do tempo, da vida e do corpo do indivíduo[7].

Em segundo lugar, o sistema disciplinar não precisa, para funcionar, desse jogo descontínuo, ritual, mais ou menos cíclico, das cerimônias e dos estigmas. O poder disciplinar não é descontínuo, ao contrário, ele implica um procedimento de controle contínuo; no sistema disciplinar, não se está à eventual disposição de alguém, está-se perpetuamente sob o olhar de alguém ou, em todo caso, na situação de ser olhado. Logo, não se é marcado por um gesto que teria sido feito de uma vez por todas, não se é marcado por uma situação que foi dada logo de saída; é-se visível, está-se perpetuamente na situação de ser olhado. De maneira mais precisa, podemos dizer que, na relação de poder disciplinar, não há referência a um ato, a um acontecimento ou a um direito originários; ao contrário, o poder disciplinar se refere antes a um estado terminal ou ótimo. O poder disciplinar olha para o futuro, para o momento em que a coisa funcionará sozinha e em que a vigilância poderá não ser mais que virtual, em que a disciplina, por conseguinte, tornar-se-á um hábito. Há uma polarização genética, um gradiente temporal na disciplina que são o exato inverso dessa referência à anterioridade que se encontrava necessariamente na relação de soberania. Toda disciplina implica essa espécie de linha genética que faz que, de um ponto que não é dado como a situação incontornável, que é, ao contrário, dado como o ponto zero do começo da disciplina, deva se desenvolver algo que é tal que a disciplina funcionará sozinha. Por outro lado, o que vai assegurar esse funcionamento permanente da disciplina, essa espécie de continuidade genética que caracteriza o poder disciplinar? Não vai ser, evidentemente, a cerimônia ritual ou cíclica; vai ser, ao contrário, o exercício, o exercício progressivo, gradual, o exercício que vai detalhar ao longo de uma escala temporal o crescimento e o aperfeiçoamento da disciplina.

Aqui também podemos tomar como exemplo o exército. No exército, tal como existia sob essa forma que chamarei de poder de soberania, existia algo que poderíamos chamar de exercícios, mas que, na verdade, não tinha de maneira nenhuma a função do exercício de disciplina: eram coisas como as justas, os jogos. Isto é, regularmente, os guerreiros, pelo menos os que eram guerreiros por estatuto, isto é, os nobres, os cavaleiros, praticavam a justa etc. Em certo sentido, pode-se interpretar isso como uma espécie de exercício, como um condicionamento do corpo; mas era essencialmente, creio, uma espécie de repetição de bravura, uma prova pela qual o indivíduo mostrava que continuava em condições de garantir seu estatuto de cavaleiro, de, por conseguinte, honrar essa situação que era a dele e pela qual ele exercia certo número de direitos e obtinha certo número de privilégios. A justa era talvez, em parte, um exercício; era principalmente, creio, a repetição cíclica da grande prova pela qual um cavaleiro se tornava cavaleiro.

Já a partir do século XVIII, sobretudo a partir de Frederico II e do exército prussiano, vocês vêm surgir no exército uma coisa que praticamente não existia antes e que é o exercício corporal. Exercício corporal que não consiste, no exército de Frederico II e nos exércitos ocidentais do fim do século XVIII, em algo como a justa, isto é, repetir, reproduzir o ato da guerra. O exercício corporal é um adestramento do corpo, adestramento da habilidade, da marcha, da resistência, dos movimentos elementares, e isso segundo uma escala gradual, totalmente diferente da repetição cíclica das justas e dos jogos. Logo, não se trata de cerimônia, mas de exercício. Eis o meio pelo qual é assegurada essa [espécie] de continuidade genética que, creio, caracteriza a disciplina[8].

Para que a disciplina seja sempre esse controle, essa assunção permanente e global do corpo do indivíduo, creio que é necessariamente levada a utilizar um instrumento que é a escrita. Ou seja, enquanto a relação de soberania implica a atualização do estigma, creio que se pode dizer que a disciplina, com sua exigência de inteira visibilidade, sua constituição das linhas genéticas, com essa espécie de *continuum* hierárquico que a caracteriza, apela necessariamente para a escrita. Primeiro, para garantir a notação e o registro de tudo o que acontece, de tudo o que o indivíduo faz, de tudo o que ele diz; depois, para transmitir a informação de baixo para cima, ao longo da escala hierárquica e, por fim, para poder tornar sempre acessível essa informação e assegurar assim o princípio da onivisibilidade, que é, creio, a segunda grande característica da disciplina.

Para que o poder disciplinar seja global e contínuo, o uso da escrita me parece absolutamente necessário, e parece-me que se poderia estudá-lo da maneira como, a partir dos séculos XVII-XVIII, se vê, tanto no exército como nas escolas, nos centros de aprendizagem, igualmente no sistema policial ou judiciário etc., como os corpos, os comportamentos, os discursos das pessoas são pouco a pouco investidos por um tecido de escrita, por uma espécie de plasma gráfico que os registra, os codifica, os transmite ao longo da escala hierárquica e acaba centralizando-os*. Vocês têm aqui uma relação nova, creio, uma relação direta e contínua da escrita com o corpo. A visibilidade do corpo e a permanência da escrita andam juntas e têm evidentemente por efeito o que poderíamos chamar de individualização esquemática e centralizada.

Tomarei simplesmente dois exemplos desse jogo da escrita na disciplina. Um é o que vocês veem se formar nas escolas de aprendizagem da França, na segunda metade do século XVII, e se multiplicar no correr do século XVIII. Vejamos

* O manuscrito diz: "Os corpos, os gestos, os comportamentos, os discursos são pouco a pouco investidos por um tecido de escrita, um plasma gráfico, que os registra, os codifica, os esquematiza".

o que era a aprendizagem corporativa na Idade Média, no século XVI e ainda no século XVII: um aprendiz entrava, mediante contribuição financeira, para a oficina de um mestre, e este tinha por única obrigação, em função dessa soma de dinheiro que era dada, transmitir-lhe em troca a totalidade do seu saber; mediante o que o aprendiz devia prestar para o mestre todos os serviços que este lhe pedisse. Troca, pois, do serviço cotidiano contra esse grande serviço que era a transmissão do saber. E, ao fim da aprendizagem, havia apenas uma forma de controle, era a obra que era submetida à juranda, isto é, aos que tinham a responsabilidade pela corporação ou pelo ofício na cidade.

Ora, na segunda metade do século XVII, vocês veem surgir instituições de um tipo totalmente novo. Tomarei como exemplo a escola profissional de desenho e tapeçaria dos Gobelins, que foi organizada em 1667 e aperfeiçoada pouco a pouco até um regulamento importante, que deve ser de 1737[9]. Vocês estão vendo que a aprendizagem se faz de maneira bem diferente; ou seja, todos os alunos são inicialmente divididos por faixa etária, e a cada uma dessas faixas etárias é imposto certo tipo de trabalho. Esse trabalho deve ser realizado em presença ou de professores, ou de pessoas que o vigiam; e deve ser anotado, como também são anotados o comportamento, a assiduidade, o zelo do aluno durante seu trabalho. Essas anotações são inscritas em registros que são conservados e transmitidos hierarquicamente até o próprio diretor da manufatura dos Gobelins, de onde se envia ao ministério da Casa Real um relatório sucinto sobre a qualidade do trabalho, as capacidades do aluno e sobre o fato de saber se se pode efetivamente considerá-lo doravante como mestre. Vocês veem constituir-se em torno do comportamento do aprendiz toda essa rede de escrita que vai, por um lado, codificar todo o seu comportamento, em função de certo número de anotações determinadas de antemão, depois esquematizá-lo e, por fim, transmiti-lo a um ponto de centralização que vai definir sua aptidão ou sua inaptidão. Vocês têm aí um investimento pela escrita, a codificação, a transferência, a centralização, em suma, a constituição de uma individualidade esquemática e centralizada.

A mesma coisa poderia ser dita da disciplina policial que se estabeleceu na maioria dos países da Europa, principalmente na França, na segunda metade do século XVIII. A prática policial, na segunda metade do século XVII, ainda era bastante sóbria no que concerne à escrita: quando uma infração era cometida e não era da competência do tribunal, quem se encarregava dela e tomava a seu respeito uma decisão, que era simplesmente notificada, era o tenente de polícia (ou seus adjuntos). Depois, pouco a pouco, vocês veem no correr do século XVIII desenvolver-se todo o investimento do indivíduo pela escrita. Ou seja, vocês veem aparecer visitas de controle que são feitas nas diferentes casas de internação para saber do indivíduo: por que foi detido, em que data, qual é seu comportamento desde então, se evoluiu etc. Depois o próprio sistema se aperfeiçoa e, na segunda metade do século XVIII, vocês veem aparecer a constituição de prontuários até para aqueles que tiveram um simples contato com a polícia ou de quem esta tem alguma suspeita; e os funcionários da polícia recebem, creio que por volta da década de 1760, a missão de redigir, sobre os indivíduos suspeitos, relatórios em duas vias, um que fica *in loco* e que, por conseguinte, possibilita um controle do indivíduo onde ele está – relatórios esses que, é claro, devem ser constantemente atualizados –, e manda-se uma via do relatório a Paris, que vai ser centralizada no ministério e difundida em outras grandes regiões da alçada dos diversos tenentes de polícia, para que, se o indivíduo se deslocar, seja possível encontrá-lo imediatamente. É assim que se constituem biografias ou, na verdade, individualidades policiais das pessoas, a partir das técnicas daquilo que chamarei de investimento perpétuo pela escrita. E, em 1826, momento em que se encontrou um meio de aplicar a técnica das fichas, já conhecida nas bibliotecas e jardins botânicos, nesse momento vocês têm a constituição dessa individualidade administrativa e centralizada[10].

Enfim, a visibilidade contínua e perpétua assegurada assim pela escrita tem um efeito importante: a extrema prontidão da reação do poder disciplinar que essa visibilidade, que é perpétua no sistema disciplinar, possibilita. O poder disciplinar, ao contrário do poder de soberania, que só intervém violentamente, de tempo em tempo, e sob a forma da guerra, da punição exemplar, da cerimônia, o poder disciplinar vai poder intervir incessantemente, desde o primeiro instante, desde o primeiro gesto, desde o primeiro esboço. Tem-se uma tendência, inerente ao poder disciplinar, a intervir no nível do que acontece, no momento em que a virtualidade está se tornando realidade; o poder disciplinar sempre tende a intervir previamente, antes até do próprio ato, se possível, e isso por meio de um jogo de vigilância, de recompensas, de punições, de pressões, que são infrajudiciárias.

E, se podemos dizer que o reverso da relação de soberania era a guerra, podemos dizer, creio, que o reverso da relação disciplinar é, agora, a punição, a pressão punitiva ao mesmo tempo minúscula e contínua.

Aqui também poderíamos buscar um exemplo na disciplina operária, na disciplina da oficina. É bem característico que, nos contratos de operários que eram assinados, e alguns o foram bem cedo, nos séculos XV e XVI, o operário devia concluir seu trabalho antes de determinada época ou dar tantos dias de trabalho ao seu patrão. Se o trabalho não fosse terminado ou se a quantidade de dias não tivesse sido dada, ele tinha de dar, seja o equivalente do que faltava, seja acrescentar a título de multa certa quantidade de trabalho ou mesmo de dinheiro. Logo, podemos dizer que era um sistema punitivo que se prendia, que funcionava com base em e a partir do que tinha sido efetivamente acertado, seja como prejuízo, seja como falta.

Em compensação, vocês veem surgir, a partir do século XVIII, toda uma disciplina de oficina, que é uma disciplina continuada e que, de certo modo, tem por objeto até as virtualidades do comportamento. Vocês veem, nos regulamentos de oficina que são distribuídos nessa época, vigiado o comportamento dos operários uns em relação aos outros, seus atrasos, suas ausências computadas; vocês também veem tudo o que pode ser distração ser punido. Num regulamento dos Gobelins, por exemplo, datado de 1680, chega a ser especificado que quem cantar enquanto trabalha tem de cantar em voz baixa o bastante para não incomodar quem está ao seu lado[11]. Vocês encontram regulamentos em que é dito que, ao voltar do almoço ou do jantar, não se deve contar piadas picantes, porque elas distraem os operários e, assim, eles não podem ter a tranquilidade de espírito necessária para trabalhar. Pressão contínua, portanto, desse poder disciplinar que não tem por objeto a falta, o prejuízo, mas a virtualidade do comportamento. Antes mesmo de o gesto ser feito, alguma coisa deve poder ser detectada, e o poder disciplinar deve intervir; intervir de certo modo antes da manifestação mesma do comportamento, antes do corpo, do gesto ou do discurso, no nível do que é a virtualidade, a disposição, a vontade, no nível do que é a alma. E vocês veem projetar-se assim, por trás do poder disciplinar, algo que é a alma, uma alma bem diferente da que tinha sido definida pela prática e a teoria cristãs.

Para resumir todo esse segundo aspecto do poder disciplinar, que poderíamos chamar de caráter panóptico do poder disciplinar, a visibilidade absoluta e constante que rodeia o corpo dos indivíduos, creio que poderíamos dizer o seguinte: que esse princípio panóptico – ver tudo, o tempo todo, todo o mundo etc. – organiza uma polaridade genética do tempo; ele procede a uma individualização centralizada que tem por suporte e por instrumento a escrita; enfim, ele implica uma ação punitiva e contínua sobre as virtualidades de comportamento, que projeta atrás do próprio corpo algo como uma psiquê.

Enfim, terceira característica do dispositivo disciplinar, que o opõe ao dispositivo de soberania: os dispositivos disciplinares são isotópicos ou, pelo menos, tendem à isotopia. O que quer dizer várias coisas.

Primeiro, num dispositivo disciplinar, cada elemento tem seu lugar bem determinado; ele tem seus elementos subordinados, tem seus elementos superordenados. As patentes no exército ou, na escola, a nítida distinção entre as diferentes classes de idade e, nas diferentes classes de idade, a posição de cada um, tudo isso, que foi adquirido no século XVIII, é um magnífico exemplo dessa isotopia. Não se deve esquecer, para mostrar até onde a coisa ia, que nas classes disciplinarizadas com base no modelo dos jesuítas[12], principalmente com base no modelo da escola dos Irmãos da Vida Comum, o lugar na classe era determinado pela posição do indivíduo em seus resultados escolares[13]. Assim, o que era chamado de *locus* do indivíduo era, ao mesmo tempo, seu lugar na classe e sua posição na hierarquia dos valores e do êxito. Belo exemplo dessa isotopia do sistema disciplinar.

E, por conseguinte, nesse sistema, o deslocamento não pode ser feito por descontinuidade, litígio, guerra, favor etc.; não pode ser feito na ruptura, como era o caso do poder de soberania, mas é feito por um movimento regulado que vai ser o do exame, do concurso, da antiguidade etc.

Mas isotópico quer dizer também que não há, entre esses diferentes sistemas, conflito, incompatibilidade. Os diferentes dispositivos disciplinares devem poder se articular entre si. Por causa justamente dessa codificação, dessa esquematização, por causa das propriedades formais do dispositivo disciplinar, deve-se poder passar sempre de um a outro. É assim que as classificações escolares se projetam, sem muita dificuldade e mediante certo número de correções, nas hierarquias sociais – técnicas que encontramos nos adultos. A hierarquização encontrada no sistema disciplinar e militar retoma, transformando-as, as hierarquias disciplinares encontradas no sistema civil. Em suma, a isotopia desses diferentes sistemas é quase absoluta.

Enfim, isotópico quer dizer principalmente outra coisa, que no sistema disciplinar o princípio de distribuição e de classificação de todos os elementos implica necessariamente algo como um resíduo; ou seja, sempre há algo como o "inclassificável". Nas relações de soberania, ao contrário, o limitador que encontrávamos era aquele entre os diferentes sistemas de soberania, eram os litígios, os conflitos, era a espécie de guerra permanente entre os diferentes sistemas, era aí que estava o ponto em que o sistema de soberania esbarrava. O ponto em que os sistemas disciplinares que classificam, hierarquizam, vigiam etc., vão esbarrar consistirá naqueles que não podem ser classificados, naqueles que escapam da vigilância, os que não podem entrar no sistema de distribuição; em suma, vai ser o resíduo, o irredutível, o inclassificável, o inassimilável. Eis o que vai ser, nessa física do poder disciplinar, o ponto-limite. Ou seja, todo poder disciplinar terá suas margens. O desertor, por exemplo, não existia antes dos exércitos disciplinados, porque o desertor era simplesmente o futuro soldado, aquele que saía do exército para poder voltar a ele, e que voltava se fosse preciso, quando queria ou quando o engajavam à força. Ao contrário, a partir do momento em que se tem um exército disciplinado, isto é, gente que entra no exército, que faz carreira nele, que segue certa linha, é vigiada de ponta a ponta, o desertor é aquele que escapa desse sistema e que é irredutível a ele.

Do mesmo modo, é a partir do momento em que há disciplina escolar que vocês veem aparecer algo como o débil mental[14]. O irredutível à disciplina escolar só pode existir em relação a essa disciplina; aquele que não aprende a ler e a escrever só pode aparecer como problema, como limite, a partir do momento em que a escola segue o esquema disciplinar. Do mesmo modo, quando é que apareceu essa categoria que chamamos de delinquentes? Os delinquentes não são os infratores – é verdade que toda lei tem como correlato a existência de infratores que violam a lei –, mas o delinquente como grupo inassimilável, como grupo irredutível, só pode aparecer a partir do momento em que existe uma disciplina policial em relação à qual ele emerge. Quanto ao doente mental, ele é sem dúvida nenhuma o resíduo de todos os resíduos, o resíduo de todas as disciplinas, aquele que é inassimilável a todas as disciplinas escolares, militares, policiais etc., que podem ser encontradas numa sociedade.

Creio que temos aí uma característica própria dessa isotopia dos sistemas disciplinares: é a existência necessária dos resíduos que vai acarretar evidentemente o aparecimento de sistemas disciplinares suplementares para poder recuperar esses indivíduos, e isto ao infinito. Como existem débeis mentais, isto é, gente que é irredutível à disciplina escolar, vão ser criadas escolas para débeis mentais, depois escolas para os que são irredutíveis às escolas destinadas aos débeis mentais. A mesma coisa no que concerne aos delinquentes: a organização da "marginália" foi feita, de certo modo, em comum pela polícia e por aqueles que eram irredutíveis. A marginália é uma maneira de fazer o delinquente colaborar efetivamente com o trabalho da polícia. Podemos dizer que a marginália é a disciplina dos que são irredutíveis à disciplina policial.

Em suma, o poder disciplinar tem a dupla propriedade de ser anomizante, isto é, de sempre pôr de lado certo número de indivíduos, de ressaltar a anomia, o irredutível, e de ser sempre normalizador, de sempre inventar novos sistemas recuperadores, de sempre restabelecer a regra. Um perpétuo trabalho da norma na anomia caracteriza os sistemas disciplinares.

Creio que podemos resumir isso tudo dizendo que o efeito maior do poder disciplinar é o que poderíamos chamar de remanejamento em profundidade das relações entre a singularidade somática, o sujeito e o indivíduo. No poder de soberania, nessa forma de exercício do poder, tentei lhes mostrar que os procedimentos de individualização se esboçavam no topo, que havia uma individualização tendencial no nível do soberano, com aquele jogo dos corpos múltiplos que faz com que a individualidade se perca no momento mesmo em que aparece. Parece-me que, ao contrário, nos sistemas disciplinares, no topo, no nível dos que exercem ou que fazem funcionar esses sistemas, a função individual desaparece.

Um sistema disciplinar é feito para funcionar sozinho, e quem é encarregado dele ou é seu diretor não é tanto um indivíduo quanto uma função que é exercida por este, mas que poderia perfeitamente ser exercida por outro, o que nunca ocorre na individualização da soberania. E, aliás, mesmo aquele que é responsável por um sistema disciplinar encontra-se preso dentro de um sistema mais amplo, que o vigia por sua vez e no seio do qual ele é disciplinarizado. Logo, creio, supressão da individualização no topo. Em compensação, o sistema disciplinar implica, e creio ser isso o essencial, uma individualização tendencial muito forte na base.

No poder de soberania, procurei lhes mostrar que a função-sujeito nunca se prendia a uma singularidade somática, salvo em casos incidentais, como a cerimônia, o estigma, a violência etc., mas que na maior parte do tempo e fora desses rituais, a função-sujeito sempre circulava acima ou abaixo das singularidades somáticas. No poder disciplinar, ao contrário, a função-sujeito vem se ajustar exatamente à singularidade somática: o corpo, seus gestos, seu lugar, suas mudanças, sua força, seu tempo de vida, seus discursos, é em tudo isso que vem se aplicar e se exercer a função-sujeito do poder disciplinar. A disciplina é essa técnica de poder pela qual a função-sujeito vem se superpor e se ajustar exatamente à singularidade somática.

Pode-se dizer, numa palavra, que o poder disciplinar, e é essa sem dúvida sua propriedade fundamental, fabrica corpos sujeitados, vincula exatamente a função-sujeito ao corpo. Ele fabrica, distribui corpos sujeitados; ele é individualizante [unicamente no sentido de que] o indivíduo [não é] senão o corpo sujeitado. E podemos resumir toda essa mecânica da disciplina dizendo o seguinte: o poder disciplinar é individualizante porque ajusta a função-sujeito à singularidade somática por intermédio de um sistema de vigilância-escrita ou por um sistema de panoptismo pangráfico que projeta atrás da singularidade somática, como seu prolongamento ou como seu começo, um núcleo de virtualidades, uma psiquê, e que estabelece além disso a norma como princípio de divisão e a normalização como prescrição universal para todos esses indivíduos assim constituídos.

Portanto vocês têm no poder disciplinar uma série constituída pela função-sujeito, a singularidade somática, o olhar constante, a escrita, o mecanismo da punição infinitesimal, a projeção da psiquê e, finalmente, a divisão normal-anormal. É tudo isso que constitui o indivíduo disciplinar; é tudo isso que ajusta enfim um ao outro a singularidade somática e um poder político. E o que podemos chamar de indivíduo não é aquilo a que se prende o poder político; o que se deve chamar de indivíduo é o efeito produzido, o resultado dessa vinculação, pelas técnicas que lhes indiquei, do poder político à singularidade somática. Não quero de forma alguma dizer que o poder disciplinar seja o único procedimento de individualização que já existiu na nossa civilização – tentarei voltar a isso da próxima vez –, mas gostaria de dizer que a disciplina é essa forma terminal, capilar, do poder que constitui o indivíduo como alvo, como parceiro, como par na relação de poder.

E, nessa medida, se o que eu lhes disse é verdade, vocês estão vendo que não se pode dizer que o indivíduo preexiste à função-sujeito, à projeção de uma psiquê, à instância normalizadora. Ao contrário, é na medida em que a singularidade somática se tornou, pelos mecanismos disciplinares, portadora da função-sujeito que o indivíduo apareceu no interior de um sistema político. É na medida em que a vigilância ininterrupta, a escrita contínua, a punição virtual enquadraram esse corpo assim sujeitado e dele extraíram uma psiquê, é nessa medida que o indivíduo se constituiu; é na medida em que a instância normalizadora distribui, exclui, retoma sem cessar esse corpo-psiquê que o indivíduo se caracteriza.

Logo não há que querer desfazer as hierarquias, as coerções, as proibições, para valorizar o indivíduo, como se o indivíduo fosse algo que existe em todas as relações de poder, que preexiste às relações de poder e sobre o qual pesam indevidamente as relações de poder. Na verdade, o indivíduo é o resultado de algo que lhe é anterior e que é esse mecanismo, todos esses procedimentos que vinculam o poder político ao corpo. É porque o corpo foi "subjetivizado", isto é, porque a função-sujeito fixou-se nele, é porque ele foi psicologizado, porque foi normalizado, é por causa disso que apareceu algo como o indivíduo, a propósito do qual se pode falar, se pode elaborar discursos, se pode tentar fundar ciências.

As ciências do homem, consideradas em todo caso como ciências do indivíduo, são tão somente o efeito de toda essa série de procedimentos. E, por outro lado, vocês veem que, parece-me, seria absolutamente falso historicamente, logo politicamente, reivindicar os direitos originais do indivíduo contra algo como o sujeito, a norma ou a psicologia. Na verdade, o indivíduo é, desde logo e pelo fato desses mecanismos, sujeito normal, sujeito psicologicamente normal; e, por conseguinte, a dessubjetivização, a desnormalização, a despsicologização implicam necessariamente a destruição do indivíduo como tal. A desindividualização segue junta com essas três outras operações de que lhes falo.

Queria simplesmente acrescentar uma última palavra. Tem-se o costume de fazer da emergência do indivíduo no pensamento e na realidade política da Europa o efeito de um processo que é ao mesmo tempo o desenvolvimento da economia capitalista e a reivindicação do poder político pela burguesia; disso teria nascido a teoria filosófico-jurídica da individualidade que vocês veem se desenvolver, *grosso modo*, desde Hobbes até a Revolução Francesa[15]. Mas creio que, se é verdade que podemos efetivamente ver certo pensamento do indivíduo no nível de que lhes falo, também devemos ver a constituição efetiva do indivíduo a partir de certa tecnologia do poder; e a disciplina me parece ser essa tecnologia, própria do poder que nasce e se desenvolve a partir da idade clássica, que isola e demarca, a partir do jogo dos corpos, esse elemento historicamente novo, creio, que chamamos indivíduo.

Haveria, digamos assim, uma espécie de apreensão jurídico-disciplinar do individualismo. Vocês têm o indivíduo jurídico tal como aparece nas teorias filosóficas ou jurídicas: o indivíduo como sujeito abstrato, definido por direitos individuais, que nenhum poder pode limitar, a não ser que [ele] consinta por contrato. E, depois, abaixo disso, ao lado disso, houve o desenvolvimento de toda uma tecnologia disciplinar que fez aparecer o indivíduo como realidade histórica, como elemento das forças produtivas, como elemento também das forças políticas; e esse indivíduo é um corpo sujeitado, pego num sistema de vigilância e submetido a procedimentos de normalização.

✦

O discurso das ciências humanas tem precisamente por função conjuminar, acoplar esse indivíduo jurídico com esse indivíduo disciplinar, fazer crer que o indivíduo jurídico tem por conteúdo concreto, real, natural, o que foi demarcado e constituído pela tecnologia política como indivíduo disciplinar. Desbastem o indivíduo jurídico, dizem as ciências humanas (psicológicas, sociológicas etc.), e encontrarão certo homem; e, de fato, o que elas apresentam como homem é o indivíduo disciplinar. Conjuntamente, na direção inversa aliás desses discursos das ciências humanas, vocês têm o discurso humanista, que é a recíproca do primeiro e que consiste em dizer: o indivíduo disciplinar é um indivíduo alienado, sujeitado, é um indivíduo que não é autêntico; desbastem-no, ou melhor, restituam-lhe a plenitude dos seus direitos, e encontrarão, como sua forma originária viva e vivaz, um indivíduo que é o indivíduo filosófico-jurídico. Esse jogo entre o indivíduo jurídico e o indivíduo disciplinar sustenta, creio, tanto o discurso das ciências humanas como o discurso humanista.

E o que se chama Homem, nos séculos XIX e XX, nada mais é que a espécie de imagem remanescente dessa oscilação entre o indivíduo jurídico, que foi o instrumento pelo qual em seu discurso a burguesia reivindicou o poder, e o indivíduo disciplinar, que é o resultado da tecnologia empregada por essa mesma burguesia para constituir o indivíduo no campo das forças produtivas e políticas. É dessa oscilação entre o indivíduo jurídico, instrumento ideológico da reivindicação do poder, e o indivíduo disciplinar, instrumento real do seu exercício físico, é dessa oscilação entre o poder que é reivindicado e o poder que é exercido que nasceram essa ilusão e essa realidade que chamamos o Homem[16].

NOTAS

1. Na realidade, conviria distinguir duas formas de críticas da instituição asilar:

(a) Na década de 1930, surge uma corrente crítica que vai no sentido de um distanciamento progressivo em relação ao espaço asilar instituído pela lei de 1838 como lugar quase exclusivo da intervenção psiquiátrica, cujo papel se reduzia, como afirmava Édouard Toulouse (1865-1947), ao de uma "assistência-abrigo" ("L'Évolution de la psychiatrie", Comemoração da fundação do hospital Henri Roussel, 30 de julho de 1937, p. 4). Pretendendo dissociar a noção de "doença mental" da de um confinamento num asilo submetido a condições legais e administrativas particulares, essa corrente se atribui a tarefa de "estudar por meio de que mudanças na organização dos asilos seria possível abrir maior espaço para o tratamento moral e individual" (J. Raynier e H. Beaudouin, *L'Aliéné et les Asiles d'aliénés au point de vue administratif et juridique*, 1922; 2ª ed. rev. e aum., Paris, Le Français, 1930, p. 654). Nessa perspectiva, o hospitalo-centrismo tradicional é minado por novos enfoques: diversificação das modalidades de assistência, projetos de vigilância em pós-curas e, principalmente, o aparecimento de serviços livres, ilustrados pela instalação, no seio dessa fortaleza da psiquiatria asilar que é o hospital Sainte-Anne, de um "serviço aberto" cuja direção é confiada no dia 1º de junho de 1922 a Édouard Toulouse – e que, em 1926, se transforma no hospital Henri Roussel (cf. É. Toulouse, "L'hôpital Henri Roussel", *La Prophylaxie mentale*, nº 43, janeiro-julho 1937, pp. 1-69). Esse movimento alcança sua oficialização, em 13 de outubro de 1937, com a circular do ministro da Saúde Pública, Marc Rucart, relativa à organização da assistência aos doentes mentais no âmbito do departamento. Sobre esse ponto, cf.: [a] É. Toulouse, *Réorganisation de l'hospitalisation des aliénés dans les asiles de la Seine*, Paris, Imprimerie Nouvelle, 1920; [b] J. Raynier e J. Lauzier, *La Construction et l'Aménagement de l'hôpital psychiatrique et des asiles d'aliénés*, Paris, Peyronnet, 1935; [c] G. Daumezon, *La Situation du personnel infirmier dans les asiles d'aliénés*, Paris, Doin, 1935 (depoimento sobre a pobreza dos meios de que dispõem as instituições psiquiátricas na década de 1930).

(b) Na década de 1940, a crítica assume outro tom, iniciado pela comunicação de Paul Balvet, na época diretor do hospital de Saint-Alban (Lozère), que se tornará um centro de referência para todos os que eram movidos pelo desejo de uma mudança radical das estruturas asilares ("Asile et hôpital psychiatrique. L'expérience d'un établissement rural", *in* XLIIIe *Congrès des Médecins aliénistes et neurologistes de France et des pays de langue française (Montpellier, 28-30 octobre 1942)*, Paris, Masson, 1942). É então que uma pequena fração militante do corpo profissional toma consciência de que o hospital psiquiátrico não é apenas um hospital de alienados, mas é ele próprio "alienado", já que constituído "numa ordem conforme aos princípios e usos de uma ordem social excludente do que a incomoda" (L. Bonnafé, "Sources du désaliénisme", *in Désaliéner? Folie(s) et société(s)*, Toulouse, Presses universitaires du Mirail/Privat, 1991, p. 221). Propondo-se reconsiderar o funcionamento do hospital psiquiátrico para fazer dele uma organização verdadeiramente terapêutica, essa corrente desenvolve um questionamento sobre a natureza das relações do psiquiatra com os doentes. Cf. G. Daumezon e L. Bonnafé, "Perspectives de réforme psychiatrique en France depuis la Libération", *in* XLIVe *congrès des Médecins aliénistes et neurologistes de France et des pays de langue française (Genève, 22-27 juillet 1946)*, Paris, Masson, 1946, pp. 584-90; e *infra*, "Situação do curso", pp. 466 ss.).

2. Cf. *infra*, aulas de 12 e 19 de dezembro de 1973; aula de 23 de janeiro de 1974.

3. J. M. A. Servan, *Discours sur l'administration de la justice criminelle*, *op. cit.*, p. 35.

4. Fundada na Holanda em 1383, em Deventer, por Gerard Groote (1340-1384), a comunidade dos "Irmãos da Vida Comum", inspirada nos princípios do teólogo flamengo Jan (Johannes) Van Ruysbroek e da mística renana do século XIV (cf. *infra*, p. 112, nota 9), pretende lançar as bases de uma reforma do ensino transpondo para a educação uma parte das técnicas espirituais. Numerosas casas se abrem até o fim do século XV em Zwolle, Delft, Amersfoot, Liège, Utrecht etc. Cf.: [a] M. Foucault, *Surveiller et Punir. Naissance de la prison,* Paris, Gallimard ("Bibliothèque des histoires"), 1975, pp. 163-4; [b] A. Hyma, *The Brethren of the Common Life*, Grand Rapids, Mich., W. B. Erdmans, 1950; [c] G. Groote, textos escolhidos *in* M. Michelet, org., *Le Rhin mystique. De Maître Eckhart à Thomas a Kempis*, Paris, Fayard, 1957; [d] L. Cognet, *Introduction aux mystiques rhéno-flamands*, Paris, Desclée

de Brouwer, 1968; [e] W. Lourdaux, art. "Frères de la Vie commune", *in Dictionnaire d'histoire et de géographie ecclésiastiques*, org. card. A. Baudrillart, t. 18, Paris, Letouzey e Ané, reed., 1977 (1ª ed. s.d.).

5. Escrito em 1787 na forma de cartas endereçadas a um correspondente anônimo, a obra é editada em 1791 com o título de *Panopticon, or the Inspection-House, Containing the idea of a new principle of construction applicable to any sort of establishment in which persons of any description are to be kept under inspection, and in particular to penitentiary-houses, prisons, houses of industry [...] and schools, with a Plan of Management adapted to the principle*, em *Works*, ed. Bowring, Edimburgo, Tait, 1791. As vinte e uma cartas que compõem a primeira parte são traduzidas para o francês (por Maud Sissung) *in Le Panoptique*, precedido de "L'oeil du pouvoir. Entretien avec Michel Foucault", Paris, P. Belfond (col. "L'Échappée"), 1977. (1ª trad. fr. *Panoptique. Mémoire sur un nouveau principe pour construire des maisons d'inspection, et nommément des maisons de force*, Paris, Imprimerie nationale, 1791; republicado em *Oeuvres de Jérémy Bentham. Le Panoptique*, ed. por Dumont, Bruxelas, Louis Hauman et Cie, t. 1, 1829, pp. 245-62.)

6. E. Kantorowicz, *The King's Two Bodies: A Study in Medieval Political Theology*, Princeton, NJ, Princeton University Press, 1957 [*Les Deux Corps du Roi. Essai sur la théologie politique du Moyen-Âge*, trad. fr. J.-Ph. Genet e N. Genet, Paris, Gallimard ("Bibliothèque des histoires"), 1989].

7. Este ponto será desenvolvido em *Surveiller et Punir*, *op. cit.*, parte III, "Discipline", cap. I, "Les corps dociles", pp. 137-71.

8. Sobre os regulamentos da infantaria prussiana, cf. *ibid.*, pp. 159-61.

9. O edito de novembro de 1667 para o estabelecimento de uma manufatura de móveis da Coroa aos Gobelins determina o recrutamento e a condição dos aprendizes, organiza uma aprendizagem corporativa e funda uma escola de desenho. Um novo regulamento é instituído em 1737. Cf. também E. Gerspach, org., *La Manufacture nationale des Gobelins*, Paris, Delagrave, 1892, "Règlement de 1680 imposant de chanter à voix basse des cantiques dans l'atelier", pp. 156-60. Ver *Surveiller et punir*, pp. 158-9.

10. *Surveiller et punir*, pp. 215-9. Sobre os registros policiais no século XVIII, cf. M. Chassaigne, *La Lieutenance générale de police de Paris*, Paris, A. Rousseau, 1906.

11. E. Gerspach, ed., *La Manufacture...*, *op. cit.*

12. Imposto às casas da Companhia de Jesus por uma carta circular de 8 de janeiro de 1599, o *Ratio Studiorum* – redigido em 1586 – organiza a repartição dos estudos por classes, divididas em dois campos, e estes em decúrias, à frente das quais é posto um "decurião" encarregado da vigilância. Cf. C. de Rochemonteix, *Un collège de jésuites aux XVII*[e] *et XVIII*[e] *siècles: le collège Henri IV de La Flèche*, Le Mans, Leguicheux, 1889, t. I, pp. 6-7 e 51-2. Ver *Surveiller et punir*, *op. cit.*, pp. 147-8.

13. Alusão à inovação introduzida por Jean Cele (1375-1417), diretor da escola de Zwolle, distribuindo os alunos em classes que tinham cada qual seu programa especial, seu responsável e seu lugar dentro da escola, sendo os alunos colocados em determinada classe em função dos seus resultados. Cf.: [a] G. Mir, *Aux sources de la pédagogie des jésuites. Le "Modus Parisiensis"*, Roma, Bibliotheca Instituti Historici, vol. XXVIII, 1968, pp. 172-3; [b] M. J. Gaufrès, "Histoire du plan d'études protestant", *Bulletin de l'histoire du protestantisme français*, vol. XXV, 1889, pp. 481-98. Ver *Surveiller et punir*, pp. 162-3.

14. Assim, é em 1904 que o ministro da Instrução Pública cria uma comissão para "estudar os meios a serem empregados para assegurar a instrução primária [...] a todas as 'crianças anormais e atrasadas'". É nesse âmbito que, em 1905, Alfred Binet (1857-1911) é encarregado de determinar os meios de identificar as crianças retardadas. Empreendendo com Théodore Simon (1873-1961), diretor da colônia infantil de Perray-Vaucluse, pesquisas por questionários nas escolas do 2º e do 20º distritos de Paris, cria com este uma "escala métrica da inteligência destinada a avaliar os retardos de desenvolvimento" (A. Binet e Th. Simon, "Applications des méthodes nouvelles au diagnostic du niveau intellectuel chez les enfants normaux et anormaux d'hospice et d'école", *L'Année psychologique*, t. XI, 1905, pp. 245-336). Os débeis mentais são definidos então por uma "característica negativa": é que, "por sua organização física e intelectual, esses seres estão incapacitados para beneficiar-se dos métodos de instrução e de educação em uso nas escolas públicas" (A. Binet e Th. Simon, *Les Enfants anormaux. Guide pour l'admission des enfants anormaux dans les classes de perfectionnement*, pref. de Léon Bourgeois, Paris, A. Colin, 1907, p. 7). Cf.: [a] G. Netchine, "Idiots, débiles et savants au XIX[e] siècle", *in* R. Zazzo, *Les Débilités mentales*, Paris, A. Colin (col. "U"), 1969, pp. 70-107; [b] F. Muel, "L'école obligatoire et l'invention de l'enfance anormale", *Actes de la recherche en sciences sociales*, nº 1, janeiro de 1975, pp. 60-74.

15. Ver a obra de C. B. MacPherson, *The Political Theory of Possessive e Individualism*, Oxford, Oxford University Press, 1961 [*La Théorie politique de l'individualisme possessif, de Hobbes a Locke,* trad. fr. M. Fuchs, Paris, Gallimard ("Bibliothèque des idées"), 1971].

16. Cf. "Mon corps, ce papier, ce feu" (setembro de 1971), art. cit., *supra*, p. 47, nota 11.

AULA DE 28 DE NOVEMBRO DE 1973

Elementos de uma história dos dispositivos disciplinares: as comunidades religiosas na Idade Média; a colonização pedagógica da juventude; as missões jesuíticas no Paraguai; o exército; as oficinas; as cidades operárias. – A formalização desses dispositivos no modelo do *Panopticon* de Jeremy Bentham. – A instituição familiar e a emergência da função-psi.

Vou começar por algumas observações sobre a história desses dispositivos disciplinares.

Semana passada eu havia tentado descrevê-los um pouco abstratamente e fora de toda diacronia, fora também de todos os sistemas de determinação que puderam induzir o estabelecimento e a generalização desses dispositivos disciplinares. O que lhes descrevi é uma espécie de aparelho, de maquinaria cujas formas maiores aparecem claramente a partir do século XVII, digamos, sobretudo a partir do século XVIII. Na verdade, os dispositivos disciplinares não se formaram, longe disso, nos séculos XVII e XVIII; muito menos ainda substituíram de repente aqueles dispositivos de soberania aos quais procurei opô-los. Os dispositivos disciplinares vêm de longe; eles se ancoraram, funcionaram, e por muito tempo, no meio dos dispositivos de soberania; eles formaram como que ilhas no interior das quais se exercia um tipo de poder que era bem diferente do que se poderia chamar, para essa época, de morfologia geral da soberania.

Onde esses dispositivos disciplinares existiram? Não é difícil encontrá-los, segui-los. São encontrados essencialmente nas comunidades religiosas, sejam elas comunidades regulares – entendo regulares no sentido de estatutárias, reconhecidas pela Igreja –, sejam comunidades espontâneas. Ora, o que me parece importante é que esses dispositivos disciplinares tais como os vemos nas comunidades religiosas tiveram, no fundo, durante a Idade Média e até o século XVI inclusive, um duplo papel.

Claro, eles se integraram ao esquema geral da soberania, ao mesmo tempo feudal e monárquica; é verdade que funcionaram de maneira positiva no interior desse dispositivo mais geral que os enquadrava, que os suportava, em todo caso que os tolerava perfeitamente. Mas também tiveram um papel crítico, um papel de oposição e de inovação. Creio que se pode dizer muito esquematicamente o seguinte: de um lado, é através das elaborações ou, ainda, das reativações dos dispositivos disciplinares que se transformaram, na Igreja, não apenas as próprias ordens religiosas, mas as práticas religiosas, as hierarquias e a ideologia religiosas também. Tomarei simplesmente um exemplo.

Uma reforma como a que ocorreu nos séculos XI-XII, ou melhor, a série de reformas que ocorreram nessa época no interior da ordem beneditina representa, no fundo, certa tentativa de arrancar a prática religiosa, ou de arrancar a ordem inteira, do sistema de soberania feudal no interior do qual ela estava presa e incrustada[1]. Em linhas gerais, pode-se dizer que a grande forma clunisiana era uma forma monástica que havia sido investida ou parasitada a tal ponto pelo sistema feudal que toda a ordem clunisiana era, em sua existência, em sua economia, em suas hierarquias internas, um dispositivo de soberania[2]. Em que consistiu a reforma de Cister?[3] A reforma cisterciense consistiu em restituir à ordem certa disciplina, em reconstituir um dispositivo disciplinar que era referido a uma regra mais originária e como que esquecida; um sistema disciplinar no qual se encontraria primeiro a regra de pobreza, a obrigação do trabalho manual e da plena ocupação do tempo, o desaparecimento das posses pessoais, dos gastos suntuosos, a regulação do regime alimentar, da vestimenta, a regra da obediência interna, o fortalecimento da hierarquia. Em suma, vocês veem aparecer aqui todas as características do sistema disciplinar como um esforço de desprendimento da ordem monástica em relação ao dispositivo de soberania que a tinha penetrado e como que corroído. E é graças a isso, aliás, que a ordem de Cister pôde realizar certo número de inovações econômicas; graças, precisamente, ao mesmo tempo, a essa regra de pobreza, a esses sistemas hierárquicos, a essas regras de obediência, de trabalho e, também, a todo o sistema de registro, de contabilidade etc., que estavam ligados à prática disciplinar.

Poder-se-ia dizer também que não foi simplesmente na ordem da inovação econômica que os sistemas disciplinares tiveram um papel ao mesmo tempo crítico e inovador na Idade Média; foi também na ordem política. Pode-se dizer, por exemplo, que os novos poderes políticos que tentam abrir caminho através do feudalismo e a partir dos dispositivos de soberania, esses novos poderes centralizados, que são, de um lado, a monarquia e, de outro, o papado, tentam criar novos instrumentos em relação aos mecanismos de soberania, instrumentos que são de tipo disciplinar. Assim, por exemplo, a ordem dos dominicanos, com toda a nova disciplina que ela representava em relação às outras regularidades monásticas[4], e a ordem dos beneditinos foram nas mãos do papado, e igualmente nas mãos da monarquia francesa, um instrumento graças ao qual foi possível romper certos elementos do sistema feudal, certos dispositivos de soberania que existiam, por exemplo, no sul da França, na Occitânia etc.[5]. É da mesma maneira que os jesuítas foram, mais tarde, no século XVI, um instrumento graças ao qual puderam ser rompidos certos restos da sociedade feudal[6]. Logo: inovação econômica, inovação política.

Pode-se dizer ainda que as diligências disciplinares, essas espécies de ilhas disciplinares que vemos emergir na sociedade medieval, também possibilitam inovações sociais, possibilitam em todo caso que se articulem certas formas de oposição social contra as hierarquias, contra o sistema de diferenciação dos dispositivos de soberania. Vemos surgir, e isso desde a Idade Média, muito mais ainda na véspera da Reforma, vemos constituírem-se certos tipos de grupos comunitários relativamente igualitários, que não são mais regidos pelos dispositivos de soberania, mas por dispositivos de disciplina: uma mesma regra que se impõe a todos da mesma maneira, sem que haja entre aqueles a que ela se aplica outras diferenças de estatuto além das que são indicadas pela hierarquia interna do dispositivo. É assim que vocês veem surgir bem cedo algo como os monges mendicantes, que já representam uma espécie de oposição social através de um novo esquema disciplinar[7]. Vocês também veem comunidades religiosas, mas constituídas essencialmente de leigos, como os Irmãos da Vida Comum, que surgiram na Holanda no século XIV[8]; e, por fim, todas essas comunidades populares ou burguesas que precederam imediatamente a Reforma e que vocês veem prosseguir, sob novas formas, até o século XVII, por exemplo, na Inglaterra, com o papel político e social que vocês sabem; no século XVIII igualmente. Pode-se dizer também, no limite, que a maçonaria pôde funcionar na sociedade francesa e europeia do século XVIII como uma espécie de inovação disciplinar destinada a trabalhar de dentro, a curto-circuitar e, até certo ponto, a romper as redes dos sistemas de soberania.

Tudo isso, muito esquematicamente, para dizer que os dispositivos disciplinares existiram desde muito tempo no interior, e como ilhas, no plasma geral das relações de soberania. Esses sistemas disciplinares, ao longo de toda a Idade Média, no século XVI, ainda no século XVIII, permaneceram laterais, quaisquer que tenham sido as utilizações que deles tenham podido fazer e os efeitos gerais que acarretaram. Eles permaneceram laterais; apesar disso, vemos esboçar-se através deles toda uma série de inovações que, pouco a pouco, vão envolver o conjunto da sociedade. E é precisamente nos séculos XVII e XVIII que vemos, por uma espécie de extensão progressiva, de parasitagem geral da sociedade, é nesse momento que vemos constituir-se o que poderíamos denominar com a expressão – mas evidentemente de forma muito rudimentar e esquemática – "sociedade disciplinar", substituindo a sociedade de soberania.

Como se deu essa extensão dos dispositivos disciplinares? Por quais etapas? E, finalmente, qual foi o mecanismo que lhes serviu de suporte? Creio que se poderia dizer, também de forma muito esquemática, que, do século XVI ao século XVIII, a extensão histórica, a parasitagem global efetuada pelos dispositivos disciplinares têm um certo número de pontos de apoio.

Em primeiro lugar, parasitagem da juventude escolar que, até o fim do século XV-início do século XVI, havia preservado sua autonomia, suas regras de deslocamento e de vagabundagem, sua turbulência própria, seus laços, também, com as agitações populares. E, seja sob a forma do sistema italiano ou do sistema francês, seja sob a forma de uma comunidade de estudantes-professores ou sob a forma de uma comunidade autônoma dos estudantes em relação à dos professores, pouco importa, como quer que seja tinha-se, no sistema geral do funcionamento social, uma espécie de grupo em perambulação, de grupo no estado de emulsão, no estado de agitação. E, no fundo, a disciplinarização dessa juventude estudantil, essa colonização da juventude, foi um dos primeiros pontos de aplicação e de extensão do sistema disciplinar.

O curioso é que a colonização dessa juventude turbulenta e em movimento pelo sistema disciplinar teve como ponto de partida a comunidade dos Irmãos da Vida Comum, isto é, uma comunidade religiosa cujos objetivos, cujo ideal ascético eram claros, pois seu fundador era alguém chamado Groote, muito ligado a Ruysbroek, o Admirável, logo alguém que estava a par de toda aquela mística alemã e renana do século XIV[9]. É aí, nessa prática de um exercício do indivíduo sobre ele próprio, nessa tentativa de transformar o indivíduo, nessa busca de uma evolução progressiva do indivíduo até o ponto da salvação, é aí, nesse trabalho ascético do indivíduo sobre ele mesmo para a sua salvação, que encontramos a matriz, o modelo primeiro da colonização pedagógica da juventude. É a partir daí, e sob a forma coletiva desse ascetismo que encontramos nos Irmãos da Vida Comum, que vemos esboçarem-se os grandes esquemas da pedagogia, isto é, a ideia de que só se podem aprender as coisas passando por certo número de etapas obrigatórias e necessárias, que essas etapas se seguem no tempo e, no mesmo movimento que as conduz através do tempo, marcam tantos progressos quantas são as etapas. A conjuminância tempo-progresso é característica do exercício ascético e também vai ser característica da prática pedagógica.

Assim, nas escolas fundadas pelos Irmãos da Vida Comum, primeiro em Deventer, depois em Liège, em Estrasburgo, vamos ter pela primeira vez divisões em idades e divisões em níveis, com programas de exercícios progressivos. Em segundo lugar, nessa nova pedagogia, vocês vão ver surgir uma coisa que é bem nova em relação ao que era a regra de vida da juventude da Idade Média, isto é, a regra da clausura. É no interior de um espaço fechado, num meio fechado sobre si mesmo e com o mínimo de relações com o mundo exterior, que deve se realizar o exercício pedagógico, assim como o exercício ascético. O exercício ascético requeria um lugar privilegiado; do mesmo modo, agora, o exercício pedagógico vai requerer seu lugar. E isso também é novo, é essencial; toda a mistura, toda a intricação do meio universitário com o meio ambiente, em particular o vínculo tão fundamental durante toda a Idade Média entre essa juventude universitária e as classes populares, vai ser atravessado por esse princípio da vida em clausura, que é um princípio ascético transportado para a pedagogia.

Em terceiro lugar, um dos princípios do exercício ascético é que, se ele é bem exercido pelo indivíduo sobre si mesmo, é sempre sob a direção constante de alguém que é o guia, o protetor, em todo caso aquele que assume a responsabilidade pelo proceder de quem está iniciando seu próprio caminho ascético. O caminho ascético requer um guia constante, que esteja perpetuamente atento ao progresso ou, ao contrário, aos retrocessos ou aos erros de quem começa o exercício; do mesmo modo – aqui também inovação total em relação à pedagogia universitária da Idade Média –, vocês veem a ideia de que o professor deve acompanhar o indivíduo ao longo de toda a sua carreira ou, pelo menos, conduzi-lo de uma etapa à outra antes de passar o bastão a outro guia que, mais preparado, mais avançado, poderá guiar o aluno mais longe. O guia ascético torna-se o professor de classe ao qual o aluno é vinculado, seja durante um ciclo de estudos, seja durante um ano, seja eventualmente durante todo o seu curso escolar.

E, enfim, neste caso não estou muito seguro de que o modelo seja ascético, mas, em todo caso, o que encontramos nas escolas dos Irmãos da Vida Comum é uma curiosíssima organização de tipo paramilitar. É bem possível que se trate de um esquema de origem monástica; de fato, encontramos nos conventos, principalmente nos conventos da época cristã arcaica, divisões que são ao mesmo tempo agrupamentos de trabalho, agrupamentos de meditação, agrupamentos também de formação intelectual e espiritual, que compreendem dez indivíduos, sob a direção de alguém que os toma a cargo e assume a responsabilidade por eles, e que formam as "decúrias"[10]. É possível que esse esquema, manifestamente inspirado no exército romano, tenha sido transposto para a vida monástica dos primeiros séculos cristãos; em todo caso, é isso que encontramos nas escolas dos Irmãos da Vida Comum, e elas se pautam por esse esquema militar da decúria; talvez, aliás, a organização das milícias burguesas em Flandres tenha, de certa forma, tomado o lugar desse modelo. Enfim, vocês têm um curioso esquema, monástico e militar ao mesmo tempo, que vem servir de instrumento para essa colonização da juventude no interior das formas pedagógicas.

Temos aí, se assim podemos dizer, um dos primeiros momentos dessa colonização de uma sociedade inteira por intermédio dos dispositivos disciplinares.

✦

Encontramos outra aplicação desse dispositivo disciplinar num outro tipo de colonização; não mais a da juventude, mas simplesmente a colonização dos povos colonizados. E aí temos uma história bem curiosa. Seria preciso ver com certo detalhe como os esquemas disciplinares foram ao mesmo tempo aplicados e aperfeiçoados nas populações coloniais. Parece que essa disciplinarização se fez, de início, de maneira bastante discreta, marginal e, curiosamente, em contraponto à escravidão.

De fato, foram os jesuítas, adversários da escravidão – por razões teológicas e religiosas, mas também por razões econômicas –, que opuseram, na América do Sul, a essa utilização, ao que parece imediata, brutal e altamente consumidora de vidas humanas, a essa prática da escravidão tão onerosa e tão pouco organizada, outro tipo de distribuição, de controle e de exploração [...*] por um sistema disciplinar. E as célebres repúblicas ditas "comunistas" dos guaranis, no Paraguai, na realidade eram microcosmos disciplinares nos quais se tem um sistema hierárquico cujas chaves estavam nas mãos dos próprios jesuítas; os indivíduos, as comunidades guaranis recebiam um esquema de comportamento absolutamente estatutário que lhes indicava a organização do tempo a que deviam obedecer, indicava as horas das refeições, de descanso, despertava-os à noite para que pudessem fazer amor e filhos na hora marcada[11]. Plena ocupação do tempo, por conseguinte.

Vigilância permanente: nas aldeias dessas repúblicas guaranis cada um tinha seu alojamento; mas, ao longo de todos os alojamentos, havia uma espécie de calçada que permitia olhar pelas janelas, as quais, é claro, não tinham folhas a fechá-las, de modo que de noite pudesse haver uma vigilância sobre o que cada um fazia. Tinha-se também e principalmente uma espécie de individualização, pelo menos no nível da

....

* Gravação: "humanos".

microcélula familiar, já que cada uma – que, aliás, rompia a velha comunidade guarani – recebia um alojamento, e era esse alojamento, precisamente, que era objeto do olho da vigilância.

Enfim, uma espécie de sistema penal permanente, num sentido muito indulgente se comparado ao que era o sistema penal europeu na época – ou seja, não tinha pena de morte, não tinha suplício, não tinha tortura –, mas um sistema de punição absolutamente permanente, que corria ao longo de toda a existência do indivíduo e que, a cada instante, em cada um dos seus gestos ou das suas atitudes, era capaz de identificar alguma coisa que indicasse uma má tendência, uma má propensão etc., e que acarretava, por conseguinte, uma punição que podia ser mais leve, por ser, de um lado, constante e, de outro lado, por se aplicar sempre em virtualidades ou inícios de ação.

Terceiro tipo de colonização que vocês veem se formar depois da colonização da juventude escolar, da colonização dos povos coloniais, foi – e não retorno ao tema porque já foi estudado mil vezes – a colonização interna dos vagabundos, dos mendigos, dos nômades, dos delinquentes, das prostitutas etc., e todo o confinamento da época clássica. Em todos esses casos, os dispositivos disciplinares, digamos assim, são instalados, e vemos com muita nitidez que derivam diretamente das instituições religiosas. Foram, de certo modo, as instituições religiosas – os "Irmãos da Doutrina Cristã", substituídos mais tarde pelas grandes ordens pedagógicas, como os jesuítas – que prolongaram, de certo modo por pseudópodes, sua própria disciplina na juventude escolarizável[12].

Foram também as ordens religiosas, no caso também os jesuítas, que transpuseram e transformaram sua disciplina nos países coloniais. Quanto ao sistema de confinamento, a esses procedimentos de colonização dos vagabundos, dos nômades etc., ainda se dava em formas bem próximas da religião, pois eram, na maior parte dos casos, ordens religiosas que tinham, se não a iniciativa, pelo menos a responsabilidade da gestão desses estabelecimentos. Portanto é a versão exterior das disciplinas religiosas que vocês veem se aplicar progressivamente a setores cada vez menos marginais, cada vez mais centrais, do sistema social.

Depois, no fim do século XVII, no século XVIII, aparecem e instauram-se dispositivos disciplinares que não têm mais ponto de apoio religioso e que são a transformação destes, mas de certo modo ao ar livre, sem suporte regular da religião. Vocês veem surgir sistemas disciplinares. Claro, o exército, primeiro com o aquartelamento, que data da segunda metade do século XVIII, a luta contra os desertores, isto é, a constituição de prontuários e todas as técnicas de identificação individual que impedem que as pessoas saiam do exército tal como entravam; e, enfim, na segunda metade do século XVIII, os exercícios corporais, a ocupação completa do tempo etc.[13].

Depois do exército, é simplesmente a classe operária que também começa a receber dispositivos disciplinares. É o aparecimento das grandes oficinas no século XVIII; é o aparecimento, nas cidades mineiras ou em certos grandes centros de metalurgia, para onde se tem de transportar uma população rural que é utilizada pela primeira vez e em técnicas totalmente novas, é nesses centros – toda a metalurgia da bacia do Loire, todas as minas de carvão do Maciço Central e do Norte da França – que vocês veem aparecer as formas disciplinares impostas aos operários, com as primeiras cidades operárias, como a do Creusot. Depois, nessa mesma época, o que foi afinal o grande instrumento da disciplina operária, a caderneta, que é imposto a todo operário. Cada operário só pode, só tem o direito de deslocar-se com uma caderneta que indica qual foi seu empregador anterior, em que condições, por quais motivos o deixou; e, quando quer conseguir um novo emprego ou se instalar em outra cidade, ele tem de apresentar ao seu novo patrão, à municipalidade, às autoridades locais, sua caderneta, que é, de certo modo, a própria marca de todos os sistemas disciplinares que pesam sobre ele[14].

Logo, mais uma vez muito esquematicamente, esses sistemas disciplinares isolados, locais, laterais, que se formaram na Idade Média, começam então a cobrir toda a sociedade por meio de uma espécie de processo que poderíamos chamar de colonização externa e interna, no qual vocês vão encontrar os elementos dos sistemas disciplinares de que eu lhes falava. Isto é: a fixação espacial, a extração ótima do tempo, a aplicação e a exploração das forças do corpo por uma regulamentação dos gestos, das atitudes e da atenção, a constituição de uma vigilância constante e de um poder punitivo imediato, enfim a organização de um poder regulamentar que, em si, em seu funcionamento, é anônimo, não individual, que resulta sempre numa identificação das individualidades sujeitadas. Em linhas gerais: apropriação do corpo singular por um poder que o enquadra e que o constitui como indivíduo, isto é, como corpo sujeitado. É isso que pode ser reconstituído como a história muito esquemática dos dispositivos disciplinares. Ora, a que corresponde essa história? O que há por trás dessa espécie de extensão que podemos identificar facilmente na superfície dos acontecimentos ou das instituições?

Pois bem, tenho a impressão de que o que estava em questão por trás dessa instituição geral de dispositivos disciplinares é o que poderíamos chamar de acumulação dos homens. Isto é, paralelamente à acumulação do capital, e necessária de resto a este, foi preciso proceder a certa acumulação dos homens ou, se preferirem, a certa distribuição da força de trabalho que estava presente em todas essas singularidades somáticas. Em que consistem essa acumulação dos homens e a distribuição racional dessas singularidades somáticas com as forças de que são portadoras?

Elas consistem, primeiramente, em maximizar a utilização possível dos indivíduos: tornar todos eles utilizáveis, não para poder utilizar todos eles, mas justamente para não ter de utilizar todos, não ampliar ao máximo o mercado de trabalho de modo que garanta uma margem de desemprego que permita um ajuste para baixo dos salários. Tornar, por conseguinte, todo o mundo utilizável.

Em segundo lugar, tornar os indivíduos utilizáveis em sua própria multiplicidade; fazer com que a força produzida pela multiplicidade dessas forças individuais de trabalho seja no mínimo igual e, na medida do possível, superior à adição das forças singulares. Como distribuir os indivíduos para que, em conjunto, façam mais que a adição pura e simples desses indivíduos postos uns ao lado dos outros?

Enfim, permitir a acumulação não apenas dessas forças, mas também do tempo: do tempo de trabalho, do tempo de aprendizagem, de aperfeiçoamento, do tempo de aquisição dos saberes e das aptidões. É o terceiro aspecto do problema posto pela acumulação dos homens.

Essa tríplice função das técnicas de acumulação dos homens e das forças de trabalho, esse tríplice aspecto é, creio, a razão pela qual foram instituídos, testados, elaborados, aperfeiçoados os diversos dispositivos disciplinares. A extensão das disciplinas, seu deslocamento, sua migração, da sua função lateral para a função central e geral que exercem a partir do século XVIII, estão ligadas a essa acumulação dos homens e ao papel da acumulação dos homens na sociedade capitalista.

Poder-se-ia dizer, retomando as coisas de outro ângulo e olhando-as do lado da história das ciências, que a ciência clássica respondeu, nos séculos XVII e XVIII, ao problema das multiplicidades empíricas das plantas, dos animais, dos objetos, dos valores, das línguas etc., com certa operação que era uma operação de classificação, uma atividade taxonômica que foi, creio, a forma geral desses conhecimentos empíricos durante toda a época clássica[15]. Em compensação, e a partir do momento em que se desenvolvia a economia capitalista, no momento em que, por conseguinte, se colocava, paralelamente e em ligação com a acumulação do capital, o problema da acumulação dos homens, a partir desse momento fica claro que uma atividade puramente taxonômica e de simples classificação não era válida. Foi preciso distribuir os homens para responder a essas necessidades econômicas de acordo com técnicas totalmente diferentes das da classificação. Foi preciso utilizar, não esquemas taxonômicos que permitissem encaixar os indivíduos em espécies, gêneros etc.; foi preciso utilizar algo que não é uma taxonomia, muito embora também se trate de uma distribuição, e que chamarei de tática. A disciplina é uma tática, isto é, certa maneira de distribuir as singularidades, mas de acordo com um esquema que não é classificatório, distribuí-las espacialmente, possibilitar acumulações temporais que possam ter efetivamente, no nível da atividade produtora, eficácia máxima.

Pois bem, creio que se poderia dizer, aqui também de maneira muito esquemática, que o que deu nascimento às ciências do homem foi precisamente a irrupção, a presença ou a insistência desses problemas táticos colocados pela necessidade de distribuir forças de trabalho em função das necessidades da economia que se desenvolvia então. Distribuir os homens segundo essas necessidades implicava não mais uma taxonomia, mas uma tática; essa tática tem por nome "disciplina". As disciplinas são técnicas de distribuição dos corpos, dos indivíduos, dos tempos, das forças de trabalho. E são essas disciplinas, precisamente com essas táticas, com o vetor temporal que elas implicam, que irromperam no saber ocidental no correr do século XVIII e que remeteram as velhas taxonomias, modelos de todas as ciências empíricas, para o campo de um saber em desuso e, em todo caso, talvez até inteira ou parcialmente desconsiderado. A tática substituiu a taxonomia e, com ela, o homem, o problema do corpo, o problema do tempo etc.

Chegamos aqui ao ponto em que eu gostaria de retornar ao problema que estava em questão, o problema da disciplina asilar, tal como ela constitui, a meu ver, a forma geral do poder psiquiátrico. Procurei mostrar [que – e mostrar] como – o que aparecia de certo modo ao vivo, a nu, na prática psiquiátrica do início do século XIX era um poder que tinha por forma geral o que chamei de disciplina.

✦

De fato, existiu uma formalização muito nítida, muito evidente dessa microfísica do poder disciplinar; essa formalização vocês encontram simplesmente no *Panopticon* de Bentham. O que é o Panopticon[16]?

Costuma-se dizer que é um modelo de prisão que Bentham inventou em 1787 e que foi reproduzido, com certo número de modificações, em certo número de casas de detenção europeias: em Pentonville, na Inglaterra[17], com modificações na Petite Roquette, na França[18] etc. Na verdade, o Panopticon de Bentham não é um modelo de prisão, ou não é apenas um modelo de prisão; é um modelo, e Bentham diz isso muito claramente, para uma prisão, mas também para um hospital, para uma escola, uma oficina, uma instituição de órfãos etc. É uma forma, eu já ia dizer, para toda instituição; digamos, mais simplesmente, para toda uma série de instituições. E mesmo, quando digo que é um esquema para toda uma série de instituições possíveis, creio que ainda não estou sendo exato.

De fato, Bentham nem sequer diz que é um esquema para instituições, ele diz que é um mecanismo, um esquema que dá força a toda instituição, uma espécie de mecanismo pelo qual o poder que atua ou deve atuar numa instituição vai poder adquirir o máximo de força. O Panopticon é um multiplicador; é um intensificador de poder dentro de toda uma série de instituições. Trata-se de tornar a força do poder mais intensa, sua distribuição melhor, seu alvo de aplicação mais certo. No fundo, são os três objetivos do Panopticon, e Bentham diz isso: "sua excelência consiste na grande força que ele é capaz de dar *a toda* instituição a que é aplicado"[19]. E, numa outra passagem, diz que o que há de maravilhoso no Panopticon é que ele "dá aos que dirigem a instituição uma força hercúlea"[20]. Ele "dá uma força hercúlea" ao poder que circula na instituição, e ao indivíduo que detém ou que dirige esse poder. E, diz igualmente Bentham, o que há de maravilhoso nesse Panopticon é que ele constitui "uma nova maneira de dar ao espírito um poder sobre o espírito"[21]. Parece-me que essas duas proposições – constituir uma força hercúlea e dar ao espírito poder sobre o espírito –, parece-me que é exatamente isso o que há de característico no mecanismo do Panopticon e, se assim podemos dizer, na forma disciplinar geral. "Força hercúlea", isto é, uma força física que, em certo sentido, tome por objeto o corpo, mas que seja tal que essa força que encerra, que pesa sobre o corpo, no fundo nunca seja empregada e seja dotada de uma espécie de imaterialidade que faça que o processo passe de espírito a espírito, quando na verdade é o corpo que está em questão no sistema do Panopticon. Esse jogo entre a "força hercúlea" e a pura idealidade do espírito, é isso, creio, que Bentham buscava no Panopticon. E como chega lá?

Vocês têm uma construção aneliforme que constitui a periferia do Panopticon; nessa construção são distribuídas celas que abrem ao mesmo tempo para dentro, por uma porta envidraçada, e para fora, por uma janela. No perímetro interno desse anel, vocês têm uma galeria que permite circular e ir de uma cela a outra. Depois, um espaço vazio e, no centro do espaço vazio, uma torre, uma espécie de construção cilíndrica com vários andares, no topo da qual vocês têm uma espécie de cúpula, isto é, um grande salão vazio, construído de tal forma que desse ponto central pode-se ver, bastando girar nos calcanhares, tudo o que acontece em cada uma das celas. É esse o esquema.

O que quer dizer esse esquema? E por que, por tanto tempo, ele falou aos espíritos e tornou-se, a meu ver erradamente, como que o próprio exemplo das utopias do século XVIII? Em primeiro lugar, nessas celas vai ser colocado um indivíduo, um só; isto é, nesse sistema, que vale para um hospital, uma prisão, uma oficina, uma escola etc., em cada um desses alojamentos vai ser posta uma só pessoa; ou seja, cada corpo terá seu lugar. Vinculação espacial, por conseguinte. E para qualquer direção que o olhar do vigilante puder se voltar, no fim de cada uma dessas direções, o olhar vai encontrar um corpo. Portanto as coordenadas espaciais têm aí uma função individualizante bem nítida.

Isto faz com que um sistema como esse nunca tenha de lidar com uma massa, com um grupo ou, até, para dizer a verdade, com uma multiplicidade; só tenha de lidar com indivíduos. Pode-se perfeitamente dar uma ordem coletiva por um megafone, que vai se dirigir a todo o mundo ao mesmo tempo e que será obedecida por todo o mundo ao mesmo tempo, mas mesmo assim essa ordem coletiva sempre é dirigida apenas a indivíduos e a ordem sempre é recebida apenas por indivíduos, instalados uns ao lado dos outros. Todos os fenômenos coletivos, todos os fenômenos de multiplicidade encontram-se assim inteiramente abolidos. E, como diz Bentham com satisfação, nas escolas não haverá mais "cola", que é o início da imoralidade[22]; nas oficinas não haverá mais distração coletiva, canções, greves[23]; nas prisões não haverá mais cumplicidade[24]; e nos asilos de doentes mentais não haverá mais aqueles fenômenos de irritação coletiva, de imitação etc.[25].

Vocês veem então como toda essa rede das comunicações de grupo, todos esses fenômenos coletivos que são percebidos, numa espécie de esquema solidário, como sendo tanto o contágio médico como a difusão moral do mal, todos esses fenômenos vão se encontrar, pelo sistema do panóptico, inteiramente rompidos. E vai-se lidar com um poder que será um poder de conjunto sobre todo o mundo, mas que sempre visará apenas séries de indivíduos separados uns dos outros. O poder é coletivo no seu centro, mas na chegada é sempre e apenas individual. Como vocês veem, temos aí aquele fenômeno de individualização pela disciplina de que eu lhes falava da última vez. A disciplina individualiza por baixo; ela individualiza aqueles sobre os quais incide.

Quanto à cela central, essa espécie de cúpula, eu lhes dizia que ela era inteiramente envidraçada. Na verdade, Bentham salienta bem que não se deve envidraçá-la ou que, se for envidraçada, é preciso estabelecer um sistema de persianas que se possa levantar e abaixar, e, dentro desse local, devem ser instaladas divisórias que se cruzem e sejam móveis. É que, de fato, a vigilância tem de poder ser exercida de tal sorte que os que são vigiados não possam saber se são vigiados ou não; isto é, eles não devem ver se há alguém na cela central[26]. Portanto os vidros da cela central têm de ser velados ou tapados, e não pode haver nenhum efeito de contraluz que permita que o olhar dos prisioneiros atravesse essa coluna e veja através da cúpula central se há alguém ou não; daí, as divisórias internas que são deslocadas como se quiser e o sistema de persianas.

É deste modo que o poder, como vocês estão vendo, poderá ser, como eu lhes dizia da última vez, um poder inteiramente anônimo. O diretor não tem corpo, porque o verdadeiro efeito do Panopticon é o de ser tal que, mesmo quando não há ninguém, o indivíduo na sua cela não apenas se creia, mas se saiba observado, que tenha a sensação constante de estar num estado de visibilidade para um olhar – que está ou não está presente, pouco importa. Por conseguinte, o poder é inteiramente desindividualizado. No limite, essa cúpula central poderia estar absolutamente vazia, e mesmo assim o poder se exerceria.

Desindividualização, desincorporação do poder, que não tem mais corpo, individualidade, que pode ser qualquer um. Aliás, um dos pontos essenciais do Panopticon é que não só qualquer um pode estar dentro dessa torre central – a vigilância pode ser exercida pelo diretor, mas também por sua mulher, por seus filhos, por seus criados etc. –, mas também um subterrâneo, que vai do centro até o exterior, possibilita a qualquer um entrar nessa torre central e exercer, se quiser, a vigilância; ou seja, qualquer cidadão deve poder vigiar o que acontece no hospital, na escola, na oficina, na prisão. Vigiar o que acontece aí, vigiar se tudo está em ordem e vigiar se o diretor dirige direito, vigiar o vigilante que vigia.

De sorte que vocês têm uma espécie de faixa de poder, faixa contínua, móvel, anônima, que se desenrola perpetuamente no interior dessa torre central. Tenha ela ou não uma figura, tenha ou não tenha um nome, seja individualizada ou não, de todo modo é a faixa anônima do poder que perpetuamente se desenrola e se exerce pelo jogo dessa invisibilidade. É isso aliás que Bentham chama de "democracia", já que, por um lado, qualquer um pode ocupar o lugar do poder e que este não é propriedade de ninguém, pois todo o mundo pode entrar na torre e vigiar a maneira como o poder se exerce, de sorte que o poder está perpetuamente submetido a um controle. Finalmente, o poder é tão visível em seu centro invisível quanto as pessoas nas suas celas; e, por isso mesmo, o poder vigiado por qualquer um é a própria democratização do exercício do poder.

Outra característica do Panopticon: nas celas, vocês têm, do lado de dentro, é claro, uma porta envidraçada para permitir a visibilidade, mas do lado de fora vocês têm igualmente uma janela, indispensável para que haja um efeito de transparência e para que o olhar de quem está no centro da torre possa atravessar assim todas as celas, ir de um lado ao outro e ver, por conseguinte, à contraluz, tudo o que faz a pessoa – aluno, doente, operário, prisioneiro etc. – que está na cela. De sorte que o estado de visibilidade permanente é absolutamente constitutivo da situação do indivíduo que é colocado assim no Panopticon. E vocês estão vendo como a relação de poder tem essa imaterialidade de que eu lhes falava há pouco, porque o poder se exerce simplesmente por esse jogo de luz; ele se exerce por esse olhar que vai do centro à periferia, que, a cada instante, pode observar, julgar, anotar, punir desde o primeiro gesto, desde a primeira atitude, desde a primeira distração. Esse poder não necessita de instrumento; seu único suporte é o olhar e é a luz.

Panopticon quer dizer duas coisas. Quer dizer que tudo é visto o tempo todo, mas quer dizer também que todo o poder que se exerce nunca é mais que um efeito de ótica. O poder não tem materialidade; ele já não necessita de toda essa armadura ao mesmo tempo simbólica e real do poder soberano; ele não precisa empunhar o cetro ou brandir a espada para punir; ele não precisa intervir como um raio, à maneira do soberano. Esse poder é, ao contrário, da ordem do sol, da perpétua luz; ele é a iluminação não material que atinge indiferentemente todas as pessoas sobre as quais se exerce.

Enfim, última característica desse Panopticon é que esse poder imaterial que se exerce perpetuamente na iluminação está ligado a uma perpétua coleta de saber; ou seja, o centro do poder é ao mesmo tempo um centro de anotação ininterrupta, de transcrição do comportamento individual. Codificação e anotação de tudo o que os indivíduos estiverem fazendo em sua cela; acumulação desse saber, constituição de sequências e séries que vão caracterizar os indivíduos; certa individualidade escrita, centralizada, constituída segundo uma linha genética, vem formar o duplo documentário, o ectoplasma escrito, do corpo que é posto assim na sua cela.

O primeiro efeito dessa relação de poder é, portanto, a constituição desse saber permanente do indivíduo, do indivíduo vinculado a determinado espaço e acompanhado por um olhar virtualmente contínuo, que define a curva temporal da sua evolução, da sua cura, da aquisição do seu saber, da sua resipiscência etc. Logo, o Panopticon é, como vocês estão vendo, um aparelho de individualização e de conhecimento ao mesmo tempo; é um aparelho de saber e de poder ao mesmo tempo, que individualiza, por um lado, e que, individualizando, conhece. Donde aliás a ideia que Bentham tinha de fazer dele um instrumento do que ele chamava de "experimentação metafísica"; e ele achava que era possível utilizar o dispositivo do panóptico para fazer experiências com crianças. Dizia ele: imagine pegarmos crianças encontradas no instante do nascimento e as colocarmos, antes que comecem a falar ou a tomar consciência do que quer que seja, dentro do panóptico. Pois bem, diz Bentham, seria possível acompanhar assim "a genealogia de cada ideia observável"[27] e, por conseguinte, refazer experimentalmente o que Condillac havia deduzido sem material de experimentação metafísica[28]. Seria possível também verificar não apenas a concepção genética de Condillac, como o ideal tecnológico de Helvétius, quando Helvétius dizia que "pode-se tudo ensinar a qualquer um"[29]. Essa proposição, que é fundamental para a eventual transformação da espécie humana, é verdadeira ou falsa? Bastaria fazer a experiência com um panóptico; ou seja, nas diferentes celas seriam ensinadas diferentes coisas para diferentes crianças; ensinar-se-ia qualquer coisa a qualquer criança e ver-se-ia qual seria o resultado. Seria possível, assim, educar as crianças em sistemas inteiramente diferentes uns dos outros ou incompatíveis uns com os outros; assim, a alguns se ensinaria o sistema de Newton, a outros se faria crer que a Lua é um queijo. E, quando tivessem 18 ou 20 anos, todos eles seriam reunidos e postos para discutir. Seria possível também ensinar dois tipos de matemática às crianças, uma matemática na qual dois e dois são quatro, e uma matemática em que dois e dois não são quatro; e se esperaria também que fizessem 20 anos para reuni-los, e haveria discussões; e, diz Bentham, que evidentemente graceja um pouco, seria melhor do que pagar gente para fazer sermões, dar conferências ou levantar controvérsias. Teríamos uma experimentação direta. Enfim, claro, ele diz que seria necessário fazer uma experiência na qual se juntariam meninos e meninas, quando chegassem à adolescência, para ver o que acontece. Como estão vendo, é a própria história de Marivaux e de *A disputa*: uma espécie de drama panóptico que, no fundo, encontramos na peça de Marivaux[30].

Em todo caso, o panóptico, como vocês estão vendo, é um esquema formal para a constituição de um poder individualizante e de um saber sobre os indivíduos. Creio que o esquema panóptico, os principais mecanismos que vemos aplicados no *Panopticon* de Bentham, vocês vão encontrar novamente na maioria dessas instituições que, com o nome de escolas, de quartéis, de hospitais, de prisões, de casas de educação vigiada etc., são ao mesmo tempo o lugar do exercício de um poder e o lugar de formação de certo saber sobre o homem. A trama comum ao que poderíamos chamar de o poder exercido sobre o homem enquanto força de trabalho e o saber sobre o homem enquanto indivíduo, parece-me que é o mecanismo panóptico que a proporciona. De modo que o panoptismo poderia, creio eu, aparecer e funcionar no interior da nossa sociedade como uma forma geral; seria possível falar tanto de uma sociedade disciplinar como de uma sociedade panóptica. Vivemos no panoptismo generalizado pelo simples fato de que vivemos dentro de um sistema disciplinar.

Vocês dirão: tudo isso está muito bem, mas pode-se mesmo dizer que os dispositivos disciplinares envolveram efetivamente a sociedade inteira, que os mecanismos, os dispositivos e os poderes de soberania foram suprimidos pelos mecanismos disciplinares?

Creio que, assim como existiam poderes de tipo disciplinar nas sociedades medievais, em que no entanto os esquemas de soberania prevaleciam, do mesmo modo é possível encontrar na sociedade contemporânea ainda muitas formas de poder de soberania. Onde se pode encontrá-los? Pois bem, eu os encontraria na única instituição que não mencionei até agora, da dinastia tradicional das escolas, quartéis, prisões etc., e cuja ausência talvez tenha surpreendido vocês: estou falando da família. Parece-me que a família é precisamente, eu ia dizendo um resto, mas não é exatamente isso, é em todo caso uma espécie de cela dentro da qual o poder que se exerce não é, como se costuma dizer, disciplinar, mas, ao contrário, é um poder do tipo da soberania.

Creio que podemos dizer o seguinte: não é verdade que a família tenha servido de modelo para o asilo, a escola, o quartel, a oficina etc.; na realidade, parece-me que nada no funcionamento da família permita ver uma continuidade entre a família e as instituições, os dispositivos disciplinares de que lhes falo. Ao contrário, o que vemos na família, senão uma função de individualização máxima que age no nível daquele que exerce o poder, isto é, no nível do pai? Esse anonimato do poder, essa faixa de poder indiferenciado que se desenrola indefinidamente num sistema panóptico, não há nada mais estranho do que isso à constituição da família, em que, ao contrário, o pai, enquanto portador do nome e na medida em que exerce o poder sob seu nome, é o polo mais intenso da individualização, muito mais intenso do que a mulher e os filhos. Logo, temos aí uma individualização pelo topo, que lembra e que é o tipo mesmo do poder de soberania, absolutamente inverso do poder disciplinar.

Em segundo lugar, na família, vocês têm uma referência constante a um tipo de vínculos, de compromissos, de dependência que foi estabelecido de uma vez por todas sob a forma do casamento ou sob a forma do nascimento. E é essa referência ao ato anterior, ao estatuto conferido de uma vez por todas, que dá solidez à família; os mecanismos de vigilância apenas se enxertam aí e, mesmo que não atuem, o pertencimento à família continua a se manter. A vigilância é supletiva em relação à família; ela não é constitutiva, ao passo que nos sistemas disciplinares a vigilância permanente é absolutamente constitutiva do sistema.

Enfim, na família vocês têm todo esse entrelaçamento de relações que poderíamos dizer heterotópicas: entrelaçamentos dos vínculos locais, contratuais, dos vínculos de propriedade, dos compromissos pessoais e coletivos, que lembra o poder de soberania, e de modo algum a monotonia, a isotopia dos sistemas disciplinares. De sorte que eu colocarei radicalmente o funcionamento e a microfísica da família no nível do poder de soberania, e não no nível do poder disciplinar. Isso não quer dizer, a meu ver, que a família seja o resíduo, o resíduo anacrônico ou, em todo caso, o resíduo histórico de um sistema em que a sociedade estava inteiramente penetrada pelos dispositivos de soberania. A família não é um resíduo, um vestígio de soberania, ela é, ao contrário, parece-me, uma peça essencial, e cada vez mais essencial ao sistema disciplinar.

Creio que poderíamos dizer o seguinte: a família, na medida em que obedece a um esquema não disciplinar, a um dispositivo de soberania, é a articulação, o ponto de engate absolutamente indispensável ao próprio funcionamento de todos os sistemas disciplinares. Quero dizer que a família é a instância de coerção que vai fixar permanentemente os indivíduos aos aparelhos disciplinares, que vai de certo modo injetá-los nos aparelhos disciplinares. É porque a família existe, é porque vocês têm esse sistema de soberania que age na sociedade sob a forma da família, que a obrigação escolar age e que as crianças, enfim os indivíduos, essas singularidades somáticas são fixadas e por fim individualizadas no interior do sistema escolar. Para ser obrigatório ir à escola, tem de agir também esta outra soberania que é a soberania da família. Vejam como historicamente a obrigação do serviço militar foi obtida de pessoas que, é claro, não tinham nenhuma razão de querer fazer o serviço militar; foi unicamente porque o Estado fez pressão sobre a família como pequena coletividade constituída pelo pai, a mãe, os irmãos, as irmãs etc., que a obrigação do serviço militar foi efetivamente coercitiva e que os indivíduos puderam ser ligados a esse sistema disciplinar e confiscados por ele. O que significaria a obrigação ao trabalho, se os indivíduos não fossem pegos primeiro no interior desse sistema de soberania que é a família, desse sistema de compromissos, de obrigações etc., que faz com que a assistência aos outros membros da família, a obrigação de lhes fornecer comida etc., fossem dadas? A fixação no sistema disciplinar do trabalho só é obtida na medida em que a soberania da família age plenamente. O primeiro papel da família em relação aos aparelhos disciplinares é, portanto, essa espécie de vinculação dos indivíduos ao aparelho disciplinar.

Ela também tem, creio eu, outra função. É que ela é o ponto zero, de certo modo, em que os diferentes sistemas disciplinares vão prender-se uns aos outros. Ela é o ponto de intercâmbio, de junção que garante a passagem de um sistema disciplinar ao outro, de um dispositivo a outro. A melhor prova é que, quando um indivíduo é lançado fora de um sistema disciplinar como sendo anormal, para onde é mandado? Para a sua família. Quando é rejeitado sucessivamente de certo número de sistemas disciplinares como inassimilável, indisciplinável, ineducável, é para a família que é rejeitado; e é a família que, nesse momento, tem o papel de rejeitá-lo, por sua vez, como incapaz de se fixar em qualquer sistema disciplinar e eliminá-lo, quer sob a forma da rejeição na patologia, quer sob a forma da rejeição na delinquência etc. Ela é o elemento de sensibilidade que possibilita determinar quais são os indivíduos que, inassimiláveis a qualquer sistema de disciplina, não podem passar de um a outro e têm finalmente de ser rejeitados da sociedade para entrar em novos sistemas disciplinares que são destinados a isso.

A família tem portanto esse duplo papel de vinculação dos indivíduos aos sistemas disciplinares, de junção e de circulação dos indivíduos de um sistema disciplinar a outro. E, nessa medida, creio que se possa dizer que a família, por ser uma célula de soberania, é indispensável ao funcionamento dos sistemas disciplinares, assim como o corpo do rei, a multiplicidade dos corpos do rei, eram necessários ao ajuste das soberanias heterotópicas no jogo das sociedades de soberania[31]. O que era o corpo do rei nas sociedades com mecanismos de soberania, a família é nas sociedades com sistemas disciplinares.

A que isso historicamente corresponde? Creio ser possível dizer o seguinte: nos sistemas em que o poder era essencialmente do tipo da soberania, em que o poder se exercia através dos dispositivos de soberania, a família era um desses dispositivos de soberania; ela era muito forte portanto. A família medieval, a família do século XVII ou do século XVIII eram de fato famílias fortes, que deviam sua força à sua própria homogeneidade em relação aos outros sistemas de soberania. Mas, na medida em que a família era assim homogênea a todos os outros dispositivos de soberania, vocês compreenderão que no fundo ela não tinha especificidade; ela não tinha delimitação precisa. É por isso que a família se arraigava longe, mas se atolava depressa, e seus limites nunca eram bem determinados. Ela vinha fundir-se em toda uma série de outras relações de que era muito próxima, porque eram do mesmo tipo: eram as relações do suserano com o vassalo, as relações de pertencimento a corporações etc.; de tal sorte que a família era forte porque se parecia com os outros tipos de poder, mas, ao mesmo tempo, ela era imprecisa, vaga, pela mesma razão.

Ao contrário, numa sociedade como a nossa, isto é, numa sociedade em que a microfísica do poder é de tipo disciplinar, a família não foi dissolvida pela disciplina; ela se concentrou, se limitou, se intensificou. Vejam qual foi o papel do código civil em relação à família. Há historiadores que dizem: o código civil atribuiu o máximo à família; outros dizem: o código civil reduziu o poder da família. De fato, o papel do código civil foi às vezes o de limitar a família, mas, limitando-a, delimitá-la, concentrá-la e intensificá-la. Graças ao código civil, a família conservou os esquemas de soberania: dominação, pertencimento, vínculos de suserania etc., mas ela os limitou às relações homem-mulher e às relações pais-filhos. O código civil redefiniu a família em torno dessa microcélula dos esposos e dos pais-filhos, e lhes deu, então, sua intensidade máxima. Ele constituiu um alvéolo de soberania pela ação do qual as singularidades individuais são fixadas aos dispositivos disciplinares.

Era necessário esse alvéolo intenso, essa célula forte, para que os grandes sistemas disciplinares que haviam invalidado, que haviam feito os sistemas de soberania desaparecer pudessem agir. Isso explica, creio, dois fenômenos.

O primeiro é a forte refamiliarização a que assistimos no século XIX, em particular em todas as classes da sociedade em que a família estava se decompondo e em que a disciplina era indispensável, essencialmente na classe operária. No momento da formação do proletariado europeu, no século XIX, as condições de trabalho, de habitação, os deslocamentos da mão de obra, a utilização do trabalho infantil, tudo isso tornava cada vez mais frágeis as relações de família e invalidava a estrutura familiar. Efetivamente, desde o início do século XIX, vocês veem bandos inteiros de crianças, de jovens, de operários transumando de uma região a outra, vivendo em dormitórios, formando comunidades que logo se desfaziam. Multiplicação dos filhos naturais, crianças encontradas, infanticídios etc. Diante disso, que era a consequência imediata da constituição do proletariado, vocês veem, bem cedo, desde os anos 1820-1825, aparecer um esforço considerável para reconstituir a família. Os patrões, os filantropos, os poderes públicos utilizam todos os meios possíveis para reconstituir a família, para forçar os operários a viverem em casal, a se casarem, a ter filhos e a reconhecer seus filhos. O patronato, aliás, chega a fazer sacrifícios financeiros para conseguir essa refamiliarização da vida operária. Em Mulhouse, por volta dos anos 1830-1835, são construídas as primeiras cidades operárias[32]. Dá-se às pessoas uma casa para que reconstituam uma família; organizam-se cruzadas contra as pessoas que vivem maritalmente sem ser realmente casadas. Em suma, vocês têm toda uma série de disposições que, aliás, são disciplinares.

Igualmente nas oficinas, em certas cidades, recusa-se gente que vive como casal sem estar regularmente casada. Toda uma série de dispositivos disciplinares que funcionam como dispositivos disciplinares no interior da própria oficina, da fábrica ou, em todo caso, nas margens; mas esses dispositivos disciplinares têm por função reconstituir a célula familiar, ou antes, constituir certa célula familiar que obedeça justamente a um mecanismo que não é disciplinar, mas que é da ordem da soberania, como se, e é essa sem dúvida a razão, os mecanismos disciplinares não pudessem efetivamente agir, aferrar com o máximo de intensidade e eficácia, se não houvesse ao lado deles, para fixar os indivíduos, essa célula de soberania que é a família. Vocês têm portanto, entre o panoptismo disciplinar – que é, creio, em sua forma, inteiramente diferente da célula familiar – e a soberania familiar, um jogo de vaivém permanente. A família, célula de soberania, é perpetuamente, no curso do século XIX, nessa empreitada de refamiliarização, secretada de novo pelo tecido disciplinar porque ela de fato é – por mais exterior que seja ao sistema disciplinar, por mais heterogênea que seja e por ser heterogênea ao sistema disciplinar –, é um elemento de solidez do sistema disciplinar.

E a outra consequência é que, quando a família se deteriora, quando ela não desempenha mais sua função, logo é instaurada, isso aparece com muita clareza no século XIX também, toda uma série de dispositivos disciplinares que têm por função paliar o enfraquecimento da família: surgimento das casas para crianças encontradas, orfanatos, abertura, nos anos 1840-1845, de toda uma série de casas para os jovens delinquentes, para o que se chamará de infância em perigo etc.[33]. Em suma, tudo o que podemos chamar de assistência social, todo esse trabalho social que aparece desde o início do século XIX[34] e que vai adquirir a importância que agora vocês sabem, tem por função constituir uma espécie de tecido disciplinar que vai poder substituir a família, ao mesmo tempo reconstituir a família e possibilitar que se prescinda dela.

Assim, para tomar o exemplo de Mettray, são internados em Mettray jovens delinquentes que, em sua maioria, são jovens sem família; eles são reunidos de modo absolutamente militar, isto é, disciplinar, não familiar; e, ao mesmo tempo, no interior desse substituto da família, desse sistema disciplinar que se precipita onde já não há família, faz-se uma referência perpétua à família, pois os vigilantes, os chefes etc., são chamados de pai, de irmão mais velho: os grupos de crianças, apesar de inteiramente militarizados, apesar de funcionar no modo da decúria, constituem supostamente uma família[35].

Vocês têm aí portanto toda uma espécie de trama disciplinar, que se precipita onde a família está enfraquecida, que constitui, por conseguinte, a própria projeção de um poder estatalmente controlado, onde não há mais família; mas essa projeção dos sistemas disciplinares nunca se faz sem referência à família, sem funcionamento quase ou pseudofamiliar. Creio que temos aí um fenômeno que é muito característico da função necessária da soberania familiar em relação aos mecanismos disciplinares.

É aí, nessa organização dos substitutos disciplinares da família, com referência familiar, que vocês veem surgir o que chamarei de função-psi, isto é, a função psiquiátrica, psicopatológica, psicossociológica, psicocriminológica, psicanalítica etc. E, quando digo "função", entendo não apenas o discurso mas a instituição, mas o próprio indivíduo psicológico. E creio que é essa a função desses psicólogos, psicoterapeutas, criminologistas, psicanalistas etc.; qual é ela, senão ser os agentes da organização de um dispositivo disciplinar que vai se ligar, se precipitar onde se produz um hiato na soberania familiar?

Vejam o que aconteceu historicamente. A função-psi nasceu evidentemente no âmbito da psiquiatria; isto é, nasceu no início do século XIX, do outro lado da família, como uma espécie de par em relação a ela. Quando um indivíduo escapa à soberania da família, é internado no hospital psiquiátrico, onde tratam de adestrá-lo para a aprendizagem de uma disciplina pura e simples, de que lhes dei alguns exemplos nos cursos precedentes e em que, pouco a pouco, ao [longo] do século XIX, vocês vão ver nascer referências familiares; e, pouco a pouco, a psiquiatria vai se apresentar como empreitada institucional de disciplina que vai possibilitar a refamiliarização do indivíduo.

A função-psi nasceu, portanto, dessa espécie de par em relação à família. A família requeria o internamento; o indivíduo era posto sob disciplina psiquiátrica e devia-se refamiliarizá-lo. Depois, pouco a pouco, a função-psi se estendeu a todos os sistemas disciplinares: escola, exército, oficina etc. Vale dizer que essa função-psi desempenhou o papel de disciplina para todos os indisciplináveis. Cada vez que um indivíduo era incapaz de seguir a disciplina escolar ou a disciplina da oficina, ou a do exército, no limite a disciplina da prisão, a função-psi intervinha. E intervinha com um discurso no qual ela atribuía à lacuna, ao enfraquecimento da família, o caráter indisciplinável do indivíduo. Assim vocês veem aparecer, na segunda metade do século XIX, a imputação à carência familiar de todas as insuficiências disciplinares do indivíduo. Depois, enfim, no início do século XX, a função-psi tornou-se ao mesmo tempo o discurso e o controle de todos os sistemas disciplinares. Essa função-psi foi o discurso e a instituição de todos os esquemas de individualização, de normalização, de sujeição dos indivíduos no interior dos sistemas disciplinares.

Assim, vocês veem aparecer a psicopedagogia no interior da disciplina escolar, a psicologia do trabalho no interior da disciplina de oficina, a criminologia no interior da disciplina de prisão, a psicopatologia no interior da disciplina psiquiátrica e asilar. Ela é, essa função-psi, a instância de controle de todas as instituições e de todos os dispositivos disciplinares e faz ao mesmo tempo, sem que isso seja contraditório, o discurso da família. A cada instante, como psicopedagogia, como psicologia do trabalho, como criminologia, como psicopatologia etc., aquilo a que ela remete, a verdade que ela constitui e que ela forma, e que desenha para ela seu referencial, é sempre a família. Ela tem por referencial constante a família, a soberania familiar, e isso na medida mesma em que é a instância teórica de todo dispositivo disciplinar.

A função-psi é precisamente o que trai o pertencimento profundo da soberania familiar aos dispositivos disciplinares. Essa espécie de heterogeneidade que me parece existir entre a soberania familiar e os dispositivos disciplinares é funcional. E a essa função se ligam o discurso, a instituição e o homem psicológico. A psicologia como instituição, como corpo do indivíduo, como discurso é o que, perpetuamente, vai, de um lado, controlar os dispositivos disciplinares e remeter, de outro, à soberania familiar como instância de verdade a partir da qual será possível descrever, definir todos os processos, positivos ou negativos, que se dão nos dispositivos disciplinares.

Não é de estranhar que o discurso da família, o mais "discurso de família" de todos os discursos psicológicos, ou seja, a psicanálise, possa, a partir de meados do século XX, funcionar como o discurso de verdade a partir do qual é possível fazer a análise de todas as instituições disciplinares. E é por isso que, se o que lhes digo é verdade, vocês hão de compreender que não se pode opor como crítica da instituição ou da disciplina escolar, psiquiátrica etc., uma verdade que seria formada a partir do discurso da família. Refamiliarizar a instituição psiquiátrica, refamiliarizar a intervenção psiquiátrica, criticar a prática, a instituição, a disciplina psiquiátrica, escolar etc., em nome de um discurso de verdade que teria por referência a família não é, em absoluto, fazer a crítica da disciplina, é, ao contrário, remeter perpetuamente à disciplina*.

Não é escapar ao mecanismo da disciplina referir-se à soberania da relação familiar; é, ao contrário, reforçar esse jogo entre soberania familiar e funcionamento disciplinar, que me parece muito característico da sociedade contemporânea e dessa aparência residual de soberania na família, que pode estranhar quando a comparamos ao sistema disciplinar, mas que me parece de fato funcionar em ligação direta com ele.

* O manuscrito faz referência às obras: [a] G. Deleuze e F. Guattari, *Capitalisme et Schizophrénie*, t. I: *L'Anti-Oedipe*, Paris, éd. de Minuit (col. "Critique"), 1972; [b] R. Castel, *Le Psychanalysme*, Paris, Maspero (col. "Textes à l'appui"), 1973.

NOTAS

1. Alusão às diversas reformas que, julgando as comunidades beneditinas demasiado abertas para a sociedade e acusando-as de terem perdido o espírito do monasticismo penitencial, pretendem satisfazer às obrigações da regra de São Bento. Cf.: [a] U. Berlière, [1] *L'Ordre monastique des origines au XIIe siècle*, Paris, Desclée de Brouwer, 1921; [2] *L'Ascèse bénédictine des origines à la fin du XIIe siècle*, Paris, Desclée de Brouwer, 1927; [3] "L'étude des réformes monastiques des Xe et XIe siècles", *Bulletin de la classe des Lettres et des Sciences morales et politiques*, Bruxelas, Académie royale de Belgique, t. 18, 1932. [b] E. Werner, *Die Gesellschaftlichen grundlagender Klosterreform im XI. Jahrhundert*, Berlim, Akademie-Verlag, 1953. [c] J. Lecler, SJ, "La crise du monachisme aux XIe-XIIe siècles", *in Aux sources de la spiritualité chrétienne*, Paris, Éd. du Cerf, 1964. – Sobre as ordens monásticas em geral, cf.: [a] R. P. Helyot *et al.*, *Dictionnaire des ordres religieux, ou Histoire des ordres monastiques, religieux et militaires ...*, Paris, Éd. du Petit-Montrouge, 1847 (1ª ed., 1714-1719), 4 vol. [b] P. Cousin, *Précis d'histoire monastique*, Paris, Bloud et Gay, 1956. [c] D. Knowles, "Les siècles monastiques", *in* D. Knowles e D. Obolensky, *Nouvelle Histoire de l'Église*, t. II: *Le Moyen Âge (600-1500)*, trad. fr. L. Jézéquel, Paris, Le Seuil, 1968, pp. 223-40. [d] M. Pacaut, *Les Ordres monastiques et religieux au Moyen Âge*, Paris, Nathan, 1970.

2. Fundada em 910 na região de Mâcon, a ordem de Cluny, vivendo sob a regra de São Bento, se desenvolve nos séculos XI e XII em simbiose com a classe senhorial, que lhe dá a maioria dos abades e priores. Cf.: [a] R. P. Helyot *et al.*, *Dictionnaire des ordres religieux*, t. I, col. 1002-1036. [b] U. Berlière, *L'Ordre monastique*, cap. IV, "Cluny et la réforme monastique", pp. 168-97. [c] G. de Valous, [1] *Le Monachisme clunisien des origines au XVe siècle. Vie intérieure des monastères et organisation de l'ordre*, Paris ("Archives de la France monastique", t. 39-40), 2 vol.; 2ª ed. rev. e aum., Paris, A. Picard, 1935, t. II: *L'Ordre de Cluny*, 1970; [2] verbete "Cluny", *in Dictionnaire d'histoire et de géographie ecclésiastiques*, t. 13, org. C^al^ A. Baudrillart, Paris, Letouzey et Ané, 1956, col. 35-174. [d] P. Cousin, *Précis d'histoire monastique*, p. 5. [e] A. H. Bredero, "Cluny et Cîteaux au XIIe siècle. Les origines de la controverse", *Studi Medievali*, 1971, pp. 135-76.

3. Cister [Cîteaux], fundada em 21 de março de 1098 por Roberto de Molesmes (1028-1111), se separa da ordem de Cluny para voltar à estrita observância da regra de São Bento, enfatizando a pobreza, o silêncio, o trabalho e a renúncia ao mundo. Cf.: [a] R. P. Helyot *et al.*, *Dictionnaire des ordres religieux,* t. I, col. 920-959. [b] U. Berlière, "Les origines de l'ordre de Cîteaux et l'ordre bénédictin au XII[e] siècle", *Revue d'histoire ecclésiastique*, 1900, pp. 448-71, e 1901, pp. 253-90. [c] J. Besse, verbete "Cisterciens", *in Dictionnaire de théologie catholique*, t. II, org. A. Vacant, Paris, Letouzey et Ané, 1905, col. 2532-2550. [d] R. Trilhe, verbete "Cîteaux", *in Dictionnaire d'archéologie chrétienne et de liturgie*, t. III, org. F. Cabrol, Paris, Letouzey et Ané, 1913, col. 1779-1811. [e] U. Berlière, *L'Ordre monastique*, pp. 168-97. [f] J.-B. Mahn, *L'Ordre cistercien et son gouvernement, des origines au milieu du XIII[e] siècle (1098-1265)*, Paris, E. de Boccard, 1945. [g] J.-M. Canivez, verbete "Cîteaux (Ordre de)", *in Dictionnaire d'histoire et de géographie ecclésiastiques*, t. 12, org. C[al] A. Baudrillart, Paris, Letouzey e Ané, 1953, col. 874-997. [h] L. J. Lekai, *Les Moines blancs. Histoire de l'ordre cistercien*, Paris, Le Seuil, 1957.

4. É em 1215 que se estabelece em torno do cônego castelhano Domingos de Gusmão uma comunidade de pregadores evangélicos que viviam sob a regra de Santo Agostinho e que recebe em janeiro de 1217 do papa Honório III o nome de "Irmãos Pregadores". Cf.: [a] R. P. Helyot *et al.*, *Dictionnaire des ordres religieux,*, t. I, col. 86-113. [b] G. R. Galbraith, *The Constitution of the Dominican Order (1216-1360)*, Manchester, University Press, 1925. [c] M.-H. Vicaire, [1] *Histoire de saint Dominique*, Paris, Éd. du Cerf, 1957, 2 vol.; [2] *Saint Dominique et ses frères*, Paris, Éd. du Cerf, 1967. – Ver também: [a] P. Mandonnet, verbete "Frères Prêcheurs", *in Dictionnaire de théologie catholique*, t. VI, org. A. Vacant e E. Mangenot, Paris, Letouzey et Ané, 1905, reed., 1910, col. 863-924. [b] R. L. Oechslin, verbete "Frères Prêcheurs", *in Dictionnaire de spiritualité ascétique et mystique. Doctrine et histoire*, t. V, org. A. Rayez, Paris, Beauchesne, 1964, col. 1422-1524. [c] A. Duval e M.-H. Vicaire, verbete "Frères Prêcheurs (Ordre des)", *in Dictionnaire d'histoire et de géographie ecclésiastiques*, t. 18 (citado), col. 1369-1426.

5. Ordem fundada em 529 no monte Cassino por Bento de Núrsia (480-547), que redige sua regra a partir de 534. Cf.: [a] R. P. Helyot, verbete "Bénédictins (Ordre des)", *in Dictionnaire des ordres religieux*, t. I, col. 416-430. [b] C. Butler, *Benedictine Monachism: Studies in Benedictine Life* ..., Londres, Longmans Green & Co., 2ª ed., 1924 [*Le Mo-*

nachisme bénédictin, trad. fr. C. Grolleau, Paris, J. de Gigord, 1924]. [c] Cl. Jean-Nesmy, *Saint Benoît et la vie monastique*, Paris, Le Seuil (col. "Maîtres spirituels" 19), 1959. [d] R. Tschudy, *Les Bénédictins*, Paris, Éd. Saint-Paul, 1963.

6. Fundada em 1534 por Inácio de Loyola (1491-1556) a fim de lutar contra as heresias, a ordem dos jesuítas recebe do papa Paulo III o nome de "Companhia de Jesus" por sua bula *Regimini Militantes Ecclesiae*. Cf.: [a] R. P. Helyot *et al.*, *Dictionnaire des ordres religieux*, t. II, col. 628-671. [b] A. Demersay, *Histoire physique, économique et politique du Paraguay et des établissements des jésuites*, Paris, L. Hachette, 1860. [c] J. Brucker, *La Compagnie de Jésus. Esquisse de son institut et de son histoire, 1521-1773*, Paris, G. Beauchesne, 1919. [d] H. Becher, *Die Jesuiten. Gestalt und Geschichte des Ordens*, Munique, Kösel-Verlag, 1951. [e] A. Guillermou, *Les Jésuites*, Paris, PUF (col. "Que sais-je?" 936), 1963.

7. As "ordens mendicantes" são organizadas no século XIII com o objetivo de regenerar a vida religiosa; fazendo profissão de viver apenas da caridade pública e praticando a pobreza, dedicam-se ao apostolado e ao ensino. As quatro primeiras ordens mendicantes são: (a) a ordem dos dominicanos; (b) a ordem dos franciscanos; (c) a ordem dos carmelitas; (d) a ordem dos agostinianos.

(a) Os dominicanos, cf. *supra*, nota 4.

(b) Constituída em 1209 por Francisco de Assis [Di Bernardone], a "Fraternidade dos Penitentes" de Assis, voltada para a pregação da penitência, se transforma em 1210 numa ordem religiosa que adota o nome de "Irmãos Menores" (*minores*: humildes) para levar uma vida errante e pobre. Cf.: [a] R. P. Helyot *et al.*, *Dictionnaire des ordres religieux*, t. II, col. 326-354. [b] H. C. Lea, *A History of the Inquisition of the Middle Ages*, t. I, Nova York, Harpers and Brothers, 1887, pp. 243-304 [*Histoire de l'Inquisition au Moyen Âge*, trad. fr. S. Reinach, t. I, cap. VI, "Les ordres mendiants", Paris, Société nouvelle de librairie et d'édition, 1900, pp. 275-346]. [c] E. d'Alençon, verbete "Frères Mineurs", *in Dictionnaire de théologie catholique*, t. VI (citado), col. 809-863. [d] P. Gratien, *Histoire de la fondation et de l'évolution de l'ordre des Frères Mineurs au XVIII*[e] *siècle*, Gembloux, J. Duculot, 1928. [e] F. de Sessevalle, *Histoire générale de l'ordre de Saint-François*, Le Puy-en-Velay, Éd. de la Revue d'histoire franciscaine, 2 vol., 1935-1937. [f] J. Moorman, *A history of the Franciscan Order from its Origins to the Year 1517*, Oxford, Clarendon Press, 1968.

(c) É em 1247 que o papa Inocêncio IV faz entrar na família dos "mendicantes" a ordem da Bem-Aventurada Virgem Maria do Monte Carmelo. Sobre os carmelitas, ordem fundada em 1185 por Bertoldo de Calábria, cf.: [a] R. P. Helyot *et al.*, *Dictionnaire des ordres religieux*, t. I, col. 667-705. [b] B. Zimmerman, verbete "Carmes (Ordre des)", *in Dictionnaire de théologie catholique*, t. II (cit.), col. 1776-1792.

(d) O papa Inocêncio IV é quem decide reunir numa só comunidade os eremitas da Toscana no âmbito da ordem dos agostinianos. Cf. J. Besse, verbete "Augustin", *in Dictionnaire de théologie catholique*, t. I, org. A. Vacant, Paris, Letouzey et Ané, 1903, col. 2472-2483. Sobre as "ordens mendicantes" em geral, cf. (além do capítulo que lhes consagra H. C. Lea, *A History of the Inquisition*..., pp. 275-346 [*Histoire de l'Inquisition*..., trad. cit., t. I, pp. 458-9]): [a] F. Vernet, *Les Ordres mendiants*, Paris, Bloud et Gay ("Bibliothèque des sciences religieuses" 54), 1933. [b] J. Le Goff, "Ordres mendiants et urbanisation dans la France médiévale", *Annales ESC*, 1970, nº 5: *Histoire et Urbanisation*, pp. 924-65. M. Foucault retorna às ordens mendicantes na Idade Média no âmbito de uma análise do "cinismo"; cf. Curso (cit.) do ano 1983-1984: "O governo de si e dos outros. A coragem da verdade", aula de 29 de fevereiro de 1984.

8. Cf. *supra*, pp. 74-5, nota 4.

9. Jan Van Ruysbroek (1294-1381) funda em 1343 uma comunidade em Groenendaal, perto de Bruxelas, que ele transforma em março de 1350 numa ordem religiosa vivendo sob a regra agostiniana, consagrada à luta contra as heresias e o relaxamento dos costumes da Igreja. Cf.: [a] F. Hermans, *Ruysbroek l'Admirable et son école*, Paris, Fayard, 1958. [b] J. Orcibal, *Jean de la Croix et les mystiques rhéno-flamands*, Paris, Desclée de Brouwer, 1966. [c] L. Cognet, *Introduction aux mystiques rhéno-flamands, op. cit.* (*supra*, pp. 74-5 nota 4). [d] A. Koyré, *Mystiques, spirituels, alchimistes du XVI*e *siècle allemand*, Paris, Gallimard, 1971 (1ª ed., 1955).

10. Um dos traços característicos das escolas dos "Irmãos da Vida Comum" é a distribuição dos alunos em decúrias, tendo à sua frente um decurião encarregado de vigiar a conduta destes. Cf. M. J. Gaufrès, "Histoire du plan d'études protestant", verb. cit. (*supra*, p. 76, nota 13).

11. "Em parte alguma a impressão de ordem e a ênfase religiosa aparecem melhor do que no emprego do tempo. De manhã cedo, os habitantes vão à missa, depois as crianças vão à escola, os adultos para as oficinas ou a lavoura... Terminado o trabalho, começam os exercí-

cios religiosos: catecismo, rosário, preces. O fim do dia é livre, deixado para o passeio e os esportes. Um toque de recolher assinala o início da noite... Esse regime tem a ver ao mesmo tempo com o quartel e o mosteiro" (L. Baudin, *Une théocratie socialiste: l'État jésuite du Paraguay*, Paris, M.-T. Génin, 1962, p. 23). Cf.: [a] L. A. Muratori, *Il Cristianesimo felice nelle missioni de' padri della compagnia di Gesù nel Paraguai*, Veneza, G. Pasquali, 1743 [*Relation des missions du Paraguay*, trad. fr. P. Lambert, Paris, Bordellet, 1826, pp. 156-7]. [b] A. Demersay, *Histoire [...] du Paraguay et des établissements des jésuites*, *op. cit.* [c] J. Brucker, *Le Gouvernement des jésuites au Paraguay*, Paris, 1880. [d] M. Fassbinder, *Der "Jesuitenstaat" in Paraguay*, Halle, M. Niemeyer, 1926. [e] C. Lugon, *La République communiste chrétienne des Guaranis*, Paris, Éditions Ouvrières (col. "Économie et Humanisme"), 1949. M. Foucault já se refere ao tema em 14 de março de 1967, em sua conferência no Cercle d'études architecturales: "Des espaces autres", DE, IV, nº 360, p. 761.

12. Congregação de padres e clérigos fundada no século XVI por César de Bus (1544-1607), que se estabelece em 1593 em Avignon. Inscrevendo-se na corrente de uma renovação do ensino do catecismo, ela se desenvolve nos séculos XVII e XVIII, voltando-se para o ensino nos colégios. Cf. R. P. Helyot *et al.*, *Dictionnaire des ordres religieux*, *op. cit.*, t. II, col. 46-74.

13. *Surveiller et punir*, *op. cit.*, parte III, cap. I, pp. 137-8, 143, 151-7.

14. A partir de 1781, o operário deve possuir uma "caderneta" ou "caderno" que deve receber o visto das autoridades administrativas quando ele se desloca e que deve apresentar ao ser contratado. Reinstituída pelo consulado, a caderneta só é abolida em 1890. Cf.: [a] M. Sauzet, *Le Livret obligatoire des ouvriers*, Paris, F. Pichon, 1890. [b] G. Bourgin, "Contribution à l'histoire du placement et du livret en France", *Revue politique et parlementaire*, t. LXXI, janeiro-março de 1912, pp. 117-8. [c] S. Kaplan, "Réflexions sur la police du monde du travail (1700-1815)", *Revue historique*, ano 103, nº 529, janeiro-março de 1979, pp. 17-77. [d] E. Dolleans e G. Dehove, *Histoire du travail en France. Mouvement ouvrier et législation sociale*, Paris, Domat-Montchrestien, 2 vol., 1953-1955. Em seu curso do Collège de France, ano 1972-1973, "A sociedade punitiva", M. Foucault apresenta, no dia 14 de março de 1973, a caderneta operária como "um mecanismo de penalização da existência infrajudiciária".

15. M. Foucault, *Les Mots et les Choses. Une archéologie des sciences humaines*, cap. V, "Classer", Paris, Gallimard ("Bibliothèque des

sciences humaines"), 1966, pp. 137-76. [Trad. bras. *As palavras e as coisas*, São Paulo, Martins Fontes, 8ª ed., 1997.]

16. Cf. *supra*, p. 75, nota 5.

17. Num terreno adquirido em 1795 em Pentonville por Jeremy Bentham é construída, de 1816 a 1821, por Harvey, Busby e Williams, uma penitenciária do Estado segundo uma arquitetura concêntrica de seis pentágonos tendo ao centro um hexágono que abrigava o capelão, os inspetores e os empregados. A prisão foi demolida em 1903.

18. Em decorrência de um concurso para a construção de uma prisão-modelo, cuja disposição, de acordo com os termos da circular de 24 de fevereiro de 1825, fosse "tal que, a partir de um ponto central ou de uma galeria interna, a vigilância de todas as partes da prisão pudesse ser exercida por uma só pessoa ou duas, no máximo" (Ch. Lucas, *Du système pénitentiaire en Europe et aux États-Unis*, t. I, Paris, Bossange, 1828, p. CXIII), a "Petite Roquette" ou "Casa central de educação correcional" é construída em 1827 com base num projeto proposto por Lebas. Inaugurada em 1836, é reservada aos jovens detentos até 1865. Cf.: [a] N. Barbaroux, J. Broussard, M. Hamoniaux, "L'évolution historique de la Petite Roquette", *Revue "Rééducation"*, nº 191, maio de 1967. [b] H. Gaillac, *Les Maisons de correction (1830-1945)*, Paris, Éd. Cujas, 1971, pp. 61-6. [c] J. Gillet, *Recherches sur la Petite Roquette*, Paris, [s.n.], 1975.

19. J. Bentham, *Le Panoptique*, trad. cit., p. 166 (grifado no original).

20. Trata-se de "dar à ação do poder uma força igualmente hercúlea e inelutável" (*ibid.*, p. 160).

21. *Ibid.*, prefácio, p. 95.

22. *Ibid.*, Carta XXI, Escolas: "Essa espécie de fraude que se chama em Westminster de *cola*, vício considerado até então inerente à escola, não se introduzirá aqui" (p. 158, grifos no original).

23. *Ibid.*, Carta XVIII, Manufaturas, p. 150.

24. *Ibid.*, Carta VII, Casas penitenciárias de segurança. Detenção de segurança, p. 115.

25. *Ibid.*, Carta XIX, Casas de loucos, p. 152.

26. *Ibid.*, prefácio, pp. 7-8.

27. *Ibid.*, Carta XXI, Escolas, p. 164.

28. Alusão ao projeto de Condillac de proceder a uma dedução da ordem do saber a partir da sensação, matéria primeira de todas as elaborações do espírito humano. Cf. Étienne Bonnot de Condillac

(1715-1780), [1] *Essai sur l'origine des connaissances humaines, ouvrage où l'on réduit à un seul principe tout ce qui concerne l'entendement humain*, Paris, P. Mortier, 1746; [2] *Traité des sensations*, Paris, De Bure, 1754, 2 vol. (reed., Paris, Fayard, col. "Corpus des oeuvres de philosophie en langue française", 1984). M. Foucault refere-se a ele numa entrevista com C. Bonnefoy em junho de 1966: "L'homme est-il mort?" (DE, I, nº 39, p. 542), e em *Les Mots et les Choses*, *op. cit.*, pp. 74-7.

29. Essas palavras atribuídas por Bentham a Helvétius na verdade correspondem ao título de um capítulo, "L'éducation peut tout", da obra póstuma de Claudre-Adrien Helvétius (1715-1771): *De l'homme, de ses facultés intellectuelles et de son éducation*, publicado pelo príncipe Gelitzin, t. III, Amsterdam, [s.n.], 1774, p. 153.

30. Pierre Carlet de Chamblain de Marivaux (1688-1763), *La Dispute, comédie en un acte et en prose, où pour savoir qui de l'homme ou de la femme donne naissance à l'inconstance, le Prince et Hermiane vont épier la rencontre de deux garçons et de deux filles élevés depuis leur enfance dans l'isolement d'une forêt*, Paris, J. Clousier, 1747.

31. Alusão à obra de Ernst Kantorowicz, *The King's Two Bodies*, *op. cit.*

32. A. Penot, *Les Cités ouvrières de Mulhouse et des départements du Haut-Rhin*, Mulhouse, L. Bader, 1867. M. Foucault volta ao tema em sua conversa com J.-P. Barou e M. Perrot, "L'oeil du pouvoir", *in* J. Bentham, *Le Panoptique*, trad. cit., p. 12.

33. Cf.: [a] J.-B. Monfalcon e J.-F. Terme, *Histoire des enfants trouvés*, Paris, J.-B. Baillière, 1836. [b] E. Parent de Curzon, *Études sur les enfants trouvés au point de vue de la législation, de la morale et de l'économie politique*, Poitiers, H. Oudin, 1847. [c] H. J. B. Davenne, *De l'organisation et du régime des secours publics en France*, t. I, Paris, P. Dupont, 1865. [d] L. Lallemand, *Histoire des enfants abandonnés et délaissés. Études sur la protection de l'enfance*, Paris, Picard et Guillaumin, 1885. [e] J. Bouzon, *Cent Ans de lutte sociale. La législation de l'enfance de 1789 à 1894*, Paris, Guillaumin, 1894. [f] Cl. Rollet, *Enfance abandonnée: vicieux, insoumis, vagabonds. Colonies agricoles, écoles de réforme et de préservation*, Clermont-Ferrand, G. Mont-Louis, 1899. [g] H. Gaillac, *Les Maisons de correction, op. cit.* Michel Foucault se refere ao tema em *Surveiller et punir*, *op. cit.*, pp. 304-5.

34. A lei de 10 de janeiro de 1849 organiza a Assistência Pública de Paris sob a direção do prefeito departamental do Sena e do ministro do Interior. Ela faz do diretor dessa administração o tutor das crianças

encontradas, abandonadas e órfãs. Cf.: [a] Ad. de Watterwille, *Législation charitable, ou Recueil des lois arrêtés, décrets qui régissent les établissements de bienfaisance (1790-1874)*, Paris, A. Hévis, 3 vol., 1863-1874. [b] C. J. Viala, *Assistance de l'enfance pauvre et abandonnée*, Nîmes, impr. de Chastanier, 1892. [c] F. Dreyfus, *L'Assistance sous la Seconde République (1848-1851)*, Paris, E. Cornély, 1907. [d] J. Dehaussy, *L'Assistance publique à l'enfance. Les enfants abandonnés*, Paris, Librarie du Recueil Sirey, 1951.

35. Fundada em 22 de janeiro de 1840 pelo magistrado Frédéric Auguste Demetz (1796-1873), a colônia de Mettray, nas proximidades de Tours, é consagrada às crianças absolvidas por irresponsabilidade e às crianças detidas devido à correção paterna. Cf.: [a] F. A. Demetz, *Fondation d'une colonie agricole de jeunes détenus à Mettray*, Paris, Duprat, 1839. [b] A. Cochin, *Notice sur Mettray*, Paris, Claye et Taillefer, 1847. [c] E. Ducpetiaux, [1] *Colonies agricoles, écoles rurales et écoles de réforme pour les indigents, les mendiants et les vagabonds, et spécialement pour les enfants des deux sexes, en Suisse, en Allemagne, en France, en Angleterre, dans les Pays-Bas et en Belgique* (relatório ao ministro da Justiça), Bruxelas, impr. T. Lesigne, 1851, pp. 50-65; [2] *La Colonie de Mettray*, Batignolles, De Hennuyer, 1856; [3] *Notice sur la colonie agricole de Mettray*, Tours, Ladevèze, 1861. [d] H. Gaillac, *Les Maisons de correction*, *op. cit.*, pp. 80-5. M. Foucault retorna ao tema em *Surveiller et punir*, *op. cit.*, pp. 300-3.

AULA DE 5 DE DEZEMBRO DE 1973

O asilo e a família. Da interdição ao internamento. A ruptura entre o asilo e a família. – O asilo, uma máquina de curar. – Tipologia dos "aparelhos corporais". – O louco e a criança. – As casas de saúde. – Dispositivos disciplinares e poder familiar.

Procurei destacar o embasamento disciplinar do asilo, mostrar a vocês como uma espécie de trama disciplinar começa a envolver a sociedade a partir do século XVIII, quando vemos figurar certo número de esquemas disciplinares específicos, como o exército, a escola, a oficina etc., esquemas de que o *Panopticon* de Bentham me parece ser a formalização, em todo caso, se assim podemos dizer, o desenho ao mesmo tempo sistemático e depurado.

Agora, eu gostaria de abordar o funcionamento do asilo, funcionamento mais específico porque me parece que o asilo tem seus traços particulares. Por um lado, [o] de ter uma relação, e uma relação privilegiada, difícil aliás, problemática, com a família. Por outro, o asilo como sistema disciplinar é igualmente um lugar de formação de certo tipo de discurso de verdade. Não quero dizer de modo algum que os outros sistemas disciplinares não dão lugar a discursos de verdade e não têm relação com a família, mas creio que, no caso da instituição e da disciplina asilares, a relação com a família é muito específica, muito sobrecarregada; aliás, ela demorou muito a se elaborar e não parou de se transformar ao longo do século XIX; por outro lado, o discurso de verdade também é um discurso específico.

Enfim, terceiro traço característico, é que, ao que parece – é a hipótese e o jogo que eu gostaria de jogar –, esse discurso de verdade que se forma no asilo e essa relação com a família se amparam mutuamente, se apoiam um no outro e vão, finalmente, dar lugar a certo discurso psiquiátrico, que se dará como discurso de verdade e que terá essencialmente por objeto, por alvo, por campo de referência, a família, os personagens familiares, os processos familiares etc. O problema está em saber como o discurso psiquiátrico, o discurso que nasce portanto do exercício do poder psiquiátrico vai poder se tornar o discurso da família, o discurso verdadeiro da família, o discurso verdadeiro sobre a família.

Então, hoje, o problema do asilo é a família.

Creio que se deve partir do asilo sem família, do asilo em ruptura, e em ruptura às vezes violenta e explícita com a família. É a situação inicial, é a situação que encontramos naquela protopsiquiatria de que Pinel e, melhor ainda que ele, Fodéré e sobretudo Esquirol foram os representantes, os fundadores.

Do asilo em ruptura com a família tomarei três testemunhos. O primeiro é a própria forma jurídica do internamento psiquiátrico, e isso essencialmente em torno dessa lei de 1838, de que ainda não saímos porque é ela que, em linhas gerais, continua regendo, com certo número de modificações, o internamento asilar. Parece-me que essa lei deve ser interpretada, dada a época em que ela se situa, como ruptura e como destituição dos direitos da família em relação ao louco. De fato, antes da lei de 1838, o procedimento essencial, o elemento jurídico fundamental que possibilitava a investidura sobre o louco, a caracterização e a designação do seu estatuto de louco, era essencialmente a interdição.

E o que era a interdição? Um procedimento jurídico que, em primeiro lugar, era e devia ser pedido pela família; em segundo lugar, uma medida de ordem judiciária, isto é, era um juiz que a decidia a pedido da família, mas também depois da consulta obrigatória aos membros da família; enfim, em terceiro lugar, esse procedimento de interdição tinha por efeito jurídico transferir os direitos civis do indivíduo assim interditado a um conselho de família e fazia o alienado cair sob o regime da curatela. Era portanto, se assim podemos dizer, um episódio do direito familiar validado por procedimentos judiciários[1]. Isso era o procedimento de interdição, o procedimento fundamental: o louco era essencialmente aquele que era interditado, e reconhecia-se alguém como dissipador, pródigo, louco etc., pela designação do seu estatuto, que era o de ser um interditado.

Quanto ao internamento, ocorreu durante toda a época clássica, de maneira que eu ia dizendo regular, mas, justamente, não era de maneira regular, ao contrário, era de maneira irregular. Vale dizer que o internamento podia intervir seja após o procedimento de interdição, seja independentemente dele, mas era sempre, naquele momento, um internamento de fato, obtido pela família que solicitava a intervenção seja do tenente de polícia, seja do intendente etc., ou ainda um internamento que era decidido pelo poder real ou pelo parlamento, quando alguém havia cometido uma irregularidade, uma infração ou um crime qualquer e que se considerava que, em vez de levá-lo à justiça, era melhor confiná-lo. O internamento era, portanto, um procedimento de origem bastante irregular e que circundava a interdição, que podia eventualmente substituir a interdição, mas que não tinha estatuto judiciário homogêneo e fundamental nessa espécie de investidura sobre o louco.

A investidura sobre o louco era portanto a interdição, e a interdição era um episódio do direito familiar validado pelo procedimento judiciário. Passo por cima de certo número de episódios que já anunciam a lei de 1838: a lei de agosto de 1790, por exemplo, que dá à autoridade municipal certo número de direitos[2].

A lei de 1838, a meu ver, consiste em duas coisas fundamentais. A primeira é fazer o internamento passar acima da interdição. Ou seja, agora a peça essencial na investidura sobre o louco torna-se o internamento, a interdição só vem se acrescentar posteriormente como suplemento judiciário eventual, caso seja necessária, quando a situação jurídica, os direitos civis do indivíduo possam ser comprometidos ou quando, ao contrário, ele possa comprometer a situação da sua família pelos direitos que possui. Mas a interdição não é mais que uma peça de acompanhamento de um procedimento fundamental, que é agora o procedimento de internamento.

Apreende-se pelo internamento; isto é, apreende-se pela captura do próprio corpo. É uma verdadeira captura de corpo que é agora a peça jurídica fundamental, e não mais aquela destituição dos direitos civis ou dos direitos familiares. Captura de corpo que é assegurada por quem e como? Claro, na maior parte do tempo, a pedido da família, mas não necessariamente. O internamento, na lei de 1838, pode perfeitamente ser decidido pela autoridade prefeitoral, sem que ela tenha sido acionada pela família. Em todo caso, tenha ou não sido acionada pela família, é sempre a autoridade prefeitoral, coadjuvada pela autoridade médica, que em última instância deve decidir sobre o internamento de alguém. Uma pessoa chega a um hospital público, a uma clínica particular, com o diagnóstico ou a presunção de loucura; ela só será efetivamente, estatutariamente designada e caracterizada como louca quando [for] feita uma perícia por alguém que terá recebido, para tanto, qualificação da autoridade civil e quando essa autoridade civil, isto é, a própria autoridade prefeitoral, assim decidir. Vale dizer que o louco agora já não aparece, já não se diferencia, já não adquire estatuto em relação ao campo familiar, mas no interior de um campo que podemos dizer técnico-administrativo, ou, se preferirem, médico-estatal, que é constituído pelo acoplamento do saber e do poder psiquiátricos, e do inquérito e do poder administrativos. É esse acoplamento que designará o louco como louco, e a família passa a ter em relação ao louco apenas um poder relativamente limitado.

O louco emerge agora como adversário social, como perigo para a sociedade, e não mais como o indivíduo que pode pôr em risco os direitos, as riquezas, os privilégios de uma família. É o inimigo social que é designado pelo mecanismo dessa lei de 1838; e, com isso, pode-se dizer que a família se vê destituída. Direi que, quando lemos as justificativas que foram apresentadas para essa lei de 1838 no momento em que foi votada, ou os comentários que foram feitos depois, sempre se diz que foi necessário dar essa preeminência ao internamento sobre a interdição, ao poder científico-estatal sobre o poder familiar, para proteger ao mesmo tempo a vida e os direitos do círculo pessoal. De fato, durante todo o tempo em que o longo, pesado, difícil procedimento da interdição era a peça essencial, assenhorear-se de um louco era, no fim das contas, algo relativamente difícil; e, durante todo esse período, o louco podia efetivamente realizar seus estragos em seu círculo pessoal próprio. Ele era um perigo para seu círculo pessoal e, contra esse perigo, seu círculo pessoal direto era exposto às suas fúrias. Era preciso portanto proteger esse círculo pessoal, donde a necessidade de priorizar o procedimento rápido do internamento em relação ao procedimento longo da interdição.

E, por outro lado, argumenta-se que dar demasiada importância à interdição, fazer da interdição a peça mestra, era abrir caminho para todas as intrigas, todos os conflitos de interesses familiares. Aqui também era preciso proteger os direitos da família restrita e próxima – ascendentes e descendentes – contra as cobiças da família ampla.

É verdade e, em certo sentido, foi assim mesmo que funcionou a lei de 1838: destituir a família em sentido amplo em benefício e no interesse da família próxima. Mas isso, justamente, caracteriza toda uma série de processos que vamos encontrar ao longo do século XIX e que não valem apenas para os loucos, mas também para a pedagogia, para a delinquência etc*.

....

* O manuscrito acrescenta: "Na verdade, assistimos aqui a um processo que vamos encontrar ao longo de toda a história do poder psiquiátrico".

É que o poder de Estado ou, digamos, certo poder técnico-estatal entra de certo modo como uma cunha no sistema amplo da família, apodera-se em seu próprio nome de certo número de poderes que eram os da família ampliada e apoia-se, para exercer esse poder de que acaba de se apropriar, numa entidade, não vou dizer absolutamente nova, mas uma entidade recentemente demarcada, reforçada, intensificada, que vai ser a pequena célula familiar.

A pequena célula familiar constituída pelos ascendentes e descendentes é uma espécie de zona de intensificação dentro dessa grande família que, por sua vez, é destituída, curto-circuitada. E é o poder de Estado ou, no caso, o poder técnico-estatal que vai isolar e se apoiar nessa família curta, celular, intensa, que é o efeito da incidência de um poder técnico-estatal sobre a grande família assim destituída. Eis, creio, o que se pode dizer sobre o mecanismo da lei de 1838. Vocês estão vendo que, na medida em que todos os grandes asilos funcionaram já faz cento e cinquenta anos a partir dessa forma jurídica, é importante notar que esta não favorece os poderes familiares; ao contrário, ela destitui a família dos seus poderes tradicionais. Juridicamente, portanto, ruptura entre o asilo e a família.

Se vocês tomarem a tática médica, isto é, a maneira mesma como as coisas se desenrolam no asilo, o que vão ver?

Primeiro princípio, que é fundamentalmente estabelecido e que vocês vão encontrar durante praticamente toda a vida, eu ia dizendo serena, da disciplina psiquiátrica, isto é, até o século XX: o princípio, ou antes, um preceito, uma regra de *savoir-faire*, que é o de que nunca se pode curar um alienado na família. O meio familiar é absolutamente incompatível com a gestão de qualquer ação terapêutica.

Encontramos centenas de formulações desse princípio através de todo o século XIX. Eu lhes darei uma apenas, a título de referência e de exemplo, porque é antiga e, de certo modo, fundadora. É um texto de Fodéré, datado de 1817, em que ele diz que quem é admitido num asilo "entra num novo mundo no qual deve estar inteiramente separado dos parentes, amigos e conhecidos"[3]. E um texto, mais tardio, de 1857, que cito porque vai nos servir de referencial (temos aí uma clivagem importante): "Aos primeiros albores da loucura, separem o doente da sua família, dos seus amigos e do seu lar. Ponham-no imediatamente sob a tutela da arte."[4] Logo, nunca se pode curar um alienado na sua família.

Por outro lado, em todo o tempo da terapia, isto é, da operação médica que deve levar à cura, todo contato com a família é perturbador; é perigoso; é preciso, em toda a medida do possível, evitá-lo. É o princípio, se assim podemos dizer, do isolamento ou – porque essa palavra, isolamento, é em si mesma perigosa, parece indicar que o doente deve ficar sozinho, quando não é assim que ele é tratado no asilo –, melhor dizendo, o princípio do mundo estrangeiro. Em relação ao espaço familiar, o que é desenhado pelo poder disciplinar do asilo deve ser absolutamente estrangeiro[5]. Por quê? Indico as razões aqui simplesmente a título de referencial. Algumas são extremamente banais, outras bastante interessantes e terão, por transformações sucessivas, certo destino na história do poder psiquiátrico.

Primeira razão: é o princípio da distração, princípio importante sob sua aparente banalidade. Um louco, para se curar, nunca deve pensar na sua loucura[6]. É preciso agir de sorte que sua loucura nunca lhe esteja presente ao espírito, que ela esteja, tanto quanto possível, apagada do seu discurso, que não possa ser vista por testemunhas. Esconder sua loucura, não dizê-la, afastá-la do seu espírito, pensar em outra coisa: princípio da não associação, se assim podemos dizer, princípio da dissociação.

É um dos grandes esquemas da prática psiquiátrica nessa época, até o momento em que, ao contrário, o princípio da associação é que triunfará. E quando digo princípio da associação não é em Freud que penso, mas já em Charcot, isto é, na irrupção da histeria, pois é a histeria que vai ser o grande ponto de clivagem em toda essa história. Logo, se a família deve estar ausente, se o indivíduo louco deve ser colocado num mundo absolutamente estrangeiro, é por causa do princípio de distração.

Segundo princípio – este, então, também muito banal, mas interessante pela história que terá –, é que a família é logo identificada, indicada, como sendo, se não exatamente a causa, pelo menos a ocasião da alienação. Ou seja, o que vai precipitar o episódio da loucura são as contrariedades, as preocupações financeiras, o ciúme amoroso, as tristezas, as separações, a ruína, a miséria etc.; tudo isso é o deflagrador da loucura e o que não vai parar de alimentá-la[7]. Logo, é em relação a esse suporte permanente da loucura, que é a família, é para curto-circuitá-lo que é preciso separar o doente da sua família.

Terceira razão que é dada e que é, por sua vez, muito interessante. A noção introduzida por Esquirol e que vai se esfarelar, desaparecer, se bem que ainda a encontremos por muito tempo, sem que o termo [...*] seja retomado, é essa estranha noção de "suspeita sintomática"[8] [...**]. Esquirol diz que o doente mental, e essencialmente maníaco, é acometido de uma "suspeita sintomática". Isso quer dizer que a alienação mental é um processo no curso do qual o indivíduo vai mudar de humor: suas sensações são alteradas, ele experimenta novas impressões, já não vê as coisas exatamente, já não percebe as fisionomias, já não ouve as palavras exatamente da mesma maneira; às vezes até ouve vozes que não têm suporte real, ou vê imagens que não são exatamente imagens perceptivas: alucinações. O alienado não compreende a causa de todas essas mudanças em seu corpo, e isso por duas razões: por um lado, ele não sabe que está louco e, por outro, não conhece os mecanismos da loucura.

* Gravação: "de Esquirol".
** Gravação: "que Esquirol introduz".

Não compreendendo a causa de todas essas transformações, ele vai buscar a origem delas fora de si mesmo, fora do seu corpo e fora da sua loucura; ou seja, vai buscar a origem delas no seu círculo pessoal. Assim, ele vai atrelar, não exatamente a estranheza das suas impressões, mas a causa dessa estranheza a tudo o que o circunda e, com isso, vai considerar que a origem de todo esse mal-estar nada mais é que a malevolência dos que o circundam, e se tornará perseguido. A perseguição, o que Esquirol chamava de "suspeita sintomática", é a espécie de fundo sobre o qual vão se desenrolar as relações do doente com seu círculo pessoal. Está claro que, se se quiser romper essa suspeita sintomática, isto é, se se quiser fazer o doente tomar consciência de que está doente e de que a estranheza das suas sensações vem unicamente do seu mal, vai ser preciso desconectar sua existência de todos os personagens que o circundaram e que são marcados agora, a partir da origem da sua loucura, por essa suspeita sintomática.

Enfim, quarta razão que é alegada pelos psiquiatras para explicar essa necessidade da ruptura com a família, é que existem no interior de toda família relações de poder – que chamarei de soberania, mas pouco importa –, que são em si incompatíveis com a cura da loucura, por duas razões. A primeira é que essas relações de poder, em si, alimentam a loucura. Que um pai possa exercer sua vontade tirânica sobre os filhos e sobre seu círculo pessoal é algo que pertence à trama de poder própria da família, é evidentemente o que vai reforçar o delírio de grandeza do pai. Que uma mulher, em função das relações de poder próprias do espaço familiar, possa legitimamente fazer valer seus caprichos e impô-los ao seu marido, é algo que pertence ao tipo de poder próprio da família, mas que evidentemente só pode alimentar a loucura da mulher. Por conseguinte, é preciso privar os indivíduos da situação de poder, dos pontos de apoio de poder que são seus na sua família. Outra razão, claro, é que o poder médico em si é de um tipo diferente do poder familiar e que, se se quiser que o poder do médico se exerça efetivamente, atue bem sobre o doente, é evidentemente necessário suspender tudo o que são configurações, pontos de apoio, intermediações próprios do poder familiar.

Eis, em linhas gerais, as quatro razões que encontramos na psiquiatria da época para explicar a ruptura terapêutica necessária entre o asilo e a família. E vocês encontram o tempo todo histórias muito edificantes, em que se conta que, no próprio decurso de um procedimento terapêutico que estava dando resultado, o menor contato com a família logo perturbava tudo.

Assim, Berthier, em seu tratado de *Medicina mental* (Berthier tinha sido aluno de Girard de Cailleux e trabalhado no hospital de Auxerre[9]), conta uma série de histórias pavorosas de pessoas que estavam no caminho da cura e nas quais o contato com a família provocou a catástrofe. "M.B., eclesiástico dos mais respeitáveis e que sempre havia vivido numa prática austera, é tomado, sem causa apreciável, de monomania. Por medida de precaução e de conveniência, proibiu-se a entrada no asilo de todos os seus conhecidos. Apesar desse conselho esclarecido, seu pai penetra até onde ele está. O doente, que melhorava, fica imediatamente pior: seu delírio reveste-se de diversas formas. Ele tem alucinações, larga do breviário, insulta, blasfema e é presa de um delírio erótico-orgulhoso."[10]

Outra história, melhor ainda: "Madame S. chega num estado deplorável de uma casa de saúde do departamento do Ródano, acometida de melancolia; com excitações maníacas causadas por mágoas e reveses da fortuna. Depois de dois anos de cuidados assíduos, obtém-se uma melhora real: a convalescença se aproxima. Seu filho, encantado com a mudança, manifesta o desejo de vê-la. O médico-chefe concorda, recomendando porém que sua estada seja de curta duração. O rapaz, não se dando conta da importância da recomendação, infringe as ordens. Passados dois dias, a agitação renasce..."[11].

Ah, não era essa a história que eu queria contar para vocês... Era a história de um pai de família que estava no hospital de Auxerre e a caminho da cura; eis que ele avista o filho através de um vidro; então, tomado por um frenético desejo de ver o filho, quebra a vidraça. Após a quebra do vidro que separava o asilo do mundo exterior, que o separava do filho, veio a catástrofe: recaiu em seu delírio. O contato com a família havia precipitado imediatamente o processo[12].

Logo, a entrada no asilo e a vida no asilo implicam necessariamente a ruptura com a família.

Se olharmos agora o que acontece depois de efetuada a entrada, depois de executado esse rito de purificação e ruptura, se olharmos como o asilo deveria curar, como a cura deveria se dar no asilo, percebemos que, aí também, se está extraordinariamente longe de tudo o que poderia ser a família como operador de cura. A família nunca deve estar envolvida; mais ainda, nunca se deve apoiar-se em elementos, disposições, estruturas que poderiam, de uma maneira ou de outra, evocar a família, para operar a cura.

Esquirol e a maioria dos seus sucessores, até os anos 1860, é que vão nos servir de ponto de articulação. Durante esse primeiro episódio da história do poder psiquiátrico, o que é que cura no hospital? São duas coisas... Aliás, não, é essencialmente uma coisa: o que cura no hospital é o hospital. Ou seja, é a própria disposição arquitetônica, a organização do espaço, a maneira como os indivíduos são distribuídos nesse espaço, a maneira como se circula por ele, a maneira como se olha ou como se é olhado nele, tudo isso é que tem em si valor terapêutico. A máquina de cura, na psiquiatria daquela época, é o hospital. Quando eu lhes dizia que havia duas coisas, eu ia dizer: há a verdade. Mas vou procurar mostrar como o discurso da verdade ou a emergência da verdade como operação psiquiátrica no fim das contas não passam de efeitos dessa disposição espacial.

O hospital é portanto a máquina de curar; e como é que o hospital cura? Não é, em absoluto, reproduzindo a família; o hospital não é de modo algum a família ideal. Se o hospital cura, é porque lança mão daqueles elementos cuja formalização em Bentham procurei mostrar a vocês; é porque o hospital é uma máquina panóptica, é como aparelho panóptico que o hospital cura. É, com efeito, uma máquina de exercer o poder, de induzir, de distribuir, de aplicar o poder de acordo com o esquema benthamiano, mesmo que, é claro, as disposições arquitetônicas adequadas à proposta de Bentham sejam modificadas. Digamos, *grosso modo*, que podemos encontrar quatro ou cinco elementos que são da própria ordem do panóptico benthamiano e que devem ter função operatória na cura.

Em primeiro lugar, a visibilidade permanente[13]. O louco deve ser não só alguém que é vigiado; mas o fato de saber que se é vigiado, melhor dizendo, o fato de saber que se pode ser sempre vigiado, que se está sempre sob o poder virtual de um olhar permanente, é isso que tem em si valor terapêutico, pois é precisamente quando se sabe olhado, e olhado como louco, que não se mostrará a própria loucura e que o princípio da distração, da dissociação vai agir plenamente.

É necessário portanto que o louco fique sempre na posição de estar sob um olhar possível, e vocês têm aí o princípio da organização arquitetônica dos asilos. Em vez do panóptico circular, preferiu-se outro sistema, que devia proporcionar no entanto uma visibilidade igualmente grande: é o princípio da arquitetura pavilhonar, isto é, dos pequenos pavilhões sobre os quais Esquirol explica que devem estar dispostos em três lados, sendo o quarto aberto para o campo. Esses pavilhões assim dispostos devem, na medida do possível, ser térreos, para que o médico possa chegar pé ante pé, sem ser ouvido por ninguém, nem pelos enfermos, nem pelos guardas, nem pelos vigilantes, e com um olhar capte tudo o que está acontecendo[14]. Aliás, nessa arquitetura pavilhonar que foi transformada, o modelo utilizado até o fim do século XIX, a cela – porque, para Esquirol, ainda então, a cela era, se não preferível ao dormitório, pelo menos uma alternativa ao dormitório – devia ter aberturas de dois lados, de modo que, quando o louco olhava de um lado, podia-se olhar pela outra janela o modo pelo qual ele olhava do outro lado. Quando vemos o que Esquirol diz sobre a maneira de construir os asilos, temos então uma transposição estrita do princípio do panoptismo.

Em segundo lugar, o princípio da vigilância central, essa espécie de torre de onde um poder anônimo se exercia perpetuamente, também é modificado. Mas vocês o encontrarão primeiro, até certo ponto, na forma do prédio da direção, que deve estar no centro e que deve vigiar todos os pavilhões dispostos em volta; mas, principalmente, a vigilância central é proporcionada por um modo diferente daquele do *Panopticon* de Bentham, mas para ter sempre o mesmo efeito, por meio do que poderíamos chamar de vigilância piramidal dos olhares.

Ou seja, tem-se uma hierarquia constituída por guardas, enfermeiros, vigilantes, médicos, que fazem relatórios uns para os outros segundo a via hierárquica, que culmina no médico-chefe, único responsável pelo asilo, pois o poder administrativo e o poder médico não devem ser dissociados – todos os psiquiatras da época insistem nisso. E é para essa espécie de saber-poder unitário e absoluto constituído pelo médico-chefe que todas essas intermediações de vigilância devem finalmente convergir.

Em terceiro lugar, princípio do isolamento, que também deve ter valor terapêutico. Isolamento, individualização que são proporcionados pela cela de Esquirol, que reproduz quase exatamente a cela do Panopticon de Bentham, com sua dupla abertura e seu contraluz. Encontramos também este curiosíssimo princípio do isolamento, isto é, da dissociação de todos os efeitos de grupo e da assinalação do indivíduo a si mesmo enquanto tal, na prática médica corrente da época, e que é o sistema do que poderíamos chamar de percepção triangular da loucura.

Ou seja, o asilo se chocava com uma objeção que foi feita com frequência e que era a seguinte: é válido, do ponto de vista médico, colocar no mesmo espaço pessoas que são todas elas loucas? Será que, em primeiro lugar, a loucura não vai ser contagiosa? Será que, em segundo lugar, ver os outros que são loucos não vai induzir naquele que se encontra no meio dos loucos uma melancolia, uma tristeza etc.?

A que os médicos respondiam: de maneira nenhuma. Ao contrário, é ótimo ver a loucura dos outros, contanto que cada doente possa ter dos outros loucos que estão junto dele a percepção que o médico tem desses outros doentes. Em outras palavras, não se pode pedir imediatamente a um louco que tenha de si um ponto de vista que será o do médico, pois ele está preso demais à sua própria loucura; em compensação, não está preso à loucura dos outros. Por conseguinte, se o médico mostra a cada doente em que todos os que o rodeiam são efetivamente doentes e loucos, então o doente em questão, percebendo triangularmente a loucura dos outros, vai acabar compreendendo o que é ser louco, delirar, ser maníaco ou melancólico, ser monomaníaco. Quando vir diante dele, que acredita ser Luís XVI, que há um outro que também acredita ser Luís XVI, e vir de que maneira o médico julga esse outro que acredita ser Luís XVI, nesse momento ele poderá tomar indiretamente de si mesmo e da sua própria loucura uma consciência que será análoga à consciência médica[15].

Temos aí um isolamento do louco em sua própria loucura pelo jogo dessa triangulação que tem, em si, um efeito de cura[16], que é em todo caso a garantia de que não ocorrerão no asilo aqueles fenômenos corrosivos de contágio, aqueles fenômenos de grupo que, justamente, o Panopticon tinha por função evitar, seja no hospital, seja na escola etc. O não contágio, a não existência do grupo deve ser assegurada por essa espécie de consciência médica dos outros que cada doente deve ter a propósito de todos os que o rodeiam.

Enfim – e aqui também vocês encontram os temas do *Panopticon* –, o asilo age pelo jogo da incessante punição, que é assegurada seja pelo pessoal, claro, que deve estar presente o tempo todo e junto de cada um, seja por uma série de instrumentos[17]. Por volta da década de 1840, na Inglaterra, que apresentava certo atraso em relação à prática psiquiátrica ocidental, certo número de médicos ingleses e principalmente irlandeses postularam o princípio do *no restraint*, isto é, da abolição dos instrumentos físicos de coerção[18]. Na época, essa reivindicação obteve grande repercussão e, em certo sentido, houve em todos os hospitais da Europa uma espécie de campanha pelo *no restraint* e, de fato, ocorreu uma modificação bastante importante na maneira de tratar os loucos. Mas não creio que essa alternativa, coerção física ou *no restraint*, tenha sido afinal de contas muito séria.

Tomarei como prova apenas uma carta que a reverenda madre superiora das irmãs encarregadas da cidade de Lille mandava à sua colega de Rouen, que era a superiora, e que dizia: a senhora sabe, não é nenhum problema, a senhora pode perfeitamente, como acabamos de fazer em Lille, retirar todos esses instrumentos, contanto que ponha ao lado de todos os alienados que tiver liberado "uma religiosa que se imponha"[19].

A alternativa olhar, intervenção do pessoal ou instrumento é, portanto, no fim das contas, uma alternativa de superfície em relação ao mecanismo profundo que é o da punição incessante. E creio, apesar de tudo, que o sistema do *restraint*, da coerção física é, em certo sentido, mais eloquente que o outro e mais evidente. Vocês têm nos hospitais dessa época – portanto depois do célebre desacorrentamento dos alienados de Bicêtre por Pinel –, durante todos os anos de 1820-1845, data do *no restraint*, toda uma série maravilhosa de instrumentos: a cadeira fixa, isto é, presa à parede e na qual o doente era amarrado; a cadeira móvel que se agitava tanto mais quanto mais agitado estava o doente[20]; as algemas[21]; as mangas[22]; a camisa de força[23]; a roupa em forma de dedo de luva, que envolvia o indivíduo desde o pescoço e o apertava de tal modo que ele ficava com as mãos entre as coxas; os esquifes de vime[24] nos quais eram encerrados os indivíduos; as coleiras de cachorro com pontas debaixo do queixo. Toda uma interessantíssima tecnologia do corpo, cuja história talvez devesse ser feita reinscrevendo-a em toda a história geral desses aparelhos corporais.

Parece-me que se poderia dizer o seguinte: antes do século XIX tivemos um número considerável desses aparelhos corporais. Creio que se podem encontrar três tipos. Os aparelhos de garantia e de prova, isto é, aparelhos pelos quais certo tipo de ação é impedida, certo tipo de desejo é barrado; o problema consiste em saber até que ponto se pode suportá-lo e se o impedimento assim materializado pelo aparelho vai ser violado ou não. O modelo típico dessas máquinas é o cinto de castidade.

Há outro tipo de aparelho corporal: os aparelhos de extrair a verdade, que obedecem a uma lei da intensificação gradual, do crescimento quantitativo; por exemplo, o suplício da água, a estrapada[25] etc., que eram correntemente utilizados na prova de verdade na prática judiciária.

Enfim, em terceiro lugar, há os aparelhos corporais que tinham por função essencial manifestar e assinalar ao mesmo tempo a força do poder: marcar com uma letra de fogo no ombro, na testa; atenazar, queimar um regicida, era ao mesmo tempo um aparelho de suplício e um aparelho de marcação; era a manifestação, no próprio corpo, torturado e sujeitado, do poder que se desenfreia[26].

Temos aí os três grandes tipos de aparelhos corporais; e o que vemos aparecer no século XIX é um quarto tipo de instrumentos que, tenho a impressão – mas é apenas uma hipótese, pois, repito, a história de tudo isso precisaria ser feita –, aparece no século XIX precisamente, e nos asilos. É o que podemos chamar de instrumentos ortopédicos. Entendo por isso instrumentos que têm por função, não a marcação do poder, a extração da verdade, a garantia, mas a correção e o adestramento do corpo.

Parece-me que esses aparelhos se caracterizam da maneira que se segue. Em primeiro lugar, são aparelhos de ação contínua. Em segundo lugar, são aparelhos cujo efeito progressivo deve ser torná-los inúteis, quer dizer que, no limite, deve-se poder tirar o aparelho, que o efeito obtido por ele ficará definitivamente inscrito no corpo. Portanto, aparelhos com efeito de autoanulação. E, por fim, devem ser aparelhos o mais homeostáticos possível; isto é, são aparelhos tais que, quanto menos se resiste a eles, menos se os sente, mas que, quanto mais se tenta escapar deles, mais se vai sofrer. É o sistema da coleira com pontas de ferro: se não se abaixar a cabeça, não se a sente, mas quanto mais abaixá-la, mais se a sente. É o sistema da camisa de força: quanto mais se debater, mais se é estrangulado. É o sistema da cadeira que dá vertigem: contanto que não se mexa, fica-se convenientemente sentado, mas, ao contrário, se se agita, então a trepidação da cadeira dá enjoo.

Vocês têm aí o princípio do instrumento ortopédico que é, a meu ver, o equivalente no mecanismo asilar do que Bentham havia sonhado sob a forma da absoluta visibilidade.

Tudo isso nos remete a um sistema psiquiátrico no qual a família não desempenha absolutamente nenhum papel. Não só a família foi asseptizada, excluída desde logo, mas nada no que se supõe ser a operação terapêutica do aparelho asilar lembra no que quer que seja a família. E o modelo em que se pensa, o modelo que funciona é evidentemente muito mais o modelo da oficina, o modelo das grandes explorações agrícolas de tipo colonial, é a vida de quartel com suas paradas, suas inspeções.

E de fato era assim, com esse esquematismo, que funcionavam os hospitais daquela época. O panóptico como sistema geral, como sistema de inspeção permanente, de olhar ininterrupto, encontrava evidentemente sua realização na organização espacial dos indivíduos postos uns ao lado dos outros, sob o olhar permanente de quem era encarregado de vigiá-los. Assim, um diretor de asilo de Lille[27] explica: quando assumiu a responsabilidade pelo asilo, pouco antes da campanha pelo *no restraint*, ficou surpreso ao entrar por ouvir gritos pavorosos vindos de todos os lados; sentiu-se ao mesmo tempo tranquilizado e inquieto, é preciso dizer, quando percebeu que os doentes na realidade estavam calmos, porque tinha todos eles sob o seu olhar, presos na parede, pois cada um estava amarrado numa cadeira que, por sua vez, estava fixada na parede – um sistema, como vocês estão vendo, que reproduzia o mecanismo do panóptico.

Temos portanto um tipo de coerção que é inteiramente extrafamiliar. Nada no asilo, creio, faz pensar na organização do sistema familiar; ao contrário, é a oficina, a escola, o quartel. E, aliás [no] trabalho de oficina, no trabalho agrícola, no trabalho escolar, a instalação militar dos indivíduos é de fato o que vemos surgir explicitamente.

Por exemplo, Leuret, em seu livro de 1840 sobre o *Tratamento moral*, dizia que "todas as vezes que o tempo permite, os doentes que estão em condição de andar e que não podem ou não querem trabalhar são reunidos nos pátios do hospício e exercitam-se na marcha, como os soldados. A imitação é uma alavanca tão poderosa, inclusive sobre os homens mais preguiçosos e mais obstinados, que vi vários destes que de início se recusavam a tudo, mas acabavam aceitando marchar. É um começo de ação metódica, regular, sensata, e essa ação leva a outras"[28]. E, a propósito de um doente, ele diz: "Se consigo fazer que aceite uma patente, ser posto no comando e ele se sai bem, a partir desse momento considero sua cura praticamente certa. Para comandar as marchas e as evoluções, nunca emprego nenhum vigilante, apenas os doentes. Graças a essa organização um pouco militar [e então se passa do exercício ortopédico à própria constituição do saber médico; M.F.], a visita médica dos doentes, seja ela feita nas salas ou nos pátios, torna-se fácil e posso, todos os dias, dar pelo menos uma olhada nos alienados incuráveis, reservando a maior parte do meu tempo aos alienados submetidos a um tratamento ativo"[29]. Assim, pois, revista, inspeção, enfileiramento no pátio, olhar do médico: está-se efetivamente no mundo militar. É dessa forma que funcionava o asilo até os anos 1850, quando me parece que se assiste a algo que indica certo deslocamento*.

Por volta dos anos 1850-1860, começa a se ver formulada a ideia de que, primeiro, o louco é como uma criança; depois, que o louco deve ser posto num meio análogo à família, embora não seja a família; e, enfim, que esses elementos quase familiares possuem em si um valor terapêutico.

Essa formulação, de que o louco é uma criança, vocês encontram, por exemplo, num texto de Fournet ao qual retornarei, porque ele é importante: "[O] tratamento moral da alienação", que foi publicado nos *Annales médico-psychologiques* em 1854. O louco deve ser tratado como uma criança, e a família, "a verdadeira família em que reina o espírito de paz, de inteligência e de amor", é a que, "desde os primórdios e os primeiros desvios humanos", deve proporcionar "o tratamento moral, o tratamento modelo de todos os desvios do coração e do espírito"[30].

Esse texto de 1854 é ainda mais curioso porque ele se desenvolve numa direção que é, creio, na época, bastante nova. De fato, Fournet diz o seguinte: que a família tenha um

....

* O manuscrito prossegue a análise precisando: "Ao todo, um dispositivo disciplinar que deveria ter de pleno direito eficácia terapêutica. Compreende-se nessas condições que o correlativo dessa terapêutica, o objeto do seu intento, seja a vontade. A definição da loucura não mais como cegueira, mas como dano à vontade e a inserção do louco num campo terapêutico disciplinar são dois fenômenos correlativos que se apoiaram e se fortaleceram mutuamente".

valor terapêutico, que a família seja efetivamente o modelo no qual e a partir do qual se possa construir certa ortopedia psicológica e moral, há exemplos, diz ele, fora do hospital psiquiátrico. "Os missionários de civilização [e ele entende por isso, creio eu, tanto os soldados que estavam colonizando a Argélia como os missionários em sentido estrito; M.F.] que tomam emprestado da família seu espírito de paz, de benevolência, de devoção, e até o nome de pai, e vão procurar sanar os preconceitos, as falsas tradições, enfim os erros dos povos selvagens, são como Pinel e Daquin, em relação aos exércitos conquistadores que pretendem levar à civilização pela força bruta das armas e que têm, sobre os povos, o papel das correntes e das prisões sobre os infelizes alienados[31]."

Em termos claros, isso quer dizer que houve duas idades da psiquiatria. Uma em que se utilizavam as correntes e outra, ao contrário, em que se utilizaram, digamos, os sentimentos de humanidade. Pois bem, da mesma maneira, na colonização há dois métodos e, talvez, duas idades. Uma é a idade da conquista armada pura e simples, a outra o período da instalação e da colonização em profundidade. E essa colonização em profundidade se faz pela organização do modelo familiar. É introduzindo a família nessas tradições e nesses erros dos povos selvagens que se inicia a obra de colonização. Fournet continua dizendo: aliás, encontramos exatamente a mesma coisa no caso dos delinquentes. Cita Mettray, fundada em 1840, onde se utilizava, num esquema que era no fundo puramente militar, a denominação de pai, de irmão mais velho etc., em que havia uma organização pseudofamiliar. Fournet se refere a isso para dizer: vocês estão vendo que lá também o modelo familiar é utilizado para tentar "reconstituir [...] os elementos e o regime da família em torno desses infelizes, órfãos pelo fato ou pelos vícios dos seus pais". E conclui: "Não é, senhores, que eu queira desde já pretender assimilar a alienação mental à alienação moral dos povos ou dos indivíduos que respondem perante a história ou perante a lei..."[32]. Esse é outro trabalho que ele promete para o futuro e que nunca levou a cabo.

Mas vocês sabem que, se ele não o fez, muitos outros fizeram depois. Vocês estão vendo a assimilação entre os delinquentes como resíduos da sociedade, os povos colonizados como resíduos da história, os loucos como resíduos da humanidade em geral – todos indivíduos: delinquentes, povos a colonizar ou loucos –, que não se pode converter, civilizar, os quais não se podem submeter a um tratamento ortopédico, a não ser que se proponha a eles um modelo familiar.

Temos aí, creio, um ponto de flexão importante. Importante porque a data é afinal precoce: estamos em 1854, isto é, antes do darwinismo, antes da *Origem das espécies*[33]. Por certo, já se conhecia o princípio ontogênese-filogênese, pelo menos em sua forma geral, mas vocês estão vendo sua curiosa utilização aqui e, principalmente, mais até que a assimilação louco-primitivo-delinquente, o que é interessante é que a família apareça como o remédio comum ao fato de ser selvagem, delinquente ou louco. É portanto, em linhas gerais – não pretendo que esse texto seja o primeiro, mas ele me parece um dos mais significativos, não encontrei nenhum outro tão claro antes dele –, digamos que é por volta dos anos 1850 que se passa o fenômeno de que eu queria lhes falar.

Pois bem, por que nessa época? O que aconteceu nessa época? Qual o suporte disso tudo? Procurei por muito tempo e foi simplesmente me fazendo a pergunta nietzschiana – "Quem fala?" –, que me pareceu possível encontrar a pista. De fato, quem formula essa ideia? Onde é que a encontramos?

Vocês a encontram em gente como Fournet[34], em Casimir Pinel, um descendente de Pinel[35], Brierre de Boismont[36], também começam a encontrá-la em Blanche[37], isto é, em toda uma série de indivíduos que tinham simplesmente por característica comum ter de administrar às vezes um serviço público, mas principalmente casas de saúde particulares, paralelas aos hospitais e instituições públicas, e muito diferentes deles. Aliás, todos os exemplos de familiarização em meio terapêutico eles dão a partir do exemplo das casas de saúde. Vocês dirão: grande descoberta! Todo o mundo sabe que houve, desde o século XIX, os hospitais-quartéis para os explorados e as casas de saúde confortáveis para os ricos. Na verdade o que eu queria evidenciar a esse respeito é um fenômeno que vai um pouco além dessa oposição ou, se preferirem, que se aloja nela, mas que é muito mais preciso.

Eu me pergunto se, no século XIX, não ocorreu um fenômeno bastante importante, de que este seria um dos numerosos efeitos. Esse fenômeno importante, cujo efeito surge aí, seria a integração, a organização, a exploração do que chamarei de lucros de anomalias, de lucros de ilegalismos ou lucros de irregularidades. Direi o seguinte: os sistemas disciplinares tiveram uma primeira função, uma função maciça, uma função global, que vemos surgir claramente no século XVIII: ajustar a multiplicidade dos indivíduos aos aparelhos de produção ou aos aparelhos de Estado que os controlam, ou ainda, ajustar o princípio do acúmulo de homens à acumulação do capital. Esses sistemas disciplinares, na medida em que eram normalizadores, faziam surgir necessariamente em suas margens, por exclusão e a título residual, anomalias, ilegalismos, irregularidades. Quanto mais estrito o sistema disciplinar, mais as anomalias, as irregularidades são numerosas. Ora, essas irregularidades, ilegalismos, anomalias, que o sistema disciplinar ao mesmo tempo era feito para absorver mas que não cessava de suscitar na medida mesma que funcionava, é desses campos de anomalias, de irregularidades, que o sistema econômico e político da burguesia do século XIX [tirou]* uma fonte de lucro de um lado e o fortalecimento do poder, de outro.

Vou tomar um exemplo que é bem próximo daquele dos hospitais psiquiátricos, de que falarei em seguida: o da pros-

....

* Gravação: "encontrou".

tituição. Não foi preciso esperar o século XIX, é claro, para que existisse esse triângulo famoso das prostitutas, dos clientes e dos proxenetas, para que existissem casas, redes estabelecidas etc.; não foi preciso esperar o século XIX para utilizar as prostitutas e os proxenetas como informantes da polícia e para que grandes massas de dinheiro circulassem, graças ao prazer sexual em geral. Mas, no século XIX, creio que assistimos, em todos os países da Europa, à organização de uma rede, densa esta, que se apoia em todo um conjunto imobiliário, primeiro, de hotéis, lupanares etc., sistema que usa como intermediações e como agentes os proxenetas, que são ao mesmo tempo informantes e que são todos recrutados num grupo sobre cuja constituição procurei dizer um certo número de coisas no ano passado e que são os delinquentes[38].

Se houve tanta necessidade dos delinquentes e se, no fim das contas, tomou-se tanto cuidado para constituí-los em marginália, é precisamente porque era o exército de reserva desses agentes tão importantes, de que os proxenetas-informantes são apenas um exemplo. Esses proxenetas, enquadrados pela polícia, mancomunados com ela, constituem os intermediários essenciais desse sistema da prostituição. Ora, esse sistema, com seus apoios e seus intermediários, que finalidade tem em sua organização rigorosa? Ele tem por função reconduzir ao próprio capital, ao lucro capitalista em seus circuitos normais, todos os lucros que se podem auferir do prazer sexual, com a tríplice condição, é claro, de que, em primeiro lugar, esse prazer sexual seja marginalizado, desvalorizado, proibido e que, nesse momento, torne-se caro pelo simples fato de ser proibido. Em segundo lugar, se se quiser auferir lucros desse prazer sexual, ele tem não só de ser proibido, mas na realidade tolerado. E, por fim, tem de ser vigiado por um poder específico, que é proporcionado precisamente pela mancomunação delinquentes-polícia, na forma do proxeneta-informante. Ora, reconduzido assim de volta aos circuitos normais do capitalismo, o lucro do prazer sexual vai trazer como efeito secundário o fortalecimento de todos os procedimentos de vigilância e, por conseguinte, a constituição do que poderíamos chamar de um infrapoder, que acaba por incidir sobre o comportamento mais cotidiano, mais individual, mais corporal dos homens: o sistema disciplinar da prostituição. Porque é disso que se trata. Junto com o exército, a escola, o hospital psiquiátrico, a prostituição, tal como se organizou no século XIX, ainda é um sistema disciplinar cujas incidências econômico-políticas vocês logo veem.

Em primeiro lugar, tornar o prazer sexual lucrativo, isto é, fonte de lucro, a partir da sua proibição e da sua tolerância. Em segundo lugar, reconduzir os lucros proporcionados pelo prazer sexual para os circuitos gerais do capitalismo. Em terceiro lugar, apoiar-se nisso para ancorar ainda mais os efeitos últimos, as intermediações sinápticas do poder de Estado, que acaba alcançando o prazer cotidiano dos homens.

Mas a prostituição não é, evidentemente, mais que um exemplo dessa espécie de mecânica geral que podemos encontrar nos sistemas disciplinares instaurados no século XVIII para uma certa função global e que se aperfeiçoam no século XIX, a partir dessa disciplina que era essencialmente comandada pela formação de um novo aparelho de produção. A essas disciplinas vêm se ajustar disciplinas mais apuradas; ou, se preferirem, as antigas disciplinas se apuram e vão encontrar assim novas possibilidades de constituição de lucro e de fortalecimento de poder.

✦

Voltemos agora às casas de saúde de Brierre de Boismont, Blanche etc. No fundo, de que se trata? Trata-se de tirar proveito, e o máximo proveito, dessa marginalização em que consiste a disciplina psiquiátrica. Ora, se é evidente que a disciplina psiquiátrica, em sua forma global, tem por finalidade essencial pôr fora de circuito certo número de indivíduos inutilizáveis no aparelho de produção, vocês podem, em outro nível e numa escala mais restrita e com uma localização social diferente, criar uma nova fonte de lucro*.

De fato, a partir do momento em que certo número de indivíduos pertencentes às classes abastadas também vão, em nome do mesmo saber que interna, ser marginalizados, a partir desse momento vai ser possível deles tirar certa quantidade de lucros. Vale dizer que vai se poder pedir às famílias que dispõem de meios "pagar para ser curado". Vocês estão vendo que, por conseguinte, vamos ter um primeiro movimento do processo que vai consistir no seguinte: pedir, à família do indivíduo declarado doente, um benefício, mas sob certo número de condições.

É necessário evidentemente que o doente não possa ser curado em casa. Vai-se continuar portanto a fazer valer, para esse doente, fonte de lucro, o princípio do isolamento: "Você não vai ser curado na sua família. Mas, se pedimos à sua família que pague para você ser internado fora dela, temos é claro de garantir à sua família que lhe devolveremos alguém à imagem dela". Ou seja, é preciso dar à família certo benefício que seja proporcional ao lucro que lhe é cobrado; pede-se a ela certo lucro em favor do corpo médico, fazendo-a assim internar um indivíduo, pagar uma pensão etc., mas a família também tem de obter um benefício com isso. Esse benefício será a recondução do sistema de poder interno da família. Os psiquiatras dizem à família: "Vamos devolver alguém que será efetivamente conforme, adaptado, ajustado ao sistema de poder que é o seu"; por conseguinte, vão ser fabricados indivíduos refamiliarizados, na medida mesma em que é a família que, designando o louco, proporcionou a possibilidade de um lucro aos que constituem o lucro a partir da margi-

....

* No manuscrito, Michel Foucault acrescenta: "O lucro de irregularidade foi que serviu de vetor para a importação do modelo familiar na prática psiquiátrica".

nalização. Donde a necessidade de fazer casas de saúde que sejam diretamente ajustadas ao modelo familiar.

Assim, na clínica de Brierre de Boismont, no Faubourg Saint-Antoine, vocês tinham uma organização – que, aliás, não é nova: Blanche tinha dado um primeiro exemplo dela já na época da Restauração[39] – inteiramente modelada com base na família, isto é, com um pai e uma mãe de família. O pai de família é o próprio Brierre de Boismont; a mãe de família é sua mulher. Vivem todos na mesma casa; todos são irmãos; fazem todos juntos as refeições e devem sentir uns pelos outros os sentimentos que são os sentimentos de família. E a reativação do sentimento familiar, o investimento de todas as funções familiares dentro dessa clínica vão ser, nesse momento, o próprio operador da cura.

E temos um certo número de testemunhos bem claros em Brierre de Boismont, quando ele cita a correspondência que seus doentes, depois da cura, mantiveram com ele ou com sua mulher. Ele cita a carta de um ex-doente, que escreveu o seguinte à sra. Brierre de Boismont: "Longe da senhora, interrogarei frequentemente a lembrança tão profundamente gravada no meu coração, para desfrutar mais uma vez daquela calma cheia de afeto que a senhora comunica aos que têm a felicidade de ser recebidos na sua intimidade. Muitas vezes eu me referirei, em pensamento, ao ambiente da sua família tão unida em seu conjunto, tão afetuosa em cada um dos seus membros e cuja filha mais velha é tão graciosa quanto inteligente. Se eu voltar, como tenho a esperança, para junto dos meus, será para a senhora minha primeira visita, porque é uma dívida de coração"[40] (20 de maio de 1847).

Acho essa carta interessante. Vocês viram que o critério, a forma mesma da cura é a ativação de sentimentos de tipo canonicamente familiar: o reconhecimento para com o pai e a mãe; viram também atuar, aflorar pelo menos, o tema de um amor ao mesmo tempo validado e quase incestuoso, pois o doente é como se fosse filho de Brierre de Boismont, logo é irmão da filha mais velha pela qual ele tem sentimentos. Depois, essa ativação dos sentimentos familiares tem por efeito que, quando ele voltar a Paris, o que vai fazer? Primeiro vai ver sua família, a verdadeira – ou seja, é essa família que vai receber o benefício da operação médica –, e, somente em segundo lugar, vai visitar a família de Brierre de Boismont, essa quase família que desempenha um papel de sobre e subfamília. É uma sobrefamília na medida em que é a família ideal, que funciona em estado puro, a família tal como sempre deveria ser; e é na medida em que ela é a verdadeira família que tem a função ortopédica que lhe é atribuída. Em segundo lugar, é uma subfamília na medida em que seu papel é de se apagar diante da verdadeira família, de só ativar, por seu mecanismo interno, os sentimentos familiares para que a verdadeira família seja a beneficiária destes. E, nesse momento, ela não é mais que uma espécie de suporte esquemático que, em surdina, anima perpetuamente o funcionamento da verdadeira família. Sobre e subfamília: é isso que se constitui nessas casas de saúde cuja localização social e econômica é, como vocês estão vendo, muito diferente da que encontrávamos no asilo.

Mas se a casa de saúde burguesa, paga, é assim familiarizada – funciona com base no modelo familiar –, é necessário que, em contrapartida, a família, no exterior da casa de saúde, desempenhe seu papel. Não basta dizer à família: se vocês me pagam, eu tornarei seu louco capaz de funcionar no interior da família; é preciso que a família desempenhe seu papel, isto é, designe efetivamente os que são loucos, desempenhe por si mesma um papel de certo modo disciplinar, isto é, que ela diga: aqui está dentre nós aquele que é louco, anormal, que depende da medicina. Quer dizer, vocês têm, de um lado, familiarização do meio terapêutico nas casas de saúde e, de outro lado, disciplinarização da família, que vai se tornar a partir desse momento a instância de anomalização dos indivíduos.

Enquanto a família soberana não levantava a questão do indivíduo anormal, mas da ordem hierárquica dos nascimentos, da ordem das heranças, das relações de fidelidade, de obediência, de preeminência que havia entre uns e outros – ela se ocupava do nome e de todas as subfunções do nome –, a família assim disciplinarizada vai começar a substituir essa função soberana do nome pela função psicológica da designação do indivíduo anormal, da anomalização dos indivíduos.

O que digo para as casas de saúde valeria também, aliás, para a escola, valeria até certo ponto para a saúde em geral, para o serviço militar etc. O que eu queria lhes mostrar é que por mais que no século XIX a família possa ter continuado a obedecer um modelo de soberania, podemos perguntar se, a partir de meados do século XIX talvez, não há uma espécie de disciplinarização interna da família, isto é, certa transferência, no interior mesmo do jogo de soberania familiar, das formas, dos esquemas disciplinares, dessas técnicas de poder que as disciplinas proporcionavam.

Assim como o modelo familiar se transfere para o interior dos sistemas disciplinares, há técnicas disciplinares que vêm enxertar-se no interior da família. E, a partir desse momento, a família começa a funcionar como uma pequena escola, preservando ao mesmo tempo a heterogeneidade própria do poder soberano. É então que aparece a curiosa categoria de pais de alunos, é então que começam a aparecer os deveres de casa, o controle da disciplina escolar pela família; ela se torna uma microcasa de saúde que controla a normalidade ou a anomalia do corpo, da alma; ela se torna o quartel em pequeno formato e, talvez, se torne – voltaremos a este ponto – o lugar em que circula a sexualidade.

Creio que se pode dizer que à soberania familiar vai ser atribuída, a partir dos sistemas disciplinares, a seguinte obrigação: "Vocês têm que nos arranjar loucos, débeis mentais, malcomportados, depravados, e têm de encontrá-los por conta própria, pelo exercício de controles de tipo disciplinar no interior da soberania familiar. E, a partir do momento em que vocês encontrarem em casa, pelo jogo dessa soberania agora disciplinarizada, seus loucos, seus anormais, seus débeis mentais, seus malcomportados etc., nós os faremos passar, dizem as disciplinas, pelo filtro dos dispositivos normalizadores, e os devolveremos a vocês, para o maior benefício funcional de vocês, famílias. Nós os devolveremos conformes ao que vocês necessitam, contanto, é claro, que tenhamos recolhido com isso nosso lucro".

É assim que o poder disciplinar parasita a soberania familiar, requer que a família desempenhe o papel de instância de decisão do normal e do anormal, do regular e do irregular, pede à família que lhe mande esses anormais, esses irregulares etc.; recolhe em cima disso um lucro que entra no sistema geral do lucro e que podemos chamar, digamos, de benefício econômico da irregularidade. À custa do que, aliás, a família deve encontrar ao fim da operação um indivíduo que vai estar disciplinado de tal modo, que poderá ser efetivamente submetido ao esquema de soberania próprio da família. Ser bom filho, bom marido etc. é o que propõem todos esses estabelecimentos disciplinares que são as escolas, os hospitais, as casas de educação vigiada etc. Isso significa que se trata de máquinas graças às quais se pensa que os dispositivos disciplinares vão constituir personagens capazes de figurar no interior da morfologia própria ao poder de soberania da família.

NOTAS

1. "Os furiosos devem ser postos num local de segurança, mas não podem ser detidos, salvo em virtude de um julgamento que a família deve provocar [...] É somente aos tribunais que ele [o Código Civil; J.L.] confia o cuidado de constatar seu estado" (Circular de Portalis de 30 frutidor do ano XII/17 de setembro de 1804, cit. em G. Bollotte, "Les malades mentaux de 1789 à 1838 dans l'oeuvre de P. Sérieux", *Information psychiatrique*, vol. 44, nº 10, 1968, p. 916). O Código Civil de 1804 reformula a antiga jurisdição no artigo 489 (Título XI, cap. 2): "O maior que está num estado habitual de imbecilidade, de demência ou de furor deve ser interditado, mesmo que esse estado apresente intervalos lúcidos". Cf.: [a] verbete "Interdit", *in Dictionnaire de droit et de pratique*, ed. por C. J. de Ferriere, t. II, Paris, Brunet, 1769, pp. 48-50. [b] H. Legrand du Saulle, *Étude médico-légale sur l'interdiction des aliénés et sur le conseil judiciaire*, Paris, Delahaye et Lecrosnier, 1881. [c] P. Sérieux et L. Libert, *Le Régime des aliénés en France au XVIIIe siècle*, Paris, Masson, 1914. [d] P. Sérieux et M. Trénel, "L'internement des aliénés par voie judiciaire (sentence d'interdiction) sous l'Ancien Régime", *Revue historique de droit français et étranger*, 4ª série, 10º ano, julho-setembro de 1931, pp. 450-86. [e] A. Laingui, *La responsabilité pénale dans l'ancien droit (XVIe-XVIIIe siècles)*, vol. II, Paris, Librarie générale de droit et de jurisprudence, 1970, pp. 173-204; Michel Foucault se refere ao tema em *Histoire de la folie*, *op. cit.*, ed. de 1972, pp. 141-3. Retorna a ele na aula de 12 de janeiro de 1975 do seu curso no Collège de France, ano 1974-1975: *Les Anormaux*, ed. sob dir. F. Ewald e A. Fontana por V. Marchetti e A. Salomoni, Paris, Gallimard/Seuil (col. "Hautes Études"), 1999, pp. 131-6 [trad. bras. *Os anormais*, São Paulo, Martins Fontes, 2001].

2. A lei de 16-24 de agosto de 1790 faz do internamento uma medida de polícia, confiando "à vigilância e à autoridade dos órgãos municipais [...] o cuidado de impedir ou remediar os acontecimentos importunos que poderiam ser ocasionados pelos insensatos ou pelos furiosos deixados em liberdade" (Título XI, art. 3), *in Législation sur les aliénés et les enfants assistés. Recueil des lois, décrets et circulaires*

(1790-1879), t. I, Paris, Ministère de l'Intérieur et des Cultes, 1880, p. 3. Ver M. Foucault, *Histoire de la folie*, ed. de 1972, p. 443.

3. F. E. Fodéré, *Traité du délire*, *op. cit.*, t. II, p. 252.

4. P. Berthier, *Médecine mentale*, t. I: *De l'isolement*, Paris, J.-B. Baillière, 1857, p. 10.

5. Princípio enunciado por Esquirol em seu "Mémoire sur l'isolement des aliénés" (lido no Instituto em 1º de outubro de 1852): "O isolamento dos alienados (sequestração, confinamento) consiste em subtrair o alienado a todos os seus hábitos, separando-o da família, dos amigos, dos serviçais; rodeando-o de estranhos; mudando toda a sua maneira de viver" (*in Des maladies mentales considérées sous les rapports médical, hygiénique et médico-légal*, *op. cit.*, t. II, p. 745). Cf.: [a] J.-P. Falret, "Du traitement général des aliénés" (aula dada no hospício de Salpêtrière, 1854), *in Des maladies mentales et des asiles d'aliénés*, Paris, J.-B. Baillière, 1864, pp. 677-99; cf. pp. 685 ss. [b] J. Guislain, *Traité sur les phrénopaties*, *op. cit.*, 2ª ed., 1835, p. 409. [c] J.-M. Dupuy, *Quelques considérations sur la folie. Visite au Castel d'Andorte, établissement destiné aux aliénés de la classe riche*, Périgueux, impr. Dupont, 1848, pp. 7-8.

6. François Leuret enuncia que "sempre que possível, deve-se impor silêncio ao doente acerca do seu delírio e ocupá-lo com outra coisa" (*Du traitement moral de la folie*, *op. cit.*, p. 120). Ver também seu "Mémoire sur la révulsion morale dans le traitement de la folie", *in op. cit.* [*Mémoires de l'Académie royale de médecine*, 1841], p. 658. Mas é J.-P. Falret que, numa síntese fiel das concepções de Esquirol ("De la folie", 1816, *op. cit.* [*in Des maladies mentales*..., t. I], p. 119), enuncia essa ideia mais explicitamente num manuscrito inédito: "O isolamento ocupa evidentemente o primeiro lugar... Mas, depois que o doente é subtraído às influências externas, deve-se deixá-lo a si mesmo, sem procurar destruir a fixidez das suas preocupações doentias? Claro que não. Não contente com tê-lo afastado das causas que podem fomentar o delírio, deve-se combater ele próprio, e para este fim a experiência não reconhece meio mais eficaz que o de fixar a atenção de uns nos objetos mais capazes de cativá-los e desviar os outros das ideias fixas, distraí-los das suas preocupações colocando o tempo todo diante dos seus olhos objetos estranhos ao seu delírio e dirigindo totalmente sua atenção para toda espécie de ocupações, para que fiquem impossibilitados de pensar a respeito de sua doença" (citado por G. Daumezon e Ph. Koechlin, "La psychothérapie institutionnelle française contemporaine", *Anais portugueses de psiquiatria*, t. IV, 1952, nº 4, p. 274).

Ver também J.-P. Falret, "Du traitement général des aliénés", 1854, *op. cit.* [*in Des maladies mentales et des asiles d'aliénés*], p. 687.

7. "Muitas vezes a causa moral da alienação existe no seio da família e tem origem nas mágoas, nas dissensões domésticas, nos reveses de fortuna etc. [...], muitas vezes o primeiro abalo nas faculdades intelectuais e morais ocorre na própria casa do alienado, no meio dos seus conhecidos, dos seus parentes, dos seus amigos" (J. E. D. Esquirol, *Des passions, considérées comme causes, symptômes et moyens curatifs de l'aliénation mentale*, Th. Méd. Paris, nº 574, Paris, Didot Jeune, 1805, p. 43). Cf.: [a] J. Fournet, "Le traitement moral de l'aliénation soit mentale, soit morale, a son principe et son modèle dans la famille" (Memória lida na Société médicale d'émulation, em 4 de março de 1854): "Bom número de alienados encontra no interior do que chamamos família não apenas as condições que irritam, exasperam e precipitam esses tipos de afecções, como também, e por isso mesmo, as condições que as fazem surgir" (*Annales médico-psychologiques*, 2ª série, t. VI, outubro de 1854, pp. 523-4). [b] A. Brierre de Boismont, "De l'utilité de la vie de famille dans le traitement de l'aliénation mentale, et plus spécialement de ses formes tristes" (Memória lida na Academia de Ciências, 21 de agosto de 1865), *Annales médico-psychologiques*, 4ª série, t. VII, janeiro de 1866, pp. 40-68, Paris, Martinet, 1866.

8. "O alienado torna-se tímido, sombrio; tem medo de tudo o que se aproxima dele, suas suspeitas se estendem às pessoas que lhe eram mais caras. A convicção de que todos fazem tudo para atormentá-lo, difamá-lo [...], arruiná-lo, leva ao cúmulo essa perversão moral. Daí essa desconfiança sintomática que cresce frequentemente sem motivo" (J. E. D. Esquirol, "De la folie", 1816, *op. cit.* [*in Des maladies mentales...*, t. I], p. 120).

9. Pierre Berthier (1830-1877) ingressa em 1849 como interno no serviço do tio, Henri Girard de Cailleux, médico-chefe e diretor do asilo de alienados de Auxerre. Depois de defender sua tese, "Da natureza da alienação mental segundo suas causas e seu tratamento", em Montpellier, em 1857, P. Berthier volta a Auxerre por dois anos, até sua nomeação como médico-chefe em Bourg (departamento de Ain), antes de se tornar médico-residente em Bicêtre.

10. P. Berthier, *Médecine mentale*, *op. cit.*, t. I, Observation C, p. 25.

11. *Ibid.*, Observation D, p. 25.

12. *Ibid.*, Observation B: "M.G., sofrendo de melancolia aguda [...] chega no mais lamentável estado... Após alguns meses de trata-

mento, e à custa de muitos esforços, sobrevém a melhora... Apesar da proibição expressa do médico-diretor, o doente avista seu filho; quebra uma vidraça e se precipita pela abertura assim feita com a intenção de ir ter com ele. A partir desse momento [...], as alucinações reaparecem mais intensas, o sono se vai, o delírio aumenta, e a situação do doente não pára de se agravar" (pp. 24-5).

13. Na *História da loucura*, esse princípio era abordado sob o título "O reconhecimento pelo espelho", *Histoire de la folie*, ed. de 1972, pp. 517-9.

14. "No térreo de um prédio, ele pode se aproximar a qualquer instante e sem fazer barulho dos doentes e dos funcionários" (J. E. D. Esquirol, *Des établissements consacrés aux aliénés en France...*, *op. cit.*, ed. de 1819, p. 36; republicado em *Des maladies mentales...*, *op. cit.*, t. II, p. 426).

15. Ph. Pinel, *Traité médico-philosophique sur l'aliénation mentale, ou la Manie*, *op. cit.*, seção II, § XXII, "Habilité dans l'art de diriger les aliénés, en paraissant se prêter à leurs idées imaginaires". Na verdade, Pinel diz: "Três alienados, que se acreditavam soberanos e que adotavam todos eles o título de Luís XVI, disputam um dia seus direitos à realeza e os fazem valer com formas demasiado enérgicas. A vigilante se aproxima de um deles e, puxando-o de lado: 'Por que o senhor discute com esses dois, que são visivelmente loucos?', indaga seriamente. 'Não se sabe que somente o senhor deve ser reconhecido como Luís XVI?' O homem, lisonjeado com a homenagem, retira-se imediatamente olhando para os outros com uma altivez cheia de desdém. O mesmo artifício funciona com o segundo. E foi assim que, num instante, não restou mais nenhum sinal de briga" (pp. 93-4). Esse texto é citado com um comentário um pouco diferente em *Histoire de la folie*, *op. cit.*, ed. de 1972, pp. 517-8.

16. Assim, Esquirol, evocando "a objeção mais forte contra o isolamento numa casa disposta para esse gênero de tratamento", sustenta que "os efeitos nefastos que podem resultar para um alienado de viver com companheiros de infortúnio" são compensados por uma "coabitação [que] não é um obstáculo à cura, que é um meio de tratamento, porque obriga os alienados a refletir sobre seu estado..., a interessar-se pelo que acontece em volta deles, a de certo modo se esquecer de si, o que é um passo rumo à saúde" ("De la folie", 1816, *op. cit.* [*in Des maladies mentales...*, t. I], p. 124). J.-P. Falret também afirma que o asilo permite "provocar a reflexão sobre si mesmo, pelo

contraste entre tudo o que rodeia o doente e seu antigo círculo pessoal" ("Du traitement général des aliénés", 1854, *op. cit.* [*in Des maladies mentales et des asiles des aliénés*], p. 687).

17. *História da loucura* evoca "a evidência quase aritmética da punição" (*Histoire de la folie*, ed. de 1972, p. 521).

18. O princípio de *no restraint* tem suas raízes nas reformas empreendidas pelos ingleses W. Tuke, J. Haslam, E. Charlesworth, e pelo irlandês J. Conolly. William Tuke, após a morte no asilo de York de uma mulher pertencente aos *quakers*, funda em 11 de maio de 1796 um estabelecimento para receber os alienados da "Sociedade dos Amigos", chamado *O Retiro*. Samuel Tuke (1784-1857), seu neto, publica uma *Description of the Retreat, an Institution near York for Insane Persons of the Society of Friends*, York, W. Alexander, 1813. – Cf.: [a] R. Semelaigne, *Aliénistes et Philanthropes: les Pinel et les Tuke*, Paris, Steinheil, 1912. [b] M. Foucault, *Histoire de la folie*, ed. de 1972, pp. 484-7, 492-6, 501-11. [c] John Haslam, boticário do hospital Bethléem de Londres, lhe consagra uma obra: *Considerations on the Moral of Insane Persons*, *op. cit.* (cf. também *supra*, pp. 22 e 23-4, notas 6 e 13). [d] Edward Charlesworth (1783-1853), médico que atende a consultas no Lyncoln Asylum, empreende em 1820 um ataque aos métodos coercitivos então em voga: *Remarks on the Treatment of the Insane and the Management of Lunatics Asylums*, Londres, Rivington, 1825. [e] John Conolly (1794-1866), promotor do *no restraint*, aplica-o em 1º de junho de 1839, assim que chega ao asilo de Middlesex, em Hanwell, perto de Londres. Ele expõe suas concepções em: [1] *The Construction and Government of Lunatics Asylums and Hospitals for the Insane*, Londres, J. Churchill, 1847; [2] *The Treatment of the Insane without Mechanical Restraint*, Londres, Smith and Elder, 1856. Cf. também H. Labatt, *An Essay on Use and Abuse of Restraint in the Management of the Insane...*, Londres, Hodges and Smith, 1847.

19. Carta da madre superiora do asilo de mulheres de Lille à madre superiora das irmãs de Saint-Joseph de Cluny que servem no asilo de Saint-Yon (Seine-Inférieure) – de que Bénédict Augustin Morel (1809-1873) é médico-chefe desde 23 de maio de 1856 –, à qual expõe a maneira como conseguiu controlar a agitação das doentes: "Pusemos mãos à obra..., pegando uma mulher agitada e pondo-a sob a vigilância de uma religiosa que sabia se impor" (citado por B. A. Morel em sua Memória: *Le Non-Restraint, ou De l'abolition des moyens coercitifs dans le traitement de la folie*, Paris, Masson, 1860, p. 77).

20. Cadeira que se apoiava num fole, de tal modo que, "ao menor movimento, o alienado é sacudido, em todos os sentidos, e a sensação desagradável que resulta desse movimento força-o a ficar quieto" (J. Guislain, *Traité sur les phrénopathies*, *op. cit.*, ed. de 1835, p. 414).

21. Algemas de ferro, forradas de couro, são preconizadas por Esquirol como um dos "numerosos meios mais amenos que as correntes" ("Des maisons d'aliénés", 1818, *in Des maladies mentales...*, *op. cit.*, t. II, p. 533). Cf. também J. Guislain, *Traité sur l'aliénation mentale et sur les hospices des aliénés*, *op. cit.*, t. II, livro 12: "Instituts pour les aliénés. Moyens de répression", pp. 271-2.

22. As "mangas de força" são constituídas por um cilindro de pano que mantém as mãos presas diante do corpo.

23. A camisa de força, inventada em 1790 por um tapeceiro de Bicêtre, Guilleret, consiste numa camisa de pano forte, aberta atrás, com mangas compridas que se cruzam na frente e se prendem nas costas, imobilizando os braços. Cf.: [a] J. Guislain, *Traité sur l'aliénation mentale...*, *op. cit.*, t. II, pp. 269-71. [b] E. Rouhier, *De la camisole ou gilet de force*, Paris, Pillet, 1871. [c] A. Voisin, "De l'utilité de la camisole de force et des moyens de contention dans le traitement de la folie" (comunicação à Sociedade médico-psicológica, em 26 de julho de 1860), *Annales médico-psychologiques*, 3ª série, t. VI, novembro de 1860, pp. 427-31. [d] V. Magnan, verbete "Camisole", *in Dictionnaire encyclopédique des sciences médicales*, 1ª série, t. XI, Paris, Masson/Asselin, 1880, pp. 780-4. M. Foucault analisa o sentido do seu emprego em *Histoire de la folie*, *op. cit.*, ed. de 1972, p. 460.

24. Instrumento de contenção, o caixão de vime é uma gaiola, do comprimento de um homem, no qual o doente fica deitado num colchão. Dotado de uma tampa, é aberto numa extremidade para deixar passar a cabeça. Cf. J. Guislain, *Traité sur l'aliénation mentale...*, t. II, p. 263.

25. A estrapada consiste em içar o culpado com uma corda, pés e mãos amarrados, até o alto de uma viga e soltá-lo várias vezes no chão. Sobre a prova de verdade no processo judiciário, ver o Curso no Collège de France, ano 1971-1972: "Théories et Institutions pénales", 6ª aula; e *Surveiller et punir, op. cit.*, pp. 43-6.

26. Sobre o suplício de Damien, cf. *Surveiller et punir*, pp. 9-11 e 36-72.

27. Trata-se do dr. Gosseret, relatando ter descoberto "doentes de ambos os sexos, presos na parede por correntes de ferro" (citado por B. A. Morel, *Le Non-Restraint*, *op. cit.*, p. 14). Guillaume Ferrus diz

também que "em algumas localidades, prendem-se esses infelizes na muralha, a que são amarrados de pé com uma correia" (citado por R. Semelaigne, *Les Pionniers de la psychiatrie française avant et après Pinel*, t. I, Paris, Baillière, 1930, pp. 153-4).

28. F. Leuret, *Du traitement moral de la folie*, *op. cit.*, p. 178.

29. *Ibid.*, p. 179.

30. J. Fournet, "Le traitement moral...", *op. cit.* [*supra*, p. 147, nota 7], p. 524. Cf. também J. Parigot, *Thérapeutique naturelle de la folie. L'air libre et la vie de famille dans la commune de Ghéel*, Bruxelas, J. B. Tircher, 1852, p. 13: "Acreditamos que o homem doente necessita dessa simpatia que a vida de família faz nascer antes de tudo".

31. J. Fournet, "Le traitement moral...", pp. 526-7. Joseph Daquin (1732-1815), nascido em Chambéry, onde é nomeado em 1788 para o hospital dos Incuráveis; aí, defronta-se com as condições proporcionadas aos alienados: cf. *La Philosophie de la folie, ou Essai philosophique sur le traitement des personnes ataquées de folie*, Chambéry, Gorin, 1791. Em 1804, aparece uma edição revista e ampliada, dedicada a Philippe Pinel: *La Philosophie de la folie, où l'on prouve que cette maladie doit plutôt être traitée par les secours moraux que les secours physiques*, Chambéry, Cléaz, an XII. Cf. também J. R. Nyffeler, *Joseph Daquin und seine "Philosophie de la folie"*, Zurique, Juris, 1961.

32. J. Fournet, "Le traitement moral...", p. 527. Sobre Mettray, cf. *supra*, p. 116, nota 35.

33. Charles Robert Darwin (1809-1882), *On the Origins of the Species by Means of Natural Selection, or the Preservation of Favoured Races in the Struggle for Life*, Londres, J. Murray, 1859 [*De l'origine des espèces au moyen de la sélection naturelle, ou la Lutte pour l'existence dans la nature*, trad. fr. E. Barbier (baseada na 6ª ed.), Paris, Reinwald, 1876].

34. Jules Fournet (1811-1885), chefe de clínica no hospital Hôtel-Dieu (Paris), autor de: [1] *Doctrine organo-psychique de la folie*, Paris, Masson, 1867; [2] *De l'hérédité physique ou morale* (Discurso pronunciado no Congresso médico-psicológico de 1878), Paris, Imprimerie nationale, 1880.

35. Jean Pierre Casimir Pinel (1800-1866), sobrinho de Philippe Pinel, abre em 1829, no número 76 da Rue de Chaillot, em Paris, uma casa de saúde dedicada ao tratamento das doenças mentais, depois transferida para Neuilly em 1844, na antiga Folie Saint-James: cf. *Du traitement de l'aliénation mentale en général, et principalement par les ba-*

ins tièdes prolongés et les arrosements continus d'eau froide sur la tête, Paris, J.-B. Baillière, 1853.

36. Alexandre Brierre de Boismont (1798-1881), depois de exercer em 1825 um cargo de médico na casa de saúde Sainte-Colombe, na Rue de Picpus, em Paris, assume em 1838 a direção de uma casa na Rue Neuve Sainte-Geneviève, nº 21, que é transferida em 1859 para Saint-Mandé, onde ele falece em 25 de dezembro de 1881; cf. [1] "Maison de Santé du Docteur Brierre de Boismont, rue Neuve Sainte-Geneviève, nº 21, près du Panthéon, Prospectus"; [2] *Observations médico-légales sur la monomanie homicide*, Paris, Mme Auger Méquignon, 1826 (extraído da *Revue médicale*, outubro-novembro de 1826); [3] *Des hallucinations, ou Histoire raisonnée des apparitions, des visions, des songes*, Paris, J.-B. Baillière, 1845.

37. Esprit Sylvestre Blanche (1796-1852) assume em 1821 a direção de uma casa de saúde fundada em 1806 por P. A. Prost em Montmartre, antes de alugar em 1846 o antigo palacete da princesa de Lamballe em Passy. Faz-se notar por suas críticas à aplicação do tratamento moral por François Leuret (cf. *infra*, p. 212, nota 8). Cf.: [a] J. Le Breton, *La Maison de santé du docteur Blanche, ses médecins, ses malades*, Paris, Vigné, 1937. [b] R. Vallery-Radot, "La maison de santé du docteur Blanche", *La Presse médicale*, nº 10, 13 de março de 1943, pp. 131-2.

38. O curso (citado) sobre "A sociedade punitiva" consagra a aula de 21 de fevereiro de 1973 a essa organização do mundo da delinquência. Ver também *Surveiller et punir*, *op. cit.*, pp. 254-60 e 261-99.

39. Em sua casa de saúde do Faubourg Saint-Antoine, que o dr. Pressat lhe cede em 1847.

40. A. Brierre de Boismont, *De l'utilité de la vie de famille…*, *op. cit.*, ed. Martinet, pp. 8-9.

AULA DE 12 DE DEZEMBRO DE 1973

A constituição da criança como alvo da intervenção psiquiátrica. – Uma utopia asilar-familiar: o asilo de Clermont-en-Oise. – Do psiquiatra como "mestre ambíguo" da realidade e da verdade nas práticas protopsiquiátricas ao psiquiatra como "agente de intensificação" do real. – Poder psiquiátrico e discurso de verdade. – O problema da simulação e da insurreição dos histéricos. – A questão do nascimento da psicanálise.

Vou prolongar um pouco a última aula porque, no correr da semana, encontrei uma instituição maravilhosa cuja existência eu conhecia vagamente, mas não sabia que me convinha tão bem; de sorte que gostaria de lhes falar um pouco dela, porque me parece que ela manifesta muito bem essa articulação da disciplina asilar com, digamos, o modelo familiar.

Eu havia procurado mostrar a vocês que – contrariamente a uma hipótese fácil demais e que eu mesmo havia sustentado: o asilo tinha se constituído no prolongamento do modelo familiar – o asilo do século XIX funcionou com base num modelo de micropoder próximo do que podemos chamar de poder disciplinar, que é, em si, em seu funcionamento, totalmente heterogêneo à família. E que, por outro lado, a inserção, a junção do modelo familiar no sistema disciplinar é relativamente tardia no século XIX – creio que podemos situá-la por volta dos anos 1860-1880 –, e é simplesmente a partir daí que a família não só pôde se tornar modelo no funcionamento da disciplina psiquiátrica, mas sobretudo pôde se tornar horizonte e objeto da prática psiquiátrica.

Chegou um momento, um momento tardio, em que era da família que se tratava na prática psiquiátrica. Procurei lhes mostrar que esse fenômeno ocorria no ponto de cruzamento de dois processos que se apoiaram um no outro: um é a constituição do que poderíamos chamar lucros de anomalias, de irregularidades; e, de outro lado, a disciplinarização interna da família. Desses dois processos, tem-se certo número de testemunhos.

Por um lado, claro, a extensão crescente ao longo de todo o século XIX dessas instituições de lucro que têm essencialmente por fim tornar onerosas ao mesmo tempo a anomalia e a retificação da anomalia; digamos, em linhas gerais, as casas de saúde para crianças, adultos etc. Por outro lado, a instituição no interior da própria família, a aplicação no interior da própria pedagogia familiar, de técnicas psiquiátricas. Parece-me que, progressivamente, [...]* pelo menos nas famílias que podiam proporcionar um lucro de anomalia, isto é, as famílias burguesas, [acompanhando] a evolução da pedagogia interna dessas famílias, veríamos como o olho familiar ou, se assim podemos dizer, a soberania familiar adquiriu pouco a pouco a fisionomia da forma disciplinar. O olho familiar tornou-se olhar psiquiátrico ou, em todo caso, olhar psicopatológico, olhar psicológico. A vigilância da criança tornou-se uma vigilância em forma de decisão sobre o normal e o anormal; começou-se a vigiar seu comportamento, seu caráter, sua sexualidade; e é então que vemos emergir justamente toda essa psicologização da criança no interior da própria família.

Parece-me que, ao mesmo tempo, as noções, os próprios aparelhos do controle psiquiátrico foram pouco a pouco importados para a família. E esses famosos instrumentos da coerção física que eram encontrados nos asilos a partir dos anos 1820-1830 (amarrar as mãos, sustentar a cabeça, manter ereto etc.), tenho a impressão de que, estabelecidos de início no interior da disciplina asilar como instrumentos dessa disciplina, nós os vemos deslocar-se pouco a pouco, tomar lugar no interior da própria família. O controle da postura, dos gestos, da maneira de se comportar, o controle da sexualidade, os instrumentos que impedem a masturbação etc., tudo isso pe-

* Gravação: "se olharmos como aconteceu".

netra na família por uma disciplinarização que se desenrola no decorrer do século XIX e que terá por efeito que a sexualidade da criança tornar-se-á finalmente objeto de saber, no interior da própria família, por essa disciplinarização. E, com isso, a criança vai se tornar o alvo central da intervenção psiquiátrica. Alvo central em dois sentidos.

Por um lado, num sentido direto, já que a instituição de lucro que se liga à psiquiatria vai efetivamente pedir à família que lhe forneça o material de que ela necessita para constituir seu lucro. Em linhas gerais, a psiquiatria diz: deixem vir a mim as criancinhas loucas. Ou: não se é jamais demasiado jovem para ser louco. Ou ainda: não esperem ficar maiores ou adultos para serem loucos. E isso tudo se traduz por essas instituições ao mesmo tempo de vigilância, de detecção, de enquadramento, de terapêuticas infantis, que vocês veem desenvolver-se no fim do século XIX.

Em segundo lugar, a infância vai se tornar o centro, o alvo da intervenção psiquiátrica de uma maneira indireta, na medida em que aquilo sobre o que se interroga no adulto louco é precisamente a sua infância: deixe vir a você suas lembranças de infância, e é assim que você será psiquiatrizado. Eis, digamos, em linhas gerais, o que eu havia procurado estabelecer da última vez.

Isso tudo me leva a essa instituição que manifesta tão bem, na altura dos anos 1860, a junção asilo-família, não posso dizer a primeira junção, mas certamente sua forma mais perfeita, mais ajustada, quase utópica. Não encontrei, pelo menos na França, outros exemplos desse estabelecimento que fossem tão perfeitos e que constituíssem, naquela época, bem cedo portanto, uma espécie de utopia família-asilo, que é o ponto de junção da soberania familiar com a disciplina asilar. Essa instituição é o acoplamento do asilo de Clermont-en-Oise com a casa de saúde de Fitz-James.

No fim do século XVIII, é uma pequena casa de internação, no sentido clássico do termo, situada nos arredores de

Beauvais. É mantida por frades franciscanos que, mediante pensão, recebem a pedido das famílias ou por ordem do poder real cerca de vinte pensionistas. Em 1790, a casa é descerrada; toda aquela gente vê-se livre, mas, evidentemente, para certo número de famílias é um estorvo essa gente dissipadora, desordenada, louca etc., de modo que os mandam então para Clermont-en-Oise, onde alguém abre uma espécie de pensão. Nesse momento, do mesmo modo que os restaurantes parisienses se abriram sobre os escombros das grandes casas aristocráticas que se desfaziam sob o impacto da Emigração, desse mesmo modo, muitas dessas pensões nasceram sobre as ruínas das casas de internação que acabavam de ser descerradas. Há portanto uma pensão em Clermont-en-Oise, onde havia sob a Revolução, durante o Império, ainda no início da Restauração, umas vinte pessoas. E, a partir do momento em que se faz a grande institucionalização da prática psiquiátrica, essa pensão adquire uma importância cada vez maior e faz-se, entre a administração prefeitoral do departamento de Oise e o fundador da pensão, um arranjo segundo o qual os alienados indigentes do departamento serão enviados para a casa de Clermont, mediante uma retribuição do departamento. O acordo estende-se, aliás, para os departamentos de Seine-et-Oise, Seine-et-Marne, Somme, Aisne; ao todo, cinco departamentos mandam mais de um milhar de pessoas para essa casa, que adquire então o caráter de um asilo pluridepartamental, por volta de 1850[1].

É nessa época que vemos o asilo se desdobrar, ou antes, lançar uma espécie de pseudópode, na forma do que se chama "colônia"[2]. Essa colônia é constituída de certo número de pensionistas desse asilo, que tenham capacidade de [trabalho]*; e, a pretexto de que podem ao mesmo tempo ser úteis e de que, como quer que seja, o trabalho é útil para sua cura, são submetidos a um regime rigoroso de trabalho agrícola.

....

* Gravação: "poder trabalhar".

Segundo pseudópode, que vai se ligar à fazenda, é estabelecido para os pensionistas ricos que não vêm do asilo de Clermont, mas que são enviados diretamente pela família e pagam uma pensão elevadíssima, uma pensão que é de outro tipo, obedece a outro modelo, que é o modelo familiar[3].

É assim que vamos ter uma instituição de três estágios: o asilo de Clermont com seu milhar de doentes, a fazenda com 100-150 homens e mulheres encarregados de trabalhar[4] e uma pensão para residentes pagantes, que aliás são separados: os homens moram no prédio da direção com o próprio diretor da instituição; as mulheres ricas moram em outro edifício que leva o nome característico de "pequeno castelo", onde levam uma existência que tem por forma geral o modelo familiar[5]. Isso é estabelecido durante a década de 1850-1860. Em 1861, o diretor da casa publica um balanço que é, ao mesmo tempo, uma espécie de prospecto, muito elogioso e ligeiramente utópico, mas que mostra com exatidão o funcionamento muito meticuloso, muito sutil do conjunto.

Vocês têm num estabelecimento como esse – o asilo de Clermont, a fazenda e o pequeno castelo de Fitz-James – certo número de níveis. De um lado, vocês têm um circuito econômico, fácil de identificar: subvenção do departamento atribuída pelo conselho geral para os doentes pobres e em função do seu número; depois, recrutamento entre esses doentes pobres do número necessário e suficiente de pessoas para fazer uma fazenda funcionar; com o lucro da fazenda, cria-se e mantém-se um pequeno castelo ao qual se traz certo número de pensionistas pagantes, pagamento esse que constitui o benefício dos responsáveis pelo sistema geral. Portanto vocês têm o sistema: subvenção coletiva-trabalho-produção-lucro.

Em segundo lugar, vocês estão vendo que têm aí uma espécie de microcosmo social perfeito, uma espécie de pequena utopia do funcionamento social geral. O asilo é o exército de reserva do proletariado da fazenda; são todos os que eventualmente poderiam trabalhar, que, se não podem, esperam o momento de trabalhar e, se não são capazes de trabalhar, ficam ali, vegetando. Depois, vocês têm o lugar do trabalho produtivo, que é representado pela fazenda; depois, vocês têm a instituição em que estão os que se beneficiam do trabalho e do lucro. E a cada um desses níveis corresponde uma arquitetura bem particular: a do asilo; a da fazenda, que é na realidade um modelo praticamente no limite da escravidão e da colonização; e há o pequeno castelo com o prédio da direção.

Vocês têm também dois tipos de poder, o primeiro dos quais se desdobra. Vocês têm o poder tradicional disciplinar do asilo, negativo de certo modo, pois se trata de manter as pessoas sossegadas sem nada obter de positivo delas. Vocês têm um segundo tipo de poder, este também disciplinar mas ligeiramente modificado, que é, *grosso modo*, o poder da colonização: pôr as pessoas para trabalhar. E os alienados são divididos em esquadrões, brigadas etc., sob a responsabilidade e a vigilância de certo número de pessoas que os mandam regularmente para o trabalho. E há o poder de modelo familiar, cujos beneficiários são os pensionistas do pequeno castelo.

Vocês têm, enfim, três tipos de intervenção ou manipulação psiquiátrica, que também correspondem a esses três níveis. Um que é, por assim dizer, o grau zero da intervenção psiquiátrica, ou seja, o depósito puro e simples no asilo. Em segundo lugar, uma prática psiquiátrica que é pôr os doentes para trabalhar a pretexto de curá-los: ergoterapia. Por fim, em terceiro lugar, vocês têm a prática psiquiátrica individual, individualizante, de modelo familiar, cujos beneficiários são os pensionistas.

E, no meio disso tudo, o elemento mais importante e mais característico é sem dúvida a maneira como o saber e o tratamento psiquiátricos vêm se articular com a atribuição de trabalho aos pensionistas que são capazes de trabalhar. De fato, muito curiosamente, essas categorias psiquiátricas que a psiquiatria da época, desde Esquirol, elaborou – e que procurarei mostrar a vocês que não influenciou de modo algum a terapêutica propriamente dita –, essas categorias são na verdade utilizadas aqui muito claramente como classificação não da curabilidade das pessoas, da forma de tratamento que deve lhes ser aplicada; a classificação nosológica não está ligada a nenhuma prescrição terapêutica, ao contrário, ela serve unicamente para definir a utilização possível dos indivíduos para os trabalhos que lhes são oferecidos.

Assim, os diretores do asilo de Clermont e da fazenda de Fitz-James perceberam que maníacos, monomaníacos ou dementes eram bons para os trabalhos dos campos e das oficinas, para os cuidados e a condução dos animais e dos instrumentos de aratórios[6]. Em compensação, "os imbecis e os idiotas são encarregados da limpeza dos pátios e dos estábulos, e de todos os transportes necessários ao serviço"[7]. Quanto às mulheres, a utilização das pessoas de acordo com a sua sintomatologia é muito mais fina. Assim, "as que estão no lavadouro e na lavanderia são quase sempre acometidas de um delírio ruidoso e não podiam se submeter à calma da vida de uma oficina"[8]. No lavadouro e na lavanderia, portanto, pode-se delirar em voz alta, pode-se falar alto, pode-se gritar. Em segundo lugar, "as que estendem a roupa são melancólicas para as quais esse gênero de trabalho pode trazer de volta a atividade vital que tantas vezes lhes falta. As imbecis e as idiotas são encarregadas de transportar a roupa do lavadouro ao secadouro. Os locais da triagem e dobragem da roupa são da atribuição das doentes tranquilas, monomaníacas e cujas ideias fixas ou alucinações possibilitam uma atenção sustentada"[9].

Eu citei esse estabelecimento porque me parece representar, nessa década de 1860, ao mesmo tempo a forma primeira e o ponto de consumação mais perfeito desse ajuste família-disciplina, ao mesmo tempo que a manifestação do saber psiquiátrico como disciplina.

✦

Esse exemplo nos leva aliás ao problema que gostaria de abordar agora e que é: a esse espaço disciplinar, ainda não familiarizado, que vemos se constituir no decorrer dos anos 1820-1830 e que vai constituir o grande suporte da instituição asilar, a esse sistema disciplinar, como e em que medida se lhe atribui um efeito terapêutico? Pois, afinal de contas, não se deve esquecer que, mesmo que esse sistema disciplinar seja em muitos pontos isomorfo em relação aos outros sistemas disciplinares que são a escola, o quartel, a oficina etc., ele se dá e se justifica por sua função terapêutica. Em que sentido esse espaço disciplinar deve curar? Qual é a prática médica que habita esse espaço? Eis o problema que eu gostaria de começar a colocar hoje.

Eu gostaria de partir, para tanto, de um tipo de exemplo de que já falamos, que é o que se pode chamar de cura clássica – entendo por clássica a que se dava ainda durante os séculos XVII-XVIII e inclusive no início do século XIX. Dei para vocês certo número de exemplos. É o caso daquele doente de Pinel, que se imaginava perseguido pelos revolucionários, prestes a ser levado aos tribunais e, por conseguinte, ameaçado da pena de morte. Pinel curou-o organizando em torno dele um pseudoprocesso, com pseudojuízes, no qual foi absolvido. Graças a isso, ele se curou[10].

Do mesmo modo, uma pessoa como Mason Cox, no início do século XIX, dá o seguinte exemplo de cura. Trata-se de um homem de quarenta anos, que "havia alterado sua saúde por uma atenção demasiado concentrada em objetos de comércio"[11]. Essa paixão pelo comércio lhe metera na cabeça a ideia de que "sofria de todo tipo de doenças"[12]. A principal entre essas, aquela pela qual se sentia mais ameaçado, era o que se chamava, na época, a "sarna disseminada", isto é, uma irrupção de sarna que não havia chegado ao seu termo, que tinha se difundido por todo o organismo e que se traduzia por certo número de sintomas. A técnica clássica para curá-la era fazer a referida sarna eclodir e tratá-la como tal.

Tenta-se por algum tempo fazer o doente entender que ele não tem nenhuma das doenças em questão: "Nenhum raciocínio pôde dissuadi-lo, nem distraí-lo. Resolveu-se então realizar uma consulta solene com vários médicos reunidos, os quais, depois de examiná-lo bem e de concordarem com a necessidade de entrar nas ideias do doente, decidiram unanimemente que sua conjectura era bem fundada e que era absolutamente necessário fazer a sarna manifestar-se novamente. Em consequência disso, prescreveram-lhe aplicações rubefacientes, por meio das quais surgiram sucessivamente em diferentes partes do corpo um grande número de botões, para cuja cura só foram necessárias lavagens bem simples; mas em sua administração, fingiram tomar muitas precauções para não causar uma nova disseminação. Esse tratamento prolongado por algumas semanas teve muito bom resultado. O doente ficou completamente curado e recuperou, com sua razão e sua saúde, todas as faculdades do seu espírito[13]." De certo modo, tinha-se satisfeito seu delírio.

O que esses procedimentos, de Pinel e de Mason Cox, supõem e põem em prática? Eles supõem – é bem sabido, não vou insistir – que o núcleo da loucura é uma falsa crença, uma ilusão ou um erro. Também supõem – o que já é um pouco diferente – que bastará reduzir esse erro para que a doença desapareça. O procedimento de cura é, portanto, a redução do erro; só que o erro de um louco não é o erro de um qualquer.

A diferença entre o erro de um louco e o de um não louco não está tanto na extravagância da ideia, porque, afinal de contas, não é extravagância nenhuma acreditar que se está com uma sarna disseminada. E, aliás, como dirá um pouco mais tarde Leuret, em seus *Fragmentos psicológicos sobre a loucura*, afinal de contas, entre Descartes, que acreditava nos turbilhões, e uma doente da Salpêtrière, que imaginava que o concílio se realizava em seu baixo-ventre[14], a extravagância da doente não é tão maior assim. O que faz com que o erro de um louco seja precisamente o erro de um louco? Não é tanto a extravagância, portanto, o efeito terminal do erro, quanto a maneira como se pode superar esse erro, reduzi-lo. O louco é aquele cujo erro não pode ser reduzido por uma demonstração; é alguém para o qual a demonstração não produz a verdade. Por conseguinte, vai ser preciso encontrar outro meio de reduzir o erro – já que a loucura é, de fato, o erro –, sem passar pela demonstração.

Quer dizer que, em vez de atacar o juízo errôneo e mostrar que ele não tem correlativo na realidade – o que é, *grosso modo*, o processo da demonstração –, deixa-se valer como verdadeiro esse juízo que é falso e, em contrapartida, transforma-se a realidade de maneira que ela venha se ajustar ao juízo louco, ao juízo errôneo. Ora, a partir do momento em que um juízo que era errôneo passa a ter assim na realidade um correlativo que o verifica, a partir desse momento o que está no espírito coincidindo com o que está na realidade, não há mais erro e portanto não há mais loucura.

De modo que não é manipulando o juízo falso, tentando retificá-lo, expulsá-lo de si pela demonstração, é, ao contrário, travestindo-o, manipulando a realidade, que se vai, de certo modo, fazer a realidade chegar à altura do delírio; e, no momento em que o juízo falso do delírio tiver um conteúdo real na realidade, ele se tornará com isso um juízo verdadeiro e a loucura deixará de ser loucura, já que o erro terá deixado de ser um erro. Portanto faz-se a realidade delirar de maneira que o delírio não seja mais delírio; desengana-se o delírio de maneira que ele não se engane mais. Em suma, trata-se de fazer a realidade entrar no delírio sob a máscara de figuras delirantes, de tal modo que o delírio fique repleto de realidade. Sob todas as proposições falsas do delírio ou sob a principal dessas proposições falsas do delírio, insinua-se sub-repticiamente, por um jogo de transformações, de máscaras, algo que é uma realidade; e se terá verificado assim o delírio*.

....

* O manuscrito precisa: "Já que é como uma realidade cômica, teatral, como pseudorrealidade, que ela se introduz sub-repticiamente no de-

Vocês estão vendo que essa prática da cura é, em certo sentido, absolutamente homogênea a toda a concepção clássica do juízo, do erro. Estamos na linha reta, digamos, da concepção de Port-Royal da proposição e do juízo[15]. Mas vocês estão vendo que, entre o professor ou o demonstrador, aquele que é o detentor da verdade, e o psiquiatra, há uma diferença. Enquanto aquele que é apenas o senhor da verdade, o professor, o cientista, manipula o juízo, a proposição, o pensamento, o médico é aquele que vai manipular a realidade de maneira que o erro se torne verdade. O médico, nesse gênero de operação, é o intermediário, a pessoa ambivalente que [por um lado] olha para a realidade e a manipula e, por outro, olha para a verdade e o erro e dá um jeito para que a forma da realidade baixe ao nível do erro para transformá-lo assim em verdade.

Ele manipula a realidade fazendo-a usar uma máscara; torna essa realidade um pouco menos real. Em todo caso, deposita nela uma espécie de película de irrealidade, coloca-a assim no parêntese do teatro, do "como se", do pseudo, e é assim, irrealizando a realidade, que ele opera essa transformação do erro em verdade. Agente, por conseguinte, da realidade, e nisto ele não é como o cientista nem como o professor, ele é no entanto aquele que irrealiza a realidade para agir sobre o juízo errôneo que é sustentado pelo doente[16].

Creio que podemos dizer o seguinte: o psiquiatra, tal como vai funcionar no espaço da disciplina asilar, já não vai ser de forma alguma o indivíduo que vai olhar para a verdade do que o louco diz; ele vai resolutamente, de uma vez por todas, passar para o lado da realidade*. Ele vai ser, não mais

....

lírio, e concedendo uma segunda eficácia à realidade, já que basta que o juízo falso se torne verdadeiro pelo mascaramento da realidade para que o delírio caia".

* O manuscrito acrescenta: "Na psiquiatria asilar, é de um modo bem diferente que o psiquiatra desempenha o papel de senhor da realidade".

o senhor ambíguo da realidade e da verdade, como ocorria ainda com Pinel e Mason Cox, vai ser o senhor da realidade. Já não se trata, em absoluto, para ele, de introduzir, de certo modo, fraudulentamente, a realidade no delírio; não se trata mais de ser o contrabandista do real, como Pinel e Mason Cox ainda eram. O psiquiatra é aquele que deve dar ao real essa força coativa pela qual o real vai poder se apoderar da loucura, atravessá-la por inteiro e fazê-la desaparecer como loucura. O psiquiatra é aquele que – e é aí que sua tarefa se define – deve proporcionar ao real o suplemento de poder necessário para se impor à loucura e, inversamente, o psiquiatra vai ser aquele que deve tirar da loucura o poder de subtrair-se ao real.

Portanto, a partir do século XIX o psiquiatra é um fator de intensificação do real e é o agente de um sobrepoder do real, ao passo que, na época clássica, de certo modo, ele era o agente de um poder de irrealização da realidade. Vocês vão me dizer que, se é verdade que o psiquiatra do século XIX passa inteiramente para o lado da realidade e se vai se tornar para a loucura, justamente através do poder disciplinar que assume, o agente da intensificação do poder da realidade, não é verdade porém que a questão da verdade não esteja posta para ele. Direi que, claro, o problema da verdade se coloca na psiquiatria do século XIX, apesar da negligência bastante grande afinal que ela manifesta para com a elaboração teórica da sua prática. A psiquiatria não elide a questão da verdade, mas, em vez de pôr a questão da verdade da loucura no próprio cerne da cura, o que ainda se dava no caso de Pinel e Mason Cox, no meio das suas relações com o louco, em vez de fazer o problema da verdade irromper no choque entre médico e doente, o poder psiquiátrico coloca a questão da verdade somente no interior dele próprio. Ele a faz sua de saída e de uma vez por todas, constituindo-se como ciência médica e clínica. Ou seja, em vez de estar em jogo na cura, o problema da verdade foi resolvido de uma vez por todas pela prática psiquiátrica, a partir do momento em que ela se deu como estatuto ser uma prática médica e como fundamento ser uma aplicação de uma ciência psiquiátrica.

De modo que, se fosse preciso dar uma definição desse poder psiquiátrico de que eu queria lhes falar este ano, eu proporia provisoriamente esta: o poder psiquiátrico é esse suplemento de poder pelo qual o real é imposto à loucura em nome de uma verdade detida de uma vez por todas por esse poder sob o nome de ciência médica, de psiquiatria. Creio que, a partir dessa definição que eu lhes proponho assim, provisoriamente, pode-se compreender certo número de traços gerais da história da psiquiatria no século XIX.

Em primeiro lugar, a curiosíssima relação – eu ia dizendo: a ausência de relação – entre a prática psiquiátrica e, digamos assim, os discursos de verdade. Por um lado, é verdade que bem cedo, com os psiquiatras do início do século XIX, a psiquiatria manifesta um grande cuidado em se constituir como discurso científico. Mas a que discursos científicos a prática psiquiátrica dá lugar? A dois tipos de discursos.

Um, que podemos chamar de discurso clínico ou classificatório, nosológico. Em linhas gerais, trata-se de descrever a loucura como uma doença, ou antes, como uma série de doenças mentais, cada uma das quais com a sua sintomatologia, sua evolução própria, seus elementos diagnósticos, seus elementos prognósticos etc. Nisso, o discurso psiquiátrico que se forma propõe como seu modelo o discurso médico clínico habitual; trata-se de constituir uma espécie de *analogon* da verdade médica.

Depois, bem cedo também, antes mesmo da descoberta por Bayle da paralisia geral, em todo caso a partir de 1822 (descoberta de Bayle)[17], vocês veem se desenvolver todo um saber anatomopatológico que coloca a questão do substrato ou dos correlativos orgânicos da loucura, o problema da etiologia da loucura, da relação entre a loucura e as lesões neurológicas etc., e que tampouco constitui um discurso análogo ao discurso médico, mas um discurso efetivamente anátomoou fisiopatológico, que deve servir de garantia materialista para a prática psiquiátrica[18].

Ora, se vocês olharem como a prática psiquiátrica se desenvolveu no século XIX, como se manipulavam efetivamente a loucura e os loucos no asilo, vão perceber que, de um lado, essa prática era posta sob signo e, de certo modo, sob a garantia desses dois discursos, um nosológico, das espécies de doenças, e o outro anatomopatológico, dos correlativos orgânicos. É ao abrigo desses dois discursos que a prática psiquiátrica se desenvolvia, mas ela nunca se servia deles, ou só se servia por referência, por um sistema de remissões e, de certo modo, por vinculação. Nunca a prática psiquiátrica, tal como se deu no século XIX, empregou efetivamente o saber ou o quase-saber que estava se acumulando, seja na grande nosologia psiquiátrica, seja também nas pesquisas anatomopatológicas. As distribuições asilares, a maneira como os doentes eram classificados, como eram repartidos no asilo, como lhes era dado um regime, como lhes eram impostas tarefas, como se declarava que eles estavam curados ou doentes, que eram curáveis ou incuráveis, no fundo, não levavam em conta esses dois discursos.

Esses dois discursos eram simplesmente espécies de garantias de verdade de uma prática psiquiátrica que queria que a verdade lhe fosse dada de uma vez por todas e não fosse mais questionada. Atrás dela, as duas grandes sombras, a da nosologia e a da etiologia, a da nosografia médica e a da anatomia patológica lá estavam para constituir, antes de toda prática psiquiátrica, a garantia definitiva de uma verdade que nunca seria questionada na prática da terapia. Em linhas gerais, o poder psiquiátrico diz o seguinte: a questão da verdade nunca será posta entre mim e a loucura, pela simples razão de que eu, a psiquiatria, já sou uma ciência. E se tenho o direito, como ciência, de me interrogar sobre o que digo, se é verdade que posso cometer erros, como quer que seja, cabe a mim, e somente a mim, como ciência, decidir se o que digo é verdade ou corrigir o erro cometido. Sou detentora, senão da verdade em seu conteúdo, pelo menos de todos os critérios da verdade. E é nisso aliás, é porque, como saber científico, detenho assim os critérios de verificação e de verdade, que posso me associar à realidade e a seu poder e impor a todos esses corpos dementes e agitados o sobrepoder que vou dar à realidade. Sou o sobrepoder da realidade na medida em que detenho por mim mesma e de maneira definitiva algo que é a verdade em relação à loucura.

É o que um psiquiatra da época chamava de "os direitos imprescritíveis da razão sobre a loucura", que eram para ele os fundamentos da intervenção psiquiátrica[19].

Creio que a razão dessa não articulação dos discursos de verdade e da prática psiquiátrica, dessa defasagem, se deve a essa função de incremento do poder do real, que é a função essencial da prática psiquiátrica e que deve, de certo modo, desestabilizar uma verdade considerada já adquirida. E isso permite compreender então que o grande problema da história da psiquiatria no século XIX não é um problema de conceitos, não é em absoluto o problema desta ou daquela doença: não é nem a monomania nem mesmo a histeria que constituíram o verdadeiro problema, a cruz da psiquiatria do século XIX. Admitindo-se que, na prática psiquiátrica, a questão da verdade nunca é colocada, vocês hão de compreender que a cruz da psiquiatria do século XIX é muito simplesmente o problema da simulação[20].

Por simulação, não entendo a maneira como um não louco poderia se fazer passar por louco, porque isso nunca põe realmente em questão o poder psiquiátrico. Não é verdade que fazer se passar por louco quando não se é louco seja, para a prática psiquiátrica, para o poder psiquiátrico, algo como um limite, uma fronteira ou o fracasso essencial, pois, afinal de contas, isso acontece em todas as ordens do saber e, em particular, na medicina. Sempre é possível enganar um médico, fazendo-o acreditar que se tem esta ou aquela doença, este ou aquele sintoma – toda pessoa que fez o serviço militar sabe disso –, e a prática médica nem por isso é posta em questão. Em compensação, e é dessa simulação que quero lhes falar, a simulação que foi o problema histórico da psiquiatria no século XIX é a simulação interna à loucura, isto é, essa simulação que a loucura exerce em relação a si mesma, a maneira como a loucura simula a loucura, a maneira como a histeria simula a histeria, a maneira como um sintoma verdadeiro é uma certa maneira de mentir, a maneira como um falso sintoma é uma maneira de estar verdadeiramente doente. Foi tudo isso que constituiu para a psiquiatria do século XIX o problema insolúvel, o limite e, finalmente, o fracasso a partir do qual ia se produzir certo número de ressurgências.

Em linhas gerais, a psiquiatria dizia: com você que é louco, não vou levantar o problema da verdade, porque eu própria detenho a verdade pelo meu saber, a partir das minhas categorias; e se detenho um poder em relação a você, louco, é porque detenho essa verdade. Nesse momento, a loucura respondia: se você pretende deter de uma vez por todas a verdade em função de um saber que já está todo constituído, pois bem, vou instalar em mim mesma a mentira. E, por conseguinte, quando você manipular meus sintomas, quando você lidar com o que chama de doença, vai cair numa cilada, porque haverá bem no meio dos meus sintomas esse pequeno núcleo de noite, de mentira, pelo qual eu te colocarei a questão da verdade. Por conseguinte, não é no momento em que o seu saber for limitado que te enganarei – o que seria simulação pura e simples –; ao contrário, se você quiser um dia efetivamente agir sobre mim, será aceitando o jogo da verdade e da mentira que eu te proponho.

A simulação. Desde o ano de 1821, quando a vemos surgir na Salpêtrière diante daquele que foi um dos maiores psiquiatras da época, Georget, com as duas simuladoras da Salpêtrière, até o grande episódio de Charcot por volta dos anos 1880, podemos dizer que toda a história da psiquiatria foi atravessada por esse problema da simulação. E, quando digo esse problema, não é do problema teórico da simulação que estou falando, mas desse processo pelo qual os loucos efetivamente responderam, a esse poder psiquiátrico que se recusava a colocar a questão da verdade, com a questão da mentira. A mentira da simulação, a loucura simulando a loucura, foi este o antipoder dos loucos em face do poder psiquiátrico.

Daí, creio eu, a importância histórica desse problema da simulação e da histeria. Daí, vocês podem compreender também o caráter coletivo desse fenômeno da simulação. Vemo-lo aparecer portanto por volta de 1821 no comportamento de duas histéricas que tinham o nome de Petronille e de Braguette[21]. Essas duas pessoas, acredito eu, fundaram um imenso processo histórico na psiquiatria; essas duas doentes foram imitadas em todos os asilos da França porque era finalmente o seu instrumento de luta diante do poder psiquiátrico. E a grande crise da psiquiatria asilar, a que eclodiu no fim do século XIX, mais ou menos em 1880, que aparece quando se percebe que, diante da grande taumaturgia de Charcot, todos os sintomas estudados por ele eram por ele suscitados a partir da simulação de seus doentes, de modo que o problema da verdade tenha sido assim imposto à psiquiatria pelos loucos.

Se insisto nessa história é por certo número de razões. A primeira é que não se trata de um assunto de sintoma. Costuma-se dizer que a histeria desapareceu, ou que ela foi a grande doença do século XIX. Mas não foi a grande doença do século XIX; foi, se empregarmos o vocabulário médico, uma síndrome tipicamente asilar ou uma síndrome correlativa do poder asilar ou do poder médico; mas também não quero usar a palavra síndrome. Foi efetivamente o processo pelo qual os enfermos tentavam escapar do poder psiquiátrico; foi um fenômeno de luta, e não um fenômeno patológico. Em todo caso é desse modo, creio, que devemos encará-lo.

Em segundo lugar, não se deve esquecer que, se desde Braguette e Pétronille, houve tanta simulação dentro dos asilos, é que isso na verdade tornou-se possível não apenas pela coexistência dos doentes no próprio interior dos asilos, mas também porque os doentes tinham a cumplicidade, o apoio, ora espontâneo, ora involuntário, ora explícito, ora implícito, do pessoal, dos internos, dos guardas, dos subalternos da medicina. Não se deve esquecer que Charcot praticamente nunca examinou uma só dessas histéricas e que todas as suas observações, falseadas pela simulação, na verdade lhe eram trazidas do exterior pelo pessoal que enquadrava as doentes e que, com elas, em graus de cumplicidade mais ou menos elevados, construía esse mundo da simulação pelo qual se resistia ao poder psiquiátrico que estava precisamente na Salpêtrière, encarnado, em 1880, por alguém que nem era psiquiatra, mas neurologista, aquele que, por conseguinte, melhor podia se apoiar num discurso de verdade muito bem constituído.

Portanto armou-se, para aquele que chegava munido do mais alto saber médico, o ardil da mentira. É portanto como processo, não apenas de luta dos doentes contra o poder psiquiátrico, mas de luta no interior do próprio sistema psiquiátrico, do sistema asilar, que é preciso compreender o fenômeno geral da simulação no século XIX. E creio que chegamos ao episódio que deve ser o alvo do meu curso, o momento em que, justamente, por força e pelo conjunto desses processos, a questão da verdade, posta entre parênteses depois de Pinel e Mason Cox pelo sistema disciplinar do asilo e pelo tipo de funcionamento do poder psiquiátrico, é reintroduzida*.

Podemos dizer que a psicanálise pode ser interpretada como o primeiro grande recuo da psiquiatria, o momento em que a questão da verdade do que se dizia nos sintomas ou, em todo caso, o jogo da verdade e da mentira no sintoma foi

....

* Na gravação, retomada de: "à força".
O manuscrito acrescenta: "Podemos então chamar de antipsiquiatria todo movimento pelo qual a questão da verdade será posta em jogo na relação entre o louco e o psiquiatra".

imposto à força ao poder psiquiátrico; o problema era saber se, nessa primeira derrota, a psicanálise não respondeu estabelecendo uma primeira linha de defesa. Em todo caso, não é tanto a Freud que se deve creditar a primeira despsiquiatrização. A primeira despsiquiatrização, o primeiro momento que fez titubear o poder psiquiátrico acerca da questão da verdade, é a esse grupo de simuladores e de simuladoras que o devemos. Eles é que, com suas mentiras, ludibriaram um poder psiquiátrico que, para poder ser agente da realidade, pretendia-se detentor da verdade e se recusava a colocar, no interior da prática e da terapia psiquiátricas, a questão do que há de verdadeiro na loucura.

Houve o que poderíamos chamar de uma grande insurreição simuladora que percorreu todo o mundo asilar no século XIX e cujo foco constante, perpetuamente aceso, foi a Salpêtrière, asilo de mulheres. E é por isso que não creio que se possa fazer da histeria, da questão da histeria, da maneira como os psiquiatras se enredaram na histeria no século XIX, uma espécie de erro científico menor, uma espécie de barreira epistemológica. Se assim se faz, e isto é evidentemente reconfortante, é porque permite ao mesmo tempo escrever a história da psiquiatria e o nascimento da psicanálise no mesmo estilo em que se explica Copérnico, Kepler ou Einstein. Ou seja: barreira científica, incapacidade de sair das esferas demasiado numerosas do mundo "ptolemaico" ou das equações de Maxwell etc. Atados a esse saber científico, e a partir dessa espécie de barreira, tem-se, então, corte epistemológico e surgimento de Copérnico ou de Einstein. Colocando o problema nesses termos e fazendo da história da histeria o *análogon* desse gênero de peripécias, podemos recolocar a história da psicanálise na calma tradição da história das ciências. Mas se fizermos da simulação, como eu gostaria de fazer, e não da histeria, por conseguinte, em vez de um problema epistemológico ou a barreira de um saber, mas o verso militante do poder psiquiátrico, se admitirmos que a simulação foi a maneira insidiosa para os loucos de colocar à força a questão da verdade a um poder psiquiátrico que não queria lhes impor mais que a realidade, então creio que será possível fazer uma história da psiquiatria que não gravitará mais em torno do psiquiatra e de seu saber, mas que gravitará enfim em torno dos loucos.

E vocês compreendem que, nessa medida – se retomarmos assim a história da psiquiatria, então vocês estão vendo que a perspectiva, digamos, institucionalista, que coloca o problema de saber se a instituição é efetivamente ou não o lugar de uma violência, pode recalcar alguma coisa –, parece-me que se demarca de maneira extraordinariamente estreita o problema histórico da psiquiatria, isto é, o problema desse poder de realidade que os psiquiatras tinham por encargo tornar a impor e que se viu ludibriado pela mentira questionante dos simuladores.

Eis, vamos dizer, a espécie de pano de fundo geral que eu gostaria de proporcionar ao curso que darei daqui em diante. Então, da próxima vez procurarei retomar essa história que lhes sugeri de maneira um tanto ligeira, retomando o próprio problema do modo pelo qual o poder psiquiátrico funcionava como sobrepoder da realidade.

NOTAS

1. Em 1861, o asilo recebe 1.227 alienados, dos quais 561 homens e 666 mulheres, repartidos em 215 pensionistas e 1.212 indigentes. Ver a obra de Gustave Labitte (diretor do asilo), *De la colonie de Fitz-James, succursale de l'asile privé de Clermont (Oise), considérée au point de vue de son organisation administrative et médicale*, Paris, J.-B. Baillière, 1861, p. 15. Sobre a história do asilo de Clermont, cf. E.-J. Woillez, *Essai historique, descriptif et statistique sur la maison d'aliénés de Clermont (Oise)*, Clermont, impr. Vve Danicourt, 1839.

2. A colônia de Fitz-James foi criada em 1847.

3. "Criando a colônia de Fitz-James, quisemos em primeiro lugar que os doentes estivessem num meio totalmente diferente do de Clermont" (G. Labitte, *op. cit.*, p. 13).

4. Em 1861, a fazenda compreende "170 doentes" (*ibid.*, p. 15).

5. De acordo com a descrição de G. Labitte: "1º A seção da direção, destinada à moradia do diretor e dos homens pensionistas. 2º A seção da Fazenda, onde ficam os colonos. 3º A seção do Pequeno Castelo, habitada pelas damas pensionistas. 4º A seção de Bévrel, ocupada pelas mulheres empregadas na lavagem da roupa" (*ibid.*, p. 6).

6. "Na fazenda [...], os trabalhos dos campos e as oficinas, os cuidados e a guia dos animais e dos instrumentos aratórios são da atribuição dos maníacos, monomaníacos e dementes" (*ibid.*, p. 15).

7. *Loc. cit.*

8. *Ibid.*, p. 14.

9. *Ibid.*

10. Ph. Pinel, *Traité médico-philosophique sur l'aliénation mentale, ou la Manie, op. cit.*, seção VI, § IV, "Essai tenté pour guérir une mélancolie profonde produite par une cause morale", pp. 233-7.

11. J. Mason Cox, *Observations sur la démence*, trad. cit., Observation II, p. 77.

12. *Ibid.*, p. 78.

13. *Ibid.*, pp. 78-9.

14. F. Leuret, *Fragments psychologiques sur la folie*, cap. II, "Délire de l'intelligence", Paris, Crochard, 1834: "A locadora de cadeiras de uma das paróquias de Paris, tratada pelo sr. Esquirol, [...] dizia ter em

seu ventre bispos que realizavam um concílio [...]. Descartes dava como certo que a glândula pineal é um espelho em que vem se refletir a imagem dos corpos exteriores [...]. Porventura uma dessas asserções é mais bem provada que a outra?" (p. 43). Leuret faz alusão à análise que Descartes apresenta sobre o papel da glândula pineal na formação das "ideias dos objetos que impressionam os sentidos" em seu *Traité de l'Homme* (Paris, Clerselier, 1664), *in* Descartes, *Oeuvres et Lettres*, ed. A. Bridoux, *op. cit.*, pp. 850-3.

15. Concepção segundo a qual "julgar é afirmar que uma coisa que concebemos é assim ou não é assim, como quando, tendo concebido o que é a terra e o que é a redondez, afirmo sobre a terra que ela é redonda" (A. Arnauld e P. Nicole, *La Logique, ou l'Art de penser, contenant, outre les règles communes, plusieurs observations nouvelles propres à former le jugement* (1662), Paris, Desprez, 5ª ed., 1683, p. 36). Cf. L. Marin, *La Critique du discours. Sur la "Logique de Port-Royal" et les "Pensées de Pascal"*, Paris, Éd. de Minuit (col. "Le Sens commun"), 1975, pp. 275-99; e as observações de M. Foucault em [1] *Les Mots et les choses*, *op. cit.*, 1ª parte, "Représenter", pp. 72-81; [2] "Introduction" a A. Arnauld e Cl. Lancelot, *Grammaire générale et raisonnée contenant les fondements de l'art de parler expliqués d'une manière claire et naturelle* (Paris, Le Petit, 1660), Républications Paulet, Paris, 1969, pp. III-XXVII (*in* DE, I, nº 60, pp. 732-52).

16. Sobre essa realização teatral, cf. M. Foucault, *Histoire de la folie*, *op. cit.*, ed. de 1972, pp. 350-4. A segunda aula do Curso no Collège de France, ano 1970-1971, "A vontade de saber", fala dessa "teatralização" da loucura como uma "prova ordálica", em que se trata de "ver qual dos dois, o doente ou o médico, suportaria por mais tempo o jogo da verdade, todo esse teatro da loucura pelo qual, de certo modo, o médico realizava objetivamente o delírio do doente e abordava, a partir dessa verdade simulada, a verdade do doente" (Notas pessoais; J.L.).

17. Enquanto os distúrbios paralíticos eram considerados uma afecção intercorrente de uma evolução demencial ou, como dizia Esquirol, uma "complicação" da doença (verbete "Démence", *in Dictionnaire des sciences médicales, par une société de médecins et de chirurgiens*, Paris, C. L. F. Panckoucke, t. VIII, 1814, p. 283; verbete "Folie", *ibid.*, t. XVI, 1816), Antoine Laurent Jessé Bayle (1799-1858), a partir de seis observações seguidas de controles anatômicos, feitas no serviço de Royer-Collard na Salpêtrière, individualiza em 1822 uma entidade mórbida que, de acordo com a causa anatômica à qual ele a atribui, ele chama

de "aracnite crônica", baseando-se no fato de que "em todas as épocas da doença, existe uma relação constante entre a paralisia e o delírio [...], logo não poderíamos nos recusar a admitir que essas duas ordens de fenômenos são os sintomas de uma mesma doença, isto é, de uma aracnite crônica", à qual ele consagra a primeira parte da sua tese, defendida em 21 de novembro de 1822 [*Recherches sur les maladies mentales*, Th. Méd. Paris, nº 147; Paris, impr. Didot Jeune, 1822]: *Recherches sur l'arachnitis chronique, la gastrite, la gastro-entérite, et la goutte, considérées comme causes de l'aliénation mentale*, Paris, Gabon, 1822; reedição do Centenário, Paris, Masson, t. I, 1922, p. 32. Mais tarde, Bayle amplia sua concepção à maioria das doenças mentais: "A maioria das alienações mentais é o sintoma de uma flegmasia crônica primitiva das 'membranas do cérebro'" (*Traité des maladies du cerveau et de ses membranes*, Paris, Gabon, 1826, p. XXIV); cf. também seu texto: "De la cause organique de l'aliénation mentale accompagnée de paralysie générale" (lido na Academia Imperial de Medicina), *Annales médico-psychologiques*, 3ª série, t. I, julho de 1855, pp. 409-25.

18. Na década de 1820, um grupo de jovens médicos se volta para a anatomia patológica na qual tenta enxertar a clínica psiquiátrica. [a] Félix Voisin enuncia seu programa: "Dados os sintomas, determinar a localização da doença. É esse o problema que a medicina esclarecida pela fisiologia pode se propor hoje em dia" (*Des causes morales et physiques des maladies mentales, et de quelques autres affections telles que l'hystérie, la nymphomanie et le satyriasis*, Paris, J.-B. Baillière, 1826, p. 329). [b] Dois alunos de Léon Rostan (1791-1866), Achille [de] Foville (1799-1878) e Jean-Baptiste Delaye (1789-1879), apresentam em 1821 uma dissertação para o Prêmio Esquirol: "Considérations sur les causes de la folie et de leur mode d'action, suivies de recherches sur la nature et le siège spécial de cette maladie" (Paris, 1821). [c] Jean-Pierre Falret (1794-1870) defende em 31 de dezembro de 1819 sua tese *Observations et propositions médico-chirurgicales* (Th. Méd. Paris, nº 296; Paris, impr. Didot, 1919), antes de publicar *De l'hypocondrie et du suicide. Considérations sur les causes, sur le siège et le traitement de ces maladies, sur les moyens d'en arrêter les progrès et d'en prévoir les développements* (Paris, Croullebois, 1822). No dia 6 de dezembro de 1823, Falret pronuncia no Ateneu de Medicina uma conferência, "Inductions tirées de l'ouverture des corps des aliénés pour servir au diagnostic et au traitement des maladies mentales", Paris, Bibliothèque Médicale, 1824.

Em 1830, abre-se um debate sobre as causas orgânicas da loucura, por ocasião da tese de um aluno de Esquirol, Étienne Georget [que ingressou na Salpêtrière em 1816 e que obteve em 1819 o Prêmio Esquirol por sua dissertação, "Des ouvertures du corps des aliénés"], defendida em 8 de fevereiro de 1820: *Dissertation sur les causes de la folie* (Th. Méd. Paris, nº 31; Paris, Didot Jeune, 1820), em que critica Pinel e Esquirol por se contentarem em observar os fenômenos da loucura sem procurar ligá-los a uma causa produtora. Em sua obra, *De la folie. Considérations sur cette maladie...*, Georget declara: "Não devo temer encontrar-me em oposição a meus mestres [...] ao demonstrar que a loucura é uma afecção cerebral idiopática" (*op. cit.*, p. 72).

19. Trata-se de Jean-Pierre Falret, que afirma que, graças ao isolamento, "a família, no silêncio de uma lei positiva, triunfa sobre o medo de cometer um ato arbitrário e, valendo-se do direito imprescritível da razão sobre o delírio, subscreve os ensinamentos da ciência para obter o benefício da cura dos alienados" (*Observations sur le projet de loi relatif aux aliénés, présenté le 6 janvier 1837 à la Chambre des députés par le ministre de l'Intérieur*, Paris, Éverat, 1837, p. 6).

20. Problema levantado desde 1800 por Ph. Pinel, que lhe consagra um capítulo do seu *Traité médico-philosophique*, *op. cit.*, sec. VI, § XXII, "Manie simulée; moyens de la reconnaître", pp. 297-302. Cf. também: [a] A. Laurent, *Étude médico-légale sur la simulation de la folie. Considérations cliniques et pratiques à l'usage des médecins experts, des magistrats et des jurisconsultes*, Paris, Masson, 1866. [b] H. Bayard, "Mémoire sur les maladies simulées", *Annales d'hygiène publique et de médecine légale*, 1ª série, t. XXXVIII, 1867, p. 277. [c] E. Boisseau, verbete "Maladies simulées", *in Dictionnaire encyclopédique des sciences médicales*, s. dir. A. Dechambre *et al.*, 2ª série, t. II, Paris, Masson/Asselin, 1876, pp. 266-81. [d] G. Tourdès, verbete "Simulation", *ibid.*, pp. 681-715. – Charcot aborda a questão várias vezes: [1] Policlínica da terça-feira 20 de março de 1888: "Ataxie locomotrice, forme anormale", *in Leçons du mardi à la Salpêtrière. Policlinique 1887-1888*, notas de curso de MM. Blin, Charcot e H. Colin, t. I, Paris, Lecrosnier & Babé ("Publications du Progrès médical"), 1889, pp. 281-4; [2] *Leçons sur les maladies du système nerveux*, t. I, recolhidas e publicadas por D. M. Bourneville, Leçon IX, "De l'ischurie hystérique", § "Simulation" (1873), Paris, 5ª ed., Delahaye et Lecrosnier, 1884, pp. 281-3; [3] "Leçon d'ouverture de la chaire de clinique des maladies du système nerveux" (23 de abril de 1882), § VII, "Simulation", *in Leçons sur les maladies du système*

nerveux, t. III, recolhidas e publicadas por Babinski, Bernard, Féré, Guinon, Marie[,] et Gilles de La Tourette (1887), Paris, Lecrosnier & Babé, 1890, pp. 17-22. [4] *Ibid.*, Leçon XXVI, "Cas du mutisme hystérique chez l'homme", § "Les simulations", pp. 432-3.

21. Em 1821, na Salpêtrière, Étienne Georget, seduzido pelas experiências feitas no Hôtel-Dieu no serviço de Husson, pelo barão Jules Dupotet de Sennevoy em outubro de 1820, converte, com a colaboração de Léon Rostan, duas pacientes em temas de experiência sonambúlica: Pétronille e Manoury, viúva Brouillard, vulgo "Braguette"* (cf. A. Dechambre, "Nouvelles expériences sur le magnétisme animal", *Gazette médicale de Paris*, 12 de setembro de 1835, p. 585). Georget relata essas experiências, sem desvendar a identidade das pacientes, *in De la physiologie du système nerveux, et spécialement du cerveau*, *op. cit.*, t. I, cap. 3, "Somnambulisme magnétique", Paris, J.-B. Baillière, 1821, p. 404. Cf. também: [a] A. Gauthier, *Histoire du somnambulisme: chez tous les peuples, sous les noms divers d'extases, songes, oracles, visions, etc.*, t. II, Paris, F. Malteste, 1842, p. 324. [b] A. Dechambre, [1] "Deuxième lettre sur le magnétisme animal", *Gazette médicale de Paris*, 1840, pp. 13-4; [2] verbete "Mesmérisme", *in Dictionnaire encyclopédique des sciences médicales*, 2ª série, t. VII, Paris, Masson/Asselin, 1877, pp. 164-5.

AULA DE 19 DE DEZEMBRO DE 1973*

O poder psiquiátrico. – Uma terapia de François Leuret e seus elementos estratégicos: 1º a desequilibração do poder; 2º a reutilização da linguagem; 3º o arranjo das necessidades; 4º o enunciado da verdade. – O prazer da doença. – O dispositivo asilar.

O poder psiquiátrico tem essencialmente por função ser um operador de realidade, uma espécie de intensificador de realidade junto à loucura. Em que esse poder pode ser definido como sobrepoder da realidade?

Então eu queria, para tentar destrinchar um pouco essa questão, tomar o exemplo de uma terapia psiquiátrica por volta dos anos 1838-1840. Como uma terapia psiquiátrica se desenrolava nessa época?

À primeira vista, no momento do estabelecimento, da organização do mundo asilar, a terapia simplesmente não se desenrola, porque a cura é esperada como uma espécie de processo, se não espontâneo, pelo menos automaticamente reativo a partir da combinação de quatro elementos que eram, primeiro, o isolamento no asilo; segundo, certo número de medicações de ordem física ou fisiológica: opiáceos[1], láudano[2] etc.; uma série de restrições próprias da vida asilar: a disciplina, a obediência a um regulamento[3], uma alimentação definida[4], horas de sono, de trabalho[5]; instrumentos físicos de coerção; e, também, uma espécie de medicação psicofísica, ao mesmo tempo punitiva e terapêutica, como a ducha[6], a cadeira rotatória[7] etc. Eram esses elementos combinados que definiam o âmbito da terapia,

....

* Aula intitulada no manuscrito: "A terapia psiquiátrica".

da qual se esperava, sem nunca dar uma explicação nem uma teoria, a cura*.

Ora creio que, apesar dessa primeira aparência, a terapia psiquiátrica se desenvolvia de acordo com certo número de planos, de procedimentos táticos, de elementos estratégicos que se pode conseguir definir e que são, creio, importantíssimos em relação à própria constituição do saber psiquiátrico, talvez até os dias de hoje.

Vou tomar uma terapia como exemplo. Para dizer a verdade, é o exemplo mais desenvolvido, pelo que sei, já dado na literatura psiquiátrica francesa. Quem deu esse exemplo foi um psiquiatra que infelizmente tem uma reputação incômoda: Leuret, o homem do tratamento moral, que foi criticado por muito tempo pelo abuso que fazia da punição, da ducha etc.[8]. Ele é certamente aquele que não apenas definiu a terapia clássica da maneira mais precisa, mais meticulosa, e que deixou sobre as suas terapias os documentos mais numerosos, mas é também, assim penso, o que elaborou essas práticas, essas estratégias de terapia, que as levou a um ponto de perfeição que permite ao mesmo tempo compreender os mecanismos gerais que eram aplicados por todos os psiquiatras contemporâneos seus e vê-los de certo modo em câmera lenta, em detalhe, segundo seus mecanismos finos.

A terapia é a de um certo sr. Dupré, relatada no último capítulo do *Tratamento moral da loucura*, em 1840[9]. Eis os sintomas que o sr. Dupré apresentava: "O sr. Dupré é um homem gordo e baixo, corpulento; passeia sozinho, nunca dirige a palavra a ninguém. Seu olhar é incerto, sua figura, abestalhada. Solta o tempo todo gases por cima e por baixo, e faz ouvir com muita frequência um leve rosnado desagradabilíssimo, com o fim de se livrar das emanações que lhe são introduzi-

....

* O manuscrito acrescenta: "Em suma, um código, mas não um código linguístico de convenções significantes, um código tático que permitia estabelecer certa relação de força, e inscrevê-la de uma vez por todas".

das no corpo, com ajuda da necromancia. Ele é insensível às amabilidades que lhe fazem e até procura evitá-las. Se insistem nelas, fica de mau humor, mas sem nunca ficar violento, e diz ao vigilante, se este está por perto: 'Mande embora estas loucas, que vêm me atormentar'. Nunca olha as pessoas de frente e se por um instante tiram-no da incerteza, do devaneio que lhe são costumeiros, logo volta a cair neles... Há na terra três famílias que prevalecem sobre as outras por sua nobreza, são as famílias dos príncipes tártaros, da Nigrícia e do Congo. Uma estirpe particular, a mais ilustre da família dos príncipes tártaros, é a dos Alcíones, cujo chefe é ele, conhecido por Dupré, na realidade nascido na Córsega, descendente de Cosroés. Ele é ao mesmo tempo Napoleão, Delavigne, Picard, Audrieux, Destouches e Bernardin de Saint-Pierre. O sinal distintivo da sua qualidade de Alcíone é o de poder constantemente gozar os prazeres do amor. Abaixo dele estão seres degenerados da sua estirpe, menos favorecidos do que ele e chamados, de acordo com as disposições amorosas de cada um, 3/4, 1/4 ou 1/5 de Alcíones. Após os excessos que cometeu, caiu num estado de enfermidade crônica, para cujo tratamento seu conselheiro enviou-o a seu castelo de Saint-Maur (é assim que ele chama Charenton), depois a Saint-Yon, depois a Bicêtre. A Bicêtre em que ele se encontra não é a que está situada perto de Paris, e a cidade que lhe é mostrada, a pouca distância do hospício, outra não é senão a cidade de Langres, na qual, para enganá-lo, moldaram monumentos que se parecem um pouco com o da Paris verdadeira. No hospício, somente ele é homem; todos os outros são mulheres, ou melhor, compostos de várias mulheres, que usam no rosto máscaras bem arranjadas, guarnecidas de barba e suíças. O médico que o trata, ele reconhece positivamente como sendo uma cozinheira que teve a seu serviço; a casa na qual ele dormiu, vindo de Saint-Yon para entrar em Bicêtre, alçou voo, assim que ele saiu de lá. Ele nunca lê, e por nada neste mundo tocaria num jornal. Os jornais que lhe oferecem são falsos, não falam dele, Napoleão, e os que os leem são cúmplices que se entendem com os que fazem esses jornais. O dinheiro não tem nenhum valor; só existe agora moeda falsa. Ele ouviu várias vezes os ursos e os macacos do *Jardin des Plantes* falarem. Ele se lembra da temporada que passou em seu castelo de Saint-Maur e até de algumas pessoas que conheceu lá... A multiplicidade das suas ideias falsas não é menos notável do que a segurança com que ele as comunica."[10]

Creio que no longo tratamento que é analisado em seguida, podemos distinguir certo número de dispositivos ou de manobras, que Leuret nunca teoriza e a propósito dos quais não dá nenhuma explicação que se fundamentasse seja numa etiologia da doença mental, seja numa fisiologia do sistema nervoso, seja inclusive, de modo geral, numa psicologia da loucura. Ele simplesmente desmonta as diferentes operações que tentou, e podemos, creio eu, dividir essas manobras em quatro ou cinco grandes tipos.

Primeiro, a manobra que consiste em desequilibrar o poder, isto é, fazê-lo passar logo de saída ou, em todo caso, o mais rápido possível, para um só lado, o lado do médico. E isso Leuret se apressa em fazer. Seu primeiro contato com Dupré consiste em desequilibrar o poder: "Da primeira vez que abordo o senhor Dupré para tratá-lo, encontro-o numa vasta sala repleta de alienados considerados incuráveis; ele está sentado, esperando sua refeição, com um ar estúpido, indiferente a tudo o que acontece à sua volta, em nada incomodado com a sujeira dos seus vizinhos nem com a dele, não parecendo ter mais instinto senão para comer. Como conseguir tirá-lo do seu torpor, dar-lhe sensações justas, torná-lo um pouco atento? As palavras benevolentes não adiantam; seria mais apropriada a severidade? Finjo estar aborrecido com seus discursos e com a sua conduta; acuso-o de preguiça, de vaidade e de mentira, e exijo que ele se mantenha, diante de mim, de pé e com a cabeça descoberta"[11].

Esse primeiro contato é, creio, totalmente significativo do que poderíamos chamar de ritual geral do asilo. Praticamente, e nisso Leuret não se diferencia em nada dos seus contemporâneos, em todos os asilos dessa época, o primeiro episódio do contato entre o médico e seu enfermo é esse cerimonial, essa demonstração inicial de força, isto é, a demonstração de que o campo de forças no qual o doente é posto no asilo é desequilibrado, que não há compartilhamento, reciprocidade, troca, que a linguagem não vai circular livre e indiferentemente de um a outro; que haveria entre as diferentes personagens que habitam o asilo seja reciprocidade, seja transparência. Tudo isso tem de ser banido. É preciso que, logo de saída, se esteja num mundo diferencial, num mundo de ruptura, de desequilíbrio entre o médico e o doente, num mundo em que existe uma ladeira e essa ladeira nunca pode ser subida de volta: no topo da ladeira, o médico; no pé da ladeira, o doente.

É a partir dessa diferença de altura, de potencial, absolutamente estatutária e que nunca se apagará na vida asilar, que vai poder se desenrolar o processo da terapia. E é um lugar-comum em todos os conselhos que são dados pelos alienistas a propósito das diferentes terapias: deve-se começar sempre por essa espécie de marcação do poder. Esse poder está de um só lado, é o que Pinel dizia quando recomendava que o doente fosse abordado com "uma espécie de aparelho de temor, um aparelho impositivo que pudesse agir fortemente sobre a imaginação [do maníaco; J.L.] e convencê-lo de que qualquer resistência seria vã"[12]. É o que Esquirol também dizia: "Numa casa de alienados, deve haver um chefe e nada mais que um chefe de [*sic*] quem tudo deve provir"[13].

É mais uma vez o "princípio da vontade alheia", claramente, o princípio que podemos chamar de princípio de Falret, que consiste em substituir por uma "vontade alheia" a vontade do doente[14]. O doente deve sentir-se imediatamente posto diante de algo em que vai se concentrar, se resumir toda a realidade com que ele terá de lidar no asilo; toda a realidade está concentrada numa vontade alheia que é a vontade onipotente do médico. Não quero dizer com isso que qualquer outra realidade é suprimida em benefício da exclusiva vontade do médico, mas que o elemento portador de toda a realidade que vai ser imposta ao doente e que terá por tarefa agir sobre a doença, o suporte dessa realidade deve ser a vontade do médico como vontade alheia à do doente e como vontade estatutariamente superior, inacessível por conseguinte a qualquer relação de troca, de reciprocidade, de igualdade.

Esse princípio tem essencialmente dois objetivos. Primeiro, estabelecer uma espécie de estado de docilidade que é necessário ao tratamento. De fato, é preciso que o doente aceite as prescrições que o médico vai fazer. Mas não se trata simplesmente de submeter a vontade de curar do doente ao saber e ao poder do médico; trata-se sobretudo, nesse estabelecimento de uma diferença absoluta de poder, de minar a afirmação de onipotência que, no fundo, existe na loucura. Em toda loucura, qualquer que seja seu conteúdo, sempre existe certa afirmação de onipotência, e é isso que é visado por esse ritual inicial da afirmação de uma vontade alheia e absolutamente superior.

A onipotência da loucura, na psiquiatria da época, pode se manifestar de duas maneiras. Em certo número de casos, ela vai se exprimir no interior do delírio sob a forma, por exemplo, de ideias de grandeza: a pessoa acredita ser rei. No caso do sr. Dupré, acredita que é Napoleão[15], que é sexualmente superior a todo o gênero humano[16], que é o único homem e todos os outros são mulheres[17], tudo isso afirmações, no interior do delírio, de uma espécie de soberania ou onipotência. Mas isso só vale evidentemente no caso dos delírios de grandeza. Fora disso, quando não há delírio de grandeza, há ainda assim certa afirmação de onipotência, não na maneira como o delírio se exprime, mas na maneira como ele se exerce.

Qualquer que seja o conteúdo do delírio, mesmo quando a pessoa se crê perseguida, o fato de exercer seu delírio, isto é, de recusar tudo o que seja discussão, raciocínio, prova, é em si mesmo certa afirmação de onipotência, e é algo absolutamente coextensivo a toda loucura, ao passo que exprimir a onipotência no delírio é um fato apenas do delírio de grandeza.

Exercer sua onipotência no delírio pelo fato de delirar é uma característica de toda loucura.

Por conseguinte, vocês estão vendo como e por que se justifica esse primeiro dispositivo, essa primeira manobra da operação psiquiátrica: trata-se de minar, de reduzir a onipotência da loucura por meio da manifestação de uma vontade outra, mais vigorosa, e que é dotada de um poder superior. Georget dava como conselho aos médicos: "Em vez de [...] recusar a um alienado a qualidade de rei que ele pretende ter, prove-lhe que ele não tem poder; que você, que é nada menos que isso, pode tudo sobre ele; ele talvez vá pensar, de fato, que é bem possível que esteja errado"[18].

Portanto, contra a onipotência do delírio, a realidade do médico, com a onipotência que lhe é dada precisamente pelo desequilíbrio estatutário do asilo: eis, assim, de que modo essa espécie de contato que eu lhes citava a propósito do caso do sr. Dupré se inscreve num contexto geral que é o da prática asilar da época, com, evidentemente, muitas variantes. Vale dizer que certos médicos – e é em torno disso que vocês vão encontrar todas as discussões internas ao discurso psiquiátrico – vão considerar que essa marcação do poder do médico deve ser feita de tempo em tempo sob a forma da violência, mas às vezes também sob a forma do pedido de estima, de confiança, sob a forma de uma espécie de pacto imposto ao doente, sob o modo de um acomodamento.

E, ao contrário, vocês terão também os psiquiatras que recomendarão em todos os casos o temor, a violência, a ameaça. Uns vão considerar que o desequilíbrio fundamental do poder é no fundo suficientemente assegurado pelo próprio sistema do asilo, com o conjunto da vigilância, a hierarquia que existe no interior dele, a disposição dos prédios, os próprios muros do asilo que portam e definem a trama e a ladeira do poder. Depois, outros psiquiatras considerarão ao contrário que a própria pessoa do médico, seu prestígio, sua postura, sua agressividade, seu vigor polêmico, é tudo isso que vai dar essa marca. Todas essas variantes não me parecem importantes em relação a esse ritual fundamental, que vou mostrar como Leuret o desenvolve em seguida ao longo da terapia, tomando nitidamente partido pela solução da individualização médica desse excesso de poder conferido pelo asilo e lhe dando a forma bastante direta da agressão e da violência.

Um dos temas delirantes que se encontrava em Dupré era o de acreditar na sua onipotência sexual e que todos os que o rodeavam no asilo eram mulheres. Leuret vai se dirigir a Dupré e lhe perguntar se efetivamente todas as pessoas que o rodeiam são mulheres. "Sim, dirá Dupré. – Eu também?, pergunta Leuret. – Claro, o senhor também." Nesse momento, Leuret agarra Dupré e, "sacudindo-o vivamente, pergunta-lhe se aquele é um braço de mulher"[19]. Dupré não fica muito convencido, de modo que, para convencê-lo mais ainda, Leuret manda pôr em seus alimentos da noite alguns "grãos de calomelano", de modo que o pobre Dupré tenha violentas cólicas durante a noite. O que permite que Leuret diga na manhã seguinte a Dupré: "Ele, o único homem que há no hospício, é tão medroso, que a cena de ontem lhe soltou as tripas"[20]. Foi assim que ele marcou sua supremacia viril e física, por esse sinal artificial de medo que causou em Dupré.

Poderíamos citar ao longo de toda a terapia uma série de elementos do mesmo gênero. Leuret manda darem uma ducha em Dupré; Dupré se debate, faz ressurgir seus temas delirantes, diz: "Pronto, mais *uma* que me insulta! – *Uma*?", exclama Leuret e, nesse momento, dirige-lhe violentamente a ducha para o fundo da goela, até que Dupré, debatendo-se, reconheça que aquela é uma conduta de homem, e "acaba admitindo que é um homem"[21]. Logo, desequilíbrio ritual do poder.

Segunda manobra, que poderíamos talvez chamar de reutilização da linguagem. De fato, Dupré não reconhecia as pessoas como estas eram, acreditava que seu médico era sua cozinheira e se prestava, a si mesmo, toda uma série de identidades sucessivas e simultâneas, pois ele era "ao mesmo tempo Destouches, Napoleão, Delavigne, Picard, Audrieux e Bernardin de Saint-Pierre"[22]. Portanto vai ser necessário – e é isso que caracteriza a segunda manobra que, aliás, acompanha quase cronologicamente a primeira, com certo número de sobreposições – primeiro que Dupré reaprenda os nomes e saiba atribuir a cada um o nome que convém: "À força de ser pressionado, ele se torna atento e obedece"[23]. E lhe fazem repetir os nomes até ele sabê-los: "Ele tem de aprender meu nome, o dos alunos, dos vigilantes, dos enfermeiros. Tem de chamar todos pelo nome".

Leuret manda-o ler livros, recitar versos, força-o a falar latim, que Dupré tinha aprendido na escola; força-o a falar italiano, que ele tinha aprendido no exército; manda-o "contar uma história"[24].

Enfim, em outro momento, ele o põe na banheira, aplica-lhe uma ducha como sempre e, feito isso, ao contrário do que era o costume, manda-o esvaziar a banheira. Ora, Dupré não tinha costume de obedecer a nenhuma ordem. Forçam-no a obedecer a essa ordem e, enquanto Dupré esvazia a banheira com baldes, mal ele vira as costas, tornam a encher a banheira, de modo que Leuret pode reiterar a ordem certo número de vezes, e assim até que o mecanismo da ordem e da obediência seja absolutamente engrenado[25].

Como vocês veem, parece-me que nessa série de operações que incidem essencialmente sobre a linguagem, trata-se antes de mais nada de corrigir o delírio das nomeações polimorfas e de obrigar o doente a restituir a cada um o nome pelo qual cada um tem sua individualidade no interior da pirâmide disciplinar do asilo. De maneira bem característica, não se pede que Dupré aprenda o nome dos doentes, pede-se que aprenda o nome do médico, dos alunos deste, dos vigilantes e dos enfermeiros: a aprendizagem da nomeação será ao mesmo tempo a aprendizagem da hierarquia. A nomeação e a manifestação do respeito, a distribuição dos nomes e da maneira como os indivíduos se hierarquizam no espaço disciplinar, tudo isso é uma só e mesma coisa.

Vocês veem também que lhe pedem para ler, recitar versos etc. Trata-se, com isso, é claro, de ocupar o espírito, de desviar a linguagem do uso delirante, mas também de reensinar ao sujeito a utilizar essas formas de linguagem que são as formas de linguagem da aprendizagem e da disciplina, o que ele aprendeu na escola, essa espécie de linguagem artificial que não é realmente a que ele utiliza, mas que é aquela pela qual a disciplina escolar, o sistema de ordem se impuseram a ele. E, por fim, na história da banheira que enchem e que o mandam esvaziar por uma ordem indefinidamente reiterada, trata-se da linguagem de ordens, mas desta vez de ordens pontuais, que se trata de ensinar ao doente.

De maneira geral, trata-se, creio eu, para Leuret, de tornar o doente acessível a todos os usos imperativos da linguagem: os nomes próprios pelos quais se cumprimenta, se mostra o respeito, a atenção que se tem pelos outros; trata-se da recitação escolar das línguas aprendidas; trata-se do comando. Vocês estão vendo que não se trata em absoluto de uma espécie de reaprendizagem – que se poderia dizer dialética – da verdade. Não se trata de mostrar a Dupré, a partir da linguagem, que os juízos que ele fazia eram falsos. Não se discute para saber se é justo ou não considerar que todas as pessoas são "Alcíones", como Dupré acredita em seu delírio[26]. Não se trata de transformar o falso em verdadeiro no interior de uma dialética própria da linguagem ou da discussão; trata-se simplesmente de recolocar o sujeito, por um jogo de ordens, de comandos dados, em contato com a linguagem como portadora de imperativos; é a utilização imperativa da linguagem que se refere e que se ordena a todo um sistema de poder. É a linguagem própria do asilo, ela põe os nomes que definem a hierarquia asilar, é a linguagem do senhor. E é toda essa trama de poder que deve transparecer como realidade por trás dessa linguagem ensinada. A linguagem que se reensina ao doente não é aquela pela qual ele vai poder reencontrar a verdade; a linguagem que lhe forçam a reaprender é uma linguagem que deve deixar transparecer através dela a realidade de uma ordem, de uma disciplina, de um poder que se impõe a ele. Aliás, é o que diz Leuret quando, no fim desses exercícios de linguagem, afirma: "Eis que o sr. Dupré tornou-se atento [sendo a atenção, é claro, a faculdade da realidade; M.F.], ele entrou em relação comigo; exerço uma ação sobre ele, ele me obedeceu"[27]. "Atenção", ou seja, relação com o médico – isto é, aquele que dá a ordem e que detém o poder –, relação que consiste precisamente em que o médico, que detém o poder, exerce uma ação sob a forma de uma ordem. Linguagem, pois, que é transparente a essa realidade do poder.

Aqui também vê-se que Leuret é, em certo sentido, muito mais sutil, perfeccionista, do que os psiquiatras da sua época. Mas, afinal de contas, o que se chamava de "tratamento moral", naquela época, era de fato algo assim, menos diretamente centrado, é claro, nas utilizações da linguagem, nessa espécie de diálogo falseado, de diálogo que era na realidade o jogo da ordem e da obediência, porque a maioria dos psiquiatras, ao contrário de Leuret, confiava principalmente nos mecanismos internos da instituição asilar, muito mais do que nessa ação direta do psiquiatra como detentor do poder[28]. Mas, afinal, se vocês olharem em que consistia, justamente para os psiquiatras da época, o funcionamento da instituição asilar e onde eles buscavam o caráter terapêutico dessa ação do asilo, verão que se considerava que o asilo era terapêutico porque obrigava as pessoas a se submeterem a um regulamento, a um emprego do tempo, porque as obrigava a obedecer ordens, a pôr-se em fila, a sujeitar-se à regularidade de certo número de gestos e de costumes, a submeter-se a um trabalho. E é todo esse conjunto da ordem, ao mesmo tempo como ordens dadas e, igualmente, como regularidade institucional e coerções, é essa ordem que, afinal, para os psiquiatras da época, é um dos grandes fatores da terapêutica asilar. Como dizia Falret em 1854, num texto um pouco tardio, "um regulamento positivo, estritamente observado, que estabeleça o emprego de todas as horas do dia, força cada doente a reagir contra a irregularidade das suas tendências, submetendo-se à lei geral. Em vez de ser abandonado a si mesmo, de seguir o impulso do seu capricho ou da sua vontade desordenada, o alienado é obrigado a se dobrar diante de uma regra, que tem tanto maior poder por ser estabelecida para todos. Ele é obrigado a ceder nas mãos de uma vontade alheia e fazer constantemente um esforço sobre si mesmo para não incorrer nas punições vinculadas à infração [ao] regulamento"[29].

E esse sistema da ordem, ordem dada e ordem cumprida, ordem como comando e ordem como regularidade, Esquirol também considerava que era esse o grande operador da cura asilar: "Há numa casa assim um movimento, uma atividade, um turbilhão em que cada comensal entra pouco a pouco; o lipemaníaco mais cabeçudo, mais desconfiado, vê-se, sem dar por isso, forçado a viver fora de si, arrastado pelo movimento geral, pelo exemplo [...]; o próprio maníaco, retido pela harmonia, a ordem e a regra da casa, se defende melhor contra seus impulsos e se entrega menos às suas atividades excêntricas"[30]. Em outras palavras, a ordem é a realidade sob a forma da disciplina.

A terceira manobra no dispositivo da terapêutica asilar é o que poderíamos chamar de arranjo ou organização das necessidades. O poder psiquiátrico assegura o avanço da realidade, a ascendência da realidade sobre a loucura pelo arranjo das necessidades e até pela emergência de novas necessidades, pela criação, a manutenção, a recondução de certo número de necessidades.

Aqui, também, creio que podemos tomar como ponto de partida a versão muito sutil, muito curiosa, que Leuret dá desse princípio.

Seu paciente, o sr. Dupré, não queria trabalhar, porque não acreditava no valor do dinheiro: "O dinheiro não tem nenhum valor; só existe agora moeda falsa", dizia Dupré[31], pois só quem tem o direito de cunhar moeda sou eu, Napoleão. Por conseguinte, a moeda que vão lhe dar é moeda falsa: não adianta trabalhar! Ora, o problema é precisamente conseguir fazer com que Dupré compreenda a necessidade desse dinheiro. Um dia, obrigam-no a trabalhar; ele praticamente não trabalha. No fim do dia, propõem-lhe receber um salário correspondente à sua jornada de trabalho; ele não aceita, alegando que "o dinheiro não tem nenhum valor"[32]. Agarram-no, enfiam-lhe à força o dinheiro no bolso; mas, para puni-lo por ter resistido, trancafiam-no a noite toda e todo o dia seguinte "sem beber nem comer". Mandam-lhe no entanto um enfermeiro, que foi devidamente instruído e que lhe diz: "Ah, sr. Dupré, que pena tenho do senhor por não comer! Se eu não tivesse medo da autoridade do sr. Leuret e das suas punições, eu traria comida para o senhor; estou disposto a assumir esse risco, desde que o senhor me dê uma pequena retribuição". De modo que, para comer, Dupré foi obrigado a tirar do bolso três dos oito soldos que lhe tinham dado.

Sem dúvida já começa a surgir para ele o significado ou, em todo caso, a utilidade do dinheiro, a partir dessa necessidade artificialmente criada. Alimentam-no bem e, de novo, misturam "doze grãos de calomelano nos legumes comidos pelo sr. Dupré, que, não tardando a sentir a necessidade de ir ao gabinete, chama o criado, pedindo-lhe que lhe deixe as mãos livres. Novo acerto pecuniário"[33]. No dia seguinte, Dupré vai trabalhar e "buscar o preço da sua jornada". É, diz

Leuret, "o primeiro ato racional, feito voluntariamente e com reflexão, que obtive dele"[34].

Creio que se possa, evidentemente, meditar sobre essa surpreendente relação que Leuret estabeleceu desse modo – mas vocês estão vendo sob a forma de que intervenção imperativa – entre o dinheiro e a defecação. Relação que, como veem, não é uma relação simbólica de dois termos, dinheiro-excremento, mas que é uma relação tática de quatro termos: a comida, a defecação, o trabalho e o dinheiro, e em que o quinto termo, que vem percorrer os quatro pontos do retângulo tático, é o poder médico. É pelo jogo desse poder médico circulando entre esses quatro termos que se estabelece essa relação que era destinada, como vocês sabem, ao destino bem conhecido – é aí, creio, que a vemos emergir pela primeira vez[35].

De maneira geral, parece-me que aqui também Leuret deu sob uma forma particularmente sutil, hábil, a fórmula de uma coisa que é importantíssima no sistema do tratamento psiquiátrico da época. Trata-se, no fundo, de instituir um estado de carência cuidadosamente mantido para o doente: é preciso manter o doente abaixo de certa linha média da sua existência. Daí certo número de táticas, menos sutis que a de Leuret, mas que também tiveram um longo destino na instituição asilar e na história da loucura.

A tática da indumentária. É Ferrus, no tratado *Sobre os alienados*, datado de 1834, que oferece dessa célebre indumentária asilar toda uma teoria em que ele diz: "A indumentária dos alienados reclama uma atenção particular. Quase todos os loucos são vaidosos e orgulhosos; em sua maioria, eles tiveram, antes da invasão da doença, uma vida cheia de vicissitudes; muitas vezes eles possuíram alguma fortuna que a desordem do seu espírito levou-os a dissipar"[36]. Portanto eles tiveram belas roupas, adereços, e reconstituem no asilo esses trajes que designam seu antigo esplendor. Sua miséria atual e o funcionamento do seu delírio: é disso que é preciso privar os loucos. Mas, diz Ferrus, é preciso também não ir longe demais, porque, frequentemente nos asilos, só deixam aos loucos roupas rasgadas e infamantes que os humilham demais e podem provocar o delírio ou o nojo deles, e então todos os loucos passam a andar nus. É necessário encontrar algo entre os ornamentos do delírio e a nudez obscena: serão "roupas de tecido grosseiro e resistente, mas cortadas conforme um mesmo modelo e conservadas limpas, que moderariam as vaidades pueris da loucura"[37].

Temos também a tática da comida, que deve ser sóbria, uniforme, fornecida não à vontade, mas em rações na medida do possível ligeiramente abaixo da média. Aliás, a esse racionamento geral da comida no asilo acrescentou-se, principalmente depois da política de *no restraint*, isto é, da supressão de uma parte dos aparelhos de contenção[38], uma política de supressão punitiva da comida: privação de pratos, jejum etc. Foi a grande punição asilar.

Uma tática de fazer trabalhar. Aliás, o trabalho é muito sobredeterminado no sistema asilar, já que, de um lado, ele assegura essa ordem, essa disciplina, essa regularidade, essa perpétua ocupação, que são necessárias. Assim, bem cedo, por volta da década de 1830, o trabalho inscreveu-se como obrigação nos asilos – no começo, a fazenda Sainte-Anne foi um prolongamento do hospital de Bicêtre, antes de substituí-lo[39]. Como dizia Girard de Cailleux na época em que era diretor do hospital de Auxerre, "descascar legumes, fazê-los passar por certas preparações torna-se frequentemente uma ocupação muito proveitosa para o tratamento"[40]. E esse trabalho – isso é que é interessante – não é simplesmente imposto por ser um fator de ordem, de disciplina, de regularidade, mas porque vai possibilitar a introdução de um sistema de retribuição. O trabalho asilar não é um trabalho gratuito, é um trabalho pago, e esse pagamento não é uma graça suplementar, ele é o cerne desse funcionamento do trabalho, porque a retribuição deve ser suficiente para satisfazer certo número de necessidades que são criadas pela carência asilar fundamental: a insuficiência de comida, a ausência de toda gratificação (comprar fumo, uma sobremesa etc.). É preciso que se tenha vontade, é preciso que se tenha necessidade, é preciso estar nesse estado de carência para que o sistema de retribuição imposto com o trabalho possa funcionar. Logo, necessidade dessas retribuições, suficientes para satisfazer essas necessidades criadas pela carência fundamental e suficientemente pequenas, ao mesmo tempo, para permanecer abaixo, é claro, de todas as retribuições normais e gerais.

Enfim e sobretudo, a grande carência que talvez tenha sido organizada pela disciplina asilar é simplesmente a carência de liberdade. Vocês veem como, nos psiquiatras da primeira metade do século XIX, a teoria do isolamento muda pouco a pouco ou, vamos dizer, se aprofunda e se completa. A teoria do isolamento de que eu lhes falava da última vez era essencialmente comandada pela obrigação de estabelecer ruptura entre o ambiente terapêutico e a família do doente, o meio no qual a doença se havia desenvolvido; e depois vocês veem nascer essa ideia de que o isolamento tem uma vantagem suplementar: não apenas ele protege a família, mas provoca no doente uma nova necessidade, que ele não conhecia antes e que é a necessidade de liberdade. E é sobre o fundo dessa necessidade criada assim artificialmente que a terapia vai poder se desenvolver.

O poder psiquiátrico, nessa forma asilar, é portanto nessa época criador de necessidades, gestor das carências que ele estabelece. Por que essa administração das necessidades, por que essa institucionalização das carências? Por um certo número de razões que é fácil identificar.

Primeiro porque, pelo jogo das necessidades, vai se impor a realidade daquilo de que se necessita: o dinheiro, que não era nada, vai se tornar alguma coisa a partir do momento em que haverá carência e em que, para supri-la, será necessário dinheiro. Logo, vai se perceber a realidade daquilo de que se necessita pelo jogo da carência. É o primeiro efeito desse sistema.

Segundo efeito: através da penúria asilar vai se desenhar a realidade de um mundo exterior que a onipotência da loucura tendia até então a negar, realidade que, para além dos muros do asilo, vai se impor cada vez mais como realidade inacessível, certamente, mas inacessível apenas durante o tempo da loucura. E esse mundo exterior vai, no fundo, ser real de dois modos: vai ser o mundo da não penúria em oposição ao mundo asilar, e adquirirá nesse momento o aspecto de uma realidade desejável; e esse mundo exterior vai aparecer ao mesmo tempo como um mundo para o qual você se inicia aprendendo a reagir à sua própria penúria, às suas próprias necessidades: "Quando você houver compreendido que precisa trabalhar para se alimentar, para ganhar dinheiro e até para defecar, nesse momento você poderá chegar ao mundo exterior". Portanto o mundo exterior é real como o mundo da não penúria em oposição ao mundo de carências do asilo e como o mundo a que a penúria do asilo vai servir de propedêutica.

Terceiro efeito dessa política da carência: nesse estatuto materialmente diminuído em relação ao mundo real, à vida fora do asilo, o doente vai reconhecer que ele também está em estado de insatisfação, que seu estatuto é um estatuto diminuído, que ele não tem direito a tudo e que, se lhe falta um certo número de coisas, é simplesmente porque ele está doente. Ele vai perceber agora, não mais a realidade do mundo exterior, mas a realidade da sua própria loucura através do sistema de carências que estabelecem em torno dele. Em outras palavras, ele tem de aprender que a loucura tem um preço, porque a loucura existe realmente como uma coisa que o afeta; e a loucura vai ser paga a preço de uma penúria geral da existência, dessa carência sistemática.

Enfim, o quarto efeito da organização da carência asilar é que, experimentando a sua carência, aprendendo que, para paliá-la, é obrigado a trabalhar, a conceder certo número de coisas, a sujeitar-se à disciplina etc., o doente vai aprender que os cuidados que lhe dispensam, a cura que tentam lhe proporcionar, no fundo, não lhe são devidos; ele é obrigado a obtê-los mediante certo número de esforços que vão da obediência ao trabalho, da disciplina a uma produção remunerada; ele vai pagar com seu trabalho o bem que a sociedade lhe faz. Como dizia Belloc: "[...] se a sociedade dá aos alienados os socorros de que eles necessitam, estes devem por sua vez aliviá-la do seu fardo na medida das suas forças"[41]. Em outras palavras, o louco aprende esse quarto aspecto da realidade: que ele deve, como doente, suprir suas próprias necessidades por meio do seu trabalho para que a sociedade não tenha de pagar por elas. De tal sorte que se chega à conclusão de que, por um lado, a loucura se paga e que, por outro lado, a cura se compra. O asilo é precisamente o que faz pagar a loucura com um certo número de necessidades artificialmente criadas e é, ao mesmo tempo, o que vai fazer pagar a cura por meio de uma certa disciplina, um certo rendimento. O asilo, ao estabelecer uma carência, permite criar uma moeda com que se pagará a cura. Criar, a partir das necessidades assim sistematicamente criadas, a retribuição moral da loucura, os meios de pagamento da terapêutica: é isso, no fundo, que constitui o asilo. E vocês estão vendo que o problema do dinheiro ligado às necessidades da loucura que se paga e da cura que se compra está profundamente inscrito na manobra psiquiátrica e no dispositivo asilar.

[Quinto] dispositivo, enfim: é o dispositivo do enunciado da verdade. Fase final que é, na terapêutica proposta por Leuret, o penúltimo episódio: é preciso conseguir que o doente diga a verdade. Vocês dirão: se é verdade e se esse episódio é importante no desenrolar da terapêutica, como você disse que o problema da verdade não se colocava na prática da terapia clássica?[42] Vocês vão ver como esse problema da verdade se coloca.

Eis o que Leuret faz com Dupré. Dupré afirmava que Paris não era Paris, que o rei não era o rei, que ele é que era Napoleão e que Paris era, na verdade, a cidade de Langres disfarçada de Paris por certo número de pessoas[43]. Só há um jeito, segundo Leuret, é simplesmente levar seu paciente para visitar Paris. De fato, ele organiza, sob a direção de um interno, um passeio por toda a Paris. Mostra-lhe os diferentes monumentos de Paris e lhe diz: "O senhor não está reconhecendo Paris? – Não, não estou, responde o senhor Dupré, estamos na cidade de Langres. Imitaram várias coisas que há em Paris"[44]. O interno finge não saber o caminho, pede a Dupré para guiá-lo até a Place Vendôme. Dupré se orienta muito bem, e o interno então lhe diz: "Estamos de fato em Paris, tanto que o senhor sabe muito bem chegar à Place Vendôme![45] – Não, estou reconhecendo Langres, disfarçada de Paris". Levam Dupré de volta ao hospital de Bicêtre e o doente se recusa a reconhecer que visitou Paris; e, "como ele persistisse em sua recusa, é posto no banho e derrama-se água fria em sua cabeça. Então, ele admite tudo o que se quer", que Paris é de fato Paris. Mas é só ele sair do banho que "volta às suas ideias loucas. Despem-no de novo, repete-se a afusão: ele torna a ceder", reconhece que Paris é Paris. No entanto, mal está vestido, "sustenta que é Napoleão. Uma terceira afusão o corrige; ele cede e vai se deitar"[46].

Mas Leuret não é tolo e percebe muito bem que esses exercícios não bastam. Ele passa então a um exercício que é, de certo modo, de um nível mais elevado: "No dia seguinte, eu o mando chamar e, após algumas palavras sobre o passeio da véspera, interrogo-o. 'Seu nome? – Usei outro; meu nome verdadeiro é Napoléon-Louis Bonaparte. – Sua profissão? – Tenente reformado do 19º regimento de infantaria de linha; mas vou lhe dar uma explicação. Tenente quer dizer chefe do exército. – Onde o senhor nasceu? – Em Ajaccio, ou, se preferir, em Paris. – Vejo por este certificado que o senhor foi alienado, em Charenton. – Não fui alienado em Charenton.

Estive nove anos no meu castelo de Saint-Maur.' Insatisfeito com as respostas dele, mando levarem-no ao banho; debaixo da ducha, apresento-lhe um jornal e mando que ele o leia em voz alta; obedece; interrogo-o e certifico-me de que compreendeu a leitura. Então, depois de ter perguntado bem alto se o reservatório da ducha estava bem cheio, mando trazerem ao sr. Dupré um caderno no qual peço-lhe que dê, por escrito, resposta às perguntas que vou lhe fazer. 'Seu nome? – Dupré. – Sua profissão? – Tenente. – Seu local de nascimento? – Paris! – Quanto tempo esteve em Charenton? – Nove anos. – E em Saint-Yon? – Dois anos e dois meses. – Quanto tempo o senhor ficou na seção de alienados, em tratamento, em Bicêtre? – Três meses; faz três anos que sou alienado incurável. – Onde o senhor foi ontem? – À cidade de Paris. – Urso fala? – Não'"[47]. Progresso, como vocês veem, em relação ao episódio precedente. E chegamos agora à terceira etapa nesse exercício do enunciado da verdade, episódio capital, vocês vão ver. "O sr. Dupré está, como se vê pelas suas respostas, numa espécie de *incerteza entre a loucura e a razão*[48]." É que ele era alienado havia quinze anos! E, pensa Leuret, "é hora de exigir dele uma resolução decisiva, a de escrever a história da sua vida"[49]. Ele só se resigna a fazê-lo depois de várias duchas frias e "consagra o resto do dia e o dia seguinte a escrever sua história, com grandes detalhes. Tudo o que um homem pode se lembrar da sua infância ele sabe e escreve. O nome das pensões e dos liceus em que estudou, o dos seus professores e colegas, cita-os em grande número. Em todos os seus relatos, não há um só pensamento falso, uma só palavra inadequada"[50].

Coloca-se aqui o problema, que sou incapaz de resolver atualmente, de saber de que maneira o relato autobiográfico se introduziu efetivamente na prática psiquiátrica, na prática criminológica, por volta dos anos 1825-1840, e como, efetivamente, o relato da própria vida pôde ter sido uma peça essencial, de usos múltiplos, em todos esses procedimentos de apropriação e de disciplinarização dos indivíduos. Por que contar a vida tornou-se um episódio da empreitada disciplinar? Como contar o passado, como a lembrança da infância pode ter tomado lugar nisso? Nada sei a respeito. Em todo caso, gostaria de dizer, a propósito dessa manobra do enunciado da verdade, que me parece que podemos reter certo número de coisas.

Primeiramente, a verdade, como vocês estão vendo, não é o que se percebe. No fundo, quando levaram o sr. Dupré para ver Paris, não era tanto para que ele tivesse, pelo jogo da sua percepção, a revelação de que Paris estava de fato ali e de que ele estava em Paris. Não é isso que querem dele. Sabe-se perfeitamente que, enquanto ele perceber, ele perceberá Paris como a imitação de Paris. O que querem dele – e é nisso que o enunciado da verdade se torna operatório – é que ele o confesse. É preciso, não que a coisa seja percebida, mas que seja dita, mesmo que seja dita sob a coerção da ducha. O simples fato de dizer algo que seja a verdade tem em si uma função; uma confissão, mesmo sob coerção, é mais operatória na terapêutica do que uma ideia justa ou uma percepção exata, se permanecer silenciosa. Logo, caráter performativo desse enunciado da verdade no jogo da cura.

Em segundo lugar, é preciso notar, creio eu, que o ponto essencial da verdade, aquilo em que Leuret se empenha principalmente, em parte também é, claro, que Paris seja Paris, mas o que ele quer principalmente do seu doente é que ele se vincule à sua própria história. O que é preciso é que o doente se reconheça numa espécie de identidade constituída por um certo número de episódios da sua existência. Em outras palavras, é nesse reconhecimento de um certo número de episódios biográficos que o doente deve enunciar primeiramente a verdade; o enunciado mais operatório da verdade não dirá respeito às coisas, dirá respeito ao próprio doente.

Enfim, em terceiro lugar, creio que é preciso notar que essa verdade biográfica que lhe pedem e cuja confissão é tão operatória na terapêutica não é tanto a verdade que ele poderia dizer sobre si mesmo, no nível da sua vivência, é certa verdade que lhe impõem sob uma forma canônica: interrogatório de identidade, recordação de certo número de episódios aliás conhecidos pelo médico – reconhecer que esteve em Charenton num momento dado, que esteve doente de tal data a tal data etc.[51]. Constitui-se certo *corpus* biográfico estabelecido do exterior por todo o sistema da família, do emprego, do registro civil, da observação médica. É todo esse *corpus* da identidade que o doente deve finalmente confessar, e é quando ele confessa que deve operar-se um dos momentos mais fecundos da terapêutica; e é quando esse momento não se opera que se deve perder a esperança em relação à doença.

Vou lhes citar, simplesmente pela beleza do diálogo, outra observação de Leuret. É a história de uma mulher de quem, justamente, ele dizia que nunca poderia curar. E por que ele via que nunca poderia curar essa mulher? Precisamente pela impossibilidade que ela tinha de confessar esse esquema biográfico que é portador da sua identidade. Eis o diálogo revelador, segundo Leuret, da incurabilidade:

"Como a senhora está se sentindo? – Minha pessoa não é uma senhora, chame-me de senhorita, por favor. – Não sei seu nome, diga-o por favor. – Minha pessoa não tem nome: ela deseja que o senhor não escreva. – Mas eu gostaria de saber como é chamada, ou melhor, como era chamada antigamente. – Compreendo o que o senhor quer dizer. Era Catarina x, mas não se deve mais falar do que acontecia. Minha pessoa perdeu seu nome, ela o deu ao entrar na Salpêtrière. – Qual a sua idade? – Minha pessoa não tem idade. – E essa Catarina x, de que acaba de me falar, que idade ela tem? – Não sei... – Se a senhorita não é a pessoa de que fala, não será duas pessoas numa só? – Não, minha pessoa não conhece a que nasceu em 1779. Talvez seja aquela senhora que o senhor está vendo ali... – O que a senhorita fez e o que lhe aconteceu desde que é a sua pessoa? – Minha pessoa residiu na casa de saúde de... Fizeram com ela e continuam fazendo experiências físicas e metafísicas... Eis ali um desses invisíveis que desce, ela quer misturar a voz dela com a minha. Minha pessoa não quer, ela a manda embora delicadamente. – Como são os invisíveis de que a senhorita fala? – São pequenos, impalpáveis, pouco formados. – Como se vestem? – De avental. – Que língua falam? – Falam francês; se falassem outra língua, minha pessoa não os entenderia. – Tem certeza de que os vê? – Toda certeza, minha pessoa os vê, mas metafisicamente, na invisibilidade; nunca materialmente, porque nesse caso não seriam mais invisíveis... – A senhorita às vezes sente os invisíveis em seu corpo? – Minha pessoa os sente e fica muito aborrecida; eles lhe fizeram toda sorte de indecências... – Como a senhorita está na Salpêtrière? – Minha pessoa está muito bem; é tratada com muita bondade pelo sr. Pariset. Ela nunca pede nada às serviçais... – O que acha das senhoras que estão com a senhorita, nesta sala? – Minha pessoa pensa que elas perderam a razão[52]."

Em certo sentido, é a mais formidável descrição da existência asilar que se possa encontrar. Depois que o nome foi dado ao entrar na Salpêtrière, depois de constituída essa individualidade administrativa, médica, não resta mais que a "minha pessoa", que agora só fala na terceira pessoa. Justamente isto: que a confissão não seja possível, o enunciado perpétuo na terceira pessoa de alguém que só se enuncia sob a forma da pessoa que não é ninguém, tudo isso... Leuret vê perfeitamente que nenhuma das operações terapêuticas que ele organizava em torno do enunciado da verdade é mais possível num caso como esse, que a partir do momento em que se deixou o nome entrando na Salpêtrière e em que se é no asilo apenas "a sua pessoa", em que por conseguinte não se é mais capaz de contar suas lembranças de infância e de se reconhecer nessa identidade estatutária, então está-se definitivamente destinado ao asilo.

Poderíamos dizer, se quiserem, que, no fundo, a máquina asilar deve sua eficácia a certo número de coisas. Em primeiro lugar o enquadramento disciplinar ininterrupto; a dissimetria de poder que lhe é inerente; o jogo da necessidade, do dinheiro e do trabalho; a vinculação estatutária numa identidade administrativa em que se deve reconhecer-se por uma linguagem de verdade. Mas vocês estão vendo que essa verdade não é a verdade da loucura falando em seu próprio nome, é o enunciado de verdade de uma loucura que aceita reconhecer-se em primeira pessoa numa certa realidade administrativa e médica, constituída pelo poder asilar; e é no momento em que o doente se tiver reconhecido nessa identidade que a operação de verdade será consumada. Por conseguinte, é como ordenamento do discurso a essa instituição da realidade individual que se dá a operação de verdade. A verdade nunca está em jogo entre o médico e o doente. O que é dado primeiro é a realidade biográfica do doente, instaurada de uma vez por todas e à qual ele tem de se identificar se quiser se curar.

Resta um derradeiro episódio, de certo modo suplementar, nesse caso Dupré. É que, no momento em que obteve esse relato verdadeiro, mas verdadeiro precisamente segundo certo cânone biográfico constituído de antemão, Leuret fez uma coisa surpreendente: liberou Dupré, dizendo porém que ele continuava doente, mas que não precisava mais do asilo naquele momento. De que se tratava para Leuret ao liberar assim seu paciente? Em certo sentido, certamente, de continuar essa espécie de intensificação da realidade de que o asilo havia sido encarregado. Vale dizer que aqui também vamos ver Leuret arranjar em torno do seu doente no estado livre certo número de dispositivos que são exatamente do mesmo tipo dos que eu lhes havia falado. Armam-lhe ciladas com histórias de verdade; num momento dado, ele pretende que sabe falar árabe; colocam-no numa situação em que ele tem de confessar que não sabe[53]. Apanham-no nas mesmas coerções da linguagem em que o haviam apanhado quando estava no asilo. O ofício que Leuret conseguiu para seu doente, e para levá-lo à cura, isto é, no fim das contas para que o domínio da realidade fosse total sobre ele, foi o de corretor numa tipografia[54], de maneira que ele se inserisse efetivamente nessa ordem da linguagem coatora em que, mais uma vez, não se trata da linguagem como portadora de verdade, em sua utilização dialética, mas em sua utilização imperativa. O que ele lê tem de ser efetivamente conforme à ortografia estatutária e escolar.

Do mesmo modo, Leuret explica que ele lhe cria necessidades, levando-o à ópera de tal modo que comece a ter vontade de ir ao teatro. Donde a necessidade de ganhar dinheiro. É sempre essa [empreitada] de recondução ou de identificação à realidade por um jogo disciplinar, aqui um jogo disseminado, não concentrado e intenso como no asilo: "Aumentei seus prazeres para ampliar suas necessidades e adquirir assim numerosos meios de dirigi-lo"[55].

Há no entanto um motivo muito mais forte, mais sutil e interessante. É que, na verdade, Leuret notou em seu doente uma coisa sob três formas, que é o prazer do asilo[56], o prazer de estar doente, o prazer de ter sintomas. É um tríplice prazer que, no fundo, é o portador da onipotência da loucura.

Quando se retoma todo o desenrolar da terapia, vê-se que Leuret, desde o início, tenta atacar esse prazer da doença, do sintoma, que ele havia sentido em seu doente. Desde o início, ele utiliza a tal ducha, a camisa de força, a privação de alimento; e essas repressões têm uma dupla justificação, fisiológica e moral. A justificação moral corresponde por sua vez a dois objetivos: trata-se, por um lado, é claro, de fazer sentir a realidade do poder do médico contra a onipotência da loucura, mas trata-se também de desedonizar a loucura, isto é, aniquilar o prazer do sintoma por meio do desprazer da terapia. Ora, acontece que aqui também Leuret, creio eu, reproduz certo número de técnicas que, sem ser pensadas ou teorizadas, eram encontradas entre os psiquiatras da sua época.

Mas o que Leuret tem de singular – e aí ele leva as coisas mais longe – é que, com Dupré, ele se encontrava num caso especial. É que ele tinha um doente que, quando estava debaixo da ducha, quando inclusive lhe cauterizavam a pele do crânio[57], praticamente não protestava e achava tudo aquilo perfeitamente suportável, contanto que fizesse parte do seu tratamento[58]. Ora, é aí que Leuret vai sem dúvida mais longe do que a maioria dos psiquiatras da sua época, que pediam, essencialmente – como sinal, aliás, da sua onipotência diante do doente –, que o doente aceitasse o tratamento sem protestar. Com Dupré, ele tem um doente que aceita o tratamento, e essa aceitação faz parte, de certo modo, da doença.

Leuret nota que é aí que essa aceitação é um mau sinal para a sua terapêutica: o tratamento é retomado no interior do delírio. Quando lhe dão uma ducha, Dupré diz: "Pronto, mais uma que me insulta!"[59]. Portanto é preciso arranjar-se para que o tratamento seja desarticulado em relação ao delírio, confiscado ao delírio que está perpetuamente investindo-o. Donde a necessidade de dar ao tratamento uma incisividade particularmente dolorosa, de maneira que seja através dela que passe a realidade que vai exercer seu domínio sobre a doença.

Há nessa técnica certo número de ideias que são fundamentais: a loucura é ligada a um prazer; o tratamento pode, por intermédio do prazer, ser integrado à própria loucura; a incidência da realidade pode ser neutralizada por um mecanismo de prazer intrínseco ao tratamento; e, por conseguinte, a terapia deve trabalhar não apenas no nível da realidade, mas também no nível do prazer, e não apenas do prazer que o doente tem com sua loucura, mas no nível do prazer do doente com seu tratamento mesmo*.

Donde, quando Leuret compreendeu que Dupré encontrava no asilo toda uma série de prazeres – era lá que ele podia delirar à vontade, que ele podia integrar seu tratamento ao seu delírio, que todas as punições que lhe impunham eram

....

* O manuscrito acrescenta: "Em todo sintoma, há ao mesmo tempo poder e prazer".

reinvestidas no interior da sua doença –, então, nesse momento, Leuret concluiu que era preciso fazer seu doente sair do asilo e privá-lo desse prazer, que era o da doença, do hospital e da terapia. Com isso, ele o põe de volta em circulação, desedonizando por conseguinte a terapia e fazendo então a terapia agir segundo um modo absolutamente não médico.

Foi assim que ele, Leuret, desapareceu inteiramente como personagem médico. Ele parou de desempenhar aquele seu papel agressivo e imperioso e fez atuar em seu lugar certo número de cúmplices para construir cenários do seguinte tipo: o sr. Dupré continuava, apesar do seu ofício de corretor numa tipografia, a cometer erros de ortografia sistemáticos, já que em seu delírio ele queria simplificar a ortografia. Fez que lhe enviassem uma falsa carta de contratação para um trabalho que devia lhe render muito dinheiro. O sr. Dupré redige uma carta para responder que aceita esse novo cargo tão bem remunerado, mas deixa escapar um ou dois erros de ortografia, de modo que o cúmplice de Leuret pode se permitir mandar-lhe uma carta na qual lhe diz: "Eu teria contratado o senhor, se o senhor não houvesse cometido erros de ortografia pavorosos"[60].

De modo que, como vocês estão vendo, todos os mecanismos que são do mesmo tipo dos que foram instaurados no asilo, são agora desmedicalizados. O personagem médico, o próprio Leuret diz, vai se tornar como que um personagem benéfico que vai tentar arranjar as coisas, que vai se colocar como intermediário entre essa dura realidade e o próprio doente[61]. Mas, com isso, o doente não poderá mais sentir prazer pela sua doença, que provoca tantas consequências nefastas, nem pelo asilo, já que não está mais lá, nem mesmo com seu médico, pois o médico terá desaparecido como tal. A terapia do sr. Dupré foi plenamente bem-sucedida; ela terminou na primavera de 1839 com uma cura completa. Mas Leuret notava que na Páscoa de 1840 uns sinais preocupantes provavam que uma nova doença estava tomando conta do "doente"[62].

✦

Resumindo um pouco isso tudo, podemos dizer que o asilo tal como o vemos funcionar numa terapia como esta é um dispositivo de cura no qual a ação do médico se incorpora absolutamente à da instituição, dos regulamentos, dos edifícios. Trata-se, no fundo, de uma espécie de grande corpo único em que as paredes, as salas, os instrumentos, os enfermeiros, os vigilantes e o médico são elementos que têm, é claro, diferentes funções a desempenhar, mas têm essencialmente como função exercer um efeito de conjunto. E, de acordo com os diversos psiquiatras, a tônica principal, o excesso de poder, vai ser posto ora no sistema geral de vigilância, ora no médico, ora no próprio isolamento espacial.

Em segundo lugar, uma coisa que eu gostaria de ressaltar é que o asilo foi de fato o lugar de formação de várias séries de discursos. Foi a partir dessas observações que se pôde constituir uma nosografia, uma classificação das doenças. Foi igualmente a partir da livre disposição dos cadáveres dos loucos que se pôde esboçar uma anatomia patológica da doença mental. Mas, como vocês estão vendo, nenhum desses discursos, nem o nosográfico nem o anatomopatológico, serviu de guia para a formação da prática psiquiátrica mesma. Na verdade, podemos dizer que essa prática permaneceu muda – embora se disponha de um certo número de protocolos –, muda na medida em que não deu lugar durante anos e anos ao que quer que se parecesse com um discurso autônomo que fosse diferente do protocolo do que foi dito e feito. Não houve verdadeiras teorias da cura, nem sequer tentativas de explicação desta. O que se teve foi um *corpus* de manobras, de táticas, de gestos a fazer, de ações e reações a deflagrar, cuja tradição se perpetuou, através da vida asilar, no ensino médico, tendo simplesmente como superfícies de emergência algumas dessas observações, a mais longa das quais citei. *Corpus* de táticas, conjunto estratégico, é tudo o que se pode dizer da maneira como os loucos foram tratados.

Em terceiro lugar, creio que se deva falar de uma tautologia asilar, no sentido de que o médico faz que o próprio dispositivo asilar lhe dê um certo número de instrumentos que têm essencialmente por função impor a realidade, intensificá-la, acrescentar à realidade esse suplemento de poder que vai lhe permitir atuar sobre a loucura e reduzi-la, logo dirigi-la e governá-la. Esses suplementos de poder acrescentados pelo asilo à realidade são a dissimetria disciplinar, o uso imperativo da linguagem, a organização da penúria e das necessidades, a imposição de uma identidade estatutária em que o doente deve reconhecer-se, a desedonização da loucura. Trata-se de suplementos de poder pelos quais a realidade, graças ao asilo e pelo próprio jogo do funcionamento asilar, vai poder impor seu domínio à loucura. Mas, como vocês estão vendo – e é nesse sentido que há uma tautologia –, tudo isso, a dissimetria do poder, o uso imperativo da linguagem etc., não é um simples suplemento de poder acrescentado à realidade, é a forma real da própria realidade. Ser adaptado ao real, [...*] querer sair do estado de loucura é precisamente aceitar um poder que se reconhece como insuperável e renunciar à onipotência da loucura. Deixar de ser louco é aceitar ser obediente, é poder ganhar a vida, reconhecer-se na identidade biográfica que formaram de vocês, é parar de sentir prazer com a loucura. De modo que, como vocês estão vendo, o instrumento pelo qual se reduz a loucura, esse suplemento de poder acrescentado à realidade para que ela domine a loucura, esse instrumento é ao mesmo tempo o critério da cura, ou então o critério da cura é o instrumento pelo qual se cura. Logo pode-se dizer que há uma grande tautologia asilar na medida em que o asilo é o que deve proporcionar uma intensidade suplementar à realidade e, ao mesmo

....

* Gravação: "renunciar à onipotência da loucura".

tempo, o asilo é a realidade em seu poder nu, é a realidade medicamente intensificada, é a ação médica, o poder-saber médico que não tem outra função além de ser o agente da própria realidade.

Esse jogo do suplemento de poder concedido à realidade, que não consiste em nada mais que na reprodução, no interior do asilo, dessa realidade mesma, é isso que faz a tautologia asilar. E vocês entendem por que os médicos da época puderam dizer ao mesmo tempo que o asilo devia ser algo absolutamente separado do mundo exterior, que o mundo asilar da loucura devia ser um mundo absolutamente especializado e inteiramente nas mãos de um poder médico que se define pela pura competência do saber – confisco, pois, do espaço asilar em benefício do saber médico –; e por que, por outro lado, os mesmos médicos disseram que as formas gerais do asilo deviam lembrar na medida do possível a vida cotidiana, que os asilos deviam ser semelhantes às colônias, às oficinas, aos colégios, às prisões, isto é, que a especificidade do asilo está em ser exatamente homogêneo àquilo de que ele se diferencia, pela linha que separa loucura e não loucura. A disciplina asilar é ao mesmo tempo a forma e a força da realidade.

Enfim, o último ponto em que me deterei e de que voltaremos a falar em seguida é que, como vocês estão vendo, quando se acompanha em algum detalhe uma terapia como a de Leuret – acrescentando-se, é claro, como corretivo, que é a mais aperfeiçoada de todas as terapias de que temos testemunho –, citando simplesmente os diferentes episódios, sem nada acrescentar ao que diz Leuret, creio, e levando em conta o próprio fato de que Leuret não teorizou em absoluto o que ele queria dizer, vocês veem aparecer um certo número destas noções, que são: o poder do médico, a linguagem, o dinheiro, a necessidade, a identidade, o prazer, a realidade, a lembrança da infância. Tudo isso está absolutamente inscrito no interior da estratégia asilar; por enquanto não se trata de nada mais que pontos de apoio dessa estratégia asilar. Posteriormente, terão o destino que vocês sabem. Vocês vão tornar a encontrá-los num discurso absolutamente extra-asilar ou, em todo caso, que se apresentará como extrapsiquiátrico*. Mas, antes de adquirirem esse estatuto de objeto ou de conceito, nós os vemos, nessa espécie de câmera lenta que a terapia do sr. Dupré nos propõe, atuar como pontos de apoio táticos, elementos estratégicos, manobras, intenções, nós nas relações entre o paciente e a própria estrutura asilar.

Veremos em seguida como eles se desprenderam daí para entrar em outro tipo de discurso.

* O manuscrito acrescenta: "é aí que Freud irá buscá-los".

NOTAS

1. Opiáceos: preparações à base de ópio, tidas como capazes de suspender os acessos de furor e restabelecer a ordem das ideias, são preconizadas, preferencialmente, para as purgações e as sangrias, por Jean-Baptiste Van Helmont (1577-1644) e Thomas Sydenham (1624-1689). Seu emprego no tratamento da loucura em sua forma "maníaca" ou "furiosa" se desenvolve no século XVIII. Cf.: [a] Philippe Hecquet (1661-1737), *Réflexions sur l'usage de l'opium, des calmants et des narcotiques pour la guérison des maladies*, Paris, G. Cavelier, 1726, p. 11. [b] J. Guislain, *Traité sur l'aliénation mentale et sur les hospices des aliénés*, *op. cit.*, t. I, livro IV: "Moyens dirigés sur le système nerveux central. Opium", pp. 345-53. Ver também as páginas que M. Foucault consagra a essa substância em *Histoire de la folie*, *op. cit.*, ed. de 1972, pp. 316-9.

No século XIX, Joseph Jacques Moreau de Tours (1804-1884) preconiza o recurso aos opiáceos no tratamento da mania: "Podemos encontrar também nos opiáceos (o ópio, a datura, a beladona, o meimendro, o acônito etc.) um excelente meio para acalmar a agitação habitual dos maníacos e os ímpetos passageiros dos monomaníacos" ("Lettres médicales sur la colonie d'aliénés de Ghéel", *Annales médico-psychologiques*, t. V, março de 1845, p. 271). Cf.: [a] Cl. Michéa, [1] *De l'emploi des opiacés dans le traitement de l'aliénation mentale* (extraído de *L'Union médicale*, 15 de março de 1849), Paris, Malteste, 1849; [2] *Recherches expérimentales sur l'emploi des principaux agents de la médication stupéfiante dans le traitement de l'aliénation mentale*, Paris, Labé, 1857. [b] H. Legrand du Saulle, "Recherches cliniques sur le mode d'administration de l'opium dans la manie", *Annales médico-psychologiques*, 3ª série, t. V, janeiro de 1859, pp. 1-27. [c] H. Brochin, verbete "Maladies nerveuses", § "Narcotiques", *in Dictionnaire encyclopédique des sciences médicales*, 2ª série, t. XII, Paris, Masson/Asselin, 1877, pp. 375-6. [d] J.-B. Fonssagrives, verbete "Opium", *ibid.*, 2ª série, t. XVI, 1881, pp. 146-240.

2. Láudano: preparação em que o ópio é associado a outros ingredientes, sendo a mais utilizada o láudano de Sydenham ou "vinho de ópio composto", preconizado para os distúrbios digestivos, no tratamento das doenças nervosas e da histeria. Cf. "Observationes Medi-

cae" (1680), *in Opera Omnia*, t. I, Londres, W. Greenhill, 1844, p. 113. Cf. *Dictionnaire encyclopédique des sciences médicales*, 2ª série, t. II, Paris, Masson/Asselin, 1876, pp. 17-25.

3. Desde Pinel, que afirmava "a necessidade extrema de uma ordem invariável de serviço" (*Traité médico-philosophique sur l'aliénation mentale, ou la Manie*, *op. cit.*, seção V: "Police générale et ordre journalier du service dans les hospices d'aliénés", p. 212), os alienistas não pararam de insistir na importância de um regulamento. É o caso de J.-P. Falret: "Que vemos nos asilos dos dias de hoje? Vemos um regulamento positivo, estritamente observado, que estabelece o emprego de todas as horas do dia e força cada doente a reagir contra a irregularidade das suas tendências, submetendo-se à lei geral. Ele é obrigado a ceder nas mãos de uma vontade alheia e fazer constantemente um esforço sobre si mesmo para não incorrer nas punições vinculadas à infração ao regulamento" ("Du traitement général des aliénés" (1854), *op. cit.* [*in Des maladies mentales et des asiles d'aliénés*], p. 690.)

4. O problema do regime alimentar ocupa uma posição privilegiada, ao mesmo tempo a título de componente da organização cotidiana do tempo asilar e de contribuição ao tratamento. Assim, François Fodéré declara que "os alimentos são os primeiros remédios" (*Traité du délire*, *op. cit.*, t. II, p. 292). Cf.: [a] J. Daquin, *La Philosophie de la folie*, reeditado com uma apresentação de Cl. Quétel, Paris, Éditions Frénésie (col. "Insania"), 1987, pp. 95-7. [b] J. Guislain, *Traité sur l'aliénation mentale...*, *op. cit.*, t. II, livro 16: "Régime alimentaire à observer dans l'aliénation mentale", pp. 139-52.

5. O trabalho, peça essencial do tratamento moral, é concebido na dupla perspectiva, terapêutica, do isolamento e, disciplinar, da ordem. Cf.: [a] Ph. Pinel, *Traité médico-philosophique*, *op. cit.*, seção V, § XXI: "Loi fondamentale de tout hospice d'aliénés, celle d'un travail mécanique": "Um trabalho constante muda a cadeia viciosa das ideias, fixa as faculdades do entendimento, fornecendo-lhes o exercício, mantém sozinho a ordem num agrupamento qualquer de alienados e dispensa uma multidão de regras minuciosas, muitas vezes inúteis para manter a polícia interior" (p. 225). [b] C. Bouchet, "Du travail appliqué aux aliénés", *Annales médico-psychologiques*, t. XII, novembro de 1848, pp. 301-2. Na *Histoire de la folie* (*op. cit.*, ed. de 1972, pp. 505-6), Michel Foucault faz referência a um estudo de Jean Calvet, datado de 1952, sobre as origens históricas do trabalho dos doentes nos asilos de alienados.

6. Ph. Pinel dá foro de nobreza à ducha, dela fazendo um instrumento ao mesmo tempo de tratamento e de condicionamento. Cf. *Traité médico-philosophique sur l'aliénation mentale*, 2ª ed. rev. e aum., Paris, Caille et Ravier, 1809, pp. 205-6. Cf. também: [a] H. Girard de Cailleux, "Considérations sur le traitement des maladies mentales", *Annales médico-psychologiques*, t. IV, novembro de 1844, pp. 330-1. [b] H. Rech (de Montpellier), "De la douche et des affusions d'eau froide sur la tête dans le traitement des aliénations mentales", *ibid.*, t. IX, janeiro de 1847, pp. 124-45. Mas é sobretudo [c] François Leuret que a aplica no *Traitement moral de la folie*, *op. cit.*, cap. 3, § "Douches et affusions froides", pp. 158-62. Ver (*supra*, pp. 179 ss. e *infra*, pp. 221 ss.) a terapia do sr. Dupré. M. Foucault consagra a ela várias páginas: [1] *Maladie mentale et Psychologie*, Paris, PUF (col. "Initiation philosophique"), 1962, pp. 85-6; [2] *Histoire de la folie*, ed. de 1972, pp. 338 e 520-1; [3] "L'eau et la folie", DE, I, nº 16, pp. 268-72. Volta ao assunto em "Sexuality and Solitude" (*London Review of Books*, 21 de maio-5 de junho de 1981, pp. 3 e 5-6), DE, IV, nº 295, pp. 168-9.

7. A "cadeira rotatória", estabelecida pelo médico inglês Erasmus Darwin (1731-1802), é aplicada no tratamento da loucura por Mason Cox, que elogia sua eficácia: "Estimo que possa ser utilizada no moral como no físico e empregada com sucesso, tanto como meio de alívio quanto como meio de disciplina, para tornar o doente maleável e dócil" (*Observations sur la démence*, trad. cit., p. 58). Cf.: [a] L. Amard, *Traité analytique de la folie et des moyens de la guérir*, Lyon, impr. de Ballanche, 1807, pp. 80-93. [b] J. Guislain, [1] *Traité sur l'aliénation mentale*..., *op. cit.*, t. I, livre IV; [2] *Moyens dirigés sur le système nerveux cérébral. De la rotation*, Amsterdam, Van der Hey, 1826, pp. 374 e 404. [c] C. Buvat-Pochon, *Les Traitements de choc d'autrefois en psychiatrie. Leurs liens avec les thérapeutiques modernes*, Th. Méd. Paris, nº 1262, Paris, Le François, 1939. Ver *Histoire de la folie*, ed. de 1972, pp. 341-2.

8. Em vida, Leuret teve de se defender das críticas que condenavam, de acordo com suas próprias palavras, sua prática como "retrógrada e perigosa" (*Du traitement moral de la folie*, *op. cit.*, p. 68). Seu principal oponente foi E. S. Blanche, em sua Memória apresentada à Academia Real de Medicina: *Du danger des rigueurs corporelles dans le traitement de la folie* (Paris, Gardembas, 1839), assim como num opúsculo: *De l'état actuel du traitement de la folie en France*, Paris, Gardembas, 1840. Os necrológios sobre Leuret farão eco a essas polêmicas: [a] U. Trélat, "Notice sur Leuret", *Annales d'hygiène publique et de médecine*

légale, vol. 45, 1851, pp. 241-62. [b] A. Brierre de Boismont, "Notice biographique sur M. F. Leuret", *Annales médico-psychologiques*, 2ª série, t. III, julho de 1851, pp. 512-27.

9. Trata-se da Observação XXII: "Porteurs de titres et de dignités immaginaires" (*Du traitement moral de la folie*, pp. 418-62).

10. *Ibid.*, pp. 421-4.

11. *Ibid.*, p. 429.

12. Ph. Pinel, *Traité médico-philosophique*, *op. cit.*, ed. de 1800, seção II, § IX: "Intimidar o alienado, mas não se permitir nenhum ato de violência", p. 61.

13. J. E. D. Esquirol, "De la folie" (1816), *op. cit.* [*in Des maladies mentales*..., t. I], p. 126.

14. Cf. *supra*, nota 3. Já era para J. Guislain uma das vantagens do "isolamento no tratamento da alienação": "Baseado num sentimento de dependência que ele faz o alienado experimentar [...] forçado a se conformar a uma vontade alheia" (*Traité sur l'aliénation mentale*..., *op. cit.*, t. I, p. 409).

15. F. Leuret, *Du traitement moral de la folie*, *op. cit.*, p. 422: "Dupré é um nome de convenção, um nome de incógnito; seu nome verdadeiro, como nós sabemos, é Napoleão".

16. "O sinal distintivo da sua qualidade de Alcíone é o de poder deleitar-se constantemente com os prazeres do amor" (*ibid.*, p. 423).

17. "Só ele, no hospício, é homem; todos os outros são mulheres" (*ibid.*, p. 423).

18. E. J. Georget, *De la folie. Considérations sur cette maladie*..., *op. cit.*, p. 284.

19. F. Leuret, *Du traitement moral de la folie*, *op. cit.*, p. 429.

20. *Ibid.*, p. 430.

21. *Ibid.*, p. 430.

22. *Ibid.*, p. 422.

23. *Ibid.*, p. 431.

24. *Ibid.*, p. 431.

25. *Ibid.*, p. 432.

26. *Ibid.*, p. 422.

27. *Ibid.*, p. 432.

28. Leuret define seu tratamento da seguinte maneira: "Entendo por tratamento moral da loucura o emprego racional de todos os meios que agem diretamente sobre a inteligência e sobre as paixões dos alienados" (*ibid.*, p. 156).

29. J.-P. Falret, *loc. cit. supra*, p. 210, nota 3.

30. J. E. D. Esquirol, "De la folie" (1816), *op. cit.* [*in Des maladies mentales...*, t. I], p. 126.

31. F. Leuret, *Du traitement moral de la folie*, *op. cit.*, p. 424.

32. *Ibid.*, p. 434.

33. *Ibid.*, p. 435.

34. *Loc. cit.*

35. Michel Foucault faz alusão à relação "dinheiro-excremento" que conhecera um belo futuro na literatura psicanalítica. Mencionada por Freud numa carta a Fliess, de 22 de dezembro de 1897 (*in La Naissance de la psychanalyse. Lettres à Wilhelm Fliess (1887-1902)*, trad. fr. A. Berman, Paris, PUF, "Bibliothèque de psychanalyse", 1956, p. 212), essa relação simbólica encontra seus desenvolvimentos na teoria do erotismo anal. Cf. S. Freud, [1] "Charakter und Analerotik" (1908), *in Gesammelte Werke* [doravante: *GW*], t. VII, Frankfurt, S. Fischer Verlag, 1941, pp. 201-9 ["Caractère et érotisme anal", trad. fr. D. Berger, P. Bruno, D. Guérineau, F. Oppenot, *in Névrose, Psychose et Perversion*, Paris, PUF, 1973, pp. 143-8]; [2] "Über Triebumsetzung insbesondere der Analerotik" (1917), GW, t. X, 1946, pp. 401-10 ["Sur les transpositions des pulsions, plus particulièrement dans l'érotisme anal", trad. fr. D. Berger, *in La Vie sexuelle*, Paris, PUF, 1969, pp. 106-12]. Cf. também E. Bornemann, *Psychoanalyse des Geldes. Eine kritische Untersuchung psychoanalytischer Geldtheorien*, Frankfurt, Suhrkamp Verlag, 1973 [*Psychoanalyse de l'argent. Une recherche critique sur les théories psychanalytiques de l'argent*, trad. fr. D. Guérineau, Paris, PUF, 1978].

36. G. Ferrus, *Des aliénés. Considérations sur l'état des maisons qui leur sont destinées, tant en France qu'en Angleterre; sur le régime hygiénique et moral auquel ces malades doivent être soumis; sur quelques questions de médecine légale et de législation relatives à leur état civil*, Paris, impr. de Mme Huzard, 1834, p. 234.

37. *Loc. cit.*

38. Cf. *supra*, p. 149, nota 18.

39. A "fazenda Sainte-Anne" remonta à doação que Ana da Áustria tinha feito em 1651 para construir um estabelecimento destinado a acolher doentes em caso de epidemia. Parcialmente construídos, os terrenos continuaram explorados para o cultivo. Em 1833, Guillaume Ferrus (1784-1861), médico-chefe do hospital de Bicêtre, resolve utilizá-los a fim de pôr para trabalhar os convalescentes e os incuráveis válidos provenientes das três seções do asilo. Uma decisão da comis-

são instituída em 27 de dezembro de 1860 pelo prefeito Haussmann a fim de "estudar as melhorias e as reformas a efetuar no serviço dos alienados do departamento do Sena" assinala o fim da fazenda. A construção de um asilo, iniciada em fins de 1863, de acordo com o projeto elaborado sob a direção de Girard de Cailleux, é inaugurada em 1º de maio de 1867. Cf. Ch. Guestel, *Asile d'aliénés de Sainte-Anne à Paris*, Versalhes, Aubert, 1880.

40. Henri Girard de Cailleux (1814-1884) ocupa as funções de médico-chefe e diretor do asilo de alienados de Auxerre de 20 de junho de 1840 até a sua nomeação para o cargo de inspetor geral do Serviço de Alienados do departamento do Sena, em 1860. A citação provém do seu artigo "De la construction et de la direction des asiles d'aliénés", *Annales d'hygiène publique et de médecine légale*, t. 40, 1ª parte, julho de 1848, p. 30.

41. H. Belloc, *Les Asiles d'aliénés transformés en centres d'exploitation rurale, moyen d'exonérer en tout ou en partie les départements des dépenses qu'ils font pour leurs aliénés, en augmentant le bien-être de ces malades, et en les rapprochant des conditions d'existence de l'homme en société*, Paris, Béchet Jeune, 1862, p. 15.

42. Alusão a várias proposições anteriores: (a) a aula de 7 de novembro de 1973 sustenta que "nenhum discurso de verdade" é requerido pela operação terapêutica do médico (*supra*, p. 14); (b) a aula de 14 de novembro evoca a supressão, "na prática psiquiátrica que se inaugura no início do século XIX", do "jogo da verdade" que caracterizava a "protopsiquiatria" (*supra*, pp. 32 ss.); (c) a aula de 12 de dezembro de 1973 concluíra que, no poder psiquiátrico, a questão da verdade nunca é colocada (*supra*, p. 165).

43. F. Leuret, *Du traitement moral de la folie*, *op. cit.*, pp. 423 e 435-6.

44. *Ibid.*, p. 438.

45. *Ibid.*, p. 439.

46. *Ibid.*, p. 440.

47. *Ibid.*, pp. 440-2.

48. *Ibid.*, p. 444.

49. *Loc. cit.*

50. *Ibid.*, pp. 444-5.

51. *Ibid.*, pp. 441-2.

52. F. Leuret, *Fragments psychologiques sur la folie*, *op. cit.*, pp. 121-4.

53. F. Leuret, *Du traitement moral de la folie*, *op. cit.*, pp. 449-50.

54. *Ibid.*, p. 449.
55. *Ibid.*, p. 451.
56. *Ibid.*, p. 425: "Ele nem pensa em sair do hospício e não teme tampouco os tratamentos com que é ameaçado ou que o fazem sofrer".
57. *Ibid.*, p. 426: "Aplicaram-lhe uma vez no alto da cabeça e duas vezes na nuca um ferro em brasa".
58. *Ibid.*, p. 429: "Ele me pergunta então se faz parte do seu tratamento; nesse caso, ele se resignará a tudo o que eu quiser".
59. *Ibid.*, p. 430.
60. *Ibid.*, p. 453: "Ele havia deixado passar, numa carta brevíssima, doze erros de ortografia, e o que de melhor ele tinha a fazer era não ambicionar um emprego desse gênero...".
61. *Ibid.*, p. 454: "Eu deixava o jogo se iniciar; o sr. Dupré se defendia o melhor que podia, depois, quando era muito vivamente pressionado, eu o acudia, assumindo o papel de conciliador".
62. *Ibid.*, p. 461.

AULA DE 9 DE JANEIRO DE 1974

Poder psiquiátrico e prática da "direção". – O jogo da "realidade" no asilo. – O asilo, espaço medicamente marcado, e a questão da sua direção: médica ou administrativa. – As marcas do saber psiquiátrico: (a) a técnica do interrogatório; (b) o jogo da medicação e da punição; (c) a apresentação clínica. – "Microfísica do poder" asilar. – A emergência da função-psi e da neuropatologia. – O tríplice destino do poder psiquiátrico.

Eu havia mostrado que o poder psiquiátrico, considerado em sua forma ao mesmo tempo arcaica e elementar, tal como funcionava nessa protopsiquiatria dos trinta ou quarenta primeiros anos do século XIX, funcionava essencialmente como um suplemento de poder dado à realidade.

Isso significa, primeiramente, que o poder psiquiátrico é antes de mais nada certa maneira de gerir, de administrar, antes de ser como que uma terapia ou uma intervenção terapêutica: é um regime, ou melhor, é porque é e na medida em que é um regime que se espera dele certo número de efeitos terapêuticos – regime de isolamento, de regularidade, emprego do tempo, sistema de carências medidas, obrigação de trabalho etc.

É um regime, mas é, ao mesmo tempo – e é esse um aspecto sobre o qual insisti –, uma luta contra uma coisa que é a loucura, concebida, parece-me, no século XIX – qualquer que seja a análise nosográfica ou a descrição feita dos fenômenos da loucura –, concebida essencialmente como vontade em insurreição, vontade ilimitada. Mesmo num caso de delírio, é a vontade de crer nesse delírio, a vontade de afirmação desse delírio, a vontade no cerne dessa afirmação do delírio, é isso que é o alvo da luta que percorre, anima, ao longo de todo o seu desenrolar, o regime psiquiátrico.

O poder psiquiátrico é portanto domínio, tentativa de subjugar, e tenho a impressão de que a palavra que melhor corresponde a esse funcionamento do poder psiquiátrico, e que aliás encontramos ao longo dos textos, de Pinel a Leuret[1], o termo que aparece com maior frequência e que me parece perfeitamente característico dessa empreitada ao mesmo tempo de regime e de domínio, de regularidade e de luta, é a noção de "direção". Noção de que seria necessário fazer a história, porque seu local de origem não é a psiquiatria – longe disso. É uma noção que traz consigo, já no século XIX, toda uma série de conotações do domínio da prática religiosa. A "direção de consciência" definiu, ao longo dos três ou quatro séculos que precederam o século XIX, um campo geral ao mesmo tempo de técnicas e de objetos[2]. Até certo ponto, algumas dessas técnicas e alguns desses objetos são importados, com essa prática da direção, para o campo psiquiátrico. Seria toda uma história a ser feita. Em todo caso, temos aqui uma pista: o psiquiatra é alguém que dirige o funcionamento do hospital e os indivíduos.

Eu lhes citarei, simplesmente para bem assinalar não apenas a existência dessa prática, mas a nítida consciência dessa prática entre os próprios psiquiatras, um texto que data de 1861 e que emana do diretor do asilo de Saint-Yon: "Cada dia, no asilo que dirijo, eu elogio, recompenso, repreendo, imponho, restrinjo, ameaço, puno; e por quê? Serei eu próprio um insensato? E tudo o que faço, todos os meus colegas também fazem, todos, sem exceção, porque isso decorre da natureza das coisas"[3].

Essa "direção" tem em vista o quê? Foi aqui que eu havia chegado da última vez. Creio que, essencialmente, dar à realidade um poder coativo. Isso quer dizer duas coisas.

Quer dizer, primeiro, tornar de certo modo essa realidade inevitável, impositiva, fazer funcionar a realidade como poder, dar à realidade esse suplemento de vigor que lhe permite alcançar a loucura, ou esse suplemento de distância que vai lhe permitir atingir até mesmo esses indivíduos que fogem dela ou dela se desviam, e que são os loucos. É portanto um suplemento dado à realidade.

Mas é ao mesmo tempo – e é esse o outro aspecto do poder psiquiátrico – validar o poder que se exerce no interior do asilo como sendo simplesmente o poder da própria realidade. O que o poder intra-asilar, tal como funciona no interior desse espaço ordenado, pretende trazer, e em nome de que ele se justifica como poder? Em nome da própria realidade. Assim, vocês têm ao mesmo tempo o princípio de que o asilo deve funcionar como um meio fechado, absolutamente independente de todas as pressões, como podem ser as da família etc. Logo, um poder absoluto. Mas esse asilo, que é inteiramente separado, deve ser em si mesmo a reprodução da própria realidade. As edificações têm de parecer o mais possível com as moradias comuns; as relações entre as pessoas no interior do asilo têm de se parecer com as relações dos cidadãos entre si; no interior do asilo, a obrigação geral do trabalho tem de estar representada, o sistema das necessidades e da economia tem de ser reativado. Logo, duplicação no interior do asilo do sistema da realidade.

Logo, dar poder à realidade e fundar o poder na realidade é a tautologia asilar.

Mas, de fato, o que é mais precisamente, sob o nome de realidade, aquilo que é efetivamente introduzido no interior do asilo? A que se dá o poder? O que é exatamente aquilo que se faz funcionar como realidade? A que se dá um suplemento de poder e em que tipo de realidade se funda o poder asilar? Eis o problema, e era para tentar destrinchá-lo um pouco que eu havia citado demoradamente da última vez a história de uma terapia que me parecia absolutamente exemplar do funcionamento do tratamento psiquiátrico.

Creio que podemos identificar com precisão a maneira como se introduz e como funciona o jogo da realidade no interior do asilo. Gostaria de resumir esquematicamente o que daí se destaca naturalmente. No fundo, o que é que, no "tratamento moral" em geral, e naquele em particular, podemos identificar como realidade?

Creio que é, em primeiro lugar, a vontade do outro. A realidade à qual o doente deve ser confrontado, a realidade à qual sua atenção, distraída da sua vontade em insurreição, deve se dobrar e pela qual ele deve ser subjugado é antes de mais nada o outro, como centro de vontade, como foco de poder, o outro na medida em que detém e sempre deterá um poder superior ao do louco. O excesso de poder está do outro lado: o outro é sempre detentor de certa parte do poder, majorada em relação à parte do louco. Eis o primeiro jugo da realidade a que cumpre submeter o louco.

Em segundo lugar, havíamos identificado outro tipo ou outro jugo de realidade a que submeter o louco. É o que se manifestou pela célebre aprendizagem do nome, do passado, a obrigação da anamnese – vocês se lembram [da maneira como] Leuret havia, sob a ameaça de oito baldes d'água, obrigado e conseguido que seu doente contasse a sua vida[4]. Logo: o nome, a identidade, o passado, a biografia recitada na primeira pessoa, reconhecida por conseguinte no ritual de algo que se aproxima da confissão. É essa realidade que é imposta ao louco.

A terceira realidade é a própria realidade da doença, ou antes, a realidade ambígua, contraditória, vertiginosa da loucura, já que, de um lado, trata-se numa terapia moral de sempre mostrar ao louco que a sua loucura é loucura e que ele está de fato doente; por conseguinte, forçá-lo a abandonar tudo o que poderia ser negação da sua própria loucura, submetê-lo à inflexibilidade da sua doença real. Depois, ao mesmo tempo, mostrar a ele que no cerne da sua loucura o que existe não é doença, mas defeito, maldade, falta de atenção, presunção. A cada instante – lembrem-se da terapia do sr. Dupré –, Leuret impõe ao seu doente o reconhecimento de que, no passado, ele esteve em Charenton e não em seu castelo de Saint-Maur[5], que ele está de fato doente, que tem um estatuto de doente. O paciente tem de ser submetido a essa verdade.

Mas, ao mesmo tempo, quando o submete a uma ducha, Leuret diz ao sr. Dupré: eu não faço isso para curá-lo, porque você está doente; faço isso porque você é malvado, porque há em você certo desejo inadmissível[6]. E vocês sabem até onde Leuret levou a tática, pois chegou a fazer seu paciente sair do asilo para que ele não se satisfizesse com a sua doença dentro do asilo e para que não abrigasse os sintomas da sua doença no elemento do asilo. E, por conseguinte, para negar à doença seu estatuto de doença, com todos os benefícios que isso acarreta, é necessário trazer à tona do interior da doença o desejo mau que a anima. Portanto é necessário, ao mesmo tempo, impor a realidade da doença e impor à consciência da doença a realidade de um desejo não doente que a anima e que está na própria raiz da doença. Realidade e irrealidade da doença, realidade da não realidade da loucura, é *grosso modo* em torno disso que gira essa tática de Leuret, e isso constitui o terceiro jugo de realidade ao qual, de maneira geral, os enfermos são submetidos no tratamento moral.

Enfim, a quarta forma de realidade é tudo o que corresponde às técnicas relativas ao dinheiro, às necessidades, à necessidade do trabalho, todo o sistema das trocas e das utilidades, a obrigação de prover às suas necessidades.

Creio que esses quatro elementos – vontade do outro, sobrepoder definitivamente posto do lado do outro; jugo da identidade, do nome e da biografia; realidade não real da loucura e realidade do desejo que constitui a realidade da loucura e que a anula como loucura; realidade da necessidade, da troca e do trabalho –, são esses quatro elementos, espécies de nervuras de realidade, que penetram no asilo e que são, no interior do asilo, os pontos sobre os quais se articula o regime asilar, a partir dos quais se estabelece a tática na luta asilar. E o poder asilar é de fato o poder que se exerce para fazer valer essas realidades como [a] realidade.

Parece-me que a existência desses quatro elementos da realidade, ou a filtragem que o poder asilar opera na realidade para deixar penetrar esses quatro elementos, é importante por várias razões.

A primeira é que esses quatro elementos vão inscrever na prática psiquiátrica um certo número de questões que vamos encontrar obstinadamente ao longo de toda a história da psiquiatria. Em primeiro lugar, a questão da dependência, da submissão ao médico como detentor de certo poder incontornável para o doente. Em segundo lugar, inscreve também a questão, ou antes, a prática da confissão, da anamnese, do relato, do reconhecimento de si mesmo. Isso inscreve igualmente na prática asilar o procedimento pelo qual vai se colocar, a toda loucura, a questão do desejo ao mesmo tempo secreto e inadmissível que a faz existir realmente como loucura. E, por fim, em quarto lugar, inscreve evidentemente o problema do dinheiro, da compensação financeira, o problema de como prover às suas próprias necessidades quando você é louco, de como, no interior da loucura, instaurar o sistema de troca a partir do qual você poderá financiar sua existência de louco. É tudo isso que vocês veem se esboçar, de maneira já relativamente precisa, em todas essas técnicas da protopsiquiatria.

Creio que esses elementos são igualmente importantes, não apenas por essas técnicas, esses problemas que são depositados na história da psiquiatria, no *corpus* das suas práticas, [mas também]* porque vemos definir-se através deles o que vai definir o indivíduo curado – o que é um indivíduo curado, se não, precisamente, aquele que aceitou esses quatro jugos, da dependência, da confissão, da inadmissibilidade do desejo, e do dinheiro? A cura é o processo de sujeição física cotidiana, imediata, realizada no asilo, que vai constituir como indivíduo curado o portador de uma quádrupla realidade. E

* Gravação: "também é importante".

essa quádrupla realidade de que o indivíduo deve ser portador, quer dizer, deve ser receptor, é a lei do outro, a identidade a si, a não admissibilidade do desejo, a inserção da necessidade num sistema econômico. São esses quatro elementos que, quando terão sido efetivamente admitidos pelo indivíduo tratado, vão qualificá-lo como indivíduo curado. Quádruplo sistema de ajustamento*, que, em si, por sua efetivação, cura, restitui o indivíduo.

Agora, eu gostaria de abordar outra série de consequências que gostaria de desenvolver mais e que serão o objeto das propostas que vou sustentar. Essa quádrupla sujeição se dá, portanto, no interior de um espaço disciplinar e graças a esse espaço disciplinar. Nesse sentido e até agora, o que pude lhes dizer sobre o asilo não difere tanto do que teria podido dizer sobre os quartéis, as escolas, os orfanatos, as prisões etc. Ora, há no entanto uma diferença essencial entre os estabelecimentos ou as instituições de que venho lhes falar e o asilo. A diferença é, evidentemente, que o asilo é um espaço medicamente marcado.

Até agora, tanto quando falei do regime geral do asilo, como quando falei da técnica de luta, do excesso de poder dado à realidade nessa luta intra-asilar, afinal de contas, o que a medicina tinha a ver com isso tudo e por que era necessário um médico? O que significa dizer que o hospital foi medicamente marcado? O que significa dizer que foi necessário, a partir de certo momento, precisamente no início do século XIX, que o lugar em que os loucos são postos não seja simplesmente um lugar disciplinar, mas seja além disso um lugar médico? Em outras palavras, por que é preciso um médico para fazer passar esse suplemento de poder da realidade?

Concretamente, ainda, vocês sabem que até o fim do século XVIII os lugares em que os loucos eram postos, os lugares que serviam para disciplinar as existências loucas não eram

* Manuscrito: "sujeição" em vez de "ajustamento".

lugares médicos: nem Bicêtre[7], nem a Salpêtrière[8], nem Saint-Lazare[9], nem mesmo, no limite, Charenton[10], que, no entanto, era tão especificamente destinado a curar os loucos – o que não era o caso dos outros estabelecimentos. Nenhum desses era, a bem da verdade, um lugar médico. Claro, havia médicos lá, mas esses médicos eram encarregados de desempenhar um papel de médicos comuns, isto é, de assegurar certo número de cuidados que o estado dos indivíduos internados e a própria terapia implicavam. Não era do médico como médico que se esperava a cura do louco; e o enquadramento efetuado por um pessoal religioso, a disciplina que se impunha então aos indivíduos, não necessitavam de uma caução médica para que se esperasse deles algo que devia ser a cura.

Isso, que é muito claro até o fim do século XVIII, vai se abalar nos últimos anos [desse] século e, no século XIX, vamos encontrar, agora de maneira absolutamente geral, a afirmação, de um lado, de que aquilo de que os loucos necessitam é de uma direção, é de um regime e, de outro lado, a afirmação paradoxal e, até certo ponto, não implicada na primeira, de que essa direção deve estar nas mãos de um pessoal médico. O que é essa exigência da medicalização, no momento em que se redefine essa disciplina de que lhes falei até aqui? Quer isso dizer que o hospital deve ser agora o lugar em que vai se realizar a aplicação de um saber médico? Quer dizer que a direção dos loucos deve ser ordenada a um saber sobre a doença mental, uma análise da doença mental, uma nosografia, uma etiologia da doença mental?

Não creio. Creio que é absolutamente necessário insistir no fato de que houve, no século XIX, por um lado, todo um desenvolvimento das nosografias, das etiologias das doenças mentais, das pesquisas anatomopatológicas sobre as correlações orgânicas possíveis da doença mental e, por outro lado, o conjunto desses fenômenos táticos da direção. Essa defasagem, essa distorção entre o que poderíamos chamar de uma teoria médica e a prática efetiva da direção se manifesta de várias formas.

Primeiramente, a relação que podia haver entre os indivíduos internados num hospital e o médico como indivíduo que possui certo saber e que pode aplicar esse saber nesse doente, essa relação era uma relação infinitamente tênue ou, vamos dizer, totalmente aleatória. Leuret, que fazia terapêuticas longas e difíceis, de que lhes dei um exemplo, dizia que não se devia esquecer que num hospital comum um médico-chefe podia consagrar, *grosso modo*, trinta e sete minutos por ano a cada um dos seus pacientes, e citava um hospital, provavelmente Bicêtre, no qual o médico-chefe podia consagrar no máximo dezoito minutos por ano a cada doente[11]. Vocês estão vendo que a relação entre a população asilar e a técnica médica propriamente dita era totalmente aleatória.

Encontramos a prova dessa distorção, de maneira mais séria, sem dúvida, no fato de que, se olharmos como os doentes eram efetivamente distribuídos nos asilos, naquela época, essa distribuição não tinha rigorosamente nada a ver com a repartição nosográfica das doenças mentais tal como vocês encontram nos textos teóricos. A distinção entre mania e lipemania[12], entre mania e monomania[13], toda a série das manias e das demências[14], de tudo isso vocês não veem vestígio, não veem o efeito na organização efetiva dos asilos. Em compensação, as divisões que vocês veem estabelecer-se concretamente nos hospitais são divisões totalmente diferentes: é a diferença entre curáveis e incuráveis, doentes calmos e doentes agitados, doentes obedientes e doentes insubmissos, doentes capazes de trabalhar e doentes incapazes de trabalhar, doentes punidos e doentes não punidos, doentes a vigiar continuamente e a vigiar de vez em quando ou nunca. Foi essa repartição que marcou efetivamente o espaço intra-asilar, e de modo algum os quadros nosográficos que estavam sendo construídos nos tratados teóricos.

Mais outra prova dessa distorção entre a teoria médica e a prática asilar era, vamos dizer, o fato de que sem cessar tudo o que havia sido definido pela teoria médica, pela análise, seja sintomatológica, seja anatomopatológica, da doença mental como medicação possível, era muito rapidamente reutilizado, não mais com um fim terapêutico, mas no interior de uma técnica de direção. Quero dizer o seguinte: algo como a ducha ou a cauterização[15], as moxas[16] etc., todas essas medicações foram inicialmente prescritas em função de certa concepção da etiologia da doença mental ou das suas correlações orgânicas: necessidade, por exemplo, de facilitar a circulação sanguínea, de descongestionar determinada parte do corpo etc., mas, muito rapidamente, métodos como esses, na medida em que eram métodos de intervenção desagradáveis para o doente, foram reutilizados num sistema propriamente diretivo, isto é, a título de punição. Vocês sabem que isso continua e que a maneira como se utilizou o eletrochoque é exatamente desse tipo[17].

De maneira mais precisa até, a utilização dos próprios medicamentos foi, em geral, o prolongamento da disciplina asilar na superfície do ou no corpo. O que era, no fundo, dar um banho num doente? Em certo nível, o da teoria, era de fato proporcionar uma melhor circulação do sangue. O que era utilizar o láudano, o éter[18], como se fez com tanta frequência nos asilos nos anos 1840-1860? Em aparência, era acalmar o sistema nervoso do doente, mas na realidade era simplesmente prolongar até o interior do corpo do doente o sistema do regime asilar, o regime da disciplina; era garantir a calma que era prescrita no interior do asilo, era prolongá-la até o interior do corpo do doente. O uso atual dos tranquilizantes também é do mesmo tipo. Logo, houve bem cedo na prática asilar essa espécie de reversão do que era definido pela teoria médica como medicamento possível em elemento do regime disciplinar. Logo, não creio que se possa dizer que o médico funcionava no asilo a partir do seu saber psiquiátrico. A cada instante, o que era dado como saber psiquiátrico, o que era formulado nos textos teóricos da psiquiatria, tudo isso era convertido de outro modo na prática real, e não se pode dizer que esse saber teórico tenha efetivamente atuado na vida asilar propriamente dita. Isso, mais uma vez, é válido para os primeiros anos dessa protopsiquiatria, é verdadeiro, sem dúvida, em grande medida, para toda a história da psiquiatria até os nossos dias. Por conseguinte, como funciona o médico e por que é necessário um médico, se os quadros que ele estabeleceu, as descrições que ele deu, as medicações que ele definiu a partir desse saber não são aplicados, não são nem mesmo aplicados por ele?

O que significa a marcação médica desse poder asilar? Por que tem de ser exercido por um médico? Parece-me que a marcação médica no interior do asilo é essencialmente a presença física do médico; é sua onipresença, é, em linhas gerais, a assimilação do espaço asilar ao corpo do psiquiatra. O asilo é o corpo do psiquiatra, alongado, distendido, levado às dimensões de um estabelecimento, estendido a tal ponto que seu poder vai se exercer como se cada parte do asilo fosse uma parte do seu próprio corpo, comandada por seus próprios nervos. De forma mais precisa, direi que essa assimilação corpo do psiquiatra/lugar asilar se manifesta de diferentes maneiras.

Antes de mais nada, a primeira realidade que o doente deve encontrar e que é, de certo modo, aquilo através do que os outros elementos vão ser obrigados a passar, é o corpo do próprio psiquiatra. Lembrem-se das cenas de que lhes falei no início: toda terapêutica começa pelo surgimento do psiquiatra em pessoa, em carne e osso, que de repente se apresenta diante do seu paciente, seja no dia da chegada deste, seja no dia em que o tratamento começa, e pelo prestígio desse corpo, sobre o qual é dito que não pode ter defeitos, que deve se impor por sua própria plástica, por seu próprio peso. Esse corpo deve se impor ao doente como realidade ou como aquilo através de que vai passar a realidade de todas as outras realidades. É a esse corpo que o doente deve ser submetido.

Em segundo lugar, o corpo do psiquiatra deve estar presente em toda parte. A arquitetura do asilo – tal como foi definida no correr dos anos 1830-1840 por Esquirol[19], Parchappe[20], Girard de Cailleux[21] etc. – é sempre calculada de tal modo que o psiquiatra possa estar virtualmente em toda parte. Ele deve poder, com um só olhar, ver tudo, num só passeio vigiar a situação de cada um dos seus doentes; deve poder fazer em pessoa, a cada instante, uma revista completa do estabelecimento, dos doentes, do pessoal; deve ver tudo, e devem relatar-lhe tudo: o que ele próprio não vê, os vigilantes, inteiramente às suas ordens, devem lhe contar, de modo que, perpetuamente, a cada instante, ele esteja onipresente no interior do asilo. Ele abrange com seu olhar, com seu ouvido, com seus gestos todo o espaço asilar.

O corpo do psiquiatra deve, além disso, estar em comunicação direta com todas as partes da administração do asilo: os vigilantes são, no fundo, as engrenagens, as mãos, em todo caso os instrumentos que estão diretamente nas mãos do psiquiatra. Girard de Cailleux – que foi o grande organizador de todos os asilos construídos na periferia parisiense a partir de 1860[22] – é quem dizia: "É por uma hierarquia bem entendida que o impulso dado pelo médico-chefe se comunica a todas as partes do serviço; ele é seu regulador, mas os subordinados são as engrenagens essenciais"[23].

Creio que, resumindo, podemos dizer que o corpo do psiquiatra é o próprio asilo; a maquinaria do asilo e o organismo do médico, no limite, devem formar uma só e mesma coisa. É o que dizia Esquirol em seu tratado *Des maladies mentales*: "O médico deve ser, de certo modo, o princípio de vida de um hospital de alienados. É por ele que tudo deve ser posto em movimento; ele dirige todas as ações, chamado que é a ser o regulador de todos os pensamentos. É a ele, como centro de ação, que deve se remeter tudo o que interessa aos habitantes do estabelecimento"[24].

Logo, creio que a necessidade de marcar medicamente o asilo, a afirmação de que o asilo deve ser um lugar médico, significa antes de mais nada – é a primeira camada de significação que se pode pôr em relevo – que o doente deve se encontrar diante do corpo de certo modo onipresente do médico, que ele deve ser no fim das contas envolvido no interior do corpo do médico. Mas, vocês perguntarão, por que tem de ser precisamente um médico? E por que um diretor qualquer não pode desempenhar esse papel? Por que esse corpo individual que se torna o poder, esse corpo pelo qual passa toda a realidade, tem de ser o corpo de um médico?

Curiosamente, o problema foi ao mesmo tempo sempre abordado e nunca verdadeiramente debatido de frente. Ao mesmo tempo, vocês encontram nos textos do século XIX a afirmação repetida como um princípio, como um axioma, que é preciso que o asilo seja efetivamente dirigido por um médico, que, se o médico não o dirige inteiramente, então esse asilo não terá função terapêutica. E vocês veem renascer sem cessar a dificuldade para explicar esse princípio, renascer a inquietação com que, afinal de contas, já que se trata de um estabelecimento disciplinar, bastaria ter um bom administrador. De fato, houve por muito tempo um conflito perpétuo entre o diretor médico do hospital, que tem a responsabilidade terapêutica, e o que tem a responsabilidade da intendência, da administração do pessoal, da gestão etc. O próprio Pinel, desde o início, tinha uma espécie de inquietação, tanto que dizia: no fundo, estou aqui para cuidar dos doentes, mas, afinal, aquele que foi por tantos anos o porteiro, o zelador, o vigia de Bicêtre, Pussin, sabe tanto quanto eu e, a bem da verdade, foi me apoiando na experiência dele que pude aprender tudo o que aprendi[25].

E vocês encontram isso, transposto a outra escala, durante todo o século XIX, junto com o problema de saber quem afinal deve prevalecer, se o gestor ou o médico, no funcionamento do hospital. Os médicos respondem, e, afinal, é a solução que vai ser adotada na França: é o médico, que, seja como for, deve prevalecer[26]. É o médico que terá a principal responsabilidade e que será finalmente o diretor, tendo, ao lado dele, alguém que será encarregado, mas sob o seu controle e, até certo ponto, sob a sua responsabilidade, das tarefas de gestão e intendência. Então, por que o médico? Resposta: porque ele sabe. Mas porque ele sabe o quê, se, precisamente, seu saber psiquiátrico não é o que é efetivamente aplicado no regime asilar, pois não é esse saber que é efetivamente utilizado pelo médico quando ele dirige o regime dos alienados? Então como é que se pode dizer que é preciso um médico para dirigir um asilo – é porque o médico sabe? E em que esse saber é necessário? Creio que o que é considerado como necessário ao bom funcionamento do asilo, o que faz com que o asilo deva ser necessariamente marcado medicamente é o efeito de poder suplementar que é dado, não pelo conteúdo de um saber, mas, estatutariamente, pela marca do saber. Em outras palavras, é pelas marcas que designam nele a existência de um saber, e é somente por esse jogo das marcas, qualquer que seja o conteúdo efetivo desse saber, que o poder médico vai funcionar no interior do asilo, como poder necessariamente médico.

Quais são essas marcas de saber? Como elas atuam nesse protoasilo dos primeiros anos do século XIX e como atuarão, aliás, muitos anos depois? Pode-se acompanhar facilmente a série de receitas pelas quais essas marcas de saber atuavam na organização e no funcionamento do hospital.

Em primeiro lugar, Pinel dizia: "Quando você interroga um doente, precisa antes de mais nada estar informado sobre ele, precisa saber por que ele veio, que queixas se tem dele, qual foi sua biografia; você precisa ter interrogado a família ou seu círculo pessoal, de tal modo que, no momento em que você o interroga, sempre saiba sobre ele mais do que ele mesmo ou, pelo menos, saiba mais do que ele imagina. De modo que, no momento em que ele vier a dizer alguma coisa que você considere não verdadeira, você poderá, nesse momento, intervir e mostrar que sabe mais do que ele e que o nota em mentira, em delírio [...]"[27].

Em segundo lugar, a técnica do interrogatório psiquiátrico tal como este é definido de fato, se não teoricamente, menos por Pinel, sem dúvida, do que por Esquirol e seus sucessores[28], não é em absoluto certa maneira de obter do doente um certo número de informações que não temos; ou antes, se é verdade que, de certo modo, é preciso obter do doente pelo interrogatório certo número de informações que não se tem, o doente porém não deve se dar conta de que se depende dele para essas informações. O interrogatório tem de ser feito de tal modo que o doente não diga o que quiser, mas responda às perguntas[29]*. Donde, conselho absoluto: nunca deixar o doente desfiar um relato, interrompê-lo com um certo número de perguntas que são, ao mesmo tempo, canônicas, sempre as mesmas, e que se sucedem em certa ordem, pois essas perguntas devem funcionar de tal modo que o doente se dê conta de que suas respostas não informam verdadeiramente o médico, que apenas municiam o seu saber, lhe dão ocasião para se explicar; ele tem de se dar conta de que cada uma das suas respostas é significante no interior de um campo de saber já inteiramente constituído no espírito do médico. O interrogatório é uma maneira de substituir discretamente as informações tiradas do doente, de substituí-las pela aparência de um jogo de significações que proporcione ao médico uma ascendência sobre o doente.

....

* O manuscrito também faz referência a uma forma de interrogatório pelo "silêncio do médico" e o ilustra com essa observação de F. Leuret: "Demência parcial com a característica da depressão. Alucinações do ouvido" (*Fragments psychologiques sur la folie*, Paris, Crochard, 1834, p. 153).

Em terceiro lugar, sempre para constituir essas marcas de saber que vão fazer com que o médico funcione como médico, é necessário vigiar perpetuamente o doente, constituir sobre ele um dossiê permanente, e é preciso que, a cada instante, se possa mostrar, ao abordar o doente, que se sabe o que ele fez, o que ele disse na véspera, o erro que ele cometeu, a punição que recebeu. Logo, organização e disponibilização ao médico de um sistema completo de levantamentos, de anotações sobre o doente no asilo[30].

Em quarto lugar, é sempre preciso pôr em ação o duplo registro da medicação e da direção. Quando um doente cometeu algo que se quer reprimir, é preciso puni-lo, mas puni-lo fazendo-o crer que, se é punido, é por ser terapeuticamente útil. Portanto é preciso fazer com que a punição funcione como remédio e, inversamente, quando lhe impõem um remédio, é preciso poder impô-lo sabendo que ele lhe fará bem, mas fazendo-o acreditar que é unicamente para incomodá-lo ou para puni-lo. Esse duplo jogo do remédio e da punição, essencial para o funcionamento do asilo, só pode ser estabelecido se houver alguém que se apresente como detentor da verdade sobre o que pode ser remédio ou punição.

Enfim, o último elemento pelo qual o médico vai se atribuir as marcas do saber no interior do asilo é o grande jogo da clínica, que foi tão importante na história da psiquiatria. A clínica, isto é, a apresentação do doente no interior de uma encenação em que o interrogatório do doente serve para a instrução dos estudantes e em que o médico vai atuar no duplo registro daquele que examina o doente e daquele que ensina os estudantes, de modo que será ao mesmo tempo aquele que cuida e aquele que detém a palavra do mestre*, será médico e mestre ao mesmo tempo. E [...] vocês estão vendo que essa

* Em francês, *maître* tanto é aquele que ensina (o mestre, o professor), como aquele que domina (senhor, amo) ou possui (dono). (N. T.)

prática da clínica se instaurou de uma maneira, afinal, bem precoce no interior da prática asilar.

Já em 1817, Esquirol iniciou as primeiras clínicas na Salpêtrière[31] e, a partir de 1830, vocês têm regularmente ensinamentos clínicos dados em Bicêtre[32] e na Salpêtrière[33]. E, por fim, todo grande chefe de serviço, mesmo que não seja professor, vai utilizar, desde os anos 1830-1835, esse sistema de apresentação clínica dos doentes, isto é, do jogo entre o exame médico e a atuação do professor. Por que a clínica é importante?

Vocês têm, [de parte de] um dos que efetivamente praticaram a clínica, Jean-Pierre Falret, uma belíssima teoria da clínica. Por que se deve utilizar o método da clínica?

Em primeiro lugar, o médico deve mostrar ao doente que tem à sua volta certo número de pessoas [o maior número de pessoas possível,]* que estão dispostas a escutá-lo e, por conseguinte, essa palavra do médico que, eventualmente, pode ser recusada pelo doente, à qual o doente pode não prestar atenção, essa palavra o doente não pode no entanto deixar de constatar que é efetivamente ouvida, e ouvida com respeito por certo número de pessoas. O efeito de poder da sua palavra será portanto multiplicado pela presença dos ouvintes: "A presença de um público numeroso e anuente dá mais autoridade à sua palavra"[34].

Em segundo lugar, a clínica é importante porque permite que o médico, não apenas interrogue o doente, mas, interrogando o doente ou comentando suas respostas, mostre ao próprio doente que ele conhece sua doença, que ele sabe coisas sobre a sua doença, que pode falar sobre ela e dela fazer uma exposição teórica diante dos seus alunos[35]. O estatuto do diálogo que o doente terá com o médico vai mudar de natureza a seus olhos; ele compreenderá que algo como

....

* Gravação: "o mais numeroso, se possível".

uma verdade aceita por todos está se formando no interior da palavra do médico.

Em terceiro lugar, a clínica é importante porque consiste não apenas em interrogar de certo modo pontualmente o doente, mas em fazer diante dos estudantes a anamnese geral do caso. Portanto vai se retomar diante [deles]* todo o conjunto da vida do doente, vai-se fazer com que ele a conte, ou se ele não quiser contá-la, vai-se contá-la em seu lugar; vai-se proceder aos interrogatórios e, finalmente, o doente verá se desenrolar diante dele – seja com sua ajuda, se ele quiser falar, seja sem ela, se ele se encerrar no mutismo –, de todo modo, ele verá se desenrolar diante dele sua própria vida, que vai ter realidade de doença, pois é efetivamente apresentada como doença diante dos estudantes, que são estudantes de medicina[36].

E, enfim, representando esse papel, aceitando vir à frente da cena, contracenando com o médico, expor sua própria doença, responder às perguntas, o doente, diz Falret, se dará conta de que agrada ao médico e que este o retribui, até certo ponto, pelo esforço que faz[37].

E aqueles quatro elementos de realidade de que eu lhes falava há pouco – poder do outro, lei da identidade, confissão do que é a loucura em sua natureza, em seu desejo secreto e, enfim, retribuição, jogo das trocas, sistema econômico controlado pelo dinheiro –, vocês estão vendo que na clínica encontram-se esses diferentes elementos. Na clínica, a palavra do médico aparece como tendo um poder maior do que a palavra de qualquer um. Na clínica, a lei da identidade pesa sobre o doente, que é obrigado a reconhecê-la em tudo o que se diz sobre ele e em toda a anamnese que se faz da sua vida. Respondendo publicamente às interrogações do médico, fazendo-se arrancar a confissão final da sua loucura, o doente reconhece, aceita a realidade desse desejo louco que está na

* Gravação: "dos estudantes".

raiz da sua loucura. Enfim, ele entra de certo modo no sistema das satisfações, das compensações etc.

E, com isso, vocês veem que o grande portador do poder psiquiátrico, ou antes, o grande amplificador do poder psiquiátrico que se tramava na vida cotidiana do asilo vai ser esse célebre rito da apresentação clínica do doente. A enorme importância institucional da clínica na vida cotidiana dos hospitais psiquiátricos, dos anos 1830 até agora, se deve ao fato de que, através da clínica, o médico se constitui como mestre de verdade. A técnica da confissão e do relato se torna obrigação institucional, a realização da loucura como doença se torna um episódio necessário, o doente entra por sua vez no sistema dos lucros e das satisfações dadas a quem o trata.

Assim, vocês têm essas marcas de saber ampliadas na clínica, e compreendem como afinal elas funcionam. São essas marcas de saber, e não o conteúdo de uma ciência, que vão permitir que o alienista funcione como médico no interior do asilo. São essas marcas de saber que vão lhe permitir exercer no interior do asilo um sobrepoder absoluto e identificar-se finalmente com o corpo asilar. São essas marcas de saber que vão lhe permitir constituir o asilo como uma espécie de corpo médico que cura por seus olhos, seus ouvidos, suas palavras, seus gestos, por suas engrenagens. E, finalmente, são essas marcas de saber que vão permitir que o poder psiquiátrico desempenhe seu papel efetivo de intensificação da realidade. E, na cena clínica, vocês veem como são postos em ação, não tanto conteúdos de saber quanto marcas de saber; e, através dessas marcas de saber, vocês veem delinear-se e atuar os quatro tentáculos da realidade de que eu lhes falava: o sobrepoder do médico, a lei da identidade, o desejo inadmissível da loucura, a lei do dinheiro.

Creio que poderíamos dizer o seguinte: através dessa identificação do corpo do psiquiatra e do lugar asilar, desse jogo das marcas de saber e das três formas de realidade que passam através delas, podemos notar a formação de um personagem médico que está no polo inverso de outro personagem médico, que nesse momento está adquirindo uma figura totalmente nova e que é o cirurgião. No mundo médico do século XIX, vocês tinham um polo cirúrgico que começou se esboçando com o desenvolvimento da anatomia patológica, digamos, *grosso modo*, a partir de Bichat[38]. A partir de um conteúdo efetivo de saber, trata-se aqui de identificar no corpo do doente certa realidade da doença e servir-se das suas próprias mãos, do seu próprio corpo, para anular o mal.

Na outra extremidade desse campo, vocês têm o polo psiquiátrico que atua de maneira totalmente diferente; trata-se então de fazer, a partir das marcas de saber – mas não do conteúdo do saber – que qualificam o personagem médico, o espaço funcionar como um corpo que cura por sua própria presença, seus próprios gestos, sua própria vontade e, através desse corpo, dar um suplemento de poder à quádrupla forma da realidade.

Em conclusão, gostaria de dizer o seguinte: é que, como vocês estão vendo, chegamos ao paradoxo da constituição totalmente específica de um espaço de disciplina, de um dispositivo de disciplina, que se diferencia de todos os outros pelo fato de ser medicamente marcado. Mas essa marcação médica que caracteriza o espaço asilar, em relação a todos os outros espaços disciplinares, não atua de maneira nenhuma como aplicação, no interior do asilo, de um saber psiquiátrico que se formularia numa teoria. Essa marcação médica é, na realidade, a instauração de um jogo entre o corpo sujeitado do louco e o corpo institucionalizado do psiquiatra, ampliado à dimensão de uma instituição. O asilo deve ser concebido como o corpo do psiquiatra; a instituição asilar nada mais é que o conjunto das regulações que esse corpo efetua em relação ao próprio corpo do louco sujeitado no interior do asilo.

✦

É nisso que podemos, creio, identificar um dos traços fundamentais do que eu chamaria de microfísica do poder asilar: esse jogo entre o corpo do louco e o corpo do psiquiatra que está acima dele, que o domina, que o sobrepuja e, ao mesmo tempo, o absorve. É isso, com todos os efeitos que são próprios de um jogo assim, que me parece caracterizar a microfísica do poder psiquiátrico.

A partir daí, podemos identificar três fenômenos que procurarei, nas próximas aulas, analisar um pouco mais precisamente. O primeiro é o seguinte: esse poder protopsiquiátrico, que procurei definir assim, vai, é claro, se transformar consideravelmente após certo número de fenômenos, que procurarei indicar a vocês, a partir dos anos 1850-1860; apesar de manter-se sobrecarregado, modificado, no interior dos asilos, mantém-se igualmente fora deles. Vale dizer que vocês tiveram, por volta dos anos 1840-1860, uma espécie de difusão, de migração desse poder psiquiátrico, que se difundiu em certo número de instituições, de outros regimes disciplinares a que ele veio, de certo modo, se adicionar. Em outras palavras, creio que o poder psiquiátrico como tática de sujeição dos corpos numa certa física do poder, como poder de intensificação da realidade, como constituição dos indivíduos ao mesmo tempo receptores e portadores de realidade, se disseminou.

E creio que é ele que podemos encontrar sob o que chamarei de funções-psi: patológica, criminológica etc. Vocês vão encontrar esse poder psiquiátrico, isto é, essa função de intensificação do real, onde quer que seja necessário fazer a realidade funcionar como poder. Se vocês veem aparecer psicólogos na escola, na usina, nas prisões, no exército etc., é que eles intervieram exatamente no momento em que cada uma dessas instituições se encontrava na obrigação de fazer a realidade funcionar como poder ou, ainda, de fazer a realidade valer como o poder que se exercia no interior delas. A escola, por exemplo, necessita do psicólogo quando é preciso fazer valer como realidade um saber que é dado, distribuído na escola e que para de se apresentar como real efetivamente àqueles a que é proposto. O psicólogo tem de intervir na escola quando o poder que se exerce na escola deixa de ser um poder real, torna-se um poder ao mesmo tempo mítico e frágil e quando, por conseguinte, é necessário intensificar sua realidade. É nessa dupla condição que a psicologia escolar é necessária, a psicologia escolar que faz aparecer as aptidões diferenciais dos indivíduos, a partir das quais o indivíduo se encontra situado no campo do saber em certo nível, como se fosse um campo real, como se fosse um campo que tivesse em si seu poder de coerção, já que, lá onde se está, nesse campo do saber definido pela instituição escolar, lá se deve continuar. Assim, o saber funciona como poder e esse poder do saber se apresenta como realidade no interior da qual o indivíduo se encontra situado. E, ao fim da manipulação da psicologia escolar, o indivíduo se encontra efetivamente portador de uma realidade que vai então aparecer dupla: realidade das suas aptidões, de um lado, realidade dos conteúdos de saber que ele é capaz de adquirir, de outro. E é no ponto de articulação dessas duas "realidades" definidas pela psicologia escolar que o indivíduo vai aparecer como indivíduo. Poderíamos fazer o mesmo tipo de análise a propósito das prisões, da usina etc.

A função psicológica que, de um ponto de vista histórico, derivou inteiramente do poder psiquiátrico, que foi disseminada em outras partes, essa função psicológica tem por papel essencial intensificar a realidade como poder e intensificar o poder fazendo-o valer como realidade. É esse o primeiro ponto sobre o qual, creio eu, convém insistir.

Ora, como se fez essa espécie de disseminação? Como pôde acontecer que esse poder psiquiátrico, que parecia estar ligado de maneira tão sólida ao espaço asilar propriamente dito, tenha se propagado? Quais foram, em todo caso, os intermediários? Creio que o intermediário que podemos facilmente encontrar é essencialmente a psiquiatrização das crianças anormais, mais exatamente a dos idiotas. Foi a partir do momento em que se separou, no interior do asilo, os loucos dos idiotas, que começou a se definir uma espécie de instituição em que o poder psiquiátrico, nessa forma arcaica que acabo de lhes descrever, foi posto em ação[39]. Essa forma arcaica continuou a ser por anos a fio o que era no início, podemos dizer que por quase um século. E é a partir dessa forma mista, entre a psiquiatria e a pedagogia, a partir dessa psiquiatrização do anormal, do débil, do deficiente etc., que se fez, creio, todo o sistema de disseminação que permitiu que a psicologia se tornasse essa espécie de duplicação perpétua de todo funcionamento institucional. Assim, é um pouco disso, da organização, da instauração da psiquiatrização dos idiotas, que eu gostaria de lhes falar da próxima vez.

Depois, há outros fenômenos a partir dessa protopsiquiatria que eu também gostaria de assinalar. A outra série de fenômenos é a seguinte: enquanto na psiquiatrização dos idiotas o poder psiquiátrico, tal como o descrevi para vocês, continua a valer quase sem modificações, em contrapartida, no interior do asilo, acontece um certo número de coisas fundamentais e essenciais, um duplo processo no qual é muito difícil, aliás (como em toda batalha), saber quem começou, quem tem a iniciativa e até, afinal, quem sai vencedor. Quais foram esses dois processos geminados?

Foi, em primeiro lugar, algo de essencial na história da medicina, que é o aparecimento da neurologia, mais exatamente da neuropatologia, isto é, a partir do momento em que se começou a dissociar da loucura certo número de distúrbios cuja sede neurológica e cuja etiologia neuropatológica podiam efetivamente ser determinadas, o que permitia distinguir os que eram realmente doentes no plano do seu corpo daqueles para os quais não se podia encontrar nenhuma determinação etiológica no plano das lesões orgânicas[40]. O que colocava o problema da seriedade, da autenticidade da doença mental; o que começava a fazer correr a suspeita de que, afinal de contas, uma doença mental que não tivesse correlação anatômica devia mesmo ser considerada séria?

E, diante disso – correlativamente a essa espécie de suspeita que a neurologia começava a fazer incidir sobre todo o mundo da doença mental –, vocês tinham todo o jogo das doenças que não cessaram de responder em termos de verdade e de mentira ao que era o poder psiquiátrico. Ao poder psiquiátrico que dizia "não sou mais que um poder e vocês devem aceitar meu saber somente no plano das suas marcas e sem nunca ver os efeitos do seu conteúdo", os doentes respondiam pelo jogo que era o jogo da simulação. Quando os médicos por fim trouxeram um conteúdo de saber novo, que era o saber neuropatológico, eles responderam por outro tipo de simulação que foi, em linhas gerais, a grande simulação das doenças nervosas – epilepsia, paralisia etc. – pelos histéricos. E o jogo, a espécie de perpétua perseguição entre os doentes, que não paravam de armar ciladas para o saber médico em nome de certa verdade e num certo jogo de mentiras, e os médicos, que tentavam perpetuamente pegar os doentes na armadilha de um saber neurológico dos sinais patológicos, de um saber médico sério – tudo isso finalmente perpassou, como uma luta real entre médicos e doentes, por toda a história da psiquiatria do século XIX.

Enfim, o último ponto é saber de que maneira foram retomados, fora da instituição asilar, esses principais elementos que vimos se formarem no próprio interior do poder psiquiátrico e que eram seus pontos de apoio, isto é, esses elementos de realidade, essa lei do poder do outro, esse prestígio dado à palavra do médico, essa lei da identidade, essa obrigação da anamnese, essa tentativa de trazer à tona o desejo louco que faz a realidade da loucura, o problema do dinheiro etc.; de que modo esses elementos foram postos em jogo no interior de uma prática que se dizia não psiquiátrica – que era a psicanálise –, mas que vemos, quando retomamos esses diversos elementos, o quanto eles estavam inscritos no próprio interior do poder psiquiátrico [e que] foi o próprio jogo do poder psiquiátrico no interior da disciplina asilar que começou a isolá-los e a fazê-los surgir[41].

De modo que teríamos, por assim dizer, um tríplice destino do poder psiquiátrico. Vocês o encontrariam persistindo por muito tempo sob a sua forma arcaica após os anos 1840-1860 na pedagogia da debilidade mental. Vocês o encontrariam elaborando-se, atuando dentro dele mesmo no asilo, pelo jogo da neurologia e da simulação. E também um terceiro destino: seria sua retomada no interior de uma prática que se apresenta entretanto como uma prática não exatamente psiquiátrica.

NOTAS

1. Assim, além das numerosas ocorrências do termo "dirigir" em seu *Traité médico-philosophique sur l'aliénation mentale, ou la Manie* (*op. cit.*, ed. de 1800, pp. XLV, 46, 50, 52, 194, 195, 200), Pinel consagra duas passagens à direção dos alienados: seção II, § VI, "Avantages de l'art de diriger les aliénés pour seconder l'effet des médicaments", pp. 57-8; § XXII, "Habileté dans l'art de diriger les aliénés en paroissant se prêter à leurs idées imaginaires", pp. 92-5. Esquirol, de seu lado, define o tratamento moral como "a arte de dirigir a inteligência e as paixões dos alienados" ("De la folie" (1816, *op. cit.* [*in Des maladies mentales*..., t. I], p. 134). Leuret declara que "é necessário dirigir a inteligência dos alienados e estimular, neles, paixões capazes de distraí-los do seu delírio" (*Du traitement moral de la folie*, *op. cit.*, p. 185).

2. É a partir da pastoral de Carlos Borromeu (1538-1584) – *Pastorum instructiones ad concionandum, confessionisque et eucharistiae sacramenta ministrandum utilissimae*, Antverpiae, C. Plantini, 1586 – que se instaura, em ligação com a reforma católica e o desenvolvimento dos "retiros", a prática da "direção" ou "condução". Entre os que fixaram as regras destes, podemos mencionar: [a] Inácio de Loyola, *Exercitia spiritualia*, Roma, A. Bladum, 1548 [*Exercices spirituels*, trad. fr. e notas por F. Lourel, Paris, Desclée de Brouwer (col. "Christus"), 1963]. Cf. [a] P. Dudon, *Saint Ignace de Loyola*, Paris, Beauchesne, 1934; [b] P. Doncoeur, "Saint Ignace et la direction des âmes", *La Vie spirituelle*, Paris, t. 48, 1936, pp. 48-54; [g] M. Olphe-Galliard, verbete "Direction spirituelle", III, "Période moderne", *in Dictionnaire de spiritualité ascétique et mystique. Doctrine et histoire*, t. III, s.n., Paris, Beauchesne, 1957, col. 1115-1117. – [b] François de Sales (1567-1622), *Introduction à la vie dévote* (1608), cujo capítulo 4 torna-se o breviário dos diretores: "De la nécessité d'un directeur pour entrer et faire progrès en la dévotion", *in Oeuvres*, vol. III, Annecy, impr. Niérat, 1893, pp. 22-5. Cf. F. Vincent, *Saint François de Sales, directeur d'âmes. L'éducation de la volonté*, Paris, Beauchesne, 1923. – [c] Jean-Jacques Olier (1608-1657), fundador do seminário de Saint-Sulpice, "L'esprit d'un directeur des âmes", *in Oeuvres complètes*, Paris, ed. J.-P. Migne, 1856, col. 1183-1240.

Sobre a "direção", podemos remeter às seguintes obras: [a] E. M. Caro, "La direction des âmes au XVII[e] siècle", *in Nouvelles Études morales sur le temps présent*, Paris, Hachette, 1869, pp. 145-203. [b] H. Huvelin, *Quelques directeurs d'âmes au XVII[e] siècle: saint François de Sales, M. Olier, saint Vincent de Paul, l'abbé de Rancé*, Paris, Gabalda, 1911. M. Foucault volta à noção de "direção" em seus cursos no Collège de France: [1] *Les Anormaux*, *op. cit.*, 19 de fevereiro de 1975, pp. 170-1, e 26 de fevereiro de 1975, pp. 187-9; [2] ano 1977-1978: "Sécurité, territoire et population", 28 de fevereiro de 1978; [3] ano 1981-1982, *L'Herméneutique du sujet* (ed. s/dir. F. Ewald & A. Fontana, por F. Gros, Paris, Gallimard/Seuil, col. "Hautes Études", 2001) [trad. bras. *A hermenêutica do sujeito*, São Paulo, Martins Fontes, 2004], 3 e 10 de março de 1982, pp. 315-93; e na sua aula na Universidade de Stanford de 10 de outubro de 1979, DE, IV nº 291, pp. 146-7.

3. H. Belloc, "De la responsabilité morale chez les aliénés", *Annales médico-psychologiques*, 3ª série, t. III, julho de 1861, p. 422.

4. F. Leuret, *Du traitement moral de la folie*, *op. cit.*, pp. 444-6. Cf. *supra*, p. 186.

5. F. Leuret, *Du traitement moral de la folie*..., pp. 441, 443, 445.

6. *Ibid.*, p. 431: "Mando aplicarem um jato d'água no rosto e no corpo dele e, quando ele parece disposto a suportar tudo *para o seu tratamento*, tomo o cuidado de lhe dizer que aquilo não é para tratá-lo, mas para humilhá-lo e para puni-lo" (grifado no texto).

7. Construído em 1634 com a finalidade de ser um asilo para a nobreza pobre e para os soldados feridos, o castelo de Bicêtre é incorporado ao Hospital Geral criado pelo edito de 27 de abril de 1656, dispondo que "os pobres mendigos válidos e inválidos, de ambos os sexos, sejam internados num hospital para ser empregados em obras, manufaturas e outros trabalhos de acordo com sua capacidade". Foi na ala Saint-Prix, criada em 1660 para receber alienados, que Pinel assumiu, no dia 11 de setembro de 1793, sua função de "médico das enfermarias", que ocupará até 19 de abril de 1795. Cf.: [a] P. Bru, *Histoire de Bicêtre (hospice, prison, asile), d'après des documents historiques*, Paris, Éd. du Progrès médical, 1890. [b] F. Funck-Brentano e G. Marindaz, *L'Hôpital général de Bicêtre*, Lyon, Laboratoires Ciba (col. "Les Vieux Hôpitaux français"), 1938. [c] J. M. Surzur, "L'Hôpital-hospice de Bicêtre. Historique, fonctions sociales jusqu'à la Révolution française", Th. Méd. Paris, 1969, nº 943, Paris, s.n., 1969.

8. A Salpêtrière* deve seu nome à fábrica de pólvora que existira sob Luís XIII, no lugar em que se ergueu. O edito de 27 de abril de 1656 a incorpora ao Hospital Geral para o "internamento das pobres mendicantes" da cidade e dos subúrbios de Paris, "mulheres incorrigíveis" e algumas "loucas". Quando da supressão da sua função carcerária, o hospício é rebatizado, em 1793, "Casa nacional das mulheres", nome que guarda até 1823. O Conselho Geral dos Hospitais e Hospícios do Sena, fundado por Jean-Antoine Chaptal (1756-1832) em 1801, ordena por um decreto de 27 de março de 1802 a transferência para a Salpêtrière das mulheres loucas hospitalizadas no Hôtel-Dieu. Cf.: [a] L. Boucher, *La Salpêtrière. Son histoire de 1656 à 1790. Ses origines et son fonctionnement au XVIII*[e] *siècle*, Paris, Éd. du Progrès médical, 1883. [b] G. Guillain e P. Mathieu, *La Salpêtrière*, Paris, Masson, 1925. [c] L. Larguier, *La Salpêtrière*, Lyon, Laboratoires Ciba, 1939. [d] J. Couteaux, "L'histoire de la Salpêtrière", *Revue hospitalière de France*, t. 9, 1944, pp. 106-27 e 215-42. – Desde então, dispomos de um estudo bem documentado: N. Simon e J. Franchi, *La Pitié-Salpêtrière*, Saint-Bénoît-la-Forêt, Éd. de l'Arbre à images, 1986.

9. Saint-Lazare, fundado no século IX, pelos irmãos hospitalários de são Lázaro, para cuidar de leprosos, é transformado em 7 de janeiro de 1632 por são Vicente de Paulo, para receber "as pessoas detidas por ordem de Sua Majestade" e os "pobres insensatos". Em 1794, torna-se uma prisão para mulheres públicas. Cf.: [a] E. Pottet, *Histoire de Saint-Lazare (1122-1912)*, Paris, Société française d'imprimerie et de librairie, 1912. [b] J. Vié, *Les Aliénés et les correctionnaires à Saint-Lazare au XVII*[e] *siècle et au XVIII*[e] *siècle*, Paris, F. Alcan, 1930. M. Foucault faz referência a ele em *Histoire de la folie*, *op. cit.*, ed. de 1972, pp. 62 e 136.

10. A casa de Charenton resulta de uma fundação do conselheiro do rei, Sébastien Leblanc, em setembro de 1641. Ela é entregue em fevereiro de 1644 à Ordem dos Hospitalários de São João de Deus, criada em 1537 pelo português João Cidade Duarte para acudir pobres e doentes. Cf.: [a] J. Monval, *Les Frères hospitaliers de Saint-Jean-de-Dieu en France*, Paris, Bernard Grasset (col. "Les Grands Ordres monastiques et Instituts religieux" 22), 1936. [b] A. Chagny, *L'Ordre hospitalier de Saint-Jean-de-Dieu en France*, Lyon, Lescuyer et fils, 1953, 2 vol. – Ver também: P. Sevestre, "La maison de Charenton, de la fondation à la

....

* Salitraria. (N. T.)

reconstruction: 1641-1838", *Histoire des sciences médicales*, t. 25, 1991, pp. 61-71.

Fechada em julho de 1795, a casa é reaberta e nacionalizada sob o Diretório, no dia 15 de junho de 1797, a fim de substituir as alas de alienados do Hôtel-Dieu. Sua direção é confiada a um ex-religioso da ordem regular dos premonstratenses, François de Coulmiers, e Joseph Gastaldy é nomeado médico-chefe. Cf.: [a] C. F. S. Giraudy, *Mémoire sur la Maison nationale de Charenton, exclusivement destinée au traitement des aliénés*, Paris, Imprimerie de la Société de Médecine, 1804. [b] J. E. D. Esquirol, "Mémoire historique et statistique sur la Maison Royale de Charenton" (1835), *in Des maladies mentales considérées sous les rapports médical, hygiénique et médico-légal*, *op. cit.*, t. II, 1838, pp. 539-736. [c] Ch. Strauss, *La Maison nationale de Charenton*, Paris, Imprimerie nationale, 1900.

11. F. Leuret, *Du traitement moral de la folie*, *op. cit.*, p. 185: "Num estabelecimento de alienados que eu poderia designar, o número de doentes é tal que, no curso de todo um ano, o médico-chefe só pode dedicar a cada enfermo trinta e sete minutos e, num outro, em que o número de doentes é ainda mais considerável [...], cada doente só tem direito, num ano, a dezoito minutos do tempo do médico-chefe".

12. M. Foucault se refere às distinções que Esquirol estabelece no campo da loucura, definida como "uma afecção cerebral geralmente crônica, sem febre, caracterizada por desordens da sensibilidade, da inteligência, da vontade" ("de la folie" (1816), *op. cit.*, [*in Des maladies mentales*..., t. I], p. 5). No interior desse campo delimitado por essa divisão tripartite das faculdades psicológicas vêm inscrever-se variedades clínicas que diferem entre si por (a) a natureza da desordem que afeta as faculdades; (b) a extensão da desordem; (c) a qualidade do humor que a afeta. Assim, enquanto a mania se caracteriza pela "perturbação e a exaltação da sensibilidade, da inteligência e da vontade" ("De la manie" (1818), *ibid.*, t. II, p. 132), na lipemania – neologismo criado por Esquirol em 1815 a partir do radical grego ly´ph, tristeza, aflição – "a sensibilidade é dolorosamente excitada ou lesada; as paixões tristes, opressivas, modificam a inteligência e a vontade" ("De la monomanie" (1819), *ibid.*, pp. 398-481).

13. A distinção entre mania e monomania tem por critério a extensão da desordem: geral ou parcial, isto é, centrada numa faculdade (monomanias intelectuais, instintivas etc.), num objeto (erotomania) ou num tema (monomania religiosa, homicida). Assim, a mania se

caracteriza pelo fato de que "o delírio é geral, todas as faculdades do entendimento são exaltadas e perturbadas", enquanto na monomania "o delírio triste ou alegre, concentrado ou expansivo, é parcial e circunscrito a um pequeno número de ideias e de afecções" ("De la manie" (1818), *ibid.*, t. II, p. 133).

14. Por oposição à mania, caracterizada pela "exaltação das faculdades", o grupo das demências – com suas variedades "aguda", "crônica" e "senil" – se distingue por seus aspectos negativos: "A demência é uma afecção cerebral, geralmente sem febre e crônica, caracterizada pelo enfraquecimento da sensibilidade, da inteligência e da vontade" ("De la démence" (1814), *ibid.*, p. 219).

15. A cauterização ou "cautério atual" consiste na aplicação de um ferro em brasa ou aquecido na água fervendo no alto da cabeça ou na nuca. Cf. L. Valentin, "Mémoire et observations concernant les bons effets du cautère actuel, appliqué sur la tête dans plusieurs maladies", Nancy, 1815. Esquirol preconiza o uso do "ferro em brasa aplicado à nuca na mania complicada de furor" ("De la folie" (1816), *in op. cit.*, t. I, p. 154, e "De la manie" (1818), *ibid.*, t. II, pp. 191 e 217). Cf. J. Guislain, *Traité sur l'aliénation mentale et sur les hospices des aliénés*, *op. cit.*, t. II, cap. VI, "Moxa et cautère actuel", pp. 52-5.

16. As "moxas" são cilindros compostos de uma matéria cuja combustão progressiva, pela dor que provoca, estimularia o sistema nervoso e teria uma função de ativação sensitiva. Cf.: [a] A. E. M. Bernardin, *Dissertation sur les avantages qu'on peut retenir de l'application du moxa...*, Paris, impr. Lefebvre, 1803. [b] E. J. Georget, *De la folie. Considérations sur cette maladie...*, *op. cit.*, p. 247. Ele preconiza seu emprego nas formas de alienação que comportam estupor e insensibilidade. [c] J. Guislain, *Traité sur les phrénopathies*, *op. cit.*, seção IV: "O mais poderoso irritante age sobre a sensibilidade física pela dor e pela destruição das partes vivas, mas age também sobre o moral pelo medo que inspira" (ed. de 1835, p. 458).

17. Foi Ugo Cerletti (1877-1963) que, insatisfeito com o choque de cardiazol empregado pelo psiquiatra de Milão Laszlo von Meduna desde 1935, criou com Lucio Bini o eletrochoque. Em 15 de abril de 1938, pela primeira vez, um esquizofrênico é submetido a esse procedimento terapêutico. Cf. U. Cerletti, [1] "L'elettroshock", *Rivista sperimentale di freniatria*, Reggio Emilia, vol. XVIII, 1940, pp. 209-310; [2] "Electroshock therapy", *in* A. M. Sackler *et al.*, *The Great Physiodinamic*

Therapies in Psychiatry: An Historical Appraisal, Nova York, Harper, 1956, pp. 92-4.

18. A partir da segunda metade do século XIX, o emprego do éter se desenvolve em psiquiatria, com finalidades tanto terapêuticas – notadamente para acalmar "os estados de agitação ansiosa" (W. Griesinger, *Die Pathologie und Therapie der psychischen Krankheiten*, Stuttgart, A. Krabbe, 1845, p. 544) – como diagnósticas. Cf.: [a] H. Bayard, "L'utilisation de l'éther et le diagnostic des maladies mentales", *Annales d'hygiène publique et médicale*, t. 42, nº 83, julho de 1849, pp. 201-14. [b] B. A. Morel, "De l'éthérisation dans la folie du point de vue du diagnostic et de la médecine légale", *Archives générales de médecine*, 5ª série, t. 3, vol. 1, fevereiro de 1854: "A eterização é, em circunstâncias bem determinadas, um meio precioso para modificar o estado doentio e para esclarecer o médico sobre o verdadeiro caráter neuropático da afecção" (p. 135). [c] H. Brochin, verbete "Maladies nerveuses", § "Anesthésiques: éther et chloroforme", *in op. cit.* [*Dictionnaire encyclopédique des sciences médicales*, 2ª série, t. XII, 1877], pp. 376-7.

19. Foi ao voltar das suas viagens pela França, Itália e Bélgica que Esquirol inaugurou a discussão sobre a construção dos asilos de alienados. Primeiro em sua Memória, *Des établissements consacrés aux aliénés en France…*, *op. cit.*, ed. de 1819 (republicada em *Des maladies mentales…*, *op. cit.*, t. II, pp. 339-431); e em seu verbete "Maisons d'aliénés", *in Dictionnaire des sciences médicales*, t. XXX, Paris, C. L. F. Panckoucke, 1818, pp. 47-95 (republicado *in op. cit.*, t. II, pp. 432-538).

20. Jean-Baptiste Parchappe de Vinay (1800-1866), nomeado em 1848 inspetor-geral do Serviço de Alienados, elabora o plano de um asilo capaz de possibilitar a separação das categorias de doentes e a realização de um projeto terapêutico: cf. *Des principes à suivre dans la fondation et la construction des asiles d'aliénés*, Paris, Masson, 1853. Ver J. G. H. Martel, *Parchappe. Signification de son oeuvre, sa place dans l'évolution de l'assistance psychiatrique*, Th. Méd. Paris, 1965, nº 108, Paris, R. Foulon & Cie, 1965.

21. Henri Girard de Cailleux (1814-1884), nomeado em 20 de junho de 1840 médico-chefe e diretor do asilo de alienados de Auxerre, propõe a construção de asilos onde, de acordo com os princípios do tratamento moral, sejam aplicados o isolamento, a classificação e o trabalho dos alienados. Ele desenvolve suas concepções notadamente em: [1] "De l'organisation et de l'administration des établissements d'aliénés", *Annales médico-psychologiques*, t. II, setembro de 1843, pp. 230-60;

[2] "De la construction, de l'organisation, et de la direction des asiles d'aliénés", *Annales d'hygiène publique et de médecine légale*, t. 40, 2ª parte, julho de 1848, pp. 5 e 241.

22. Nomeado em 1860 por Haussmann para o cargo de inspetor-geral do Serviço de Alienados do Sena, Girard de Cailleux propõe em 1861, no âmbito da reorganização do Serviço de Assistência aos Alienados, um programa de construção de uma dezena de asilos na região suburbana de Paris, tendo como modelo o de Auxerre, que ele transformou depois da sua nomeação ao cargo de diretor (cf. nota precedente). Em maio de 1867, Sainte-Anne abre suas portas, seguido em 1868 por Ville-Évrard, Perray-Vaucluse em 1869 e, mais tarde, em 1884, Villejuif. Cf.: [a] G. Daumezon, "Essai d'historique critique de l'appareil d'assistance aux malades mentaux dans le département de la Seine depuis le début du XIXe siècle", *Information psychiatrique*, t. I, 1960, nº 5, pp. 6-9. [b] G. Bleandonu e G. Le Gaufey, "Naissance des asiles d'aliénés (Auxerre-Paris)", *Annales ESC*, 1975, nº 1, pp. 93-126.

23. H. Girard de Cailleux, "De la construction, de l'organisation et de la direction des asiles d'aliénés", art. cit., p. 272.

24. J. E. D. Esquirol, "Des maisons d'aliénés" (1818), *op. cit.*, [*in Des maladies mentales*..., t. II], pp. 227-528. Metáfora que teria um futuro promissor. Assim, em 1946, Paul Balvet, ex-diretor do hospital Saint-Alban e iniciador do movimento de psiquiatria institucional, declara: "O asilo é homogêneo ao psiquiatra, que é seu chefe. Ser chefe não é um grau administrativo, é certa relação orgânica com o corpo que ele comanda... Ele comanda assim como se diz do cérebro que comanda os nervos. O asilo pode ser concebido portanto como o corpo do psiquiatra" ("De l'autonomie de la profession psychiatrique", *in Documents de l'Information psychiatrique*, t. II: *Au-delà de l'asile d'aliénés et de l'hôpital psychiatrique*, Paris, Desclée de Brouwer, 1946, pp. 14-5).

25. Nascido em 28 de setembro de 1745 em Lons-le-Saulnier, Jean-Baptiste Pussin, depois de ter ocupado em 1780 a função de chefe da divisão dos "rapazes internados" em Bicêtre, foi promovido a governador da sétima ala, ou ala Saint-Prix, que correspondia aos "alojamentos dos alienados agitados". Foi aí que Pinel, nomeado em 6 de agosto de 1793 médico do hospício de Bicêtre, o encontrou ao assumir sua função, em 11 de setembro de 1793. Nomeado em 13 de maio de 1795 médico-chefe do hospital da Salpêtrière, Pinel obtém a transferência de Pussin em 19 de maio de 1802 e trabalha com ele na seção das loucas até seu falecimento, em 7 de abril de 1811. É em

"Recherches et observations sur le traitement moral des aliénés" (Memória citada *supra*, pp. 23-4, nota 13), que Pinel faz o elogio do saber de Pussin e atribui a ele a paternidade dos "primeiros desenvolvimentos do tratamento moral" (p. 220). Na edição de 1809 (citada) do *Traité médico-philosophique*, ele declara que, "cheio de confiança na retidão e na habilidade do chefe da polícia interna, deixei-lhe o livre exercício do poder que ele tinha a exercer" (p. 226). Sobre Pussin, cf.: [a] R. Semelaigne, "Pussin", *in Aliénistes et philanthropes: les Pinel et les Tuke*, *op. cit.*, apêndice, pp. 501-4. [b] E. Bixler, "A forerunner of psychiatric nursing: Jean-Baptiste Pussin", *Annals of Medical History*, 1936, nº 8, pp. 518-9. – Ver também: M. Caire, "Pussin avant Pinel", *Information psychiatrique*, 1993, nº 6, pp. 529-38; J. Juchet, "Jean-Baptiste Pussin et Philippe Pinel à Bicêtre en 1793: une rencontre, une complicité, une dette", *in* J. Garrabé, org., *Philippe Pinel*, Paris, Les Empêcheurs de penser en rond, 1994, pp. 55-70; J. Juchet e J. Postel, "Le surveillant Jean-Baptiste Pussin", *Histoire des sciences médicales*, t. 30, nº 2, 1996, pp. 189-98.

26. A partir da lei de 30 de junho de 1838, inicia-se um debate sobre a natureza dos poderes que presidem os asilos. Assim, o prefeito do Sena, barão Haussmann, instaura, em 27 de dezembro de 1860, uma comissão para "a melhoria e as reformas a serem realizadas nos serviços de alienados", a qual, de fevereiro a junho de 1861, discute a questão de saber se se deveria nomear, ao lado do médico de asilo, um diretor administrativo, ou reunir nas mãos de um médico diretor os poderes médico e administrativo, conforme previsto no artigo 13 do decreto de aplicação da lei de 18 de dezembro de 1839. Em 25 de novembro de 1861, o relatório conclui que "o que seria acima de tudo desejável é que a autoridade fosse única, que todos os elementos administrativos ou médicos concorressem, sob um mesmo impulso, para o bem que se tem por fim" (*Rapport de la Commission instituée pour la réforme et l'aménagement du service d'aliénés du département de la Seine*, Paris, 1861).

27. Ph. Pinel, *La Médecine clinique rendue plus précise et plus exacte par l'application de l'analyse, ou Recueil et résultats d'observations sur les maladies aiguës, faites à la Salpêtrière* (1802), 2ª ed., Paris, Brosson et Gabon, 1804, pp. 5-6.

28. Por exemplo, foi J.-P. Falret que pôs o interrogatório no primeiro plano do exame clínico, estabelecendo em princípio que "se quiserem conhecer as tendências, as direções de espírito e as disposi-

ções de sentimentos que são a fonte de todas as manifestações, não reduzam seu dever de observador ao papel passivo de secretário dos doentes, de estenógrafo das suas palavras ou de narradores das suas ações [...]. O primeiro princípio a seguir [...] é portanto mudar seu papel passivo de observador das palavras e dos atos dos doentes para um papel ativo e procurar com frequência provocar e fazer brotar manifestações que nunca surgiriam espontaneamente" ("Discours d'ouverture: De la direction à imprimer à l'observation des aliénés", *in Leçons cliniques de médecine mentale faites à l'hospice de la Salpêtrière*, Paris, J.-B. Baillière, 1854, pp. 19-20).

29. J.-P. Falret, [1] *ibid.*, aula VIII, pp. 221-2: "Às vezes é preciso conduzir com habilidade a conversa sobre certos temas que se supõe tenham relação com as ideias ou os sentimentos doentios; essas conversas calculadas agem como pedras de toque, pondo a nu as preocupações mórbidas. Uma grande experiência e muita arte costumam ser necessárias para observar e interrogar convenientemente certos alienados"; [2] *De l'enseignement clinique des maladies mentales*, Paris, impr. de Martinet, 1850, pp. 68-71.

30. Assim, numerosas declarações insistem na necessidade de recolher as observações dos doentes em "registros" que recapitulem a história da sua doença. [a] Ph. Pinel recomenda "manter diários exatos do andamento e das diversas formas que a alienação pode adquirir durante todo o seu curso, desde a sua invasão até o seu término" (*Traité médico-philosophique*, *op. cit.*, ed. de 1800, seção VI, § XII, p. 256). [b] C. F. S. Giraudy insiste nesse ponto em seu *Mémoire sur la Maison nationale de Charenton...*, *op. cit.*, pp. 17-22. [c] J. J. Moreau de Tours: "As informações obtidas sobre o doente são anotadas no registro que deve conter também os detalhes necessários sobre o andamento da doença... Esse registro é um verdadeiro caderno de observações de que se faz, no fim de cada ano, um esmiuçamento estatístico, que é uma fonte de documentos preciosos" ("Lettres médicales sur la colonie d'aliénés de Ghéel", art. cit. [*supra*, pp. 209-10, nota 1], p. 267). Sobre essa forma de escrita disciplinar, ver M. Foucault, *Surveiller et punir*, *op. cit.*, pp. 191-3.

31. Em 1817, Esquirol inaugura um curso de clínica das doenças mentais na Salpêtrière, a que dá seguimento até sua nomeação, em 1826, para o cargo de médico-chefe de Charenton. Cf.: [a] R. Semelaigne, *Les Grands Aliénistes français*, Paris, G. Steinheil, 1894, p. 128. [b] C. Bouchet, *Quelques mots sur Esquirol*, Nantes, C. Mellinet, 1841, p. 1.

32. Em Bicêtre, Guillaume Ferrus, nomeado médico-chefe no início de 1826, dá de 1833 a 1839 "Leçons cliniques sur les maladies mentales", reproduzidas na *Gazette médicale de Paris*, t. I, nº 65, 1833; t. II, nº 39, 1834, p. 48; t. IV, nº 25, 1836, pp. 28, 44, 45; e na *Gazette des hôpitaux*, 1838, pp. 307, 314, 326, 345, 352, 369, 384, 399, 471, 536, 552, 576, 599, 612; 1839, pp. 5, 17, 33, 58, 69, 82, 434, 441. Depois da saída de Ferrus, Leuret organiza em 1840 aulas clínicas que prosseguem até 1847, publicadas parcialmente na *Gazette des hôpitaux*, t. II, 1840, pp. 233, 254, 269, 295.

33. Na Salpêtrière, Jules Baillarger (1809-1890) retoma o ensino clínico em 1841. J.-P. Falret, nomeado médico de uma seção de alienados, começa por sua vez em 1843 o ensino clínico, uma parte do qual é publicado nos *Annales médico-psychologiques*, t. IX, setembro de 1847, pp. 232-64; t. XII, outubro de 1849, pp. 524-79. Essas aulas são publicadas (com o mesmo título) em *De l'enseignement clinique des maladies mentales*, *op. cit.* Cf. M. Wiriot, *L'Enseignement clinique dans les hôpitaux de Paris entre 1794 et 1848*, Th. Méd. Paris, 1970, nº 334, Vincennes, impr. Chaumé, 1970.

34. J.-P. Falret, *De l'enseignement clinique*..., p. 126.

35. *Ibid.*, p. 127: "A narração pública da sua doença feita pelos alienados é, para o médico, um auxiliar ainda mais precioso [...]; o médico deve ser muito mais poderoso nas novas condições da clínica, isto é, quando o professor vem tornar sensíveis aos olhos do doente todos os fenômenos da sua doença, em presença de ouvintes mais ou menos numerosos".

36. *Ibid.*, p. 119: "Se os doentes aceitam..., ele faz o histórico da sua doença com o firme princípio de só contar o que é perfeitamente declarado por eles, e se interrompe várias vezes para lhes perguntar se está exprimindo com verdade os fatos que eles mesmos lhe contaram antes".

37. *Ibid.*, p. 125: "Muitas vezes, o relato da doença, feito em todos os seus desenvolvimentos, impressiona vivamente os alienados, que testemunham eles próprios a sua verdade com visível satisfação e se comprazem em entrar em maiores detalhes para completar o relato, surpresos e gloriosos, de certo modo, por terem cuidado deles com interesse bastante para conhecer toda a sua história".

38. Marie François Xavier Bichat (1771-1802), depois de ter se iniciado na cirurgia em Lyon, no serviço de Marc-Antoine Petit (1762-1840) e de ter se tornado, em junho de 1794, aluno de Pierre

Joseph Delsaut (1744-1795), cirurgião do Hôtel-Dieu, consagra-se, depois da sua nomeação em 1800, à anatomia patológica, empreendendo estabelecer relações definidas entre as alterações dos tecidos e os sintomas clínicos; cf. [1] *Traité des membranes en général et des diverses membranes en particulier*, Paris, Gabon, 1800. Expõe suas concepções em [2] *Anatomie générale appliquée à la physiologie et à la médecine*, Paris, Brosson et Gabon, 1801, 4 vol.

Mas principalmente Gaspard Laurent Bayle (1774-1816) e René Théophile Laënnec (1781-1826) é que se esforçarão para fundir numa só disciplina a medicina clínica e a patologia anatômica. [a] G. L. Bayle é um dos primeiros a formular a metodologia da jovem escola anatomoclínica em sua tese, defendida em 4 de ventoso do ano X/24 de fevereiro de 1802: [1] *Considérations sur la nosologie, la médecine d'observation et la médecine pratique, suivies d'observations pour servir à l'histoire des pustules gangreneuses*, Th. Méd. Paris, nº 70, Paris, Boiste (Gabon), 1802. Expõe nesse trabalho as ideias que desenvolverá e precisará em [2] *Recherches sur la phtisie pulmonaire*, Paris, Gabon, 1810, e em [3] "Considérations générales sur les secours que l'anatomie pathologique peut fournir à la médecine", *in Dictionnaire des sciences médicales*, t. II, Paris, C. L. F. Panckoucke, 1812, pp. 61-78. – [b] R. T. Laënnec renova a patologia pulmonar em [1] *De l'auscultation médiate, ou Traité du diagnostic des malades des poumons et du coeur, fondé principalement sur ce nouveau moyen d'exploration* (1819, 2 vol.), dando-se como princípio procurar "pôr do ponto de vista do diagnóstico as lesões orgânicas internas na mesma linha das doenças cirúrgicas" (2ª ed. rev. e aum., t. I, Paris, Brosson et Chaudé, 1826, p. XXV), e em sua obra póstuma, [2] *Traité inédit sur l'anatomie pathologique, ou Exposition des altérations visibles qu'éprouve le corps humain dans l'état de maladie*, Paris, Alcan, 1884.

Sobre Bichat, ver as páginas de M. Foucault no capítulo VIII, "Ouvrez quelques cadavres" de *Naissance de la clinique. Une archéologie du regard médical*, Paris, PUF, col. "Galien", 1963, pp. 125-48. De um ponto de vista mais geral, cf.: [a] J. E. Rochard, *Histoire de la chirurgie française au XIXe siècle*, Paris, J.-B. Baillière, 1875. [b] O. Temkin, "The role of surgery in the rise of modern medical thought", *Bulletin of the History of Medicine*, Baltimore, Md., vol. 25, nº 3, 1951, pp. 248-59. [c] E. H. Ackerknecht, [1] "Pariser chirurgie von 1794-1850", *Gesnerus*, t. 17, 1960, pp. 137-44; [2] *Medicine at the Paris Hospitals (1794-1848)*, Baltimore, Md., The Johns Hopkins Press, 1967 [*La Médecine hospitalière à Paris (1794-1848)*, trad. fr. F. Blateau, Paris, Payot, 1986, pp. 181-9]. [d]

P. Huard e M. Grmeck, orgs., *Sciences, médecine, pharmacie, de la Révolution à l'Empire (1789-1815)*, Paris, Éd. Dacosta, 1970, pp. 140-5. [e] M.-J. Imbault-Huart, *L'École pratique de dissection de Paris de 1750 à 1822, ou l'Influence du concept de médecine pratique et de médecine d'observation dans l'enseignement médico-chirurgical au* XVIII*e siècle*, tese de doutoramento, Universidade de Paris-I, 1973; repr. Universidade de Lille-III, 1975. [f] P. Huard, "Concepts et réalités de l'éducation et de la profession médico-chirurgicales pendant la Révolution", *Journal des savants*, abril-junho de 1973, pp. 126-50.

Sobre G. L. Bayle: M.-J. Imbault-Huart, "Bayle, Laënnec et la méthode anatomo-clinique", *Revue du Palais de la Découverte*, nº especial, 22 de agosto de 1981, pp. 79-89. – Posteriormente: J. Duffin, "Gaspard Laurent Bayle et son legs scientifique: au-delà de l'anatomie pathologique", *Canadian Bulletin of Medical History*, Winnipeg, t. 31, 1986, pp. 167-84.

Sobre Laënnec: P. Huard, "Les chirurgiens et l'esprit chirurgical en France au XVIIIe siècle", *Clio Medica*, vol. 15, nº 3-4, 1981. – Posteriormente: J. Duffin, [1] "The medical philosophy of R. Th. Laënnec (1781-1826)", *History and Philosophy of the Life Sciences*, vol. 8, 1986, pp. 195-219; [2] "La médecine anatomo-clinique: naissance et constitution d'une médecine moderne", *Revue médicale de la Suisse Romande*, nº 109, 1989, pp. 1005-12.

39. É nos anos 1830 que a separação dos alienados e das crianças idiotas começa a ocorrer na forma, ao mesmo tempo, de declarações de princípio e de um começo de realizações institucionais. Nomeado em 1826 para Bicêtre, Guillaume Ferrus pleiteava em 1834 a criação de "estabelecimentos especiais nos quais fossem reunidas todas as técnicas curativas" (*Des aliénés*, *op. cit.* [*supra*, pp. 213-4, nota 36], p. 190). Em 1839, num relatório feito em nome da Comissão médica dos Hospitais de Paris, Ferrus insiste novamente na "utilidade da criação de uma seção de crianças na ala do hospício de Bicêtre" (citado *in* D. M. Bourneville, *Assistance, Traitement et Éducation des enfants idiots et dégénérés. Rapport fait au congrès national d'Assistance publique, Lyon, juin 1894*, Paris, Publications du Progrès médical, "Bibliothèque de l'éducation spéciale", IV, 1895, p. 142). Uma das primeiras realizações institucionais é a de Jean-Pierre Falret que, depois da sua nomeação em 30 de março de 1831 para a Salpêtrière, decide reunir numa seção comum oitenta idiotas e imbecis. Mas sua lentidão é tamanha que, em 1853, J.-B. Parchappe ainda pode escrever que a

presença de jovens idiotas nos "asilos de alienados, na falta de alas especiais, oferece inconvenientes de todo tipo... Considero uma necessidade indispensável a criação de uma ala de crianças nos asilos de alienados" (*Des principes à suivre dans la fondation et la construction des asiles d'aliénés*, Paris, Masson, 1853, p. 89). Sobre esse ponto, ver o histórico de D. M. Bourneville, *op. cit.*, cap. I, "Aperçu historique de l'assistance et du traitement des enfants idiots et dégénérés", pp. 1-7. Cf. *infra*, aula de 16 de janeiro de 1974.

40. É nos anos 1880, quando a nosologia dos distúrbios neurológicos chega à sua conclusão, que o campo das neuroses se alivia da massa dos sintomas orgânicos (paralisia, anestesias, distúrbios sensoriais, algias etc.) que será assumida pela nova clínica neuropatológica associada ao estudo das lesões localizáveis dos nervos da medula e das estruturas especializadas do encéfalo. O que resta desse campo tende, por volta de 1885-1890, a se organizar em torno de quatro grandes grupos clínicos: (a) neuroses coréicas (coreias histéricas, dança-de-são-guido); (b) neurastenia; (c) histeria; (d) obsessões e fobias.

41. A análise de M. Foucault se inspira aqui em R. Castel, *Le Psychanalysme*, Paris, Maspero, col. "Textes à l'appui", 1973, sobre o qual escreve, no manuscrito da aula de 7 de novembro de 1973: "É um livro radical porque, pela primeira vez, especifica a psicanálise somente no interior da prática e do poder psiquiátricos".

AULA DE 16 DE JANEIRO DE 1974

Os modos de generalização do poder psiquiátrico e a psiquiatrização da infância. – I. A especificação teórica da idiotia. O critério do desenvolvimento. Emergência de uma psicopatologia da idiotia e do retardo mental. Édouard Seguin: o instinto e a anomalia. – II. A anexação institucional da idiotia pelo poder psiquiátrico. O "tratamento moral" dos idiotas: Seguin. O processo de internamento e de estigmatização da periculosidade dos idiotas. O recurso à noção de degenerescência.

Gostaria de procurar identificar os pontos e as formas de generalização do poder psiquiátrico, generalização que tenho a impressão produziu-se de forma bastante precoce. Não creio, devo dizer, que a generalização do poder psiquiátrico seja um fato contemporâneo, seja um dos efeitos da prática psicanalítica. Parece-me que tivemos bem cedo certa difusão do poder psiquiátrico, transmissão que é arcaica por sua data e que, claro, tem por efeito transmitir uma forma do poder psiquiátrico que, ela própria, é arcaica.

Parece-me que essa difusão do poder psiquiátrico realizou-se a partir da infância, isto é, a partir da psiquiatrização da infância. Claro, vocês podem encontrar esboços, formas, dessa generalização a partir de certo número de personagens que não são o personagem da criança – podemos encontrá-los, por exemplo, a propósito do criminoso, e isso já bem cedo, desde a elaboração tanto das perícias psiquiátrico-legais como da noção de monomania –, mas, enfim, parece-me que em todo o século XIX foi principalmente a criança o suporte da difusão do poder psiquiátrico; foi muito mais a criança que o adulto.

Em outras palavras, creio que – em todo caso é a hipótese que gostaria de testar diante de vocês – é do lado dos pares hospital-escola, instituição sanitária (instituição pedagógica, modelo de saúde)-sistema de aprendizagem que se deve buscar o princípio de difusão desse poder psiquiátrico. E gostaria de pôr em epígrafe [...] uma dessas frases breves e fulgurantes de que Canguilhem tanto gosta. Ele escreveu: "Normal é o termo pelo qual o século XIX vai designar o protótipo escolar e o estado de saúde orgânica"[1]. Parece-me que é aí, afinal, do lado dessa elaboração do conceito de "normal", que se fez a difusão do poder psiquiátrico.

Poderíamos naturalmente esperar que essa psiquiatrização da infância tenha se feito por dois caminhos que parecem como que ditados de antemão: de um lado, o caminho que seria o da descoberta da criança louca; o outro caminho seria o de fazer a infância emergir como lugar de fundação, lugar de origem da doença mental*.

Ora, não tenho a impressão de que foi exatamente assim que as coisas aconteceram. De fato, parece-me que a descoberta da criança louca foi afinal uma coisa tardia e muito mais o efeito secundário da psiquiatrização da criança do que seu lugar de origem. A criança louca aparece, creio, bem tarde no século XIX[2]; vemo-la emergir em torno de Charcot, isto é, em torno da histeria, por volta dos anos 1880, e ela não entra na psiquiatria pela via régia do asilo, mas pelo viés da consulta particular. As primeiras crianças que vocês veem surgir no dossiê da história da psiquiatria são as crianças de clientela particular, são em geral, no que concerne a Charcot, jovens filhos abestalhados de grão-duques russos ou meninas da América Latina um pouco histéricas[3]. São essas crianças, acompanhadas aliás pelos dois genitores, é essa trindade que aparece nas consultas de Charcot na década de 1880. Não foi, em absoluto, o endurecimento das disciplinas familiares, nem a instauração das disciplinas escolares que possibilitaram dirigir o foco para as crianças loucas no correr do século XIX.

....

* O manuscrito precisa: "pelo jogo das anamneses, do interrogatório dos doentes e da sua família, dos seus relatos de vida".

Por outro lado, essas anamneses, esses relatos autobiográficos a que o poder psiquiátrico forçava os doentes durante todo o século XIX, curiosamente, essas anamneses também não puseram em marcha a emergência de certa relação fundamental, privilegiada, fundadora, entre a criança e a loucura. Quando se pedia que o doente contasse sua vida, não era em absoluto para tentar dar conta de sua loucura a partir do que havia acontecido durante sua infância, mas para captar nessa infância uma loucura de certo modo já constituída, em todo caso indícios precursores, sinais de predisposição da loucura que já estigmatizavam a infância, em que se procuravam também sinais de predisposição hereditária. Não era tampouco o conteúdo louco da experiência infantil que era interrogado através das anamneses. Logo, a criança louca, a criança como objeto de psiquiatria, aparece tardiamente, e a infância, em sua relação fundamental com a loucura, não é interrogada precocemente.

Eu diria então – é essa hipótese que quero considerar – que a psiquiatrização da criança, por mais paradoxal que seja, não passou pela criança louca ou pela loucura da infância, pela relação constitutiva entre a loucura e a infância. Parece-me que a psiquiatrização da criança passou por outro personagem: a criança imbecil, a criança idiota, a que logo será chamada de criança retardada, isto é, uma criança que se tomou o cuidado [...*], desde o início, desde os trinta primeiros anos do século XIX, de especificar bem que não era louca[4]. Foi por intermédio da criança não louca que se fez a psiquiatrização da criança e, a partir daí, que se produziu essa generalização do poder psiquiátrico.

O que é essa psiquiatrização da criança por intermédio de uma criança que é qualificada de não louca?

Creio que podemos identificar dois processos que são, pelo menos em aparência, totalmente divergentes. Um é de

* Gravação: "de dizer".

ordem puramente teórica. Vocês podem analisá-lo a partir dos textos médicos, das observações, dos tratados de nosografia. Esse processo é a elaboração teórica da noção de imbecilidade ou de idiotia como fenômeno absolutamente distinto da loucura.

Podemos dizer, para resumir as coisas muito esquematicamente, que até o fim do século XVIII o que se chamava imbecilidade, estupidez e já idiotia não tinha nenhuma característica distintiva em relação à loucura em geral. Não era nada mais que uma espécie de loucura que, é claro, se distinguia de uma série de outras espécies, mas que, de qualquer modo, pertencia à categoria geral da loucura. Por exemplo, ora vocês tinham uma espécie de grande oposição entre a loucura que tinha a forma do "furor"[5], isto é, da violência, da agitação temporária, se assim podemos dizer, uma loucura em forma de "mais", e uma loucura em forma de "menos", que era, ao contrário, do tipo do abatimento, da inércia, da não agitação[6], e que era o que se chamava de "demência"[7], "estupidez"[8], "imbecilidade" etc. Ou então, definia-se a imbecilidade, a estupidez, como uma forma particular em toda uma série em que se podia encontrar a mania, a melancolia, a demência[9]. No máximo pode-se [identificar]* certo número de indicações segundo as quais a idiotia teria sido uma doença mais facilmente encontrada nas crianças; já a demência seria uma doença absolutamente semelhante no conteúdo, mas que só se produziria a partir de certa idade[10].

Podemos nos espantar, qualquer que seja o lugar que a imbecilidade ou a idiotia ocupe nos quadros nosográficos – seja, pois, uma noção ampla oposta em geral à agitação e ao furor, seja uma noção precisa –, de todo modo, ficamos um pouco surpresos, apesar de tudo, ao ver a imbecilidade figurar no interior da loucura, numa época em que, precisamente, a loucura era essencialmente caracterizada pelo delírio, isto é,

* Gravação: "encontrar".

o erro, a crença falsa, a imaginação desavergonhada, a afirmação sem correlativo na realidade[11]. Mas, se é verdade que a loucura é essencialmente definida por esse núcleo delirante, podemos considerar a idiotia, a imbecilidade, como fazendo parte dessa grande família dos delírios? É que, de fato, a imbecilidade é assimilada em sua natureza – bem como a demência, aliás – a uma espécie de delírio que teria chegado, quer tardiamente, no caso da demência, a seu ponto mais agudo, isto é, ao momento em que desaparece, em que, levado ao seu ponto extremo de exasperação, de violência, vem abaixo, desaba e se anula como delírio, quer muito mais precocemente, no caso da idiotia. A imbecilidade, nessa espécie de nosografia do século XVIII, é o erro do delírio, mas tão generalizado, tão total, que não é mais capaz de conceber a menor verdade, formar a menor ideia; é, de certo modo, o erro tornado obnubilação, é o delírio caindo em sua própria noite. E é, *grosso modo*, o que dizia ainda em 1816, logo bem tardiamente, um psiquiatra contemporâneo de Pinel, Jacquelin Dubuisson, a propósito do idiotismo: "O idiotismo é um estado de estupor ou de abolição das funções intelectuais e afetivas, de que resulta sua obtusão mais ou menos completa; com frequência, também se adicionam a ele alterações nas funções vitais. Essas espécies de alienados, despojados das sublimes faculdades que distinguem o homem pensante e social, são reduzidos a uma existência puramente maquinal que torna sua condição abjeta e miserável. *Causas*. Essas causas são mais ou menos as mesmas da demência, de que o idiotismo só se diferencia por uma alteração mais intensa e mais profunda nas funções lesadas"[12].

O idiotismo não é portanto, em absoluto, essa espécie de fundo primeiro, elementar, a partir do qual poderiam se desenvolver outros estados patológicos, mais violentos ou mais intensos; é ao contrário a forma absoluta, total, da loucura. É a vertigem da loucura, girando tão depressa sobre si mesma que mais nada, dos elementos, das crenças do delírio, pode ser percebido; a não cor, pelo turbilhonamento das cores sobre elas mesmas. É esse efeito de "obnubilação" de todo pensamento, e até mesmo de toda percepção, que é apreendido no idiotismo e que faz com que o idiotismo, apesar da sua ausência de sintomas, se assim podemos dizer, seja concebido nessa época como sendo mesmo assim uma categoria do delírio[13]. Eis a situação teórica, apressadamente reconstituída, no fim do século XVIII.

Como vai se fazer a elaboração da nova noção de idiotia, de retardo mental, de imbecilidade nos quarenta primeiros anos do século XIX, isto é, de Esquirol a Seguin, em 1843? Também neste caso me refiro simplesmente a textos, a elaborações teóricas; nada em relação a instituições, nem a práticas reais.

Nos textos psiquiátricos teóricos do início do século XIX, creio que podemos estabelecer dois grandes momentos na elaboração dessa noção de idiotia*. O momento que é caracterizado por Esquirol e seus textos dos anos 1817, 1818, 1820[14], e o livro de Belhomme, que data de 1824[15]. Nesse momento, vocês veem surgir uma noção da idiotia que é completamente nova e que vocês não poderiam encontrar no século XVIII. Esquirol define-a deste modo: "A idiotia não é uma doença, é um estado no qual as faculdades intelectuais nunca se manifestaram ou não puderam se desenvolver suficientemente..."[16]. E Belhomme, em 1824, retoma quase textualmente a mesma definição; ele diz que "a idiotia é [...] um estado constitucional no qual as funções intelectuais nunca se desenvolveram..."[17].

Essa definição é importante porque introduz a noção de desenvolvimento; ela faz do desenvolvimento, ou antes, da ausência de desenvolvimento o critério [distintivo] entre o que vai ser, de um lado, a loucura e, de outro, a idiotia. Não é por-

....

* O manuscrito diz neste ponto: "A especificação da idiotia em relação à demência – isto é, essa forma ou esse estágio das doenças mentais de que ela mais se aproxima – foi realizada em dois tempos".

tanto em relação à verdade ou ao erro, não é tampouco em relação à capacidade ou à incapacidade de dominar-se, não é em relação à intensidade do delírio que a idiotia vai ser definida, mas em relação ao desenvolvimento. Ora, nessas definições e nas descrições que se seguem, Esquirol e Belhomme fazem do desenvolvimento um uso de certo modo binário. O desenvolvimento, para Esquirol e para Belhomme, é uma coisa que se tem ou não, de que se foi dotado ou não; desenvolve-se do mesmo modo como se tem vontade ou inteligência, não se desenvolve do mesmo modo como se carece de inteligência ou de vontade. Temos uma espécie de simplismo ainda muito grande na utilização dessa noção de desenvolvimento.

Mas, apesar desse simplismo, a utilização desse critério do desenvolvimento, que se tem ou não, de que se foi dotado ou não, permite certo número de elaborações que são importantes para o quadriculamento desse domínio teórico.

Em primeiro lugar, isso possibilita uma distinção cronológica nítida. Se a idiotia é uma ausência de desenvolvimento, então é necessário, normal, que a loucura seja uma coisa que apareça logo de saída, e isso por oposição a outras formas de debilitação do pensamento, do intelecto, ou da percepção, como a demência que, do mesmo modo que as outras doenças mentais – a mania, a monomania, a lipemania etc. –, surgirá no mais tardar a partir de certo momento, essencialmente a partir da puberdade[18]. Logo, uma distinção cronológica é posta nesse momento.

Em segundo lugar, uma diferença no tipo de evolução. Se a idiotia é um não desenvolvimento, ela é estável, definitivamente adquirida: o idiota não evolui; a demência, ao contrário, que também é debilitação do pensamento, vai ser, diferentemente da idiotia, uma doença mental que vai evoluir, vai se agravar de ano em ano, vai talvez se estabilizar por certo tempo, [da qual] eventualmente é até possível curar-se[19].

Terceira diferença: a idiotia está sempre ligada a vícios orgânicos de constituição[20]. Ela é portanto da ordem da enfermidade[21], ou ainda inscreve-se no quadro geral das monstruosidades[22]. Já a demência, tal como as outras doenças, poderá ser acompanhada por certo número de lesões que são lesões acidentais, que ocorrem a partir de certo momento[23].

Enfim, uma diferença nos sintomas. A demência, por ser uma doença tardia, que intervém a partir de um certo número de processos e, eventualmente, de lesões orgânicas, terá sempre um passado, ou seja, na demência sempre encontraremos restos: ou restos de inteligência, ou restos do delírio, mas algo do passado desse estado, positivo ou negativo, como quer que seja, algo do passado restará. O idiota, ao contrário, é alguém que não tem passado, é alguém a quem não resta nada, cuja existência não deixou e não deixará nunca em sua memória o menor vestígio. É assim que vocês chegam a estas formulações canônicas de Esquirol, que foram retomadas por mais de um século: "O homem em demência é privado dos bens de que gozava outrora: é um rico que se tornou pobre; o idiota sempre esteve no infortúnio e na miséria"[24].

Vocês estão vendo que essa noção de desenvolvimento, apesar do uso grosseiro, propriamente binário que dele se faz, possibilita em todo caso um certo número de distinções e possibilita o estabelecimento de uma certa linha de clivagem entre duas espécies de características: as características de algo que define uma doença e as características de algo que é da ordem da enfermidade, da monstruosidade, da não doença.

Segundo estágio, alguns anos depois, por volta dos anos 1840, Seguin – que vamos encontrar então em toda a institucionalização e a psiquiatrização efetivas da infância – é quem em seu *Tratamento moral dos idiotas* vai fornecer os conceitos maiores a partir dos quais a psicologia, a psicopatologia do retardo mental vão se desenvolver ao longo de todo o século XIX[25].

Seguin faz uma distinção entre os idiotas propriamente ditos e as crianças retardadas: "Fui o primeiro a assinalar as extremas diferenças que os separam... O idiota, mesmo o superficial, apresenta uma interrupção de desenvolvimento fisiológico e psicológico"[26]. Não ausência portanto, mas interrupção de desenvolvimento. Quanto à criança retardada, para Seguin – e é nisso que ela se distingue do idiota –, não é alguém cujo desenvolvimento teria se interrompido. É alguém que não para em seu desenvolvimento, mas que "se desenvolve mais lentamente que as crianças da sua idade; ela fica para trás em toda a linha do progresso delas, e esse retardo, cada dia mais considerável, acaba estabelecendo entre ela e as outras uma diferença enorme, uma distância intransponível"[27]. E isso ao cabo de uma evolução contínua.

✦

As duas definições conjuntas do idiota como alguém que sofre de uma interrupção de desenvolvimento e do retardado como alguém cujo desenvolvimento, embora contínuo, é simplesmente mais lento são, creio, teoricamente importantes. Elas trazem várias noções que vão ter peso na própria prática dessa psiquiatrização da criança.

Em primeiro lugar, o desenvolvimento, tal como é concebido por Seguin em seu *Tratamento moral dos idiotas*, não é mais portanto, como em Esquirol, algo de que somos dotados ou privados do mesmo modo que da inteligência, da vontade; o desenvolvimento é um processo que afeta a vida orgânica e a vida psicológica, é uma dimensão ao longo da qual são repartidas as organizações neurológicas ou psicológicas, as funções, os comportamentos, as aquisições. É uma dimensão temporal, e não é mais uma espécie de faculdade ou de qualidade de que seríamos dotados.

Em segundo lugar, essa dimensão temporal é, em certo sentido, comum a todos. Ninguém escapa a ela, mas é uma dimensão ao longo da qual podemos parar. Nessa medida, o desenvolvimento é comum a todo o mundo, mas é comum muito mais como uma espécie de ótimo, como uma regra de sucessão cronológica com um ponto ideal de chegada. O desenvolvimento é portanto uma espécie de norma em relação à qual nos situamos, muito mais do que uma virtualidade que possuiríamos em nós.

Em terceiro lugar, essa norma de desenvolvimento, como vocês estão vendo, possui duas variáveis, no sentido de que, ou pode-se parar neste ou naquele estágio dessa escala de desenvolvimento, ao longo dessa dimensão – e o idiota é precisamente alguém que parou muito cedo em certo estágio –, [ou então], a outra variável é, não mais a do estágio em que se para, mas da velocidade com que se percorre essa dimensão – e o retardado é precisamente alguém que, sem ser bloqueado em certo estágio, é freado no nível da sua velocidade. Donde duas patologias, que aliás se completam, sendo uma o efeito final da outra: uma patologia do bloqueio [num] estágio [que, no caso, será] terminal e uma patologia da lentidão.

Daí – e esta é a quarta coisa importante –, vemos esboçar-se uma dupla normatividade. De um lado, na medida em que o idiota é alguém que parou em certo estágio, a amplitude da idiotia vai ser medida em relação a uma certa normatividade, que será a do adulto. O adulto vai aparecer como o ponto ao mesmo tempo real e ideal do término do desenvolvimento; o adulto vai funcionar portanto como norma. E, de outro lado – o texto de Seguin diz isso com muita clareza –, a variável lentidão é definida pelas outras crianças: um retardado é alguém que se desenvolve mais lentamente que os outros. Assim, certa média da infância, ou a maioria das crianças, vai constituir a outra normatividade em relação à qual o retardado será situado. De sorte que todos esses fenômenos da debilidade mental – a idiotia propriamente dita ou o retardo – vão se encontrar situados em relação a duas instâncias normativas: o adulto como estágio terminal, as crianças como definidoras da média de velocidade de desenvolvimento.

Enfim – e é esse o último ponto importante nessa elaboração –, a idiotia e, com maior razão, o retardo mental não podem mais ser definidos como doenças. Em Esquirol, ainda havia um equívoco relativamente ao estatuto de doença ou não doença que se devia atribuir à idiotia. Afinal, em Esquirol a idiotia era a ausência de alguma coisa e, nessa medida, podia ser caracterizada como doença. Em Seguin, o idiota, o retardado mental não são doentes, não se pode dizer que lhe faltem estágios; eles não chegaram a certo estágio, ou chegaram devagar demais. O idiota ou o retardado de Seguin é alguém que, afinal de contas, não saiu da normalidade, ou antes, ele se situa num grau menor dentro de algo que é a própria norma, isto é, o desenvolvimento da criança. O idiota é um tipo de criança, não é um doente; é alguém que está mais ou menos imerso no interior de uma infância que é a própria infância normal. É um certo grau de infância ou, se assim podemos dizer, a infância é uma certa maneira de atravessar mais ou menos rapidamente os graus da idiotia, da debilidade ou do retardo mental. Assim, vocês estão vendo que a idiotia ou o retardo mental não podem ser considerados exatamente como desvios doentios, mesmo que, afinal de contas, fosse de fato uma doença, ou algo como uma enfermidade, uma lesão orgânica, que os provocou. São variedades temporais, variedades de estágio no interior do desenvolvimento normativo da criança. O idiota pertence à infância, assim como outrora pertencia à doença.

Daí certo número de consequências, sendo a principal evidentemente esta: se é verdade que o idiota ou o retardado é alguém que está imerso até certo grau, não no interior do campo da doença, mas no interior da temporalidade da infância, então os cuidados a lhe dispensar não vão se diferenciar em natureza dos cuidados que devem ser dados a qualquer criança, ou seja, a única maneira de curar um idiota, um retardado, é simplesmente lhes impor a própria educação, claro que eventualmente com certo número de variações, de especificações de método, mas não há nada a fazer além de lhes impor o próprio esquema educacional. A terapêutica da idiotia será a própria pedagogia, uma pedagogia mais radical, que irá buscar mais longe, que remontará mais arcaicamente nisso tudo, mas afinal uma pedagogia.

Enfim, sexto e último ponto sobre o qual eu queria insistir aqui, é que, para Seguin, essas paradas, esse retardo ou essa lentidão no processo de desenvolvimento não são da ordem da doença[28]. Mas é evidente que sancionam por certo número de fenômenos que não aparecem, por certo número de organizações que não se vê emergir, aquisições de que a criança não é capaz. É essa a vertente negativa do retardo mental. Mas há também fenômenos positivos que não são nada mais que o evidenciamento, a emergência, a não integração de certo número de elementos que o desenvolvimento normal deveria coroar, ou repelir, ou integrar, e esse algo que se manifesta assim pelo fato da parada ou da extrema lentidão do desenvolvimento é o que Seguin chama de "instinto". O instinto é aquilo da infância que, dado desde o início, vai aparecer como não integrado, em estado selvagem, no interior da idiotia ou do retardo mental. "A idiotia, diz Seguin, é uma enfermidade do sistema nervoso que tem por efeito radical subtrair o todo ou parte dos órgãos e das faculdades da criança à ação regular da sua vontade, que a entrega aos seus instintos e a retira do mundo moral[29]."

De modo que, no cômputo geral, vocês podem ver, através dessa análise da debilidade mental, aparecer algo que vai ser a especificação, no interior da infância, de certo número de organizações, de estados ou de comportamentos que não são propriamente doentios, mas que são desviantes em relação a duas normatividades: a das outras crianças e a do adulto. Vemos surgir aí algo que é exatamente a anomalia: a criança idiota ou a criança retardada não é uma criança doente, é uma criança anormal.

E, em segundo lugar, fora da defasagem, dos desvios em relação à norma, quais são os fenômenos positivos dessa anomalia, ou o que é que essa anomalia libera? É o instinto.

Ou seja, não são sintomas, são essas espécies de elementos ao mesmo tempo naturais e anárquicos. Em suma, o que os sintomas são em relação à doença, os instintos são em relação à anomalia. A anomalia, na verdade, tem menos sintomas que instintos, que são de certo modo seu elemento natural*. O instinto como conteúdo efetivo da anomalia é, creio, o que vemos esboçar-se nessa análise que Seguin faz do retardo e da idiotia. Eis o que, no simples nível dos discursos e da teoria, podemos dizer sobre o estabelecimento dessa categoria profundamente nova da anomalia como distinta da doença. E creio que é precisamente o confisco dessa nova categoria da anomalia pela medicina, é a psiquiatrização desta que é o princípio de difusão do poder psiquiátrico.

De fato, na mesma época em que estava se constituindo o domínio teórico que percorri rapidamente, na mesma época em que isso acontecia, não em segundo plano, não como consequência, mas ao mesmo tempo, e, para dizer a verdade, como condição de possibilidade efetiva dessa elaboração, vocês tinham um outro processo que é aparentemente contraditório. Pois que, se vocês forem de Pinel ou de Dubuisson a Seguin, passando por Esquirol, verão a série de procedimentos pelos quais se especificou a idiotia em relação à loucura, se desconectou idiotia e doença mental: teoricamente, no nível do seu estatuto médico, a idiotia já não é uma doença. Ora, ao mesmo tempo, vocês tinham um processo inverso que não é de ordem teórica, mas que é da ordem da institucionalização, e que era a colocação da idiotia no interior do espaço psiquiátrico, uma colonização da idiotia por este. Tal fenômeno é muito curioso.

De fato, se vocês retomam a situação no fim do século XVIII, à época contemporânea de Pinel, nesse momento ainda

* O manuscrito diz: "Enquanto a doença se caracteriza por sintomas, se manifesta por disfunções ou déficits, a anomalia tem o instinto menos por sintoma do que por natureza".

encontram no refugo das casas de internação pessoas que são classificadas na categoria "imbecis". Essas pessoas são, em sua maioria, adultos, dos quais podemos supor que pelo menos uma parte seria chamada mais tarde de "dementes"; vocês também encontram aí crianças de uns 10 anos[30]. Ora, quando se começou efetivamente a colocar a questão da imbecilidade, e a colocá-la em termos médicos, o primeiro cuidado foi precisamente pôr as crianças à parte, deportá-las em relação a essa espécie de espaço de internação confuso e anexá-las, essencialmente, às instituições de surdos-mudos, isto é, instituições propriamente pedagógicas em que se devia paliar certo número de defeitos, insuficiências, enfermidades, de modo que o primeiro manejo prático do tratamento dos idiotas vocês vão ver nas casas de surdos-mudos do fim do século XVIII, precisamente na de Itard, onde aliás Seguin teve sua formação inicial[31].

Depois, pouco a pouco, a partir daí, vocês vão vê-las serem trazidas de volta ao interior do espaço asilar. Em 1834, Voisin, que foi um dos psiquiatras importantes da época, abre um instituto de "ortofrenia" em Issy. Tratava-se precisamente de ser um lugar de tratamento para as crianças pobres que sofriam de deficiência mental; mas ainda era um instituto de certo modo intermediário entre a pedagogia especializada dos surdos-mudos e o lugar psiquiátrico propriamente dito[32]. É nos anos que vão se seguir imediatamente, isto é, no período de 1835-1845, na mesma época em que Seguin define a idiotia como não sendo uma doença mental, que vocês veem se abrir, no interior dos grandes asilos que acabam de ser organizados ou reorganizados, as alas para os débeis, para os idiotas, às vezes também para os histéricos e os epilépticos, todos eles crianças. Assim, J.-P. Falret organiza essa ala na Salpêtrière nos anos 1831-1841[33]; Ferrus inaugura em 1833 uma ala para as crianças idiotas em Bicêtre[34], e é em 1842 que Seguin se torna responsável por essa ala[35].

Durante toda a segunda metade do século XIX, vocês vão encontrar as crianças idiotas efetivamente colonizadas no interior do espaço psiquiátrico. E, se é verdade que em 1873 abre-se para elas em Perray-Vaucluse um estabelecimento[36], não é menos verdade que em Bicêtre, no fim do século XIX[37], na Salpêtrière[38], em Villejuif[39], vocês vão ter alas psiquiátricas para essas crianças débeis. Aliás, não somente essa colonização se efetua, de fato, pela abertura dessas alas no interior do espaço psiquiátrico, mas uma decisão do ministro do Interior de 1840 diz explicitamente que a lei de 1838 sobre o internamento dos alienados é igualmente válida para os idiotas. Trata-se de uma simples decisão ministerial que se baseia no princípio de que os idiotas são outra categoria de alienados[40].

De modo que, no momento em que teoricamente vocês têm essa divisão tão nítida entre alienação e idiotia, têm toda uma série de instituições e de medidas administrativas que assimilam o que estava se distinguindo. A que, efetivamente, responde essa anexação institucional, contemporânea da distinção teórica?

Poder-se-ia crer que essa distinção teórica é simplesmente o efeito da organização, nessa época, do ensino primário: a lei de Guizot é de 1833[41]. Poder-se-ia pensar que o retardo mental, a debilidade mental, filtrados assim por essa educação primária que está se elaborando em toda parte, os idiotas assim identificados, tornando-se um problema no interior desses estabelecimentos escolares, vão ser progressivamente repelidos para os asilos. Isso de fato é verdade, mas não para a época em que me situo. Com efeito, é no fim do século XIX que o ensino primário generalizado vai servir de filtro, e as grandes pesquisas que ocorrerão no fim do século XIX sobre a debilidade mental se desenrolarão no meio escolar, isto é, é efetivamente às escolas que se pedirão os elementos da pesquisa[42]. É com os professores que essas pesquisas serão feitas; é sobre a natureza e as possibilidades da escolarização que as questões vão se referir. Quando Rey, por exemplo, fizer no departamento de Bouches-du-Rhône, nos anos de 1892-1893, uma pesquisa sobre a debilidade mental, ele se dirigirá aos professores e perguntará, para identificar os idiotas, os imbecis, os débeis, quais são as crianças que não acompanham devidamente a escola, quais são as que se fazem notar por sua turbulência e, enfim, quais as que não podem mais nem sequer frequentar a escola[43]. É a partir daí que se estabelecerá a grande colcha de retalhos. O ensino primário serve, portanto, na realidade, de filtro e de referência a esses fenômenos de retardo mental.

Mas, na época em que me situo, isto é, nos anos 1830-1840, não é isso que conta. Em outras palavras, não é para escolarizar as crianças ou porque não se consegue escolarizá-las que se coloca o problema de saber onde pô-las. Coloca-se o problema de saber onde pô-las, não em função da sua escolarização, da sua capacidade de se deixar escolarizar; coloca-se a questão de saber onde pô-las em função do trabalho dos pais, isto é, como fazer para que a criança idiota, com os cuidados que requer, não seja um obstáculo uma vez que os pais trabalham? Isso, aliás, corresponde exatamente à preocupação do governo no momento do estabelecimento da lei sobre o ensino primário. Vocês sabem que, se foram criadas as "salas de asilo", isto é, as creches e jardins de infância, por volta dos anos 1830, e se se promoveu a escolarização das crianças nessa época, não foi tanto para torná-las aptas a um trabalho futuro, quanto para tornar os pais livres para trabalhar, não precisando mais cuidar dos filhos[44]. Era para tirar-lhes o encargo de cuidar das crianças e colocá-los no mercado de trabalho, [era a isso] que correspondia a organização desses estabelecimentos de ensino nessa época.

Foi exatamente a mesma preocupação que animou as pessoas que criaram os estabelecimentos especializados para idiotas nesse período. Lembro-lhes que Voisin não havia aberto seu instituto de "ortofrenia" na Rue de Sèvres para os ricos, os que podiam pagar, mas para os pobres. Aqui vou citar para vocês um texto de Fernald, que é um pouco posterior, mas que reflete exatamente essa preocupação e que diz: "Enquanto em casa o cuidado de uma criança idiota consome o tempo e a energia de uma pessoa, a proporção das pessoas empregadas nos asilos é de uma para cinco crianças idiotas. Cuidar em casa de um idiota, ainda mais quando inválido, consome os salários e a capacidade das pessoas da casa, de modo que uma família inteira cai na miséria. A humanidade e uma boa política requerem que as famílias sejam aliviadas do encargo desses infelizes"[45].

Foi assim, e a partir dessa preocupação, que se decidiu aplicar igualmente a lei do internamento e da assistência aos internados às crianças idiotas e pobres. A assimilação institucional "idiota e louco" se faz precisamente a partir dessa preocupação em liberar os pais para um trabalho possível. Chega-se por fim a esta conclusão, que é a de Parchappe em seus *Princípios a serem seguidos na fundação e na construção dos asilos de alienados*, em 1853: "A alienação mental compreende não apenas todas as formas e todos os graus da loucura propriamente dita [...], mas também a idiotia, que decorre de um vício congênito, e a imbecilidade que foi produzida por uma doença posterior ao nascimento. Os asilos de alienados devem ser fundados portanto para receber todos os alienados, isto é, os loucos, os idiotas e os imbecis"[46].

E agora, alguns anos depois da distinção nítida entre loucura e idiotia, vocês veem a noção de alienação mental recuar de certo modo um grau e tornar-se a categoria geral que vai abranger todas as formas de loucura e também a idiotia e a imbecilidade. A "alienação mental" vai se tornar o conceito prático a partir do qual será possível recobrir a necessidade de internar, com os mesmos mecanismos e nos mesmos lugares de assistência, os doentes mentais e os débeis. A anulação prática da distinção entre idiotia e doença mental tem por sanção a muito curiosa e muito abstrata noção de "alienação mental" como cobertura geral do conjunto.

Ora, uma vez que foram assim postos no interior do espaço asilar, o poder que se exerce sobre as crianças idiotas é exatamente o poder psiquiátrico em estado puro e que assim vai ficar praticamente sem nenhuma elaboração. Enquanto no asilo para loucos vai se dar toda uma série de processos que vão elaborar de forma considerável esse poder psiquiátrico, este ao contrário vai se pôr a funcionar, se ligar ao internamento dos idiotas, e vai se manter anos a fio. Em todo caso, se vocês observarem a maneira como Seguin – que, em seu *Tratamento moral dos idiotas*, definiu tão claramente uma diferença entre a doença mental e a idiotia – [tratava, de fato, em Bicêtre, os idiotas]*, os débeis mentais, verão que ele aplicava exatamente, mas de certo modo com um efeito de aumento, de depuração, os mesmos esquemas do poder psiquiátrico. E encontramos exatamente, no interior dessa prática que foi absolutamente canônica para definir os métodos de educação dos idiotas, os mecanismos do poder psiquiátrico. A educação dos idiotas e dos anormais é o poder psiquiátrico em estado puro.

De fato, que fazia Seguin em 1842-1843, quando estava em Bicêtre? Primeiro, concebia a educação dos idiotas, que ele chamava por sinal de "tratamento moral", utilizando o mesmo termo de Leuret, ao qual ele se refere, primeiro como o afrontamento de duas vontades: "A luta das duas vontades pode ser longa ou curta, terminar em benefício do mestre ou em benefício do aluno"[47]. Lembrem-se da maneira como, no "tratamento moral" psiquiátrico, o afrontamento entre o doente e o médico era, de fato, o afrontamento de duas vontades que lutavam pelo poder. Vocês encontram exatamente a mesma formulação e a mesma prática em Seguin; simplesmente, podemos nos perguntar como Seguin pode falar de afrontamento de duas vontades quando se trata de um adulto e de uma criança que é retardada mental, idiota. É, sim, de

* Gravação: "e se vocês observarem como ele, de fato, em Bicêtre, tratava".

duas vontades, de um afrontamento entre o mestre e o idiota que se deve falar, diz Seguin, pois o idiota parece não ter vontade, mas a verdade é que ele tem a vontade de não ter vontade, e é precisamente isso que caracteriza o instinto. O que é o "instinto"?

É certa forma anárquica de vontade que consiste em nunca querer se dobrar à vontade dos outros; é uma vontade que se recusa a se organizar com base no modo da vontade monárquica do indivíduo, que recusa por conseguinte qualquer ordem e qualquer integração ao interior de um sistema. O instinto é uma vontade que "*quer* não *querer*"[48] e que se obstina a não se constituir como vontade adulta – caracterizando-se a vontade adulta, para Seguin, como uma vontade capaz de obedecer. O instinto é uma série indefinida de pequenas recusas que se opõem a toda vontade alheia.

Voltamos a encontrar aqui mais uma oposição à loucura. O idiota é alguém que diz obstinadamente "não"; o louco é aquele que diz um "sim", um "sim" presunçoso a todas as suas ideias loucas, e a exasperação da vontade do louco consiste precisamente em dizer "sim" mesmo às coisas falsas. O idiota, para Seguin, é aquele que diz "não" a tudo, de maneira anárquica e obstinada; por conseguinte, o papel do mestre é em tudo semelhante ao do psiquiatra em face do louco: o psiquiatra deve dominar esse "sim" e transformá-lo em "não", o papel do mestre diante do idiota consiste em dominar esse "não" e fazer dele um "sim" de aceitação*. Ao "enérgico não, não, não, repetido sem parar, de braços cruzados ou pendentes, ou mordendo o punho" do idiota[49], há que opor um "poder que o canse e lhe diga incessantemente: ande! ande! Cabe ao mestre dizer-lhe bem alto, bem firme, desde o começo e durante bastante tempo, para que ele possa andar e subir até o degrau em que se é homem"[50].

....

* O manuscrito acrescenta: "A educação especial é o afrontamento desse 'não'".

Afrontamento, portanto, que é do mesmo tipo que encontramos no poder psiquiátrico e que se dá na forma de certo sobrepoder, constituído de uma vez por todas, como no poder psiquiátrico, do lado do mestre. E é em relação ao corpo do mestre, como ao corpo do psiquiatra, que deve ser feita a educação especial. Essa onipotência do mestre em seu corpo visível é ressaltada e praticada por Seguin.

Em primeiro lugar, interceptação de todo poder da família; o mestre torna-se mestre absoluto da criança: "Enquanto a criança estiver confiada ao Mestre", diz Seguin numa fórmula que não deixa de ter a sua solenidade, "os pais têm o direito à dor, o Mestre tem o direito à autoridade. Mestre da aplicação do seu método, Mestre da criança, Mestre da família em suas relações com a criança, *Magister*, ele é Mestre três vezes ou não é nada", diz Seguin, que não deve saber latim muito bem[51]. Ele é mestre no nível do seu corpo; deve ter, como o psiquiatra, um físico impecável. "O porte e os gestos pesados, comuns, os olhos distantes um do outro, mal torneados, embaçados, o olhar sem vivacidade, sem expressão; ou ainda, a boca massuda, os lábios espessos e moles, a pronúncia viciada, arrastada, a voz gutural, nasal ou mal acentuada", tudo isso está absolutamente proscrito para alguém que quer ser Mestre do idiota[52]. Ele deve apresentar-se fisicamente impecável diante do idiota, como um personagem ao mesmo tempo poderoso e desconhecido: "O Mestre deverá ter um porte franco, uma palavra e um gesto nítidos, uma maneira resoluta que o faça ser notado, ouvido, olhado, reconhecido" imediatamente pelo idiota[53].

E é ligado a esse corpo ao mesmo tempo impecável e onipotente que o idiota deve fazer sua educação. Essa ligação é uma ligação física, e o corpo do mestre é precisamente aquilo por que deve passar a própria realidade do conteúdo pedagógico. Seguin faz a teoria e a prática desse corpo a corpo entre a criança idiota e a onipotência do mestre. Ele conta, por exemplo, como conseguiu domar uma criança turbulenta: "A.H. era de uma petulância indomável; trepando como um gato, escapulindo como um camundongo, nem se podia cogitar de mantê-lo imóvel por três segundos. Eu o botei numa cadeira, sentei-me em frente dele, segurando seus pés e seus joelhos entre os meus; uma das minhas mãos prendia as duas dele sobre os seus joelhos, enquanto a outra trazia incessantemente dentro de mim seu rosto móvel. Ficamos assim cinco semanas, fora das horas de comer e de dormir"[54]. Captação física total, por conseguinte, que vale para essa sujeição e esse domínio do corpo.

Mesma coisa no caso do olhar. Como ensinar um idiota a olhar? Primeiro, em todo caso, ensina-se a ele a olhar as coisas; ensina-se a olhar o mestre. Seu acesso à realidade do mundo, a atenção que vai poder dirigir às diferentes coisas começarão pela percepção do mestre. Quando o olhar da criança idiota foge ou se perde, "você se aproxima, a criança se debate; seu olhar procura o dela, ela evita seu olhar; você continua, ela torna a escapar; você acha que conseguiu pegá-la, ela fecha os olhos; você está ali, atento, pronto para surpreendê-la, esperando que ela abra novamente as pálpebras para penetrá-las com seu olhar; e se, como preço de tanto esforço, no dia em que a criança o vê pela primeira vez, ela o repele, ou se, para fazer que esqueçam o estado primitivo dela, a família desnatura aos olhos do mundo os cuidados incessantes que você lhe dedicou, então você recomeça a despender dessa forma ansiosa sua existência, não mais por amor a este ou aquele, mas pelo triunfo da doutrina de que somente você possui o segredo e a coragem. Foi assim que persegui no vazio por quatro meses o olhar inapreensível de uma criança. Da primeira vez que seu olhar encontrou o meu, escapou soltando um grito..."[55]. Encontramos novamente aí esta característica tão marcante do poder psiquiátrico, que é a organização de todo o poder em torno e a partir do corpo do psiquiatra.

Em terceiro lugar, vocês encontram outra vez nesse tratamento moral das crianças idiotas a organização de um espaço disciplinar como o do asilo. Por exemplo, aprendizagem da distribuição linear dos corpos, dos lugares individuais, dos exercícios de ginástica – o emprego completo do tempo. Como dirá mais tarde Bourneville, "as crianças devem permanecer ocupadas desde que se levantam até irem se deitar. Suas ocupações devem ser variadas o tempo todo [...] Assim que acordam, lavar-se, vestir-se, escovar as roupas, engraxar os sapatos, fazer a cama e, daí em diante, manter a atenção o tempo todo desperta (escola, oficina, ginástica, canto, recreações, passeios, jogos etc.) [...] até se deitarem, quando se deve ensinar as crianças a arrumar com ordem, na cadeira, suas roupas"[56]. Emprego completo do tempo, trabalho.

Em Bicêtre, em 1893, havia aproximadamente duzentas crianças, parte das quais trabalhava das oito às onze da manhã, as outras das treze às dezessete horas, como vassoureiros, sapateiros, cesteiros etc.[57]. As coisas até funcionavam muito bem, já que, apesar de se vender o produto do trabalho deles a um preço bastante baixo, o do depósito central e não o do mercado, conseguia-se obter "um lucro de sete mil francos"[58]. Uma vez pagos o tratamento dos mestres, as despesas de custeio, uma vez reembolsados os empréstimos feitos para a construção das instalações, restam sete mil francos, que Bourneville pensa darão aos idiotas a consciência de que são úteis à sociedade[59].

Enfim, último ponto, com o qual também voltamos a encontrar todos os mecanismos asilares, é que o poder sobre os idiotas, do mesmo modo que o poder psiquiátrico, é tautológico, no sentido que eu tentava lhes explicar. Ou seja: o que deve trazer, veicular para o interior do asilo de idiotas esse poder psiquiátrico que é inteiramente canalizado pelo corpo do mestre? Não deve trazer nada mais que o exterior, isto é, afinal de contas, a própria escola, essa escola a que as crianças não puderam se adaptar e em relação à qual, precisamente, elas puderam ser designadas como idiotas. Ou seja, o poder psiquiátrico que funciona aqui faz o poder escolar funcionar como uma espécie de realidade absoluta em relação à qual vai se definir o idiota como idiota e, depois de ter feito funcionar assim o poder escolar como realidade, vai dar a ele esse suplemento de poder que vai permitir que a realidade escolar funcione como regra de tratamento geral dos idiotas no interior do asilo. E o que faz o tratamento psiquiátrico dos idiotas, senão precisamente repetir sob uma forma multiplicada e disciplinar o próprio conteúdo da educação?

Vejam o que era, por exemplo, o programa de Perray-Vaucluse no fim do século XIX. Em 1895, havia quatro seções na divisão dos idiotas. Quarta seção, que era a última e mais baixa: ensinava-se simplesmente pelos olhos, com objetos de madeira; era, diz Bourneville, exatamente o nível das classes infantis. Terceira seção, um pouco acima: "lições de coisas, exercícios de leitura, de recitação, de cálculo e de escrita"; é o nível das classes preparatórias. Segunda seção: ensina-se gramática, história e um cálculo um pouco mais complicado; é o nível do curso médico. Quanto à primeira seção, nela se preparava para o certificado de estudos[60].

Vocês estão vendo a tautologia do poder psiquiátrico em relação à escolaridade. Por um lado, o poder escolar funciona como realidade em relação ao poder psiquiátrico, que a coloca como sendo aquilo em relação ao que ele poderá identificar, especificar os que são retardados mentais; e, por outro lado, ele a faz funcionar no interior do asilo, dotada de um suplemento de poder.

✦

Temos portanto dois processos: especificação teórica da idiotia e anexação prática pelo poder psiquiátrico. Como esses dois processos, que vão em sentidos opostos, puderam dar lugar a uma medicalização*?

* O manuscrito precisa: "psiquiátrica".

Houve, creio, para o acoplamento desses processos que iam em sentidos opostos, uma razão econômica simples, que está, em sua humildade mesma, e certamente muito mais que a própria psiquiatrização da debilidade mental, na origem da generalização do poder psiquiátrico. De fato, a célebre lei de 1838 que definia as modalidades do internamento e as condições de assistência aos internos pobres, essa lei era para ser aplicada aos idiotas. Ora, nos termos dessa lei, alguém que fosse internado tinha o preço da sua pensão no asilo pago pelo departamento ou pela coletividade local de que era originário; ou seja, a coletividade local era financeiramente responsável pelos que eram internados[61]. O que fez que durante tantos anos se hesitasse, e o que fez que mesmo após a decisão de 1840 se hesitasse a internar os débeis mentais nos asilos foi precisamente o fato de que as obrigações financeiras das coletividades locais se viam agravadas com isso[62]. Temos textos perfeitamente claros a esse respeito. Para que um conselho geral, um departamento, uma prefeitura aceitassem e sustentassem o internamento de um idiota, o médico tinha de assegurar à respectiva autoridade que não só o idiota era idiota, que não só ele não era capaz de prover às suas próprias necessidades – não bastava nem mesmo dizer que sua família não podia prover às suas necessidades –, era preciso, e era exclusivamente com essa condição que as coletividades ou as autoridades locais aceitavam assisti-lo, era preciso dizer além disso que ele era perigoso, isto é, que era capaz de cometer incêndios, homicídios, estupros etc. E isso os médicos dos anos 1840-1860 diziam claramente. Eles diziam: somos obrigados a elaborar relatórios falsos, a carregar nas tintas, a apresentar o idiota ou o débil como perigoso para conseguir [que ele seja assistido]*.

Em outras palavras, a noção de perigo se torna a noção necessária para converter um fato de assistência num fenô-

....

* Gravação: "sua assistência".

meno de proteção e para permitir que, nesse momento, os que são encarregados da assistência o aceitem. O perigo é o elemento terceiro que vai permitir que se deslanche o procedimento de internação e de assistência, e os médicos dão de fato certificados nesse sentido. Ora, o curioso é que, a partir dessa espécie de pequena situação que levanta simplesmente o problema do custo da anomalia, que aliás sempre encontramos na história da psiquiatria, esse problema do custo da anomalia vai ter uma incidência formidável, porque, a partir dessas queixas dos médicos que, em 1840-1850, reclamam de que são obrigados a acusar os idiotas de serem perigosos, vocês veem se desenvolver pouco a pouco toda uma literatura médica que vai se levar cada vez mais a sério, que vai, digamos assim, estigmatizar o débil mental e fazer dele efetivamente alguém perigoso[63]. O que faz com que cinquenta anos depois, em 1894, quando Bourneville escreverá seu relatório *Assistência, tratamento e educação das crianças idiotas e degeneradas*, as crianças idiotas tenham efetivamente se tornado perigosas[64]. E cita-se regularmente certo número de casos que provam que os idiotas são perigosos: são perigosos porque se masturbam em público, porque cometem delitos sexuais, são incendiários. E uma pessoa séria como Bourneville conta em 1895* esta história para provar que os idiotas são perigosos: trata-se de alguém que, no departamento do Eure, violentou uma jovem que era idiota e se prostituía; de tal modo que a idiota dá prova do perigo representado pelos idiotas "no momento mesmo em que ela foi vítima"[65]. Poderíamos encontrar toda uma série de formulações desse gênero, eu as resumo. Em 1895* Bourneville diz: "A antropologia criminal demonstrou que uma grande proporção dos criminosos, dos bêbados inveterados e das prostitutas é, na verdade, de imbecis de nascimento que nunca ninguém procurou melhorar ou disciplinar"[66].

....

* 1894; 1895 é a data de publicação.

E, assim, vocês veem se reconstituir a ampla categoria de todos os que podem representar um perigo para a sociedade, aliás aqueles que Voisin, em 1830, já começava a querer confinar quando dizia que também era preciso cuidar das crianças que "se fazem [...] notar por um caráter difícil, uma dissimulação profunda, um amor-próprio desordenado, um orgulho incomensurável, paixões ardentes e inclinações terríveis"[67]. São todos esses que se começa a internar por essa estigmatização do idiota, estigmatização necessária para que a assistência possa agir. Assim se demarca essa grande realidade da criança ao mesmo tempo anormal e perigosa cujo pandemônio Bourneville, em seu texto de 1895, reconstituirá, dizendo que, afinal de contas, é com os idiotas que estavam se havendo e, através deles, ao lado deles e absolutamente ligada à idiotia, com toda uma série de perversões que são perversões dos instintos. E aí vocês estão vendo como essa noção de instinto serve de vínculo da teoria de Seguin com a prática psiquiátrica. As crianças que é preciso confinar são "crianças mais ou menos débeis do ponto de vista intelectual, mas que sofrem de perversões dos instintos: ladrões, mentirosos, onanistas, pederastas, incendiários, destruidores, homicidas, envenenadores etc."[68].

É toda essa família assim reconstituída em torno do idiota que constitui exatamente a infância anormal. A categoria de anomalia é uma categoria que, na ordem da psiquiatria – deixo inteiramente de lado por enquanto os problemas de fisiologia, de anatomopatologia –, não afetou de forma alguma no século XIX o adulto, afetou a criança. Em outras palavras, creio que seria possível resumir as coisas dizendo o seguinte: no século XIX, o homem é que era louco, e não se concebeu antes dos últimos anos do século XIX a possibilidade real de uma criança louca; aliás, é unicamente por projeção retrospectiva do adulto louco sobre a criança que finalmente acreditou-se descobrir algo, que era a criança louca: as primeiras crianças loucas de Charcot, e pouco depois as crianças loucas de Freud. Mas, fundamentalmente, no século XIX, o adulto é que é louco. Em compensação, o que é anormal é a criança. A criança foi portadora de anomalias, e em torno do idiota, dos problemas práticos suscitados pela exclusão do idiota, constituiu-se toda essa família que, do mentiroso ao envenenador, do pederasta ao homicida, do onanista ao incendiário – todo esse campo geral que é o da anomalia, no cerne do qual figuram a criança retardada, a criança débil, a criança idiota. Como vocês estão vendo, é através dos problemas práticos suscitados pela criança idiota que a psiquiatria está se tornando algo que já não é o poder que controla, que corrige a loucura, ela está se tornando algo infinitamente mais geral e mais perigoso, que é o poder sobre o anormal, poder de definir o que é anormal, de controlá-lo, de corrigi-lo.

E essa dupla função da psiquiatria como poder sobre a loucura e poder sobre a anomalia corresponde à defasagem que existe entre as práticas referentes à criança louca e as práticas referentes à criança anormal. A disjunção entre criança louca e criança anormal me parece ser um dos traços absolutamente fundamentais do exercício do poder psiquiátrico no século XIX. E creio que podemos derivar facilmente daí as principais consequências.

Primeira consequência, portanto: a psiquiatria vai poder agora se ligar a toda a série de regimes disciplinares que existem em torno dela, em função do princípio de que somente ela é ao mesmo tempo a ciência e o poder do anormal. Tudo o que é anormal em relação à disciplina escolar, militar, familiar etc., todos esses desvios, todas essas anomalias, a psiquiatria vai poder reivindicar para si. Foi pelo caminho dessa demarcação da criança anormal que se fizeram a generalização, a difusão, a disseminação do poder psiquiátrico na nossa sociedade.

Segunda consequência: a psiquiatria como poder sobre a loucura e poder sobre a anomalia vai se encontrar na espécie de obrigação interna – já não se trata, desta vez, das consequências externas da difusão, mas das consequências internas – de definir as relações que podem existir entre a criança anormal e o adulto louco. E é para isso que se elaboram essencialmente, na segunda metade do século XIX, os dois conceitos que vão possibilitar precisamente a junção: a noção de instinto, de um lado, e a noção de degenerescência, do outro.

De fato, o instinto é precisamente o elemento ao mesmo tempo natural em sua existência, mas anormal em seu funcionamento anárquico, anormal cada vez que não é dominado, que não é reprimido. Portanto é desse instinto, ao mesmo tempo natural e anormal, como elemento, como unidade da natureza e da anomalia, é desse instinto que a psiquiatria vai tentar reconstituir pouco a pouco o destino, desde a infância até a idade adulta, desde a natureza até a anomalia, e desde a anomalia até a doença[69]. O destino do instinto, da criança ao adulto – é disso que a psiquiatria esperará a junção da criança anormal com o homem louco.

Por outro lado, o outro grande conceito em face do conceito de "instinto" é o de "degenerescência" – conceito infeliz este, de degenerescência, ao passo que o de instinto, no fundo, prosseguiu sua carreira de validade por muito mais tempo. Mas a noção de degenerescência também é uma noção muito interessante, porque essa noção não é, como temos o costume de dizer, a projeção do evolucionismo biológico sobre a psiquiatria. O evolucionismo biológico intervirá na psiquiatria, retomará essa noção e a sobrecarregará com certo número de conotações, mas *posteriormente*[70].

A degenerescência, tal como Morel a define, intervém antes de Darwin, antes do evolucionismo[71]. E o que é a degenerescência na época de Morel, e o que continuará a ser fundamentalmente até seu abandono, isto é, no início do século XX?[72] Será chamada de "degenerada" a criança sobre a qual pesam, a título de estigmas ou de marcas, os restos da loucura dos pais ou dos ascendentes. A degenerescência é, portanto, de certo modo, o efeito de anomalia produzido na criança pelos pais. E, ao mesmo tempo, a criança degenerada é uma criança anormal, cuja anomalia é tal que pode produzir, em certo número de circunstâncias determinadas e após certo número de acidentes, a loucura. A degenerescência é portanto a predisposição para a anomalia que, na criança, vai tornar possível a loucura do adulto, e é na criança a marca em forma de anomalia da loucura dos seus ascendentes.

Assim, vocês estão vendo que essa noção de degenerescência vai demarcar a família, os ascendentes, por enquanto tomados em bloco e sem definição bem estrita, e a criança, e vai fazer da família a espécie de suporte coletivo desse duplo fenômeno que são a anomalia e a loucura. Se a anomalia conduz à loucura e se a loucura produz a anomalia, é porque já estamos no interior desse suporte coletivo que é a família.

E chego à terceira e última consequência. É que nós nos encontramos agora, estudando o ponto de partida e o funcionamento da generalização da psiquiatria, em presença dessas duas noções: a degenerescência e o instinto. Ou seja, estamos vendo emergir algo que vai se tornar o que podemos chamar, de maneira muito grosseira, admito, o campo da psicanálise, isto é, o destino familiar do instinto. O que o instinto se torna numa família? Qual é o sistema de trocas que se produz entre ascendentes e descendentes, filhos e pais, e que põe em questão o instinto? Retomem essas duas noções, façam-nas funcionar juntas, e é bem lá dentro, em todo caso, que a psicanálise vai se pôr a funcionar, a falar.

De modo que o princípio de generalização da psiquiatria, vocês o encontram do lado da criança e não do lado do adulto; vocês não o encontram no uso generalizado da noção de doença mental, mas, ao contrário, na demarcação prática do campo de anomalias. E é precisamente nessa generalização a partir da criança e da anomalia, e não do adulto e da doença, que vocês veem se formar o que vai se tornar o objeto da psicanálise.

NOTAS

1. G. Canguilhem, *Le Normal et le Pathologique* (1943), 2ª ed. revista, Paris, PUF (col. "Galien"), 1972, p. 175.

2. É em 1856 que C. S. Le Paulmier apresenta um estudo consagrado especificamente à criança louca: *Des affections mentales chez les enfants, et en particulier de la manie*, Th. Méd. Paris, nº 162, Paris, impr. Rignoux, 1856. Paul Moreau de Tours (1844-1908) publica o que pode ser considerado o primeiro tratado de psiquiatria infantil: *La Folie chez les enfants*, Paris, J.-B. Baillière, 1888.

3. Desde a sua viagem à Rússia em 1881, para cuidar da filha de um antigo prefeito de Moscou e da de um grão-duque de São Petersburgo, Charcot recebeu para consultas privadas em sua mansão do Boulevard Saint-Germain várias crianças pertencentes aos meios russos endinheirados, que sofriam de afecções nervosas. Como relata um correspondente parisiense: "Sua clientela russa em Paris é considerável" (*Le Temps*, 18 de março de 1881, p. 3). Esses casos, bem como os das crianças da América Latina, não foram objeto de publicações. Com exceção do caso de uma jovem "israelita russa" de 13 anos mencionado numa aula: "De l'hystérie chez les jeunes garçons", *Progrès médical*, t. X, nº 50, 16-23 de dezembro de 1882, pp. 985-7, e nº 51, 24-31 de dezembro de 1882, pp. 1003-4; e os da srta. A., de 15 anos, e de S., 17 anos, originários de Moscou, mencionados nas *Leçons sur les maladies du système nerveux*, *op. cit.*, t. III, aula VI, pp. 92-6. Ver A. Lubimov, *Le Professeur Charcot*, trad. fr. L. A. Rostopchine, São Petersburgo, Souvorina, 1894.

4. Assim Esquirol, ao mesmo tempo que tratava da idiotia relativamente às doenças mentais, toma distância de qualquer assimilação do idiota ao alienado, sustentando que "a idiotia não pode ser confundida com a demência e com as outras alienações mentais, às quais por sinal pertence pela lesão das faculdades intelectuais e morais" (verbete "Idiotisme", *in Dictionnaire des sciences médicales*, t. XXIII, Paris, C. L. F. Panckoucke, 1818, p. 509). Do mesmo modo, Jacques Étienne Belhomme (1800-1880), agregado da seção dos idiotas no serviço de Esquirol na Salpêtrière, sustenta que "essa afecção pertence exclusivamente à infância e que toda doença mental que apresente, depois da

puberdade, fenômenos semelhantes a esta, dela deve ser cuidadosamente distinguida" (*Dissertation inaugurale présentée et soutenue à la faculté de Médecine de Paris, le 1er juillet 1824*, Paris, Germer-Baillière, 1843, p. 52).

5. "O furor é uma exaltação das forças nervosas e musculares, estimulada por uma falsa percepção, uma reminiscência ou uma ideia falsa, caracterizada por uma exasperação, uma cólera violenta contra objetos ou indivíduos presentes ou ausentes, causas ou testemunhas do acontecimento. Os acessos de furor são verdadeiros paroxismos do delírio, que variam por sua duração e pela frequência do seu retorno" (E. J. Georget, *De la folie. Considérations sur cette maladie...*, *op. cit.*, pp. 106-7).

6. Assim Joseph Daquin estabelece uma oposição entre o "louco extravagante" e o "louco estúpido": "O louco extravagante vai, vem e está numa agitação de corpo contínua, não teme nem perigo nem ameaças... No louco imbecil, os órgãos intelectuais parecem faltar totalmente; ele se conduz pelos impulsos alheios, sem nenhuma espécie de discernimento" (*La Philosophie de la folie*, *op. cit.*, ed. de 1791, p. 22; ed. de 1987, p. 50).

7. Assim, William Cullen (1710-1790) fala de "demência inata", que ele define como uma "imbecilidade do espírito para julgar, pela qual os homens não percebem ou não se lembram da relação das coisas entre elas" (*Apparatus ad nosologiam methodicam, seu Synopsis nosologiae methodicae in usum studiosorum*, parte IV: "Vesânias", Edimburgo, W. Creech, 1769). Segundo Désiré Magloire Bourneville (1840-1909) (*Recueil de mémoires, notes et observations sur l'idiotie*, t. I: *De l'idiotie*, Paris, Lecrosnier & Babé, 1891, p. 4), Jean-Michel Sagar (1702-1778) consagra uma página e meia a uma forma de imbecilidade que ele chama de *amentia* em sua obra: *Systema morborum symptomaticum secundum classes, ordines, genera et species*, Viena, Kraus, 1776. François Fodéré já declarava que "a demência inata parece-me ser a mesma coisa que o idiotismo", definindo-a como uma "obliteração inteira ou parcial das faculdades afetivas, e nenhuma aparência de faculdades intelectuais, inatas ou adquiridas" (*Traité du délire*, *op. cit.*, t. I, pp. 419-20).

8. Assim: [a] Thomas Willis isola sob o nome de *stupiditas sive morosis* uma classe de doenças mentais no capítulo XIII do seu *De Anima Brutorum, quae hominis vitalis ac sensitiva est...*, Londres, R. Davis, 1672 [*Two Discourses Concerning the Soul of Brutes, Which Is That of the Vital and Sensitive of Man*, org. por S. Pordage, Londres, Harper &

Leigh, 1683]. Esse capítulo XIII, "Of Stupidity or Foolishness" está reproduzido em P. Cranefield, "A Seventeenth-century View of Mental Deficiency and Schizophrenia: Thomas Willis on 'Stupidity or Foolishness'", *Bulletin of the History of Medicine*, vol. 35, nº 4, 1961, pp. 291-316; cf. p. 293: "Estupidez ou *Morosis*, se bem que esteja principalmente na dependência da alma racional e signifique um defeito do intelecto e do juízo, não é entretanto impropriamente contada entre as doenças da cabeça e do cérebro, dado que 'esse eclipse da alma superior provém de um dano infligido à imaginação e à memória'" (trad. fr. J.L.). M. Foucault faz referência a isso em sua *Histoire de la folie*, *op. cit.*, ed. de 1972, pp. 270-1 e 278-80. Cf. J. Vinchon e J. Vié, "Un maître de la neuropsychiatrie au XVIIe siècle: Thomas Willis (1662-1675)", *Annales médico-psychologiques*, 12ª série, t. II, julho de 1928, pp. 109-44. – [b] François Boissier de Sauvages (1706-1767), *Nosologia methodica sistens morborum classes, genera et species, juxta Sydenhami mentem et botanicorum ordinem*, t. II, Amsterdam, De Tournes, 1763 [*Nosologie méthodique, ou Distribution des maladies en classes, en genres et en espèces suivant l'esprit de Sydenham et l'ordre des botanistes*, t. II, trad. fr. Gouvion, Lyon, Buyset, 1771]. O capítulo consagrado à *amentia* distingue uma oitava espécie, *amentia morosis* ou estupidez: "Imbecilidade, morosidade, tolice, estupidez: é uma debilidade, uma lentidão ou abolição da faculdade de imaginar ou de julgar, sem ser acompanhada de delírio" (p. 340), Cf. L. S. King, "Boissier de Sauvages and eighteenth-century nosology", *Bulletin of the History of Medicine*, vol. 40, nº 1, 1966, pp. 43-51. – [c] Jean-Baptiste Théophile Jacquelin Dubuisson (1770-1836) define o "idiotismo" como "um estado de estupor ou de abolição das funções intelectuais e afetivas, de que resulta uma obtusão mais ou menos completa" (*Des vésanies ou maladies mentales*, Paris, Méquignon, 1816, p. 281). – [d] Georget acrescenta aos gêneros de alienação definidos por Pinel um "quarto gênero que poderíamos designar pelo nome de estupidez", caracterizado pela "ausência acidental da manifestação do pensamento, seja porque o doente não tem ideias, seja porque não possa exprimi-las" (*De la folie*, *op. cit.*, p. 115). Cf. A. Ritti, verbete "Stupeur-Stupidité", *in Dictionnaire encyclopédique des sciences médicales*, 3ª série, t. XII, Paris, Masson/Asselin, 1883, pp. 454-69.

9. Assim, Boissier de Sauvages inscreve a *ingenii imbecillitas* na XVIII classe da sua nosografia consagrada à *amentia* (*Nosologie*..., t. II, pp. 334-42). Para Joseph Daquin, "as palavras demência e imbecilidade são mais ou menos sinônimas, com essa diferença contudo entre a

demência e a imbecilidade: a primeira é uma privação absoluta de razão, enquanto a outra não passa de um enfraquecimento desta" (*La Philosophie de la folie*, *op. cit.*, ed. de 1791, p. 51).

10. J. E. Belhomme: "É fácil distinguir a idiotia da demência [...] Uma começa com a vida, ou numa idade que precede o pleno desenvolvimento da inteligência; a outra se manifesta depois da puberdade; esta pertence exclusivamente à criança, aquela é principalmente uma doença da velhice" (*Essai sur l'idiotie. Propositions sur l'éducation des idiots mise en rapport avec leur degré d'intelligence*, Paris, Didot Jeune, 1824, pp. 32-3). Sobre o histórico das concepções da idiotia, cf.: [a] E. Seguin, *Traitement moral, hygiène et éducation des idiots et des autres enfants arriérés ou retardés dans leur dévéloppement*, Paris, J.-B. Baillière, 1846, pp. 23-32. [b] D. M. Bourneville, *Assistance, Traitement et Éducation des enfants idiots et dégénérés*, *op. cit.*, cap. I, "Aperçu historique de l'assistance et du traitement des enfants idiots et dégénérés", pp. 1-7. [c] L. Kanner, *A History of the Care and Study of the Mentally Retarded*, Springfield, III., C. C. Thomas, 1964. [d] G. Netchine, "Idiots, débiles et savants au XIX[e] siècle", *in op. cit.* [*supra*, p. 77, nota 14], pp. 70-107. [e] R. Myrvold, *L'Arriération mentale, de Pinel à Binet-Simon*, Th. Méd. Paris, 1973, nº 67, [s.l.n.d.].

11. Cf.: [a] J. E. D. Esquirol, verbete "Délire", *in Dictionnaire des sciences médicales*, t. VIII, Paris, C. L. F. Panckoucke, 1814, p. 255: "O delírio apirético [isto é, sem febre; J.L.] é o sinal patognomônico das vesânias". [b] E. J. Georget, *De la folie*, *op. cit.*, p. 75: "O sintoma essencial dessa doença [...] consiste em desordens intelectuais a que se deu o nome de delírio; não há loucura sem delírio". Michel Foucault salienta que, para a medicina do século XVIII, um "delírio implícito existe em todas as alterações do espírito" (*Histoire de la folie*, *op. cit.*, ed. de 1972, p. 254).

12. J.-B. Jacquelin Dubuisson, *Des vésanies*, *op. cit.*, p. 281.

13. Ph. Pinel classifica o "idiotismo" entre as "espécies" da alienação mental: *Traité médico-philosophique sur l'aliénation mentale, ou la Manie*, *op. cit.*, ed. de 1800, seção IV, pp. 166-76: "Division de l'aliénation mentale en espèces distinctes. Cinquième espèce d'aliénation: Idiotisme ou oblitération des facultés intellectuelles et affectives."

14. J. E. D. Esquirol, [1] verbete "Hallucinations", *in Dictionnaire des sciences médicales*, t. XX, Paris, C. L. F. Panckoucke, 1817, pp. 64-71; [2] verbete "Idiotisme", *ibid.*, t. XXIII, 1818, pp. 507-24; [3] "De

l'idiotie" (1820), *in Des maladies mentales considérées sous les rapports médical, hygiénique et médico-légal*, *op. cit.*, t. II, pp. 286-397.

15. Trata-se da tese de Jacques Étienne Belhomme, defendida em 1º de julho de 1824, *Essai sur l'idiotie. Propositions sur l'éducation des idiots mise en rapport avec leur degré d'intelligence*, Th. Méd. Paris, nº 125, Paris, Didot Jeune, 1824; republicado com algumas correções, Paris, Germer-Baillière, 1843.

16. J. E. D. Esquirol, "De l'idiotie" (1820), *in op. cit.*, p. 284.

17. J. E. Belhomme, *Essai sur l'idiotie*, *op. cit.*, ed. de 1843, p. 51.

18. J. E. D. Esquirol, *loc. cit.* (*supra*, nota 16): "A idiotia começa com a vida ou na idade que precede o pleno desenvolvimento das faculdades intelectuais e afetivas... A demência, como a mania e a monomania, só começa na puberdade". Cf. também J. E. Belhomme, *loc. cit.* (*supra*, nota 10).

19. J. E. D. Esquirol, "De l'idiotie", pp. 184-5: "Os idiotas são o que devem ser durante todo o curso da sua vida... Não se concebe a possibilidade de mudar esse estado", enquanto "a demência [...] tem um período de crescimento mais ou menos rápido. A demência crônica, a demência senil se agravam a cada ano... Pode-se curar a demência, concebe-se a possibilidade de suspender seus acidentes". É precisamente por também considerarem os idiotas como incuráveis que alienistas como Louis Florentin Calmeil, Achille [de] Foville, Étienne Georget, Louis François Lélut (1804-1877), François Leuret (1797-1851) preconizam seu isolamento nos asilos.

20. [a] J. E. D. Esquirol, *ibid.*, p. 284: "Tudo neles denuncia uma organização imperfeita ou detida em seu desenvolvimento. À abertura do crânio, quase sempre se encontram vícios de conformação". [b] J. E. Belhomme, *op. cit.*, ed. de 1824, p. 33: "O idiota apresenta os traços de uma organização incompleta... À autópsia, os idiotas apresentam vícios de conformação, de organização". [c] E. J. Georget, *De la folie*, *op. cit.*, p. 105: "Os idiotas e os imbecis possuem não apenas o órgão intelectual mal conformado (*vide* as aberturas dos corpos); mas toda a sua economia de ordinário participa desse estado doentio. Em geral, eles são pouco desenvolvidos [...], muitos ou são raquíticos, ou escrofulosos, ou paralíticos, ou epilépticos, e reúnem às vezes várias dessas doenças... A organização do cérebro não deve ser melhor nesses casos que a de todos os outros órgãos".

21. Assim, Henri Jean Baptiste Davenne, diretor-geral da Assistência Pública, encaminhando em 1º de novembro de 1852 ao prefeito

do Sena um relatório cujo capítulo IV diz respeito à educação das crianças idiotas e imbecis, declara: "O idiota outra coisa não é que um pobre enfermo a quem o médico nunca dará o que a natureza lhe recusou" (*Rapport du Directeur de l'administration de l'Assistance Publique à M. le Préfet de la Seine sur le service des aliénés du département de la Seine*, Paris, Imprimerie de l'administration de l'Assistance Publique, 1852).

22. Assim é para Étienne Georget: por serem caracterizados por "um defeito originário de desenvolvimento, os idiotas devem ser classificados entre os monstros; e são verdadeiros monstros, do ponto de vista intelectual" (*De la folie*, *op. cit.*, p. 102, n. 1). Sobre as conotações desse termo na época, cf. C. Davaine, verbete "Monstres", *in Dictionnaire encyclopédique des sciences médicales*, t. LXI, Paris, Asselin, 1874, pp. 201-64.

23. J. E. D. Esquirol, "De l'idiotie" (1820), *in op. cit.*, t. II, p. 285: "À abertura do corpo, às vezes encontram-se lesões orgânicas, mas essas lesões são acidentais, porque o espessamento dos ossos do crânio, o afastamento das suas superfícies, coincidindo apenas com a demência, não caracterizam vícios de conformação".

24. *Ibid.*

25. Édouard Seguin (1812-1880), mestre-escola auxiliar que trabalhava com Jean Itard, médico do Instituto Nacional de Surdos-Mudos, é encarregado, em 1831, por este último e Esquirol da educação de uma criança idiota. Ele relata essa experiência em [1] *Essai sur l'éducation d'un enfant*, Paris, Porthman, 1839. Em 1840, põe em prática seu método no Hospício dos Incuráveis do Faubourg Saint-Martin, e publica [2] *Théorie pratique de l'éducation des enfants arriérés et idiots. Leçons aux jeunes idiots de l'Hospice des Incurables*, Paris, Germer-Baillière, 1842. Em outubro de 1842, o Conselho Geral dos Hospícios decide transferir as crianças do hospício de Bicêtre para o serviço do dr. Félix Voisin, de que Seguin se desliga em 1843, por causa de divergências. Antes de emigrar para os Estados Unidos em 1850, ele faz um balanço das suas experiências em [3] *Traitement moral, hygiène et éducation des idiots*..., *op. cit.*, onde define seus princípios da "educação fisiológica". Nenhuma publicação na França tratou de Seguin entre a tese de I. Saint-Yves, *Aperçus historiques sur les travaux concernant l'éducation médico-pédagogique: Itard, Bourneville* (Th. Méd. Lyon, nº 103, 1913-1914; Paris, P. Lethielleux, 1914) e o artigo de H. Beauchesne, "Seguin, instituteur d'idiots à Bicêtre, ou la première équipe médico-pédagogique", *Perspectives psychiatriques*, vol. 30, 1970, pp. 11-4. – Ver também, de-

pois disso: Y. Pelicier e G. Thuillier, [1] "Pour une histoire de l'éducation des enfants idiots en France (1830-1914)", *Revue historique*, vol. 261, nº 1, janeiro de 1979, pp. 99-130; [2] *Édouard Seguin (1812-1880). L'instituteur des idiots*, Paris, Éd. Economica, 1980; assim como: A. Brauner, org., *Actes du colloque international: Cent ans après Édouard Seguin*, Saint-Mandé, Groupement de recherches pratiques pour l'enfance, 1981; J. G. G. Martin, "Une biographie française d'Onésime-Édouard Seguin (20 janvier 1812-28 octobre 1880), premier thérapeute des enfants arriérés, d'après ses écrits et les documents historiques", Th. Méd. Paris – Saint-Antoine, 1981, nº 134.

26. E. Seguin, *Traitement moral, hygiène et éducation des idiots*...

27. *Ibid.*, p. 72: "Gostavam de dizer que eu confundia as crianças idiotas com as crianças simplesmente atrasadas ou retardadas; e disseram isso precisamente porque eu fui o primeiro a assinalar as diferenças extremas que as separam".

28. *Loc. cit.*: "A criança retardada não para na sua, apenas se desenvolve mais lentamente do que as crianças da sua idade...".

29. *Ibid.*, p. 26: "Não, a idiotia não é uma doença".

30. *Ibid.*, p. 107. No início do século XIX, os asilos acolhem, às vezes misturados, adultos e uma população infantil que englobava "idiotas", "imbecis", "epilépticos", mal distintos do ponto de vista médico até 1840, e mesmo depois. Assim, em Bicêtre, a terceira seção da ala dos alienados compreende em 1852 epilépticos adultos e crianças, e idiotas. Cf. D. M. Bourneville, *Assistance, Traitement et Éducation des enfants idiots et dégénérés*, *op. cit.*, p. 4. Para um balanço, cf. H. J. B. Davenne, *Rapport [...] sur le service des aliénés du département de la Seine*, *op. cit.*

31. Jean Marc Gaspard Itard (1774-1838), cirurgião de formação, é nomeado em 31 de dezembro de 1800 para o cargo de médico-residente da Instituição Nacional dos Surdos-Mudos, dirigida pelo abade Sicard. É lá que, ajudado por uma governanta, a sra. Guérin, ele empreende, por mais de quatro anos, o "tratamento moral" de um menino de uns 10 anos, capturado em fins de 1799 nas florestas de Lacaume (Aveyron): cf. [1] *De l'éducation d'un homme sauvage, ou des premiers développements physiques et moraux du jeune sauvage de l'Aveyron*, Paris, Goujon, 1801; [2] *Rapport fait à S. E. le Ministre de l'Intérieur sur les nombreux développements et l'état actuel du sauvage de l'Aveyron* (1806), Paris, Imprimerie impériale, 1807. Reeditados por D. M. Bourneville com o título de *Rapports et mémoires sur le sauvage de l'Aveyron, l'idiotie*

et la surdi-mutité, t. II, Paris, Alcan ("Bibliothèque de l'éducation spéciale"), 1814; republicado por L. Malson, *Les Enfants sauvages, mythe et réalité*, seguido de J. [M. G.] Itard, *Mémoire et rapport sur Victor de l'Aveyron*, Paris, Union générale d'édition (col. "10/18", 157), 1964.

32. Félix Voisin (1794-1872), aluno de Esquirol, atraído pelos problemas do tratamento das crianças idiotas, funda em julho de 1822 uma casa de saúde em Vanves (cf. *Établissement pour le traitement des aliénés des deux sexes, fondé en juillet 1822 à Vanves*, Paris, A. Belin, 1828), com Jean-Pierre Falret. Em 1833, o Conselho Geral dos Hospícios confia-lhe a organização de um serviço de idiotas e de epilépticos no Hospício dos Incuráveis da Rue de Sèvres. Em 1834, cria um "estabelecimento ortofrênico", no número 14 da Avenue de Vaugirard, em Issy-les-Moulineaux, para crianças idiotas. Os pensionistas desse estabelecimento, assim como os do Hospício, são transferidos em 1836 para Bicêtre, onde Voisin chega em 1840. Sobre esse estabelecimento, o único documento é fornecido por Charles Chrétien Henri Marc (1771-1840), "Rapport à M. le Conseiller d'État, Préfet de police, sur l'établissement orthophrénique de M. Félix Voisin", *Le Moniteur*, 24 de outubro de 1834; republicado em anexo a *De l'idiotie chez les enfants* [citado abaixo], pp. 87-91. Cf. F. Voisin, [1] *Applications de la physiologie du cerveau à l'étude des enfants qui nécessitent une éducation spéciale*, Paris, Éverat, 1830; [2] *De l'idiotie chez les enfants, et les autres particularités d'intelligence ou de caractère qui nécessitent pour eux une instruction et une éducation spéciales de leur responsabilité morale*, Paris, J.-B. Baillière, 1843. Igualmente: A. Voisin, *Aperçu sur les règles de l'éducation et de l'instruction des idiots et des arriérés*, Paris, Doin, 1882.

33. J.-P. Falret, nomeado em 30 de março de 1831 médico da seção dos idiotas na Salpêtrière, reúne numa "escola comum oitenta idiotas e imbecis" que dirige até sua nomeação, em 1841, para a direção de uma seção de alienados adultos.

34. Na verdade, é em 1828, dois anos depois da sua nomeação (em 1826) para médico-chefe de Bicêtre, que Guillaume Ferrus organiza "uma espécie de escola" para as crianças idiotas. Cf. F. Voisin, "De l'idiotie" (Memória lida na Academia de Medicina em 24 de janeiro de 1843; reed. por D. M. Bourneville, *in Recueil de mémoires*..., *op. cit.*, t. I, p. 268). É em 1833 que ele inicia um ensino clínico: "De l'idiotie ou idiotisme (Cours sur les maladies mentales)", *Gazette des hôpitaux civils ou militaires*, t. XII, 1838, pp. 327-97.

35. Por sugestão de Ferrus, então inspetor-geral dos Hospícios, Édouard Seguin é chamado em novembro de 1842 para dirigir o centro das crianças idiotas e epilépticas transferidas do Hospício dos Incuráveis para o serviço de Félix Voisin. Cf. *supra*, nota 25.

36. Em 27 de novembro de 1873, o Conselho Geral do Sena resolve adequar a fazenda do asilo de Vaucluse para o uso de uma colônia de jovens idiotas, que é inaugurada em 5 de agosto de 1876. Cf. D. M. Bourneville, *Recueil de mémoires...*, *op. cit.*, cap. IV, "L'assistance des enfants idiots et épileptiques à Paris et dans la Seine: 1. Colonie de Vaucluse", pp. 62-5.

37. Iniciada em fins de 1882, a ala especial para crianças idiotas e epilépticas de Bicêtre só é inaugurada em 1892. Cf. D. M. Bourneville, [1] *Recueil...*, cap. IV, "Section des enfants idiots et épileptiques de Bicêtre", pp. 69-78; [2] *Histoire de la section des enfants de Bicêtre (1879-1899)*, Paris, Lecrosnier & Babé, 1889.

38. A população das crianças hospitalizadas na Salpêtrière é, em 1894, de 135, das quais 38 idiotas e 71 idiotas epilépticos. Cf. D. M. Bourneville, *Recueil...*, pp. 67-9.

39. Em 1888, uma ala da divisão de mulheres do asilo de Villejuif é destinada à hospitalização e ao tratamento das mulheres retardadas, idiotas ou epilépticas, provenientes da Salpêtrière e de Sainte-Anne, sob a direção do dr. Briand. Em 1894, 75 idiotas e epilépticos são ali hospitalizados.

40. A circular de 14 de agosto de 1840 declara que "tendo o ministro do Interior decidido que a lei de 1838 era aplicável aos idiotas e imbecis, as crianças não podiam mais residir em outro estabelecimento senão num asilo de alienados. Em consequência, o Conselho Geral dos Hospícios mandou transferir as que estavam em outros estabelecimentos para o asilo de Bicêtre" (H. J. B. Davenne, *Rapport [...] sur le service des aliénés du département de la Seine*, *op. cit.*, p. 62).

41. Lei de 28 de junho de 1833 sobre o ensino elementar. Cf. M. Gontard, *L'Enseignement primaire en France de la Révolution à la loi Guizot. Des petites écoles de la monarchie d'Ancien Régime aux écoles primaires de la monarchie bourgeoise*, tese de doutorado, Lyon, 1955; Lyon, [Audin], 1959.

42. Na perspectiva da criação de classes especiais para crianças retardadas, Bourneville requer em 1891 à delegação cantonal do V distrito de Paris que seja estabelecida uma estatística das crianças retardadas. O primeiro levantamento é realizado em 1894, nas escolas

públicas dos distritos v e vi. Cf.: [1] "Note à la Commission de surveillance des asiles d'aliénés de la Seine", 2 de maio de 1896; [2] *Création de classes spéciales pour les enfants arriérés*, Paris, Alcan, 1898.

43. Em 1892, Philippe Rey, médico-chefe do asilo de Saint-Pierre de Marselha e conselheiro-geral de Vaucluse, empreende, tendo em vista a criação de um "asilo interdepartamental destinado a recolher e a tratar as crianças retardadas ou anormais", o recenseamento destas, valendo-se de um questionário dirigido aos professores e professoras dos departamentos de Bouches-du-Rhône e de Vaucluse. Cf. D. M. Bourneville, *Assistance, Traitement et Éducation*..., *op. cit.*, pp. 45 e 197-8.

44. Como diz Jean Denys Marie Cochin (1789-1841), fundador em 1824, com a marquesa de Pastoret, das "salas de asilo": "elas têm por efeito proporcionar gratuitamente ou a baixo custo facilidades consideráveis para o bem-estar da população, na medida em que reduzem os encargos de cada casal e aumentam os recursos dos chefes de família, seja do ponto de vista da liberdade do trabalho, seja possibilitando diminuir o número de pessoas encarregadas da vigilância das crianças" (*Manuel des fondateurs et des directeurs des premières écoles de l'enfance connues sous le nom de "salles d'asile"* (1833), 4ª ed. com uma nota de Augustin Cochin, Paris, Hachette, 1853, p. 32). Reconhecidas por um decreto de 28 de março de 1831. Em consequência da lei de 28 de junho de 1833 sobre a instrução primária, um decreto de 22 de dezembro de 1837 define seu estatuto em seu artigo i: "As salas de asilo, ou escolas da primeira idade, são estabelecimentos de caridade em que as crianças de ambos os sexos podem ser admitidas, até a idade de 6 anos completos, para receber os cuidados de vigilância materna e de primeira educação que sua idade reclama" (*ibid.*, p. 231). Cf.: [a] Laurent Cerise (1807-1869), *Le Médecin de salle d'asile, ou Manuel d'hygiène et d'éducation physique de l'enfance*, Paris, Hachette, 1836. [b] A. Cochin, *Notice sur la vie de J. D. M. Cochin, et sur l'origine et les progrès des salles d'asile*, Paris, Duverger, 1852. [c] H. J. B. Davenne, *De l'organisation et du régime des secours publics en France*, *op. cit.* [*supra*, p. 116, nota 33], t. I, pp. 76-82.

45. W. Fernald, *The History of the Treatment of Feeble Mind*, Boston, Mass., 1893, citado por D. M. Bourneville em *Assistance, Traitement et Éducation*..., *op. cit.*, p. 143.

46. J.-B. Parchappe de Vinay, *Principes à suivre dans la fondation et la construction des asiles d'aliénés*, Paris, Masson, 1853, p. 6.

47. E. Seguin, *Traitement moral, hygiène et éducation des idiots*..., *op. cit.*, p. 665. Cf. I. Kraft, "Edward Seguin and the 19th Century Moral Treatment of Idiots", *Bulletin of the History of Medicine*, vol. 35, nº 5, 1961, pp. 393-418.

48. E. Seguin, *loc. cit.*

49. *Ibid.*, p. 664.

50. *Ibid.*, p. 666.

51. *Ibid.*, p. 662.

52. *Ibid.*, p. 656.

53. *Ibid.*, p. 659.

54. *Ibid.*, p. 366.

55. *Ibid.*, cap. XXXIX, "Gymnastique et éducation du système nerveux et des appareils sensoriaux", § V; "La vue", pp. 418-9.

56. D. M. Bourneville, "Considérations sommaires sur le traitement médico-pédagogique de l'idiotie", *in Assistance, Traitement et Éducation*..., *op. cit.*, p. 242.

57. *Ibid.*, p. 237: "No fim de 1893, duzentas crianças estavam ocupadas nas oficinas e repartidas do seguinte modo: 14 vassoureiros, 52 sapateiros, 13 impressores, 19 marceneiros, 14 serralheiros, 57 alfaiates, 23 cesteiros, 8 empalhadores e trançadores de junco".

58. *Ibid.*, p. 238.

59. "As próprias crianças são felizes ao ver que seu trabalho é produtivo, que se traduz por resultados práticos e que tudo o que fazem contribui para o seu bem-estar, o seu ensino e para a manutenção da sua seção" (*Compte rendu du Service des enfants idiots, épileptiques et arriérés de Bicêtre*, Paris, Publications du Progrès médical, t. XX, 1900, p. XXXV).

60. Foi no dia 27 de novembro de 1873 que o Conselho Geral do Sena resolveu adequar os edifícios da fazenda do asilo de alienados de Vaucluse (departamento de Seine-et-Oise) a uma colônia de crianças idiotas. Inaugurada em 5 de agosto de 1876, a colônia de Perray-Vaucluse compreende quatro divisões: "4ª divisão. Ensino pelos olhos, lições de coisas...; exercícios de memória; alfabeto e algarismos impressos e letras de madeira (modelo de Bicêtre). 3ª divisão. Crianças que já adquiriram os conhecimentos mais elementares. Lições de coisas, exercícios de leitura, de recitação, de cálculo e de escrita... 2ª divisão. Crianças que já sabem ler, escrever e contar..., noções de gramática, de cálculo, de história e de geografia da França... 1ª divisão. Preparação para o Certificado de estudos. Para eles, o ensino não

se diferencia sensivelmente do ensino da escola primária" (D. M. Bourneville, *Assistance, Traitement et Éducation...*, *op. cit.*, pp. 63-4).

61. Disposições especificadas na seção III da lei de 30 de junho de 1838: Despesas do serviço dos alienados. O artigo 28 estabelece que, na falta dos recursos enunciados no artigo 27, "será provido pelos cêntimos destinados pela lei de finanças às despesas ordinárias do departamento ao qual o alienado pertence, sem prejuízo do concurso da comuna de domicílio do alienado, de acordo com as bases propostas pelo Conselho Geral, segundo parecer do prefeito e com aprovação do governo" (citado por R. Castel, *L'Ordre psychiatrique*, *op. cit.* [*supra*, pp. 46-7, nota 9], p. 321).

62. Em seu relatório de junho de 1894, D. M. Bourneville ressalta as razões financeiras das resistências das administrações departamentais e comunais que, para gerir seu orçamento, retardam a admissão das crianças idiotas no asilo, até elas se tornarem um perigo: cf. *Assistance, Traitement et Éducation...*, *op. cit.*, p. 84.

63. Assim, para G. Ferrus, se as crianças idiotas e imbecis se enquadram na lei de 1838, é que, como os alienados, elas podem ser consideradas perigosas: "Basta uma circunstância para superexcitar seus instintos violentos e levá-las a praticar os atos mais comprometedores para a segurança e a ordem pública" (citado *in* H. J. B. Davenne, *Rapport [...] sur le service des aliénés du département de la Seine*, *op. cit.*, Anexo, p. 130). Jules Falret (1824-1902) também salienta "os perigos de toda ordem que os idiotas e os imbecis, do mesmo modo que os alienados, poderiam fazer eles próprios ou a sociedade correr" ("Des aliénés dangereux", § 10: "Idiots et imbéciles", Relatório à Sociedade médico-psicológica de 27 de julho de 1868, *in Les Aliénés et les Asiles d'aliénés. Assistance, législation et médecine légale*, Paris, J.-B. Baillière, 1890, p. 241).

64. Bourneville: "Não há semana que os jornais não nos relatem exemplos de crimes ou de delitos cometidos por idiotas, imbecis ou retardados" (*Assistance, Traitement et Éducation...*, *op. cit.*, p. 147).

65. "Um certo Many..., diz *La Vallée de l'Eure* (1891), comete um atentado ao pudor com violência contra uma jovem idiota, que, aliás, se entregava à prostituição" (*loc. cit.*).

66. *Ibid.*, p. 148.

67. F. Voisin, *De l'idiotie chez les enfants*, *op. cit.*, p. 83.

68. D. M. Bourneville, *Assistance, Traitement et Éducation...*, *op. cit.*, p. 145.

69. Na segunda metade do século XIX, as pesquisas dos psiquiatras relativas ao instinto se desenvolvem numa dupla frente: a frente natural da fisiologia cerebral e a frente cultural das relações entre sociabilidade e moral. Ver G. Bouchardeau, "La notion d'instinct, dans la clinique psychiatrique au XIXe siècle", *Évolution psychiatrique*, t. XLIV, nº 3, julho-setembro de 1979, pp. 617-32.

Assim: [a] Valentin Magnan (1835-1916) estabelece um vínculo entre as perversões instintivas dos degenerados e os distúrbios anatomofisiológicos do sistema cérebro-espinhal, numa classificação que liga as diferentes perversões a processos de excitação ou de inibição das estruturas cérebro-espinhais correspondentes; ver seu "Étude clinique sur les impulsions et les actes des aliénés" (1861), *in Recherches sur les centres nerveux*, t. II, Paris, Masson, 1893, pp. 353-69. Ver também: [b] Paul Sérieux (1864-1947), *Recherches cliniques sur les anomalies de l'instinct sexuel*, Th. Méd. Paris, nº 50, 1888, Paris, Lecrosnier & Babé, 1888-1889. [c] Charles Féré (1852-1907), *L'Instinct sexuel. Évolution et dissolution*, Paris, Alcan, 1889. M. Foucault retorna a esse ponto em seu curso *Les Anormaux*, *op. cit.*, em 5 de fevereiro, 12 de fevereiro e 21 de março de 1975, pp. 120-5, 127-35, 260-71.

70. Assim: [a] Joseph Jules Déjerine (1849-1917) recenseia de maneira bastante positiva, em 1886, os trabalhos de Darwin em *L'Hérédité dans les maladies du système nerveux*, Paris, Asselin et Houzeau, 1886. Mas é [b] V. Magnan que adapta a teoria de Morel, introduzindo nela a referência à noção de evolução e a localizações neurológicas do processo degenerativo: cf. [1] *Leçons cliniques sur les maladies mentales*, Paris, Bataille, 1893; [2] V. Magnan e P. Legrain, *Les Dégénérés (état mental et syndromes épisodiques)*, Paris, Rueff, 1895. [c] A. Zaloszyc, *Éléments d'une histoire de la théorie des dégénérescences dans la psychiatrie française*, Th. Méd. Strasbourg, julho de 1975, [s.l.s.n.].

71. Foi dois anos antes da publicação da obra de C. R. Darwin, *On the Origin of Species by Means of Natural Selection, or the Preservation of Favoured Races in the Struggle for Life* (Londres, J. Murray, 1859), que B. A. Morel publicou seu *Traité des dégénérescences physiques, intellectuelles et morales de l'espèce humaine, et des causes qui produisent ces variétés maladives*, Paris, J.-B. Baillière, 1857. Ele define assim a degenerescência: "A ideia mais clara que podemos formar da degenerescência da espécie humana é representá-la como um desvio doentio de um tipo primitivo. Esse desvio, por mais simples que o suponhamos na sua origem, encerra porém elementos de transmissibilidade de

tal natureza, que quem porta seu germe se torna cada vez mais incapaz de preencher sua função na humanidade e que o progresso intelectual, já bloqueado em sua pessoa, também se encontra ameaçado na dos seus descendentes" (p. 5). A psiquiatria oriunda de Morel só se converterá no evolucionismo a preço de parar de ver a "perfeição" como a conformidade mais exata possível a um tipo "primitivo" e passar a considerá-la como a defasagem maior possível em relação àquele.

72. Assinalemos a obra de I. R. Dowbiggin, *Inheriting Madness: Professionalization and Psychiatric Knowledge in Nineteenth-Century France*, Berkeley, University of California Press, 1991 [trad. fr. G. Le Gaufrey, *La Folie héréditaire, ou Comment la psychiatrie française s'est constituée en un corps de savoir et de pouvoir dans la seconde moitié du XIXe siècle*, prefácio de G. Lanteri-Laura, Paris, Éd. Epel, 1993].

Depois de conhecer seu apogeu nos anos 1890, a teoria da degenerescência começa a declinar. Freud critica-a desde 1894 em seu artigo sobre "Die Abwehr-Neuropsychosen", *Neurologisches Zentralblatt*, vol. 13, 1894, nº 10, pp. 362-4, nº 11, pp. 402-9; republicado em *GW*, t. I, 1952, pp. 57-74 ["Les psychonévroses de défense", trad. fr. J. Laplanche, *in* S. Freud, *Névrose, Psychose et Perversion*, Paris, PUF ("Bibliothèque de psychanalyse"), 1973, pp. 1-14]. Igualmente: *Drei Abhandlungen zur Sexualtheorie*, Viena, Deuticke, 1905; *GW*, t. V, 1942, pp. 27-145 [*Trois Essais sur la théorie de la sexualité*, trad. fr. B. Reverchon-Jouve, Paris, Gallimard (col. "Idées"), 1923]. Em 1903, Gilbert Ballet (1853-1916) escreve num *Traité de pathologie mentale*, publicado sob sua organização (Paris, Doin, 1903), que não vê a menor vantagem em incluir o termo "degenerescência" no vocabulário psicanalítico do século XX (pp. 273-5). Cf. G. Génil-Perrin, *Histoire des origines et de l'évolution de l'idée de dégénérescence en médecine mentale*, Paris, A. Leclerc, 1913.

AULA DE 23 DE JANEIRO DE 1974

O poder psiquiátrico e a questão da verdade: o interrogatório e a confissão; o magnetismo e a hipnose; a droga. – Elementos para uma história da verdade: I. A verdade-acontecimento e suas formas: práticas judiciária, alquímica e médica. – II. A passagem a uma tecnologia da verdade demonstrativa. Seus elementos: (a) os procedimentos da investigação; (b) a instituição de um sujeito do conhecimento; (c) a exclusão da crise na medicina e na psiquiatria, e seus suportes: o espaço disciplinar do asilo, o recurso à anatomia patológica; as relações entre a loucura e o crime. – Poder psiquiátrico, resistência histérica.

Eu havia analisado o nível em que o poder psiquiátrico se apresenta como um poder no qual e pelo qual a verdade não é posta em jogo. Parece-me que, pelo menos em certo nível, digamos o do seu funcionamento disciplinar, o saber psiquiátrico não tem em absoluto por função fundar em verdade uma prática terapêutica, mas em vez disso a de marcar, acrescentar uma marca suplementar ao poder do psiquiatra; em outras palavras, o saber do psiquiatra é um dos elementos pelos quais o dispositivo disciplinar organiza em torno da loucura o sobrepoder da realidade.

Mas isso deixa de lado certo número de elementos que, no entanto, estão presentes desde esse período histórico que chamo de protopsiquiatria, aquele que, *grosso modo*, se estende dos anos 1820 aos anos 1860-1870, até o que podemos chamar de crise da histeria. Os elementos que deixei de lado são afinal elementos bastante discretos, dispersos, com pouca aparência em certo sentido, que certamente não cobriram uma grande superfície na organização do poder psiquiátrico, no funcionamento do regime disciplinar, e no entanto creio que foram eles que constituíram os pontos de sustentação no processo da transformação interna e externa do poder psiquiátrico. Esses pontos dispersos, pouco numerosos, discretos, são aqueles em que, apesar do funcionamento global do dispositivo disciplinar, a questão da verdade foi posta à loucura. Não digo que possamos enumerar exaustivamente esses pontos dizendo que são três; pareceu-me, até nova ordem, que houve três nos quais vemos introduzir-se a questão da verdade posta à loucura.

E esses pontos são, primeiramente, a prática ou o ritual do interrogatório e da extorsão da confissão, sendo este o procedimento mais importante, mais constante e que, finalmente, nunca mudou muito no interior da prática psiquiátrica. Em segundo lugar, outro procedimento cuja fortuna foi cíclica, que desapareceu a certa altura, mas cuja importância histórica foi enorme pelos estragos que provocou no mundo disciplinar do asilo: o procedimento do magnetismo e da hipnose. E, enfim, em terceiro lugar, um elemento bem conhecido, sobre o qual a história da psiquiatria faz um silêncio significativo, é o uso, não digo absolutamente constante, mas bastante generalizado a partir dos anos 1840-1845, das drogas, essencialmente do éter[1], do clorofórmio[2], do ópio[3], do láudano[4] e do haxixe[5], toda uma parafernália que durante uma década foi utilizada cotidianamente no mundo asilar do século XIX e sobre a qual os historiadores da psiquiatria sempre guardaram um silêncio bastante prudente, quando, certamente, a hipnose e a técnica do interrogatório são o ponto a partir do qual a história da prática e do poder psiquiátricos se deslocou ou, em todo caso, se transformou.

Claro, essas três técnicas são ambíguas, quer dizer, funcionam em dois níveis. Por um lado, elas funcionam efetivamente no nível disciplinar; nesse sentido, o interrogatório é certa maneira de fixar o indivíduo à norma da sua própria identidade – quem é você? como se chama? quem são seus pais? como foram os diferentes episódios da sua loucura? –, de vincular o indivíduo ao mesmo tempo à sua identidade social e assinalação de loucura que lhe foi conferida por seu meio. O interrogatório é um método disciplinar e, nesse nível, podem-se efetivamente identificar seus efeitos.

O magnetismo, que foi introduzido bem cedo no asilo do século XIX, isto é, nos anos 1820-1825, numa época em que estava num tal nível de empirismo que os outros médicos o rejeitavam em geral, foi claramente utilizado como adjuvante do poder físico, corporal, do médico[6]. Nesse espaço de extensão do corpo do médico que o asilo organiza, nessa espécie de processo que faz com que as próprias engrenagens do asilo devam ser como o sistema nervoso do próprio psiquiatra, de tal sorte que o corpo do psiquiatra coincida plenamente com o próprio espaço asilar, pois bem, nesse jogo está claro que o magnetismo, com todos os seus efeitos físicos, era uma peça no mecanismo da disciplinaridade. Enfim, quanto às drogas – essencialmente o ópio, o clorofórmio, o éter –, elas eram, evidentemente, como as drogas atuais continuam sendo, um instrumento disciplinar evidente, reino da ordem, da calma, da colocação em silêncio.

Ao mesmo tempo, esses três elementos, perfeitamente decifráveis e cuja inserção no asilo por seus efeitos disciplinares é fácil compreender, tiveram um efeito na medida em que foram utilizados, em que, talvez afinal de contas, levaram consigo, canalizaram, a despeito até do que se esperava deles, certa questão da verdade. O louco interrogado, magnetizado, hipnotizado, drogado, talvez tenha ele mesmo posto a questão da verdade. E, nessa medida, parece-me que esses três elementos foram os elementos de fratura do sistema disciplinar, o momento em que o saber médico, que portanto ainda não passava de uma marca de poder, viu-se convocado a falar, não mais simplesmente em termos de poder, mas em termos de verdade.

✦

Eu gostaria de abrir um parêntese aqui e inserir uma pequena história da verdade em geral. Parece-me que poderíamos dizer o seguinte. Um saber como o que chamamos científico é um saber que supõe, no fundo, que haja verdade em toda parte, em todo lugar e em todo tempo. Ou seja, mais precisamente: para o saber científico, há momentos em que se apreende mais facilmente a verdade, pontos de vista que permitem perceber mais facilmente ou mais seguramente a verdade; há instrumentos para descobri-la onde ela se oculta, onde ela está recuada ou escondida. Mas, como quer que seja, para a prática científica em geral, sempre há verdade; a verdade está sempre presente em toda coisa ou sob toda coisa, a propósito de tudo e de qualquer coisa pode-se colocar a questão da verdade. A verdade pode estar escondida, ser difícil de alcançar, tudo isso remete apenas aos nossos próprios limites, às circunstâncias em que nos encontramos. A verdade nela mesma percorre o mundo inteiro, nunca é interrompida. Não há buraco negro na verdade. Isso quer dizer que, para o saber científico, nunca há nada que seja suficientemente tênue, fútil, passageiro ou ocasional para não concernir à questão da verdade, nada suficientemente distante, mas nada tampouco suficientemente próximo para que não se possa lhe fazer a pergunta: o que é você em verdade? A verdade habita tudo e qualquer coisa, inclusive aqueles célebres restos grotescos de que falava Platão[7]. Isso quer dizer não apenas que a verdade habita toda parte e que a todo [instante] pode-se colocar a questão da verdade, mas quer dizer também que não há ninguém que seja exclusivamente qualificado para dizer a verdade; não há ninguém tampouco que, de saída, seja desqualificado para dizer a verdade, a partir do momento em que, é claro, se disponha dos instrumentos necessários para descobri-la, as categorias necessárias para pensá-la e a linguagem adequada para formulá-la em proposições. Digamos, para falar ainda mais esquematicamente, que temos aí certa posição filosófico-científica da verdade que é ligada a certa tecnologia da construção ou da constatação em direito universal da verdade, uma tecnologia da demonstração.

Digamos que temos uma tecnologia da verdade demonstrativa que, em suma, coincide com a prática científica.

Ora, creio que houve em nossa civilização um posicionamento bem diferente da verdade. Esse posicionamento bem diferente da verdade, mais arcaico sem dúvida que este de que lhes falo, foi pouco a pouco afastado ou recoberto pela tecnologia demonstrativa da verdade. Esse outro posicionamento da verdade, que é, creio eu, totalmente capital na história da nossa civilização pelo próprio fato de que foi recoberto e colonizado pelo outro, é o posicionamento de uma verdade que, justamente, não estaria em toda parte e em todo tempo nos esperando, a nós, que seríamos encarregados de espreitá-la e apreendê-la onde quer que ela esteja. Seria o posicionamento de uma verdade dispersa, descontínua, interrompida, que só falaria ou que só se produziria de tempo em tempo, onde bem entender, em certos lugares; uma verdade que não se produz em toda parte o tempo todo, nem para todo o mundo; uma verdade que não nos espera, porque é uma verdade que tem seus instantes favoráveis, seus lugares propícios, seus agentes e seus portadores privilegiados. É uma verdade que tem sua geografia: o oráculo que diz a verdade em Delfos[8] não a formula em nenhum outro lugar e não diz a mesma coisa que o oráculo que está em outro lugar; o deus que cura em Epidauro[9] e que diz aos que vêm consultá-lo qual é sua doença e qual é o remédio que eles devem aplicar, esse deus só cura e só formula a verdade da doença em Epidauro, e em mais nenhum outro lugar. Verdade que tem sua geografia, verdade que também tem seu calendário ou, pelo menos, sua cronologia própria.

Eis outro exemplo. Na velha medicina das crises, sobre a qual eu tornarei, na medicina grega, latina, medieval, sempre há um momento para que a verdade da doença apareça; é precisamente o momento da crise, e não há nenhum outro momento em que a verdade possa ser assim apreendida. Na prática alquímica, a verdade não está ali, esperando o momento em que viremos apreendê-la, a verdade passa; ela passa como o relâmpago, rapidamente; em todo caso, ela está ligada à ocasião, *kairós*, é preciso apreendê-la[10].

É também uma verdade que tem não apenas sua geografia e seu calendário, é uma verdade que tem seus mensageiros ou seus operadores privilegiados e exclusivos. Os operadores dessa verdade descontínua são os que possuem o segredo dos lugares e dos tempos, são os que se submeteram às provas de qualificação, são os que pronunciaram as palavras requeridas ou consumaram os gestos rituais, são também aqueles que a verdade escolheu para se abater sobre eles: os profetas, os adivinhos, os inocentes, os cegos, os loucos, os sábios etc. Essa verdade, com sua geografia, seus calendários, seus mensageiros ou seus operadores privilegiados, essa verdade não é universal. O que não quer dizer que é uma verdade rara, mas sim uma verdade dispersa, uma verdade que se produz como um acontecimento.

Vocês têm por conseguinte a verdade que se constata, a verdade da demonstração, e vocês têm a verdade-acontecimento. Essa verdade descontínua poderia ser chamada de verdade-raio, por oposição à verdade-céu, que está universalmente presente sob a aparência das nuvens. Temos pois duas séries na história ocidental da verdade. A série da verdade descoberta, constante, constituída, demonstrada, e outra série, que é a série da verdade que não é da ordem do que é, mas que é da ordem do que acontece, uma verdade portanto não dada na forma da descoberta, mas na forma do acontecimento, uma verdade que não é constatada, mas que é suscitada, perseguida, muito mais produção do que apofântica, uma verdade que não se dá pela mediação de instrumentos, mas que se provoca por rituais, que se capta por artimanhas, que se apreende de acordo com as ocasiões. Para essa verdade, não se tratará portanto de método, mas de estratégia. Entre essa verdade-acontecimento e o que dela é apreendido, que a apreende ou que é atingido por ela, a relação não é da ordem do objeto ao sujeito. Não é, por conseguinte, uma relação de conhecimento; é antes uma relação de choque; é uma relação da ordem do raio ou do relâmpago; é também uma relação da ordem da caça, uma relação em todo caso arriscada, reversível, belicosa; é uma relação de dominação e de vitória, não portanto uma relação de conhecimento, mas de poder.

Há os que têm o costume de fazer a história da verdade em termos de esquecimento do Ser[11], isto é, aqueles que, na medida em que fazem valer o esquecimento como categoria fundamental da história da verdade, se colocam de saída nos privilégios do conhecimento, pois é tão somente sobre o fundo da relação de conhecimento admitida e posta de uma vez por todas que algo como o esquecimento pode se produzir. Por conseguinte, penso que, no fundo, eles fazem apenas a história de uma das duas séries que procurei identificar: a série da verdade apofântica, da verdade descoberta, da verdade constatação, demonstração; e é no interior dessa série que se colocam.

O que eu gostaria de fazer, o que procurei fazer nos anos precedentes foi uma história da verdade a partir da outra série[12] – isto é: procurar privilegiar essa tecnologia, efetivamente rejeitada agora, recoberta, afastada, essa tecnologia da verdade-acontecimento, da verdade-ritual, da verdade-relação de poder, em face da e contra a verdade-descoberta, a verdade-método, a verdade-relação de conhecimento, a verdade que, por conseguinte, supõe e se situa no interior da relação sujeito-objeto.

Eu gostaria de fazer valer a verdade-raio contra a verdade-céu, isto é, mostrar por um lado como essa verdade-demonstração – cuja extensão, cuja força, cujo poder que ela exerce atualmente é absolutamente inútil negar –, como essa verdade-demonstração, identificada, *grosso modo*, em sua tecnologia, com a prática científica, como essa verdade-demonstração deriva na realidade da verdade-ritual, da verdade-acontecimento, da verdade-estratégia, como a verdade-conhecimento no fundo não passa de uma região e de um aspecto, um aspecto que se tornou pletórico, que adquiriu dimensões gigantescas, mas um aspecto ou uma modalidade, mais uma vez, da verdade como acontecimento e da tecnologia dessa verdade-acontecimento.

Mostrar que a demonstração científica no fundo nada mais é que um ritual, mostrar que o sujeito supostamente universal do conhecimento na realidade nada mais é que um indivíduo historicamente qualificado de acordo com certo número de modalidades, mostrar que a descoberta da verdade é na realidade certa modalidade de produção da verdade, trazer assim o que se dá como verdade de constatação ou como verdade de demonstração para o embasamento dos rituais, o embasamento das qualificações do indivíduo cognoscente, para o sistema da verdade-acontecimento – é isso que chamarei de arqueologia do saber[13].

Há outro movimento a fazer, que seria mostrar como, precisamente, no curso da nossa história, no curso da nossa civilização, e de maneira cada vez mais acelerada desde a Renascença, a verdade-conhecimento adquiriu as dimensões que conhecemos e que podemos constatar agora. Mostrar como ela colonizou, parasitou a verdade-acontecimento, como acabou exercendo sobre esta uma relação de poder que talvez seja irreversível, em todo caso que é por ora um poder dominante e tirânico; como essa tecnologia da verdade demonstrativa efetivamente colonizou e agora exerce uma relação de poder sobre essa verdade cuja tecnologia está ligada ao acontecimento, à estratégia, à caça. É isso que poderíamos chamar de genealogia do conhecimento, reverso histórico indispensável da arqueologia do saber, a respeito da qual procurei mostrar a vocês, partindo de certo número de dossiês, muito esquematicamente, não em que ela poderia consistir, mas como poderíamos esboçá-la. Abrir o dossiê da prática judiciária era procurar mostrar como, através da prática judiciária, tinham se formado pouco a pouco regras político-jurídicas de estabelecimento da verdade nas quais se via refluir, desaparecer, com o advento de certo tipo de poder político, a tecnologia da verdade-prova e instalar-se a tecnologia de uma verdade de constatação, de uma verdade autenticada pelos testemunhos etc.

O que eu gostaria de fazer agora a propósito da psiquiatria é mostrar como essa verdade do tipo do acontecimento é, pouco a pouco, no decorrer do século XIX, recoberta por outra tecnologia da verdade ou, pelo menos, como se procurou recobrir essa tecnologia da verdade-acontecimento, no que concerne à loucura, com certa tecnologia da verdade demonstrativa, de constatação. Poderíamos fazê-lo também, e vou procurar fazê-lo nos próximos anos, no que concerne à pedagogia e ao dossiê da infância[14].

Em todo caso, historicamente, poder-se-ia dizer que tudo isso é muito bonito, mas que, afinal, a série verdade-prova-acontecimento já não tem tanta importância no interior da nossa sociedade, que essa tecnologia da verdade-acontecimento talvez possa ser encontrada nas velhas práticas – digamos oraculares, proféticas etc. –, mas que há muito tempo as contas já foram dadas e que é inútil voltar atrás. De fato, penso que há aí outra coisa e que, no interior da nossa civilização, essa verdade-acontecimento, essa tecnologia da verdade-raio parece-me ter subsistido por muito tempo e tido uma importância histórica enorme.

Consideremos primeiramente as formas judiciárias de que lhes falava há pouco e nos anos precedentes: no fundo, tratava-se, afinal, de uma transformação muito profunda e fundamental. Lembrem-se do que eu lhes dizia acerca da justiça medieval arcaica, aquela anterior ao século XII aproximadamente: o procedimento medieval para a descoberta do culpado, ou antes, para a assinalação da culpa a um indivíduo, esses procedimentos que são *grosso modo* colocados sob a sigla do "julgamento de Deus" não eram, em absoluto, métodos para descobrir realmente o que tinha acontecido. Não se tratava em absoluto de reproduzir no interior do "julgamento de Deus" algo que seria como o *análogon*, a imagem do que havia efetivamente acontecido no nível do gesto criminoso. O "julgamento de Deus" ou as provas desse tipo eram procedimentos destinados a decidir de que maneira se deve determinar o vencedor no enfrentamento que opõe dois personagens em litígio[15]. A própria confissão, nas técnicas judiciárias medievais, não era, nesse momento, um sinal ou um método para descobrir um sinal de culpa[16]. Quando os inquisidores da Idade Média torturavam alguém, não se tratava de fazer o raciocínio que os atuais carrascos fazem e que é o seguinte: se o próprio interessado vem a reconhecer que é culpado, então essa é a melhor prova, e é uma prova mais próxima ainda do que o testemunho ocular; não era de maneira nenhuma isso, essa prova *a fortiori* que o carrasco da Idade Média tentava obter. De fato, torturar alguém na Idade Média era encetar, entre o juiz e aquele que era acusado ou suspeito, uma verdadeira luta física cujas regras, evidentemente, eram, não propriamente viciadas, mas perfeitamente desiguais e sem nenhuma reciprocidade, claro, uma luta física para saber se o suspeito ia ou não suportar; e, quando ele cedia, não era tanto uma prova demonstrativa de que fosse culpado, era simplesmente a realidade do fato de que ele tinha perdido o jogo, que tinha perdido no enfrentamento e que, por conseguinte, podia ser condenado. Tudo isso podia, depois, e de certo modo secundariamente, inscrever-se num sistema de significações: foi porque Deus o abandonou etc. Mas não era em absoluto o sinal, de certo modo prosaico, da sua culpa, era a última fase, o último episódio, a conclusão de um enfrentamento[17]. E foi necessária toda uma estatização da justiça penal para que, finalmente, se passasse dessa técnica do estabelecimento da verdade na prova ao estabelecimento da verdade na constatação, pelo testemunho, pela demonstração[18].

A mesma coisa poderíamos dizer a propósito da alquimia. No fundo, o que fez com que a alquimia nunca tenha sido efetivamente refutada pela química, o que faz com que na história da ciência, a alquimia não possa figurar como um erro ou um impasse científico é que ela não corresponde, e nunca correspondeu à tecnologia da verdade demonstrativa; ela correspondeu de ponta a ponta à tecnologia da verdade-acontecimento ou da verdade-prova.

De fato, para retomar grosseiramente suas características principais, o que é a pesquisa alquímica? Ela implica antes de mais nada a iniciação de um indivíduo, isto é, sua qualificação moral ou sua qualificação ascética. Ele deve se preparar para a prova da verdade, não tanto por meio da acumulação de certo número de conhecimentos, quanto pelo fato de que passou pelo ritual requerido[19]. Além do mais, na própria operação alquímica, o *opus* alquímico não é, afinal de contas, a aquisição de certo resultado; o *opus* é a encenação ritual de certo número de acontecimentos, dentre os quais haverá talvez, ou eventualmente – segundo certa margem de acaso, de sorte ou de bênção –, a verdade que eclodirá ou passará como uma ocasião a apreender, num momento ritualmente determinado, mas sempre enigmático para quem opera e que o indivíduo que opera deverá, precisamente, apreender e compreender[20]. O que faz, aliás, com que o saber alquímico seja um saber que se perde sempre, que não pode ter as mesmas regras de acumulação de um saber de tipo científico. O saber alquímico deve recomeçar sempre, deve sempre recomeçar de zero, isto é, cada um deve recomeçar todo o ciclo das iniciações. No saber alquímico, ninguém se apoia nos seus predecessores.

A única coisa é que, efetivamente, às vezes algo como um segredo, um segredo aliás sempre enigmático, um livro de magia que se poderia crer que não é nada, mas que na verdade contém o essencial, caia nas mãos de alguém. E esse segredo, tão secreto que nem mesmo se sabe que é um segredo – a não ser, precisamente, que se tenha passado pelas iniciações rituais, ou que se esteja preparado, ou que a ocasião seja propícia –, é esse segredo que conduz à pista de algo que se produzirá ou não se produzirá; e o segredo, de qualquer maneira, será perdido de novo ou, em todo caso, escondido em algum texto ou livro de magia que mais uma vez um acaso porá novamente como uma ocasião, como o *kairós* grego, nas mãos de alguém que poderá novamente reconhecê-lo ou não reconhecê-lo[21].

Pois bem, tudo isso pertence a uma tecnologia da verdade que nada tem a ver com a tecnologia da verdade científica, e é nesse sentido que a alquimia não se inscreve em absoluto na história da ciência, [nem] mesmo a título de esboço, [nem] mesmo a título de possibilidade. Mas, no interior do saber que talvez não se chame de científico, mas que afinal de contas beirou, habitou os confins da ciência e que acompanhou seu nascimento no século XVIII, quer dizer na medicina, essa tecnologia da verdade-prova ou da verdade-acontecimento permaneceu por muito tempo no âmago da prática médica.

Ela permaneceu no âmago da prática médica durante séculos, isto é, *grosso modo*, desde Hipócrates[22] até Sydenham[23], ou mesmo até a medicina do século XVIII, isto é, durante vinte e dois séculos[24]. Na medicina – não digo na teoria médica, não digo no que, na medicina, começava a esboçar algo como uma anatomia ou uma fisiologia –, mas na prática médica, na relação que o médico estabelecia com a doença, havia algo que decorria e que decorreu durante vinte e dois séculos dessa tecnologia da verdade-prova, e de forma alguma da verdade demonstrativa, e esse algo é a noção de "crise", ou, melhor dizendo, é o conjunto das práticas médicas que se organizaram em torno dessa noção de crise.

O que é, com efeito, a crise no pensamento médico desde Hipócrates? O que vou lhes dizer é evidentemente muito esquemático, pois vou percorrer pretensiosamente estes vinte e dois séculos sem levar em conta todas as modificações (sobressaltos, leves desaparecimentos da noção, reaparecimentos etc.).

O que é a crise na prática médica que precedeu a anatomia patológica? A crise, como sabemos, é o momento em que pode se decidir a evolução da doença, isto é, em que pode se decidir a vida ou a morte, ou ainda a passagem ao estado crônico[25]. É exatamente o momento de uma evolução? Não é exatamente isso. A crise é muito exatamente o momento do combate, é o momento da batalha ou é também, na batalha, o momento em que precisamente ela se decide. Batalha da Natureza e do Mal, combate do corpo contra a substância morbífica[26], ou batalha, como dirão os médicos do século XVIII, dos sólidos contra os humores etc.[27]. E esse combate tem seus dias determinados, tem seus momentos que são prescritos pelo calendário; mas essa prescrição dos dias da crise é uma prescrição ambígua, no sentido em que os dias de crise de uma doença marcam de fato uma espécie de ritmo natural, que é precisamente característico dessa doença, e só dela. Vale dizer que cada doença tem seu próprio ritmo de crises possíveis, cada doente tem dias em que a crise pode se desencadear. Assim é que já Hipócrates distinguia, entre as febres, as que têm crises nos dias pares, as que têm crises nos dias ímpares. Quanto às que têm crises nos dias pares, pode ser o 4º, o 6º, o 8º, o 10º, o 14º, o 28º, o 34º, o 38º, o 50º, o 80º dia[28]. Isso proporciona a Hipócrates e à medicina de tipo hipocrático uma espécie de descrição – não podemos dizer sintomatológica – da doença, que a caracteriza a partir da data obrigatória, possível, da crise. É portanto uma característica intrínseca da doença.

Mas é também uma ocasião a apreender, é mais ou menos o que na mântica grega se podia considerar como a data propícia[29]. Do mesmo modo que havia dias em que não se podia travar a batalha, havia dias em que não devia haver uma crise; e, assim como havia maus generais que não travavam a batalha no dia propício, assim também havia doentes ou doenças que tinham sua crise num dia que não era um dia propício, de modo que, nesse momento, tinham más crises, isto é, crises que levavam necessariamente a uma evolução desfavorável, o que não quer dizer que, quando a crise chegava num momento propício, a decisão fosse sempre favorável, mas tinha-se naquele caso uma espécie de complicação suplementar. Vocês veem o jogo dessa crise que é ao mesmo tempo a característica intrínseca e, também, a ocasião obrigatória, o ritmo ritual em que os acontecimentos deveriam se desenrolar.

Ora, no momento em que a crise se manifesta, a doença eclode em sua verdade. Vale dizer que não só é um momento descontínuo, é, além disso, o momento em que a doença, não digo "revela" uma verdade que ela teria escondido em si, mas se produz no que é sua verdade própria, sua verdade intrínseca. Antes da crise, a doença é isto ou aquilo, ela é, para dizer a verdade, nada. A crise é a realidade da doença tornando-se de certo modo verdade. E é precisamente aí que o médico deve intervir.

Com efeito, qual o papel do médico na técnica da crise? Ele deve considerar a crise como o viés, praticamente o único viés, pelo qual ele pode agir sobre a doença. A crise, com suas variáveis de tempo, de intensidade, de tipos de resolução etc., define a maneira como o médico deve intervir[30]. O médico deve, em primeiro lugar, por um lado, prever a crise, identificar em que momento ela ocorrerá[31], esperar precisamente o dia em que ela ocorre, e é nesse momento que ele travará a batalha para vencer[32], enfim, para fazer com que a natureza triunfe sobre a doença; ou seja, o papel do médico será, em certo sentido, reforçar a energia da natureza. Reforçar a energia da natureza, mas é preciso ter cuidado, pois o que vai acontecer se se reforçar demais a energia da natureza lutando contra a doença? Vai acontecer que a doença, esgotada de certo modo, sem força suficiente, não travará o combate e a crise não ocorrerá, e, se a crise não ocorrer, o estado funesto vai continuar durando. Portanto o equilíbrio tem de ser suficientemente mantido. Do mesmo modo, se se reforçar demais a natureza, se a natureza se tornar vigorosa demais e forte demais, os movimentos pelos quais ela tentará expulsar a doença se tornarão demasiado violentos e, nessa violência mesma, o doente pode vir a morrer pelo próprio esforço que a natureza faz contra a doença. De modo que não se deve nem enfraquecer demais a doença, [o] que poderia, de certa forma, evitar a crise, nem reforçar demais a natureza, pois, nesse caso, a crise poderia ser violenta demais. De modo que, como vocês estão vendo, o médico, nessa tecnologia da crise, aparece muito mais como o gerente e o árbitro da crise do que como o agente de uma intervenção terapêutica*. O médico tem de prevê-la, de saber quais são as forças em presença, de imaginar que saída ela pode ter, e arranjar as coisas de tal modo que a crise ocorra no dia certo; ele deve ver como ela se anuncia, com que força, e deve introduzir somente as modificações necessárias em cada prato da balança, as quais farão que a crise, no fundo, se desenrole como deve se desenrolar.

E vocês estão vendo que em sua forma geral a técnica da crise na medicina grega não é diferente da técnica do juiz, do árbitro, quando se trata de um litígio judiciário. Vocês têm aqui, nesta técnica da prova, uma espécie de modelo, de matriz jurídico-política que se aplica tanto ao combate litigioso num caso de direito penal como à prática médica. Aliás, na prática médica vocês têm uma espécie de complexidade suplementar que encontrariam da mesma maneira na prática judiciária. É o seguinte: como vocês estão vendo, o médico não cura, e não se pode nem mesmo dizer que é o médico que enfrenta diretamente a doença, pois é a natureza que enfrenta a doença; ele prevê a crise, ele avalia as forças em presença, procura modificar ligeiramente o jogo, em todo caso a relação de forças, e tem sucesso se fizer a natureza ter

* O manuscrito acrescenta: "muito mais papel de observância de regras do que de observação dos fenômenos".

sucesso. É nessa espécie de papel de árbitro que o médico é, por sua vez – para voltarmos precisamente a essa palavra "crise" que, afinal de contas, significa "julgar"[33], assim como a doença é julgada no dia da crise –, julgado pela maneira como presidiu o combate, e o médico pode sair vencedor ou vencido em relação à doença.

É um combate do médico em relação ao combate entre a natureza e a doença, combate no segundo grau, de que ele vai sair vencedor ou vencido em relação a essas leis internas, mas também em relação aos outros médicos. Aqui também voltamos ao modelo jurídico. Vocês sabem muito bem que os juízes podiam ser desqualificados, nessa época, quando julgavam mal, e ser por sua vez alvo de um processo de que iam sair vencedores ou vencidos; depois, vocês têm uma espécie de caráter público dessa espécie de justa entre os adversários e entre as leis do combate e, de outro lado, o juiz. Esse combate duplo sempre tinha características de publicidade. Ora, a consulta médica como vocês a veem funcionar desde Hipócrates até aqueles famosos médicos de Molière – sobre cujo sentido e estatuto é preciso apesar de tudo refletir –, a consulta médica sempre era feita com vários médicos[34]. Vale dizer que se tratava de uma justa ao mesmo tempo da natureza contra a doença, do médico em relação a esse combate da natureza contra a doença e do médico contra os outros médicos.

Eles estavam ali, uns diante dos outros, predizendo cada um à sua maneira quando devia ocorrer a crise, de que natureza seria a crise, qual seria seu desenlace. A famosa cena que Galeno contou para explicar como ele tinha feito fortuna em Roma, essa cena, qualquer que seja sua natureza autoapologética, parece-me ser uma cena muito característica dessa espécie de entronização do médico. É a história do jovem Galeno, médico da Ásia Menor, chegando a Roma, desconhecido, e participando de uma espécie de junta médica em torno de um paciente. Enquanto todos os médicos prediziam isto ou aquilo, Galeno diz, olhando o rapaz que estava doente: ele vai ter nos momentos seguintes uma crise; essa crise será um sangramento do nariz, e ele sangrará da narina direita. Foi de fato o que aconteceu. E, diz Galeno, todos os médicos que estavam ali em torno de mim eclipsaram-se discretamente, um depois do outro[35]. A justa era ao mesmo tempo uma justa dos médicos uns contra os outros.

A apropriação de um doente por um médico, a constatação do médico da família, o solilóquio médico-doente são o efeito de toda uma série de transformações ao mesmo tempo econômicas, sociológicas, epistemológicas, da medicina; mas, nessa medicina de prova que tinha a crise como elemento principal, a justa entre médicos era tão essencial quanto a justa entre a natureza e a doença. Logo, vocês estão vendo como, na medicina – que, repito, diferente da alquimia, não foi inteiramente estranha aos desenvolvimentos do saber científico que a ela se justapôs, com ela se entrecruzou, com ela se entrelaçou –, vocês estão vendo que na prática médica encontramos ainda por muito tempo essa tecnologia da verdade-prova, da verdade-acontecimento.

Mais uma palavra a esse respeito. A extensão da outra série, a extensão da tecnologia demonstrativa da verdade, como vocês veem com o exemplo da medicina, não se fez de uma só vez, como uma espécie de transformação global; certamente também não se fez da mesma maneira em se tratando da astronomia ou da medicina, em se tratando da prática judiciária ou da botânica. Mas, em linhas gerais, creio que podemos dizer o seguinte: esses dois processos serviram de suporte para essa transformação na tecnologia da verdade, pelo menos no que concerne ao saber empírico.

A passagem de uma tecnologia da verdade-acontecimento à verdade-demonstração creio está ligada, por um lado, à extensão dos procedimentos políticos do inquérito. O inquérito, o relatório, o testemunho de muitos, o cruzamento das informações, a circulação do saber desde o centro do poder até seu ponto de chegada e seu retorno, todas as instâncias paralelas de verificação também, tudo isso constituiu progressivamente, pouco a pouco, ao longo de toda uma história, o instrumento de um poder político e econômico que é o da sociedade industrial; donde o afinamento, o quadriculamento cada vez mais concentrado dessas técnicas de inquérito no interior mesmo dos elementos em que elas costumavam ser aplicadas. Em linhas gerais, se assim podemos dizer, o afinamento que fez com que se passasse de um inquérito essencialmente de tipo fiscal, na Idade Média – saber quem colhe o quê, quem possui o quê –, de modo que levantasse o necessário; a passagem do inquérito de tipo fiscal ao inquérito de tipo policial sobre o comportamento das pessoas, a maneira como elas vivem, a maneira como pensam, a maneira como fazem amor etc., essa passagem do inquérito fiscal ao inquérito policial, a constituição da individualidade policial a partir da individualidade fiscal, que era a única que o poder conhecia na Idade Média, tudo isso é significativo dessa concentração da técnica do inquérito numa sociedade como a nossa[36].

E houve não apenas concentração local, mas também, estendida a toda a superfície do globo, extensão planetária. Duplo movimento de colonização: colonização em profundidade que parasitou até os gestos, o corpo, o pensamento dos indivíduos, e colonização na escala dos territórios e das superfícies. Podemos dizer que assistimos desde o fim da Idade Média à colocação sob inquérito generalizado de toda a superfície da Terra, até à filigrana das coisas, dos corpos e dos gestos: uma espécie de grande parasitagem inquisitorial. Vale dizer que em todos os momentos e em todos os lugares do mundo, e a propósito de toda coisa, pode-se e deve-se colocar a questão da verdade. Há verdade em toda parte e a verdade nos aguarda em toda parte, em todos os lugares e em todos os tempos. Eis, muito esquematicamente, o grande processo que levou a essa reversão de uma tecnologia da verdade-acontecimento a uma tecnologia da verdade-constatação.

O outro processo foi uma espécie de processo inverso, [...*] a organização da raridade dessa verdade que é de toda parte e de todos os tempos; mas uma rarefação que, justamente, já não incide sobre o aparecimento, a produção da verdade, e sim sobre os que são capazes de descobri-la. Com efeito, em certo sentido, essa verdade universal, essa verdade de toda parte e de todos os tempos, essa verdade que qualquer inquérito pode e deve cercar e descobrir a propósito de qualquer coisa, essa verdade está ao alcance de qualquer um. Qualquer um pode ter acesso a ela, pois ela está em toda parte e em todos os tempos, mas é preciso ainda ter as circunstâncias necessárias, adquirir as formas de pensamento e as técnicas que permitem precisamente ter acesso a essa verdade de toda parte, mas sempre profunda, sempre escondida, sempre de difícil acesso.

Haverá portanto, é claro, um sujeito universal dessa verdade universal, mas será um sujeito abstrato pois, concretamente, o sujeito universal capaz de apreender essa verdade será raro, porque terá de ser um sujeito qualificado por certo número de procedimentos que serão precisamente os procedimentos da pedagogia e da seleção. As universidades, as sociedades científicas, o ensino canônico, as escolas, os laboratórios, o jogo das especializações, o jogo das qualificações profissionais, tudo isso é uma maneira de organizar, a propósito de uma verdade, posta pela ciência como universal, a raridade dos que podem ter acesso a ela. Ser sujeito universal será, se assim podemos dizer, o direito abstrato de todo indivíduo; mas ser sujeito universal no concreto implicará necessariamente a qualificação de alguns raros indivíduos que deverão funcionar assim. O aparecimento dos filósofos, dos homens de ciência, dos intelectuais, dos professores, dos laboratórios etc., na história do Ocidente, a partir do século XVIII, corresponde precisamente, em correlação direta com

....

* Gravação: "poderíamos chamá-lo de".

essa extensão da posição da verdade científica, à rarefação daquele que pode saber uma verdade que agora está presente em toda parte e a todo instante. Pois bem, essa era a pequena história que eu queria narrar. Que relação tem com a loucura? Chegaremos lá.

✦

Na medicina em geral, de que eu lhes falava agora mesmo, a noção de crise desaparece no fim do século XVIII. Ela desaparece não apenas como noção – podemos dizer: depois de Hoffmann[37] –, mas também como ponto organizador da técnica médica. Por que desaparece? Bem, creio que pelos motivos que acabo de lhes apresentar no esquema geral, ou seja, organiza-se a propósito da doença, como hoje a propósito de qualquer coisa, uma espécie de espaço, de quadriculamento inquisitorial[38]. E é essencialmente a edificação do que podemos chamar *grosso modo* de equipamento hospitalar e médico no século XVIII na Europa que assegura a vigilância geral de populações, possibilita estender em princípio o inquérito de saúde a todos os indivíduos[39]; o hospital também possibilita integrar à doença o corpo do indivíduo vivo e, principalmente, seu corpo morto[40]. Em outras palavras, vai-se ter no fim do século XVIII uma vigilância geral das populações e, ao mesmo tempo, a possibilidade concreta de pôr em relação uma doença e um corpo autopsiado. É o nascimento da anatomia patológica, ao mesmo tempo que o aparecimento de uma medicina estatística, de uma medicina dos grandes números[41] – a um só tempo, a assinalação da causalidade precisa pela projeção da doença num corpo morto e a possibilidade de vigiar um conjunto de populações –, é isso que proporciona os dois grandes instrumentos epistemológicos da medicina do século XIX. E é evidente que, a partir desse momento, vamos ter uma tecnologia da constatação e da demonstração que vai tornar progressivamente inúteis as técnicas da crise.

Na psiquiatria, então, o que acontece? Bem, creio que acontece uma coisa curiosíssima. Por um lado, é certo que o hospital psiquiátrico, tanto quanto o hospital de medicina geral, não pode deixar de tender a fazer desaparecer a crise. O hospital psiquiátrico, como qualquer hospital, é um espaço de inquérito e de inspeção, uma espécie de local inquisitorial, e não é absolutamente necessária toda essa prova de verdade. Procurei inclusive lhes mostrar que não apenas não se precisa da prova de verdade, mas não se precisa de nenhuma verdade, seja ela obtida pela técnica da prova ou pela técnica da demonstração. Tem mais. Não só não se precisa, como, para dizer a verdade, a crise como acontecimento no interior da loucura e do comportamento do louco é excluída. Ela é excluída por quê? Essencialmente, creio eu, por três razões.

Primeiro, ela é excluída precisamente pelo fato de que o hospital funciona como sistema disciplinar, isto é, como sistema que obedece a um regulamento, prevendo certa ordem, impondo certo regime, no qual algo como o desencadeamento da crise da loucura a partir dela própria está excluído. Aliás, a principal orientação, a principal técnica dessa disciplina asilar é: não pensar no assunto... Não pense, pense em outra coisa, leia, trabalhe, vá ao campo, mas, seja lá como for, não pense na sua loucura[42]. Cultive, não o seu jardim, mas o do diretor. Faça marcenaria, ganhe sua vida, mas não pense na sua doença. O espaço disciplinar do asilo não pode ceder lugar à crise da loucura.

Em segundo lugar, o recurso constante à anatomia patológica, que se dá mais ou menos a partir de 1825 na prática asilar, desempenhou um papel de rejeição teórica da crise[43]. De fato, nada, salvo o que acontecia no caso da paralisia geral, permitia supor ou, em todo caso, assinalar uma causa física da doença mental. Ora, a prática da autópsia foi, pelo menos em muitos hospitais, uma espécie de prática regular que tinha, no fundo, creio eu, essencialmente o sentido de dizer o seguinte: se há uma verdade da loucura, ela certamente não está no que dizem os loucos, mas só pode estar nos nervos e no cérebro deles. Nessa medida, a crise como momento da verdade, como momento em que a verdade da loucura eclodiria, se encontra epistemologicamente excluída pelo recurso à anatomia patológica, ou antes, creio que a anatomia patológica foi a cobertura epistemológica atrás da qual se pôde rejeitar a existência da crise, negá-la ou jugulá-la: podemos amarrar você na cadeira, podemos perfeitamente não ouvir o que você diz, porque é à anatomia patológica que perguntaremos qual a verdade da sua loucura, quando você morrer.

Por fim, em terceiro lugar, a terceira razão para rejeitar a crise foi um processo que deixei de lado até agora e que é o problema da relação entre a loucura e o crime. É que, de fato, a partir dos anos 1820-1825, encontramos nos tribunais um processo curiosíssimo pelo qual os médicos – e não a pedido do ministério público ou do presidente do tribunal, muitas vezes nem mesmo a pedido dos advogados – davam sua opinião sobre um crime e procuravam, de certo modo, reivindicar para a doença mental o próprio crime[44]. Diante de qualquer crime, os psiquiatras faziam a pergunta: será que não é um sinal de doença? E foi assim que se construiu essa curiosíssima noção de monomania que, esquematicamente, quer dizer o seguinte: quando alguém comete um crime que não tem nenhuma razão de ser, nenhuma justificação no nível do seu interesse, o simples fato de cometer esse crime não [seria] o sintoma de uma doença que teria fundamentalmente por essência ser o próprio crime? Uma espécie de doença monossintomática, que teria um só sintoma, e uma única vez na vida do indivíduo, e que seria precisamente o crime?[45]

Perguntou-se por que esse interesse dos psiquiatras pelo crime, por que reivindicar tão fortemente assim, e de certo modo tão violentamente, o fato de o crime eventualmente pertencer à doença mental. Existe com certeza um certo número de razões, mas creio que uma das razões é esta: é que se trata não tanto de demonstrar que todo criminoso é um possível louco, mas de demonstrar – o que era muito mais grave, porém muito mais importante para o poder psiquiátrico – que todo louco é um possível criminoso. E a determinação, a vinculação de uma loucura a um crime e, no limite, da loucura a todo crime era o meio de fundar o poder psiquiátrico, não em termos de verdade, pois precisamente não é de verdade que se trata, mas em termos de perigo: estamos aqui para proteger a sociedade, já que no âmago de toda loucura está inscrita a possibilidade de um crime. Vincular a um crime algo como a loucura é, a meu ver, claro que por razões sociais, uma maneira de safar o indivíduo, mas, de maneira geral, no nível do funcionamento geral dessa assinalação de loucura no crime, há a vontade dos psiquiatras de fundar sua prática em algo como uma defesa social, pois eles não podem fundá-la em verdade. Logo, podemos dizer que o sistema disciplinar da psiquiatria tem essencialmente por efeito fazer a crise desaparecer. Não só não se precisa, mas não se quer a crise, pois a crise poderia ser perigosa, pois a crise do louco talvez seja a morte do outro. Não se precisa da crise, a anatomia patológica a dispensa, e o regime da ordem e da disciplina faz com que a crise não seja desejável.

No entanto, ao mesmo tempo que isso se produz, vocês têm uma tendência inversa, que se explica e se justifica por duas razões. Por um lado, precisa-se da crise porque, no fim das contas, nem o regime disciplinar, nem a calma obrigatória imposta aos loucos, nem a anatomia patológica possibilitaram ao saber psiquiátrico fundar-se em verdade. De modo que esse saber, que procurei lhes mostrar que funcionava como suplemento de poder, funcionou por muito tempo no vazio e não podia, evidentemente, deixar de tentar se dar um certo conteúdo de verdade de acordo com as normas mesmas da tecnologia médica da época, isto é, a tecnologia da constatação. Mas isso não era possível, de modo que se apelou para a crise por outra razão, uma razão positiva.

É que o verdadeiro ponto em que se exerce o saber psiquiátrico não é inicialmente, não é essencialmente o ponto que permite especificar, caracterizar, explicar a doença. Em outras palavras, enquanto um médico tem essencialmente como tarefa ou se encontra, situado no ponto em que está, na obrigação de responder aos sintomas, às queixas do doente com uma atividade de especificação, de caracterização – donde o fato de que o diagnóstico diferencial foi de fato, a partir do século XIX, a grande atividade médica –, o psiquiatra não é requisitado, não é convocado nesse ponto, isto é, no interior do pedido do doente, para dar estatuto, caráter e especificação aos seus sintomas. O psiquiatra é requisitado um grau antes, uma camada abaixo, é requisitado no ponto em que se trata de decidir se há ou não doença. Trata-se, para o psiquiatra, de responder à pergunta: este indivíduo é louco ou não? Pergunta que lhe é feita seja pela família, no caso de internação voluntária, seja pela administração, no caso de internação de ofício – se bem que, aliás, a administração só faça a pergunta em surdina, pois ela se reserva o direito de nem mesmo escutar o que diz o psiquiatra –, mas, como quer que seja, o psiquiatra se encontra situado neste nível.

Enquanto o ponto em que funciona o saber médico [geral] é o ponto da especificação da doença, é o ponto do diagnóstico diferencial, na psiquiatria, o ponto em que funciona o saber médico é o ponto da decisão entre loucura e não loucura, é o ponto, se preferirem, da realidade ou da não realidade, é o ponto da ficção – seja a ficção de parte do doente, que gostaria por uma razão qualquer fingir estar louco, seja a ficção do seu círculo pessoal, que imagina, deseja, almeja, impõe a imagem da loucura. É aí que funciona o saber do psiquiatra, é aí também que funciona seu poder[46].

Ora, para decidir em termos de realidade da loucura, para funcionar nesse nível, de quais instrumentos o psiquiatra dispõe? É precisamente aqui que encontramos o paradoxo do saber psiquiátrico no século XIX. Por um lado, ele bem que procurou construir-se com base no modelo da medicina-constatação, de inquérito, da demonstração; ele bem que procurou constituir um saber do tipo da sintomatologia; ele bem que constituiu uma descrição das diferentes doenças etc., mas, para dizer a verdade, isso não passava da cobertura e de justificação de uma atividade que se situava em outro ponto, e essa atividade era precisamente a decisão: realidade ou mentira, realidade ou simulação. É no ponto de simulação, no ponto de ficção, e não no ponto de caracterização que se situa realmente sua atividade.

Daí, creio, decorre certo número de consequências. A primeira é que, para conseguir resolver esse problema, o hospital psiquiátrico literalmente inventou uma nova crise médica. Não mais essa crise de verdade que era jogada entre as forças da doença e as forças da natureza, e que caracteriza a crise médica tal como era posta em ato no século XVIII, mas uma crise que chamarei de crise de realidade, que se joga entre o louco e o poder que o interna, o poder-saber do médico. O médico deve estar numa posição de árbitro em relação a essa questão da realidade ou da não realidade da loucura.

De modo que, como vocês veem, o hospital psiquiátrico, ao contrário do hospital de medicina geral, não tem em absoluto por função ser o lugar em que a "doença" vai mostrar o que é em suas características específicas e diferenciais em relação às outras doenças; o hospital psiquiátrico tem uma função muito mais simples, muito mais elementar, muito mais fundamental. Ele tem por função, precisamente, dar realidade à loucura, abrir à loucura um espaço de realização. O hospital psiquiátrico existe para que a loucura se torne real, enquanto o hospital comum tem por função ao mesmo tempo saber o que é a doença e suprimi-la. O hospital psiquiátrico tem por função, a partir da decisão psiquiátrica quanto à realidade da loucura, fazê-la existir como realidade.

É aqui que encontramos uma crítica de tipo institucional ao hospital psiquiátrico, que o censura justamente por fabricar loucos com pessoas que se pretende curar. Essa crítica de tipo institucional coloca, com isso, a questão: qual seria então a instituição cujo funcionamento seria tal, que se poderia ao mesmo tempo curar os loucos e não os imergir na doença? De que maneira a instituição [asilar] poderia funcionar como qualquer hospital?[47] Mas creio que essa crítica é, afinal, muito insuficiente, porque escapa-lhe o essencial. Quer dizer, uma análise da distribuição do poder psiquiátrico permite mostrar que não é por um acidente ou um desvio da instituição que o hospital psiquiátrico é um lugar de realização da loucura; é a própria função do poder psiquiátrico ter diante de si e para o doente – e, no limite, tanto no hospital como não – um espaço de realização para a doença. De modo que podemos dizer que o poder psiquiátrico tem por função realizar a loucura numa instituição cuja disciplina tem precisamente por função apagar todas as violências da loucura, todas as suas crises e, no limite, todos os seus sintomas. A instituição asilar em si – e é nisso que a análise que faço não coincide com as análises institucionais –, essa instituição de disciplina tem efetivamente por função e por efeito suprimir, não digo a loucura, mas os sintomas da loucura, ao mesmo tempo que o poder psiquiátrico que se exerce no interior e que fixa os indivíduos no asilo tem por função realizar a loucura.

Em suma, há um ideal para esse duplo funcionamento, do poder psiquiátrico que realiza a loucura e da instituição disciplinar que se recusa a ouvi-lo, que nivela seus sintomas, que aplaina todas as suas manifestações: o da demência. O que é um demente? É aquele que não é nada mais do que a realidade da sua loucura; é aquele em quem a multiplicidade dos sintomas ou, ao contrário, seu nivelamento é tal que já não se pode assinalar especificação sintomática que lhe seria característica. O demente é portanto aquele que corresponde exatamente ao funcionamento da instituição asilar, já que, por via de disciplina, todos os sintomas em sua especificidade foram aplainados: não há mais manifestações, nem exteriorização, nem crise. E, ao mesmo tempo, o demente corresponde ao que quer o poder psiquiátrico, já que realiza efetivamente a loucura como realidade individual no interior do asilo.

A famosa evolução demencial que os psiquiatras do século XIX acreditaram observar como um fenômeno de natureza na loucura não é nada mais que a série dos efeitos entrecruzados de uma disciplina asilar que aplaina manifestações e sintomas, e a assinalação do poder médico para se ser louco, para realizar a loucura. O demente é na verdade o que foi fabricado pelo duplo jogo desse poder e dessa disciplina.

Quanto aos histéricos, a esses célebres e caros histéricos, direi que eles foram precisamente a frente de resistência a esse gradiente demencial que o duplo jogo do poder psiquiátrico e da disciplina asilar implicava. Eles foram a frente de resistência pelo seguinte: o que é um histérico? Um histérico é aquele que está a tal ponto seduzido pela existência dos sintomas mais bem especificados, mais bem precisados – precisamente os sintomas que as doenças orgânicas lhe apresentam –, que ele os faz seus. O histérico se constitui como brasão de verdadeiras doenças, se constitui plasticamente como o lugar e o corpo portador de sintomas verdadeiros. À assinalação, à propensão, à compressão demencial dos sintomas, ele responde com a exasperação dos sintomas mais precisos e mais bem determinados; e, ao mesmo tempo que faz isso, ele o faz por um jogo que é tal que, quando se quer assinalar sua doença como realidade, nunca se consegue, porque, no momento em que seu sintoma remeteria a um substrato orgânico, ele mostra que não há substrato, de modo que ele não pode ser assinalado ao nível da realidade da sua doença no momento mesmo em que manifesta os sintomas mais espetaculares. A histeria foi a maneira efetiva pela qual as pessoas se defendiam da demência; a única maneira de não ser demente, num hospital do século XIX, era ser histérico, isto é, era opor ao impulso que aniquilava, apagava os sintomas, a constituição, a ereção visível, plástica, de toda uma panóplia de sintomas e resistir à assinalação da loucura como realidade pela simulação. O histérico tem sintomas magníficos, mas, ao mesmo tempo, esquiva a realidade da sua doença; ele se coloca contra a corrente do jogo asilar e, nessa medida, saudemos os histéricos como os verdadeiros militantes da antipsiquiatria[48].

NOTAS

1. Descoberto no século XVI, o éter tem seu uso difundido no século XVIII no tratamento das neuroses e no reconhecimento da simulação das doenças, por sua propriedade "estupefaciente". Cf. *supra*, p. 246, nota 18.

2. Descoberto simultaneamente na Alemanha por Justus Liebig e na França por Soubeiran, em 1831, o emprego anestésico do clorofórmio começa em 1847. Cf. [a] E. Soubeiran, "Recherches sur quelques combinaisons de chlore", *Annales de chimie et de physique*, t. XLIII, outubro de 1831, pp. 113-57. [b] H. Bayard, "L'utilisation de l'éther et le diagnostic des maladies mentales", verbete citado (*supra*, p. 246, nota 18). [c] H. Brochin, "Maladies nerveuses", § "Anesthésiques: éther et chlorophorme", *in op. cit.* [*supra*, p. 210, nota 1], pp. 276-7. [d] Lailler (farmacêutico do asilo de Quatre-Mares), "Les nouveaux hypnotiques et leur emploi en médecine mentale", *Annales médico-psychologiques*, 7ª série, t. IV, julho de 1886, pp. 64-90.

3. Cf. *supra*, pp. 209-10, nota 1.

4. Cf. *supra*, p. 210, nota 2.

5. J. J. Moreau de Tours descobre os efeitos do haxixe quando da sua viagem ao Oriente, de 1837 a 1840. Entrevendo as possibilidades de uma experimentação destinada a esclarecer as relações entre os efeitos do haxixe, os sonhos e os delírios, consagra a este suas pesquisas: cf. *Du haschich et de l'aliénation mentale. Études psychologiques*, Paris, Fortin, 1845.

6. Sob a Restauração, o "magnetismo animal" é objeto de experiências nos serviços hospitalares. Assim: [a] no Hôtel-Dieu, o médico-chefe Henri Marie Husson (1772-1853) convida, no dia 20 de outubro de 1820, o barão Dupotet de Sennevoy a fazer umas demonstrações no seu serviço. Sob a sua vigilância, a de Joseph Récamier e de Alexandre Bertrand, uma moça de 18 anos, Catherine Samson, é submetida ao tratamento magnético. Cf. J. Dupotet de Sennevoy (1790-1866), *Exposé des expériences sur le magnétisme animal faites à l'Hôtel-Dieu de Paris pendant le cours des mois d'octobre, novembre et décembre 1820*, Paris, Béchet Jeune, 1821. – [b] Na Salpêtrière, Étienne Georget e Léon Rostan transformam algumas das suas pacientes em

sujeito de experiência. [a] Sem precisar o nome dos doentes, E. J. Georget relata essas experiências: *De la physiologie du système nerveux, et spécialement du cerveau*, *op. cit.*, t. I, p. 404; [β] cf. L. Rostan, *Du magnétisme animal*, Paris, impr. Rignoux, 1825. Ver A. Gauthier, *Histoire du somnambulisme...*, *op. cit.*, [*supra*, p. 178, nota 21], t. II, p. 324. Cf. *infra*, p. 384, nota 48.

7. Alusão ao debate entre Sócrates e Parmênides sobre o problema: "de que existem formas?" (Platão, *Parménide*, 130c-d, *in Oeuvres complètes*, trad. fr. A. Diès, t. VIII, parte I, Paris, Les Belles Lettres, "Collection des universités de France", 1950, p. 60).

8. Delfos, cidade da Fócida, ao pé do Parnasso, torna-se a partir de meados do século VIII a.C. um lugar de eleição, onde Apolo pronuncia oráculos pela boca da Pítia, e continua a sê-lo até o fim do século IV d.C. Cf.: [a] M. Delcourt, [1] *Les Grands Sanctuaires de la Grèce*, Paris, PUF (col. "Mythes et Religions"), 1947, pp. 76-92; [2] *L'Oracle de Delphes*, Paris, Payot, 1955. [b] R. Flacelière, *Devins et Oracles grecs*, Paris, PUF (col. "Que sais-je?" 939), 1972, pp. 49-83. [c] G. Roux, *Delphes, son oracle et ses dieux*, Paris, Les Belles Lettres, 1976.

9. Epidauro, cidade da Argólida, na costa oriental do Peloponeso, onde se encontra um santuário dedicado a Esculápio, filho de Apolo, e onde se pratica a adivinhação dos sonhos. Cf.: [a] M. Delcourt, *Les Grands Sanctuaires...*, pp. 93-113. [b] R. Flacelière, *Devins...*, pp. 36-7. [c] G. Vlastos, "Religion and Medicine in the Cult of Asclepius: a Review Article", *Review of Religion*, vol. 13, 1948-1949, pp. 269-90.

10. A noção de καιρός define a ocasião a apreender, a oportunidade e, por conseguinte, o tempo da ação possível. Hipócrates (460-377 a.C.) consagra a essa noção o capítulo V, "Da oportunidade e da inoportunidade" do seu tratado *Das doenças*, I, *in Oeuvres complètes*, ed. Littré, t. VI, Paris, J.-B. Baillière, 1849, pp. 148-51. Cf.: [a] P. Joos, "Zufall, Kunst und Natur bei dem Hippokratikern", *Janus*, nº 46, 1957, pp. 238-52. [b] P. Kucharski, "Sur la notion pythagoricienne de *kairós*", *Revue philosophique de la France et de l'étranger*, t. CLII, 1963, nº 2, pp. 141-69. [c] P. Chantraine, verbete "Καιρός", *in Dictionnaire étymologique de la langue grecque. Histoire des mots*, t. II, Paris, Klincksieck, 1970, p. 480.

11. Alusão à problemática heideggeriana que, num debate com G. Preti, M. Foucault associa então à de Husserl na mesma crítica de pôr "em questão todos os nossos conhecimentos e seus fundamentos [...] a partir do que é originário [...] à custa de todo conteúdo histó-

rico articulado" (DE, II, nº 109, p. 372); cf. também DE, I, nº 58, p. 675. É a concepção heideggeriana da história que é visada então. Ver notadamente: M. Heidegger, [1] *Sein und Zeit*, Halle, Nemeyer, 1927 [*L'être et le Temps*, trad. fr. R. Boehm e A. de Waelhens, parte I, seção 1, Paris, Gallimard, 1964]; [2] *Vom Wesen des Grundes*, Halle, Nemeyer, 1929 ["Ce qui fait l'essentiel d'un fondement", trad. fr. H. Corbin, *in Qu'est-ce que la métaphysique?*, Paris, Gallimard (col. "Les Essais"), 1938, pp. 47-111; republicado em *Questions 1*, Paris, Gallimard, 1968]; [3] *Vom Wesen der Wahreit*, Frankfurt sobre o Meno, Klostermann, 1943 [*De l'essence de la vérité*, trad. fr. W. Biemel e A. de Waelhens, *in Questions 1*]; [4] *Holzwege*, Frankfurt sobre o Meno, Kloestermann, 1950 [*Chemins qui ne mènent nulle part*, trad. fr. W. Brokmeier, Paris, Gallimard (col. "Les Essais"), 1962]; [5] *Vorträge und Aufsätze*, Pfullingen, Neske, 1954 [*Essais et Conférences*, trad. fr. A. Préau, Paris, Gallimard (col. "Les Essais"), 1958]; [6] *Nietzsche*, t. II, Pfullingen, [Neske], 1961 [*Nietzsche*, trad. fr. P. Klossowski, t. II, Paris, Gallimard, 1972]. – Sobre as relações entre M. Foucault e Heidegger ver: [1] *Les Mots et les Choses*, *op. cit.*, cap. IX, "L'Homme et ses doubles", §§ IV e VI, pp. 329-33 e 339-46; [2] "L'Homme est-il mort?" (entrevista a C. Bonnefoy, junho de 1966), DE, I, nº 39, p. 542; [3] "Ariane s'est pendue" (abril de 1969), DE, I, nº 64, pp. 768 e 770; [4] "Les problèmes de la culture. Un débat Foucault-Preti" (setembro de 1972), DE, II, nº 109, p. 372; [5] "Foucault, le philosophe, est en train de parler. Pensez" (29 de maio de 1973), DE, II, nº 124, p. 424; [6] "Prisons et asiles dans le mécanisme du pouvoir" (entrevista a M. D'Eramo, março de 1974), DE, II, nº 136, p. 521; [7] "Structuralisme et poststructuralisme" (entrevista a G. Raulet, primavera de 1983), DE, IV, nº 330, p. 455; [8] "Politique et éthique: une interview" (entrevista a M. Jay, L. Löwenthal, P. Rabinow, R. Rorty e C. Taylor, abril de 1983), DE, IV, nº 341, p. 585; [9] "Le retour de la morale" (entrevista a G. Barbedette e A. Scala, 29 de maio de 1984), DE, IV, nº 354, p. 703; [10] "Vérité, pouvoir et soi" (entrevista a R. Martin, 25 de outubro de 1982), DE, IV, nº 362, p. 780.

12. Na terceira aula do curso (citado) de 1970-1971, "A vontade de saber", Michel Foucault pretende propor "a contrapartida" de uma história da "vontade de conhecer", em que a verdade tem "a forma imediata, universal e despojada da constatação, exterior ao procedimento do juízo", sustentando a necessidade de "escrever toda uma história das relações entre a verdade e o suplício", nas quais "a verdade

não é constatada, mas julgada na forma do juramento e da invocação, ela se afina com o ritual do ordálio". Regime, por conseguinte, no qual "a verdade não está ligada à luz e ao olhar que um sujeito poderia dirigir às coisas, mas à obscuridade do acontecimento futuro e inquietante". Outros fragmentos dessa história são propostos na nona aula do curso (citado) de 1971-1972, "Teorias e instituições penais", que trata do sistema da prova nos procedimentos do juramento, dos ordálios e do duelo judiciário dos séculos X ao XIII. M. Foucault se inspira em M. Detienne, *Les Maîtres de vérité dans la Grèce archaïque*, Paris, Maspero, 1967.

13. A décima terceira aula do curso "Teorias e instituições penais", consagrada à "confissão, à prova", explicita o sentido do desvio pelo que M. Foucault chama de "as matrizes jurídico-políticas", como a prova, a investigação etc., e distingue então três níveis de análise: (a) uma "descrição histórica das ciências", em que consiste a "história das ciências"; (b) uma "arqueologia do saber", que leva em conta as relações do saber e do poder; (c) uma "dinástica do saber", que, graças à identificação das matrizes jurídico-políticas que a arqueologia possibilita, se situa no "nível em que ocorre o máximo de lucro, o máximo de saber e o máximo de poder" (manuscrito do curso, consultado graças à gentileza de Daniel Defert). M. Foucault retoma essa distinção entre "arqueologia" e "dinástica" numa entrevista a S. Hasumi em setembro de 1972 (DE, II, nº 119, p. 406). No que concerne à "arqueologia", ver as múltiplas definições que M.F. propõe: [1] DE, I, nº 34, pp. 498-9; nº 48, p. 595; nº 58, p. 681; nº 66, pp. 771-2; [2] DE, II, nº 101, p. 242; nº 119, p. 406; nº 139, pp. 643-4; [3] DE, III, nº 193, p. 167; nº 221, pp. 468-9; [4] DE, IV, nº 281, p. 57; nº 330, p. 443.

14. De fato, M. Foucault não seguirá esse programa, salvo as observações sobre o papel da infância na generalização do saber e do poder psiquiátricos no curso de 1974-1975, *Les Anormaux*, *op. cit.*, dias 5, 12 e 19 de março de 1975, pp. 217-301.

15. Derivado do inglês arcaico, *ordal*, julgamento, "julgamento de Deus" ou "ordálio" pretende resolver as questões litigiosas com a ideia de que Deus intervém na causa a ser julgada por ocasião de provas como as do "fogo", do "ferro em brasa", da "água gelada ou fervendo", da "cruz", etc. Cf. L. Tanon, *Histoire des tribunaux de l'Inquisition en France*, Paris, L. Larose et Forcel, 1893: sobre a pena do "fogo", pp. 464-79; sobre a da "cruz", pp. 490-8. Como salienta J.-Ph. Lévy, nesse procedimento, "o processo não é uma instrução que tem por fim

buscar a verdade... Ele é, primitivamente, uma luta, mais tarde, um apelo a Deus. Remete-se a Deus o cuidado de fazer eclodir a verdade, mas o juiz não a busca pessoalmente" (*La Hiérarchie des preuves dans le droit savant du Moyen Âge, depuis la renaissance du droit romain jusqu'à la fin du XIVe siècle*, Paris, Sirey, 1939, p. 163).

M. Foucault evocava a questão do ordálio na terceira aula do curso (citado) de 1970-1971, "A vontade de saber", em que ele salientava que, nos "tratamentos a que se submeteu a loucura, encontramos algo como essa prova ordálica da verdade". A nona aula do curso de 1971-1972, consagrada ao procedimento acusatório e ao sistema da prova, faz referência a isso (cf. *supra*, nota 12). Ver também "La vérité et les formes juridiques" (1974), DE, II, nº 139, pp. 572-7. – Cf.: [a] A. Esmein, *Histoire de la procédure criminelle en France, et spécialement de la procédure inquisitoire depuis le XIIIe siècle jusqu'à nos jours*, Paris, Larose et Forcel, 1882, pp. 260-83. [b] E. Vacandard, "L'Église et les ordalies", *in Études de critique et d'histoire religieuse*, t. I, Paris, V. Lecoffre, 1905, pp. 189-214. [c] G. Glotz, *Études sociales et juridiques sur l'antiquité grecque*, cap. 2, "L'ordalie", Paris, Hachette, 1906, pp. 69-97. [d] A. Michel, verbete "Ordalies", *in Dictionnaire de théologie catholique*, t. XI, org. A. Vacant, Paris, Letouzey et Ané, 1930, reed. 1931, col. 1139-1152. [e] Y. Bongert, *Recherches sur les cours laïques du Xe au XIIIe siècles*, Paris, A. e J. Picard, 1949, pp. 215-28. [f] H. Nottarp, *Gottelsurteilstudien*, Munique, Kosel-Verlag, 1956. [g] J. Gaudemet, "Les ordalies au Moyen Âge: doctrine, législation et pratique canonique", *in Recueil de la Société Jean Bodin*, vol. XVII, t. 2, *La Preuve*, Bruxelas, 1965.

16. Nos procedimentos essencialmente acusatórios em que se trata de invocar Deus como testemunha para que ele determine a justeza ou rejeite a acusação, a confissão não basta para pronunciar a sentença. Cf.: [a] H. C. Lea, *A History of the Inquisition of the Middle Ages*, *op. cit.*, t. I, pp. 407-8 [*Histoire de l'Inquisition au Moyen Âge*, trad. cit., t. I, pp. 458-9]. [b] A. Esmein, *Histoire de la procédure criminelle*..., p. 273. [c] J.-Ph. Lévy, *La Hiérarchie des preuves*..., pp. 19-83. – Sobre a confissão, ver *Surveiller et punir*, *op. cit.*, pp. 42-5.

17. A tortura, ao contrário do meio de prova soberano que é o ordálio – expressão do testemunho de Deus –, é uma maneira de provocar a confissão judiciária. É quando o papa Gregório IX encarrega em 1232 os dominicanos de estabelecer um tribunal de Inquisição, especializado na busca e na punição dos heréticos, que o procedimento inquisitorial se integra ao direito canônico. O recurso à tortura judi-

ciária é aprovado pela bula de Inocêncio IV de 15 maio de 1252, *Ad Extirpanda*, depois, em 1256, pela de Alexandre IV, *Ut Negotium Fidei*. Evocando a questão da Inquisição na terceira aula do curso (citado) de 1970-1971, "A vontade de saber", M. Foucault diz dela que "se trata de algo totalmente diferente da obtenção de uma verdade, de uma confissão... É um desafio que, no interior do pensamento e da prática cristãos, retoma as formas ordálicas". Ver *Surveiller et punir*, pp. 43-7; DE, II, nº 163, pp. 810-1. – Cf.: [a] H. C. Lea, *Histoire de l'Inquisition...*, t. I, cap. 9, "La procédure inquisitoriale", pp. 450-83; sobre a tortura, pp. 470-8. [b] L. Tanon, *Histoire des tribunaux de l'Inquisition..., op. cit.*, seção III, "Procédure des tribunaux de l'Inquisition", pp. 326-440. [c] E. Vacandard, *L'Inquisition. Étude historique et critique sur le pouvoir coercitif de l'Église*, Paris, Bloud et Gay, 3ª ed., 1907, p. 175. [d] H. Leclercq, verbete "Torture", *in Dictionnoire d'archéologie chrétienne et de liturgie*, t. XV, org. F. Cabrol, H. Leclercq, H.-I. Marrou, Paris, Letouzey et Ané, 1953, col. 2447-2459. [e] P. Fiorelli, *La Tortura giudiziaria nel diritto comune*, Milão, Giuffrè, 1953. – Sobre a Inquisição em geral, pode-se consultar: [a] J. Guiraud, *Histoire de l'Inquisition au Moyen Âge*, Paris. A. Picard, 2 vol., 1935-1938. [b] H. Maisonneuve, *Études sur les origines de l'Inquisition*, 2ª ed. rev. e aum., Paris, J. Vrin, 1960.

18. Essa questão foi objeto da décima terceira aula do curso (citado) de 1971-1972, "Teorias e instituições penais", consagrada à confissão, ao inquérito e à prova. Ver o resumo do curso, DE, II, nº 115, pp. 390-1.

19. Cf. M. Eliade, *Forgerons et Alchimistes* (1956), nova ed. rev. e aum., Paris, Flammarion (col. "Idées et Recherches"), 1977, p. 136: "Nenhuma virtude e nenhuma erudição podiam dispensar a experiência iniciática, que era a única capaz de efetuar a ruptura de nível implicada na 'transmutação'"; e p. 127: "Toda iniciação comporta uma série de provas rituais que simbolizam a morte e a ressurreição do neófito".

20. Como Lucien Braun lembrará numa comunicação sobre "Paracelso e a alquimia", "o procedimento do alquimista deve ser o tempo todo o de um pesquisador à espreita... Paracelso vê no processo alquímico um parto constante, em que o momento subsequente é sempre surpresa em relação ao que o precede", *in Alchimie et Philosophie à la Renaissance (Actes du colloque international de Tours, 4-7 décembre 1991)*, org. por J.-C. Margolin e S. Matton, Paris, Vrin, 1993, p. 210. Cf. também M. Eliade, *op. cit.*, pp. 126-9, sobre as fases do "*opus alchymicum*".

21. [a] W. Ganzenmüller, [1] *Die Alchemie im Mittelalter*, Paderborn, Bonifacius, 1938 [*L'Alchimie au Moyen Âge*, trad. fr. G. Petit-Dutaillis, Paris, Aubier, 1940]; [2] estudos reunidos em *Beiträge zur Geschichte der Technologie und der Alchimie*, Weinheim, Verlag Chemie, 1956. [b] F. Sherwood Taylor, *The Alchemists, Founders of Modern Chemistry*, Nova York, H. Schuman, 1949. [c] R. Alleau, *Aspects de l'alchimie traditionnelle*, Paris, Éditions de Minuit, 1953. [d] T. Burckhardt, *Alchemie, Sinn und Weltbild*, Olten, Walter-Verlag, 1960. [e] M. Caron e S. Hutin, *Les Alchemistes*, Paris, Le Seuil (col. "Le temps qui court"), 2ª ed., 1964. [f] H. Buntz, E. Ploss, H. Roosen-Runge, H. Schipperges, *Alchimia: Ideologie und Technologie*, Munique, Heinz Moos Verlag, 1970. [g] B. Husson, *Anthologie de l'alchimie*, Paris, Belfond, 1971. [h] F. A. Yates, *Giordano Bruno and the Hermetic Tradition*, Londres, Routledge & Kegan Paul, 1964 [*Giordano Bruno et la tradition hermétique*, trad. fr. M. Rolland, Paris, Dervy-livres, 1988]. M. Foucault aborda a questão da alquimia em sua terceira conferência sobre "La vérité et les formes juridiques" (23 de maio de 1973), DE, II, nº 139, pp. 586-7, e em "La maison des fous" (1975), DE, II, nº 146, pp. 693-4.

22. Hipócrates, nascido em 460 na ilha dórica de Cós, na Ásia Menor, falecido em 375 a.C. em Larissa, na Tessália. Suas obras, escritas no dialeto jônio dos homens de saber, constituem o núcleo do que virá a ser o Corpus hipocrático. Cf.: [a] Gossen, verbete "Hippocrates", *in Realencyclopädie der classischen Altertumswissenschaft*, org. A. F. Pauly e G. Wissowa, t. VIII, Stuttgart, Metzler, 1901, col. 1801-1852. [b] M. Pohlenz, *Hippokrates und die Begründung der wissenschaftlichen Medizin*, Berlim, De Gruyter, 1938. [c] C. Lichtenthaeler, *La Médecine hippocratique* (série de estudos em francês e em alemão), Genebra, Droz, 9 vol., 1948-1963. [d] L. Edelstein, "Nachträge: Hippokrates", *in Realencyclopädie...*, suplemento VI, 1953, col. 1290-1345. [e] R. Joly, *Le Niveau de la science hippocratique. Contribution à la psychologie de l'histoire des sciences*, Paris, Les Belles Lettres, 1966. [f] J. Jouanna, *Hippocrate. Pour une archéologie de l'école de Cnide*, Paris, Les Belles Lettres, 1974. A edição de base das obras de Hipócrates continua sendo a edição bilíngue de Littré (*op. cit. supra*, nota 10).

23. Thomas Sydenham (1624-1689), médico prático inglês conhecido pelas mudanças que introduziu no saber médico. – Como nota M. Foucault em *Histoire de la folie* (*op. cit.*, ed. de 1972, pp. 205-7), ele organizou o saber da patologia de acordo com novas normas, ao erigir em método a observação, levando em conta os sintomas descri-

tos pelo doente, contra os sistemas médicos que, como o galenismo ou a iatroquímica, recorrem a um enfoque especulativo – o que lhe valeu o nome de "Hipócrates inglês" –, e elaborando uma descrição "naturalista" das doenças que oferece a possibilidade de reduzir os casos clínicos a "espécies" mórbidas, definidas à maneira dos botânicos. Ele publica o resultado das suas observações em suas *Observationes medicae circa morborum acutorum historiam et curationem. Methodus curandi febres, propiis observationibus superstructa*, Londini, Kettilby, 1676. – Cf.: [a] K. Faber, *Thomas Sydenham, der englische Hippocrates, und die Krankheitsbegrife der Renaissance*, Munique, Medizinische Wochenschrift, 1932, pp. 29-33. [b] E. Berghoff, *Entwicklungsgeschichte des Krankheitsbegriffes*, Viena, W. Maudrich, 1947, pp. 68-73. [c] L. S. King, "Empiricism and Rationalism in the Works of Thomas Sydenham", *Bulletin of the History of Medicine*, vol. 44, nº 1, 1970, pp. 1-11.

Sydenham é um dos que, como recorda M. Foucault em *Histoire de la folie* (ed. de 1972, pp. 305-8), contribuíram para privilegiar uma explicação da histeria em termos de distúrbios fisiológicos dos nervos, referidos às desordens dos "espíritos animais", contra a explicação tradicional que fazia referência ao útero e ao modelo humoral dos "vapores": "A afecção histérica [...] vem unicamente da desordem dos espíritos animais, não é produzida, como dizem alguns autores, por uma corrupção do sêmen ou do sangue menstrual que levaria vapores malignos aos locais afetados" (*Dissertatio epistolaris ad G. Cole de observationis nuperis circa curationem variolarum, confluentium, necnon de affectione hysterica*, Londini, Kettilby, 1682 [*Dissertation en forme de lettre à Guillaume Cole*, in *Oeuvres de médecine pratique*, trad. fr. A. F. Jault e J.-B. Baumes, t. II, Montpellier, J. Tourel, 1816, pp. 65-127; texto citado, p. 85]). Cf.: I. Veith, [1] "On Hysterical and Hypochondriacal Affections", *Bulletin of the History of Medicine*, vol. 30, nº 3, 1956, pp. 233-40; [2] *Hysteria: the History of a Disease*, Chicago, III., Chicago University Press, 1965 [*Histoire de l'hystérie*, trad. fr. S. Dreyfus, Paris, Seghers (col. "Psychologie contemporaine"), 1973, pp. 138-46]. – Mais geralmente: [a] Ch. Daremberg, *Histoire des sciences médicales, comprenant l'anatomie, la physiologie, la médecine, la chirurgie et les doctrines de pathologie générale*, t. II, cap. 23, "Sydenham, sa vie, ses doctrines, sa pratique, son influence", Paris, J.-B. Baillière, 1870, pp. 706-34. [b] K. Dewhurst, *Dr Thomas Sydenham (1624-1689): His Life and Original Writings*, Londres, Wellcome Historical Medical Library, 1966. – Ver as edições inglesa e francesa das suas obras: [1] *The Works of Thomas Sydenham, Translated from the Latin Edi-*

tion of Dr Greenhill, with a Life of the Author, por R. G. Latham, Londres, Sydenham Society, 2 vol., 1848-1850; [2] *Oeuvres de médecine pratique* (citado nesta nota).

24. Michel Foucault se apóia na obra de John Barker (mencionada no manuscrito), *Essai sur la conformité de la médecine des anciens et des modernes, en comparaison entre la pratique d'Hippocrate, Galien, Sydenham et Boerhaave dans les maladies aiguës*, trad. fr. R. Schomberg, Paris, Cavalier, 1749, pp. 75-6: "É de necessidade indispensável para ele [o médico; J.L.] instruir-se a fundo sobre a doutrina das crises e dos dias críticos [...], capacitar-se a descobrir se a cocção dos humores se faz como deve ser ou não, para quando se deve esperar a crise, de que gênero ela deve ser e se ela vai levar inteiramente embora o mal ou não". Ver também J.-B. Aymen, *Dissertation [sur] les jours critiques...*, Paris, Rault, 1752. Atesta a importância da noção o fato de que o verbete "Crise" na *Encyclopédie ou Dictionnaire raisonné des sciences, des arts et des métiers*, de D'Alembert e Diderot, é assinado por um grande nome da medicina, Théophile Bordeu (1722-1776) e ocupa 18 páginas in-fólio (t. IV, Lausanne, Société typographique, 1754).

25. A κρίσις designa o momento em que se produz, na evolução de uma doença, uma mudança decisiva: "Há crise nas doenças quando elas aumentam, se debilitam, se transformam numa outra doença ou terminam" (Hipócrates, *Affections*, § 8, *in Oeuvres complètes*, ed. Littré, *op. cit.*, t. VI, 1847, p. 216). Cf.: [a] G. Hamelin, verbete "Crise", *in Dictionnaire encyclopédique des sciences médicales,* 1ª série, t. XXIII, Paris, Masson/Asselin, 1879, pp. 258-319. [b] P. Chantraine, verbete "Κρίσις" *in Dictionnaire étymologique de la langue grecque, op. cit.*, t. II, p. 584. [c] L. Bourgey, *Observation et expérience chez les médecins de la Collection Hippocratique*, Paris, Vrin, 1953, pp. 236-47. – Sobre os termos médicos gregos, N. van Brock, *Recherches sur le vocabulaire médical du grec ancien. Soins et guérison*, Paris, Klincksieck, 1961. Ver M. Foucault, DE, II, nº 146, pp. 693-4.

26. O que é, com pouca diferença, a definição proposta por Sydenham em suas *Observationes medicae*, seção I, cap. 1, § 1: "A doença outra coisa não é que um esforço da natureza que, para conservar o doente, trabalha com todas as suas forças para evacuar a matéria morbífica" (citado por Ch. Daremberg, *Histoire des sciences médicales*, *op. cit.*, t. II, p. 717).

27. Na *Histoire de la folie*, Michel Foucault já apontava o deslocamento que se efetua na medicina do século XVIII, quando, em lugar de

aos "espíritos animais" é "aos elementos líquidos e sólidos do corpo que se pede o segredo das doenças" (ed. de 1972, pp. 245 e 285). – Hermann Boerhaave (1668-1738), integrando as contribuições da física, da química e das ciências naturais, faz da doença o resultado de uma alteração do equilíbrio dos sólidos e dos líquidos: *Institutiones medicae, in usus annae exercitationis domesticos digestae*, Leiden, Van der Linden, 1708, p. 10 [*Institutions de médecine*, trad. fr. J. O. de la Mettrie, t. I, Paris, Huart, 1740]. Cf.: [a] Ch. Daremberg, *Histoire des sciences médicales*, t. II, cap. XXVI, pp. 897-903. [b] L. S. King, *The Background of Hermann Boerhaave's Doctrines (Boerhaave Lecture, Held on September 17th, 1964)*, Publicações da Universidade de Leiden, 1965.

Friedrich Hoffmann (1660-1742), médico em Halle, considera as doenças como o resultado de alterações das partes sólidas e líquidas do corpo e de suas funções e, em coerência com sua perspectiva mecanicista, atribui um grande papel às modificações da tonicidade das fibras e da mecânica do fluxo sanguíneo: [1] *Fundamenta medicinae ex principiis mechanicis et practicis in usum Philiatrorum succinte proposita [...] jam aucta et emendata, etc.*, Halae, Magdeburgicae, 1703 [trad. ing. L. S. King, Londres, Macdonald/Nova York, American Elsevier, 1971, p. 10]; [2] *Medicina rationalis systemica*, Halle, Renyeriana, 2 vol., 1718-1720 [*La Médecine raisonnée de M. Fr. Hoffmann*, trad. fr. J.-J. Bruhier, Paris, Briasson, 1738]. Cf.: [a] Ch. Daremberg, *Histoire...*, t. II, pp. 905-52. [b] K. E. Rothschuh, "Studien zu Friedrich Hoffmann (1660-1742)", *Studhoffs Archiv für Geschichte der Medizin*, vol. 60, 1976, pp. 163-93 e 235-70. – Sobre essa medicina do século XVIII, ver as contribuições de L. S. King: [1] *The Medical World of the Eighteenth Century*, Chicago, University of Chicago Press, 1958; [2] "Medical Theory and Practice at the Beginning of the Eighteenth Century", *Bulletin of the History of Medicine*, vol. 46, nº 1, 1972, pp. 1-15.

28. Hipócrates, *Épidémies*, I, 3ª seção, § 12, *in Oeuvres complètes*, ed. Littré, *op. cit.*, t. II, 1840, pp. 679-81: "As doenças que têm recaídas nos dias pares são julgadas nos dias pares; as que têm recaídas nos dias ímpares são julgadas nos dias ímpares. Nas afecções julgadas nos dias pares, o primeiro período se dá no 4º dia, depois, sucessivamente, no 6º, 8º, 10º, 14º, 20º, 40º, 60º, 80º, 100º. É importante atentar para isso e lembrar-se de que, nesses tempos da doença, as crises serão decisivas para a salvação ou para a morte, ou pelo menos que o mal se inclinará notadamente para o melhor ou o pior".

29. Sobre a determinação dos dias fastos ou nefastos para consultar um oráculo, cf. P. Amandry, *La Mantique apollinienne à Delphes. Essai sur le fonctionnement de l'oracle*, cap. VII "Fréquence des consultations", Paris, E. de Boccard, 1950, pp. 81-5. Sobre a "mântica" grega, derivada do verbo μαν τεύεσθαι, que significa "pronunciar o oráculo", conjeturar a partir dos oráculos, fazer-se adivinho (μάντις), em geral, o livro básico, apesar de envelhecido, continua sendo o de A. Bouché-Leclercq, *Histoire de la divination dans l'Antiquité*, Paris, Leroux, 4 vol., 1879-1882. Igualmente: [a] W. R. Halliday, *Greek Divination: A Study, of its Methods and Principles*, Londres, Macmillan, 1913. [b] J. Defradas, "La divination en Grèce", *in* A. Caquot e M. Leibovici, org., *La Divination*, t. I, Paris, PUF, 1968, pp. 157-95. [c] R. Flacelière, *Devins et Oracles grecs*, *op. cit.* [d] J.-P. Vernant, ed., *Divination et Rationalité*, Paris, Le Seuil, 1974.

30. Hipócrates, *Epidemias*, III, 3ª seção, § 16, em que "considera uma parte importante da arte da medicina" a capacidade de "observar a ordem dos dias críticos e daí extrair os elementos do prognóstico. Quando se sabe estas coisas, sabe-se também a que doente, quando e de que maneira se deve dar a alimentação" (*in Oeuvres complètes*, ed. Littré, *op. cit.*, t. III, p. 103).

31. Hipócrates, *Prognóstico*, § 1: "O melhor médico parece-me ser aquele que sabe conhecer de antemão... Ele tratará as doenças tanto melhor se souber, com ajuda do estado presente, prever o estado por vir" (*in op. cit.*, t. II, p. 111).

32. Segundo os próprios termos de Hipócrates, a tarefa do médico é "combater (ανταγονισασθαί) com sua arte cada um dos acidentes" (*loc. cit.*). Ou ainda, "conhecendo-se a causa da doença, estar-se-á em condição de administrar ao corpo o que lhe é útil, partindo dos contrários para se opor [ἐκ τοῦ ἐν αντίου ἐπιστάμενος] à doença" (*Des Vents*, I, *in op. cit.*, t. VI, p. 93; retrad. fr. J.L.).

33. Tomado de empréstimo ao vocabulário jurídico, o termo *krísis* significa "julgamento", "decisão", antes de designar em medicina o momento crucial em que "a doença é julgada [κρινεταί] para a morte ou para a vida" (*Des Affections internes*, 21-220, 9, *in op. cit.*, t. VII, p. 217). Ou também nesta expressão das *Epidemias*, I, 2ª seção, § 4: "Em alguns [...], a doença foi julgada por uma crise" (*in op. cit.*, t. II, p. 627). Quanto ao médico, ele é julgado pelo senso de oportunidade das suas intervenções; cf. *Des maladies,* I, 5 (citado), pp. 147-51.

34. Ver as cenas médicas nas peças de Molière (1622-1673): [1] *O amor médico* (representado em 14 de setembro de 1665), ato II,

cena 2, em que quatro médicos intervêm, e cena (3-4) da consulta, *in Oeuvres complètes*, ed. por M. Rat, t. II, Paris, Gallimard ("Bibliothèque de la Pleiade"), 1947, pp. 14-25; [2] *Monsieur de Pourceaugnac* (6 de outubro de 1669), cujo ato I, cena 7-8, faz intervir dois médicos e um boticário, *in op. cit.*, pp. 114-20; [3] *O doente imaginário* (10 de fevereiro de 1673), obra póstuma (1682), ato II, cena 5-6, e ato III, cena 5, *in op. cit.*, pp. 845-57 e 871-3. – Cf. F. Millepierres, *La Vie quotidienne des médecins au temps de Molière*, Paris, Hachette, 1964.

35. Referência a um episódio ocorrido quando da primeira estada de Galeno (nascido em Pérgamo, em 129) em Roma, do outono de 162 ao verão de 166, antes de voltar e aí se estabelecer de 169 à sua morte, por volta de 200. Cf. *De Praecognitione* [178], § 13, *in Opera Omnia*, ed. e trad. latina C. G. Kühn, t. XIV, Lipsiae, *in officina* C. Cnoblochii, 1827, pp. 666-8. Hoje dispomos da edição e da tradução inglesa de Vivian Nutton, *On prognosis. Corpus Medicorum Graecorum*, V, 8, 1., Berlim, Akademie-Verlag, 1979, pp. 135-7. Sobre as relações de Galeno com o meio médico romano, cf. J. Walsh, "Galen Clashes with the Medical Sects at Rome (163 AD)", *Medical Life*, vol. 35, 1928, pp. 408-44. Sobre a sua prática: [a] J. Ilberg, "Aus Galens Praxis. Ein Kulturbild aus der römischen Kaiserzeit", *Neue Jahrbücher für das klassische Altertum*, Leipzig, Teubner, vol. 15, 1905, pp. 276-312. [b] V. Nutton, "The Chronology of Galen's Early Career", *The Classical Quarterly*, vol. 23, 1973, pp. 158-71.

36. Essa passagem faz eco aos numerosos desenvolvimentos que M. Foucault consagrou ao "inquérito": [1] Curso (citado) de 1971-1972, "Teorias e instituições penais", cuja primeira parte trata do inquérito e do seu desenvolvimento na Idade Média, DE, II, nº 115, pp. 390-1; [2] Curso (citado) de 1972-1973, "A sociedade punitiva", em que M. Foucault retorna, na aula de 28 de março de 1973, à constituição de um "saber de inquérito"; [3] Terceira conferência sobre "A verdade e as formas jurídicas" (23 de maio de 1973), que aborda a questão, DE, II, nº 139, pp. 581-8. M. Foucault retornará ao processo da colonização de uma "verdade-prova" na forma do acontecimento, por uma "verdade-constatação" na forma do conhecimento, em 1975, DE, II, nº 146, pp. 696-7.

37. Ou seja, na segunda metade do século XVIII, pois Friedrich Hoffmann, que ainda acreditava na teoria das crises, embora fizesse reservas à noção de dias críticos, morreu em 1742. Cf. Ch. Daremberg, *Histoire des sciences médicales*, *op. cit.*, t. II, p. 929.

38. Esse quadriculamento, que data da organização da correspondência sanitária administrativa pelos intendentes, a fim de colher

informações sobre as epidemias e as doenças endêmicas, encontra sua expressão institucional na criação, por iniciativa de Turgot, em 29 de abril de 1776, da "Real Sociedade de Correspondência Médica", que se torna, em 28 de agosto de 1778, a "Real Sociedade de Medicina", encarregada de estudar epidemias e epizootias, desaparecendo em 1794. Cf. C. Hannaway, "The Société Royale de Médecine and Epidemics in the Ancient Regime", *Bulletin of the History of Medicine*, vol. 46, nº 3, pp. 257-73. Sobre essas investigações: [a] J. Meyer, "Une enquête de l'Académie de médecine sur les épidémies (1774-1794)", *Annales ESC*, 21º ano, nº 4, agosto de 1966, pp. 729-49. [b] H. Dupin e L. Massé, "Une enquête épidémiologique à péripéties multiples: l'étude de la pellagre", *Revue d'épidémiologie, médecine sociale et santé publique*, vol. XIX, nº 8, 1971, pp. 743-60. [c] J.-P. Peter, [1] "Une enquête de la Société Royale de Médecine. Malades et maladies à la fin du XVIIIe siècle", *Annales ESC*, 22º ano, nº 4, julho-agosto de 1967, pp. 711-51; [2] "Les mots et les objets de la maladie. Remarques sur les épidémies et la médecine dans la société française de la fin du XVIIIe siècle", *Revue historique*, nº 499, 1971, pp. 13-38. [d] J.-P. Desaive, P. Goubert, E. Le Roy Ladurie, *Médecins, climats et épidémies à la fin du XVIIIe siècle*, Paris, Mouton, 1972. Ver as páginas que M. Foucault consagra ao tema em *Naissance de la clinique*, *op. cit.*, cap. 2, "Une conscience politique", pp. 21-36.

39. Sobre o desenvolvimento do equipamento hospitalar e o advento de uma polícia médica, reportar-se aos artigos de: [a] G. Rosen, [1] "Hospitals, Medical Care and Social Policy in the French Revolution", *Bulletin of the History of Medicine*, vol. 30, nº 1, 1956, pp. 124-49; republicado em *From Medical Police to Social Medicine: Essays on the History of Health Care*, Nova York, Science History Publications, 1974, pp. 220-45; [2] *A History of Public Health*, Nova York, MD Publications, 1958; [3] "Mercantilism and Health Policy in Eighteenth-century French Thought", *Medical History*, vol. III, outubro de 1959, pp. 259-77; republicado em *From Medical Police...*, pp. 201-19. [b] M. Joeger, [1] "Les enquêtes hospitalières au XVIIIe siècle", *Bulletin de la Société française d'histoire des hôpitaux*, nº 31, 1975, pp. 51-60; [2] "La structure hospitalière de la France sous l'Ancien Régime", *Annales ESC*, 32º ano, nº 5, setembro-outubro de 1977, pp. 1025-51. [c] M.-J. Imbault-Huart, "L'hôpital, centre d'une nouvelle médecine (1780-1820)", *in Zusammentrang Festschrift für Marilene Putscher*, t. II, Colônia, Wienand, 1984, pp. 581-603. – M. Foucault consagra vários desenvolvimentos a essa questão: [1] *Naissance de la clinique*, cap. V, "La leçon des hôpitaux", pp. 63-86; [2] "La politique de la santé au XVIIIe siècle", *in Les Machines à*

guérir. Aux origines de l'hôpital moderne. Dossiers et documents, Paris, Institut de l'Environnement, 1976, pp. 11-21 (republicado em DE, III, nº 168, pp. 13-27); [3] torna sobre ela em sua primeira conferência sobre a história da medicina no Rio de Janeiro, em outubro de 1974, "Crise de la médecine ou crise de l'antimédecine" (DE, III, nº 170, pp. 50-4) e na terceira, "L'incorporation de l'hôpital dans la technologie moderne", DE, III, nº 229, pp. 508-21.

40. Cf. M. Foucault, *Naissance de la clinique*, cap. VIII. "Ouvrez quelques cadavres", pp. 125-49. E. H. Ackerknecht, *La Médecine hospitalière à Paris (1794-1848)*, trad. cit., pp. 209-14.

41. M. Foucault desenvolve esse ponto em sua segunda conferência no Rio de Janeiro, "La naissance de la médecine sociale", DE, III, nº 196, pp. 212-5. Cf.: [a] G. Rosen, "Problems in the Application of Statistical Knowledge Analysis to Questions of Health (1711-1880)", *Bulletin of the History of Medicine*, vol. 29, nº 1, 1955, pp. 27-45. [b] M. Greenwood, *Medical Statistics from Graunt to Farr*, Cambridge, Cambridge University Press, 1948.

42. Assim, Georget enuncia como "1º princípio: nunca exercitar o espírito dos alienados no sentido do seu delírio", no capítulo V, "Traitement de la folie", da sua obra *De la folie. Considérations sur cette maladie..., op. cit.*, p. 280. E Leuret declara que "deve-se impor silêncio ao doente acerca do seu delírio e ocupá-lo com outra coisa" (*Du traitement moral de la folie, op. cit.*, p. 120). Sobre esse "princípio de distração", cf. *supra*, pp. 146-7, nota 6.

43. Recurso às pesquisas anatomopatológicas que um Jean-Pierre Falret preconiza na introdução (setembro de 1853) de *Des maladies mentales, considérées sous les rapports médical, hygiénique et médico-légal, op. cit.*, p. V: "Ao contrário das doutrinas dos nossos mestres, nós cedemos, como os demais, a essa direção anatômica da ciência, que na época era considerada como a verdadeira base da medicina... Não demoramos a nos convencer de que somente a anatomia patológica podia fornecer a razão primeira dos fenômenos observados nos alienados." – Assim, em Charenton se desenvolvem pesquisas anatomopatológicas que resultam em publicações: [a] Jean-Baptiste Delaye (1789-1879), médico do serviço de Esquirol, defende em 20 de novembro de 1824 sua tese intitulada *Considérarion sur une espèce de paralysie qui affecte particulièrement les aliénés*, Th. Méd. Paris, nº 224, Paris, Didot, 1824. [b] Louis Florentin Calmeil (1798-1895), interno do serviço de Royer-Collard, médico-chefe em Charenton de 1805 à sua morte em

1825, publica *De la paralysie considérée chez les aliénés. Recherches faites dans le service de feu M. Royer-Collard et de M. Esquirol*, Paris, J.-B. Baillière, 1826. [c] Antoine Laurent Jessé Bayle, que entra em outubro de 1817 para esse mesmo serviço, aí faz suas pesquisas anatômicas que conduzem à sua tese de 1822, *Recherches sur les maladies mentales. Recherches sur l'arachnitis chronique, la gastrite, la gastro-entérite et la goutte considérées comme causes de l'aliénation mentale* (Th. Méd. Paris, nº 147, Paris, Didot, 1822), bem como à sua obra de 1826, *Traité des maladies du cerveau et de ses membranes* (cf. *supra*, p. 175, nota 17). Ver J. E. D. Esquirol, "Mémoire historique et statistique sur la Maison Royale de Charenton" (1835), *op. cit.* [*in Des maladies mentales*..., t. II], § "Ouverture de corps", pp. 698-700. – Na Salpêtrière: [a] Jean-Pierre Falret expõe em 6 de dezembro de 1823 no Ateneu de Medicina os resultados de suas pesquisas: *Inductions tirées de l'ouverture du corps des aliénés pour servir au diagnostic et au traitement des maladies mentales*, Paris, Bibliothèque Médicale, 1824. [b] Étienne Georget apresenta, no capítulo VI, "Recherches cadavériques. Études de l'anatomie pathologique", do seu livro *De la folie* (*op. cit.*, pp. 423-31), os resultados de cerca de trezentas aberturas de corpos de alienadas mortas no hospício da Salpêtrière. [c] A. [de] Foville faz pesquisas anatômicas que resultam na sua tese *Observations cliniques propres à éclairer certaines questions relatives à l'aliénation mentale*, Th. Méd. Paris, nº 138, Paris, Didot Jeune, 1824. [d] Félix Voisin faz trabalhos anatômicos para a sua obra *Des causes morales et physiques des maladies mentales et de quelques autres affections telles que l'hystérie, la nymphomanie et le satyriasis*, *op. cit.*

44. Por exemplo, é C. C. H. Marc que retoma o caso da mulher de um jornalista de Sélestat – a qual, em julho de 1817, mata sua criança de quinze meses, corta-lhe a coxa direita, cozinha-a e come um pedaço – e analisa o relatório médico-legal do dr. F. D. Reisseisen, "Examen d'un cas extraordinaire d'infanticide" (publicado originalmente em alemão no *Jahrbuch der Staatsartheilkund*, org. por J. H. Kopp, vol. XI, 1817), em sua obra *De la folie considérée dans ses rapports avec les questions médico-judiciaires*, t. II, Paris, J.-B. Baillière, 1840, pp. 130-46. Étienne Georget debruça-se sobre vários casos criminais: [1] *Examen médical des procès criminels de Léger, Feldmann, Lecouffe, Jean-Pierre, Papavoine, dans lesquels l'aliénation mentale a été alléguée comme moyen de défense, suivi de quelques considérations médico-légales sur la liberté morale*, Paris, Migneret, 1825; [2] *Nouvelles discussions médico-légales sur la folie ou l'aliénation mentale, suivies de l'examen de plusieurs procès*

criminels dans lesquels cette maladie a été alléguée comme moyen de défense, Paris, Migneret, 1826. – Sobre essas estratégias médicas, pode-se remeter a: [a] R. Castel, "Les médecins et les juges", *in Moi, Pierre Rivière, ayant égorgé ma mère, ma soeur et mon frère. Un cas de parricide au XIX*e *siècle*, apresentado por M. Foucault, Paris, Gallimard (col. "Archives" 49), 1973, pp. 315-31. [b] P. Devernoix, *Les Aliénés et l'expertise médico-légale. Du pouvoir discrétionnaire des juges en matière criminelle, et des inconvénients qui en résultent*, Toulouse, D. Dirion, 1905. Michel Foucault tornará sobre esses casos em seu curso *Les Anormaux*, *op. cit.*, em 29 de janeiro e 5 de fevereiro de 1975, pp. 94-100 e 101-26.

45. É numa nota do capítulo 4, "De l'impulsion insolite à une action déterminée", seção III, do tratado de J. C. Hoffbauer, *Médecine légale relative aux aliénés et aux sourd-muets, ou les lois appliquées aux désordres de l'intelligence* (trad. fr. A. M. Chambeyron, com notas de Itard e Esquirol, Paris, J.-B. Baillière, 1827, pp. 309-59), que Esquirol dá a definição dela: "Existe uma espécie de monomania homicida na qual não se pode observar nenhuma desordem intelectual ou moral; o assassino é arrebatado por uma força irresistível, por um arrebatamento que ele não consegue dominar, por um impulso cego, por uma determinação impensada, sem interesse, sem motivo, sem desvario, a um ato tão atroz" (republicado em *Des maladies mentales*..., *op. cit.*, t. II, p. 804). Michel Foucault torna sobre essa questão em *Les Anormaux*, nos dias 5 e 12 de fevereiro de 1975, pp. 110-3 e 132-7. – Sobre a história do conceito, cf.: [a] R. Fontanille, *Aliénation mentale et Criminalité (Historique, expertise médico-légale, internement)*, Grenoble, Allier Frères, 1902. [b] P. Dubuisson e A. Vigouroux, *Responsabilité pénale et Folie. Étude médico-légale*, Paris, Alcan, 1911. [c] A. Fontana, "Les intermittences de la raison", *in Moi, Pierre Rivière*..., pp. 333-50.

46. Assim, C. C. H. Marc declara que "uma das funções mais graves e mais delicadas que podem ser confiadas ao médico legista é a de determinar se a alienação mental é real ou fingida" ("Matériaux pour l'histoire médico-légale de l'aliénation mentale", *Annales d'hygiène publique et de médecine légale*, t. II, 2ª parte, Paris, Gabon, 1829, p. 353).

47. Michel Foucault faz alusão aos movimentos de crítica institucional que se desenvolveram no pós-guerra e que denunciavam um asilo, herdeiro medicalizado dos hospitais gerais da "grande internação", o qual se havia tornado uma instituição patogênica pelas condições de vida que reservava aos doentes (cf. o relatório de assistência apresentado por Lucien Bonnafé, Louis Le Guillant e Henri Mignont, "Problèmes posés par la chronicité sur le plan des institutions psychia-

triques", *in* XIIe *congrès de Psychiatrie et de Neurologie de langue française (Marseille, 7-12 septembre 1964)*, Paris, Masson, 1964). A questão era então saber se "o objetivo perseguido pela instituição [...] é verdadeiramente conforme a esse objetivo, tal como podemos concordar em formulá-lo: a terapêutica psiquiátrica" (L. Bonnafé, "Le milieu hospitalier vu du point de vue thérapeutique, ou théorie et pratique de l'hôpital psychiatrique", *La raison*, 1958, nº 17, p. 26), e tratava-se de promover "a utilização do próprio meio hospitalar como tratamento e readaptação social" (*ibid*., p. 8). Pode-se remeter a artigos que trazem bibliografias detalhadas sobre o problema, como os de: [a] G. Daumezon, P. Paumelle, F. Tosquellès, "Organisation thérapeutique de l'hôpital psychiatrique. I: Le fonctionnement thérapeutique", *in Encyclopédie médico-chirurgicale. Psychiatrie*, t. I, fevereiro de 1955, 37-930, A-10, pp. 1-8. [b] G. Daumezon e L. Bonnafé, "Perspectives de réforme psychiatrique en France depuis la Libération", *in op. cit.* (*supra*, pp. 73-4, nota 1). Cf. *infra*, "Situação do curso", pp. 466 ss.

48. Essa qualificação de "militantes da antipsiquiatria" decorre da definição que Michel Foucault propunha em sua intervenção "História da loucura e antipsiquiatria", no colóquio organizado em maio de 1973 em Montreal por H. F. Ellenberger, "Faut-il interner les psychiatres?": "Chamo de antipsiquiatria tudo o que coloca em causa, em questão o papel de um psiquiatra, encarregado outrora de produzir a verdade da doença no espaço hospitalar." As histéricas são dela "militantes" porquanto, fornecendo suas crises sob medida, fazem surgir "a suspeita de que o grande mestre da loucura, aquele que a fazia aparecer e desaparecer, Charcot, era alguém que não produzia a verdade da doença, mas fabricava seu artifício" (Cópia datilografada, pp. 12-3). Cf. também *infra*, "Resumo do curso", pp. 439 ss. Nesse ponto, M. Foucault se inspira nas análises que T. Szasz consagra a Charcot no primeiro capítulo de *The Myth of Mental Illness: Foundations of a Theory of Personal Conduct*, Nova York, Harper & Row, 1974 [*Le Mythe de la maladie mentale*, trad. fr. D. Berger, cap. I, "Charcot et le problème de l'hystérie", Paris, Payot, 1975, pp. 41-52]. Uma entrevista sobre esse texto confirma: "há um capítulo que me parece exemplar. Nele, a histeria é desmontada como um produto do poder psiquiátrico, mas também como a réplica que lhe é oposta e a cilada em que ele cai" (DE, III, nº 175, p. 91). M. Foucault vê nas "explosões de histeria que se manifestaram nos hospitais psiquiátricos na segunda metade do século XIX [...] um contragolpe do próprio exercício do poder psiquiátrico" (DE, III, nº 197, p. 231).

AULA DE 30 DE JANEIRO DE 1974

O problema do diagnóstico em medicina e em psiquiatria. – O lugar do corpo na nosologia psiquiátrica: o modelo da paralisia geral. – O destino da noção de crise em medicina e em psiquiatria. – A prova de realidade em psiquiatria e suas formas: I. O interrogatório e a confissão. O ritual da apresentação clínica. Nota sobre a "herança patológica" e a degenerescência. – II. A droga. Moreau de Tours e o haxixe. A loucura e o sonho. – III. O magnetismo e a hipnose. A descoberta do "corpo neurológico".

Eu havia procurado mostrar a vocês como e por que essa crise médica, que era ao mesmo tempo uma noção teórica, mas principalmente um instrumento prático na medicina, havia desaparecido no fim do século XVIII e no início do século XIX essencialmente por causa do aparecimento da anatomia patológica que, de fato, dava a possibilidade de lançar luz, numa lesão localizada no interior do organismo e identificável no corpo, sobre a própria realidade da doença. E, por outro lado, essa mesma anatomia patológica dava a possibilidade de constituir, a partir dessas diferentes lesões que individualizavam as doenças, feixes de signos a partir dos quais era possível estabelecer o diagnóstico diferencial das doenças. Assinalação orgânica da lesão, possibilidade de um diagnóstico diferencial. Vocês compreendem que, nessas condições, a crise, na medida em que era a prova na qual a doença produzia sua própria verdade, tornou-se inútil. A situação na ordem da psiquiatria é bem diferente, por dois motivos.

O primeiro é que, na ordem da psiquiatria, o problema não é, no fundo, aliás não é de maneira nenhuma, o problema do diagnóstico diferencial. Claro, a prática, o diagnóstico psiquiátrico se desenvolve aparentemente em certo nível como diagnóstico diferencial de certa doença em relação a outra, mania ou melancolia, histeria ou esquizofrenia etc. Mas, para dizer a verdade, tudo isso, creio eu, não passa de atividade superficial e secundária em relação à verdadeira questão que é colocada em todo diagnóstico da loucura; e a verdadeira questão não é saber se é esta ou aquela forma de loucura, mas de saber se é loucura ou não. E nisso eu creio que a posição da psiquiatria é, no fim das contas, bem diferente da posição da medicina. Vocês dirão que em medicina também é preciso colocar previamente a questão de saber se há doença ou não; mas, na verdade, é uma questão ao mesmo tempo relativamente simples e, no fundo, marginal; é só nos casos de dissimulação ou de delírio hipocondríaco que o problema "doença ou não" pode efetivamente se colocar seriamente. Em contrapartida, no domínio da doença mental, a única questão verdadeira que se coloca é a questão em forma de sim/não; isto é, o campo diferencial no interior do qual se exerce o diagnóstico da loucura não é constituído pelo leque das espécies nosográficas, é simplesmente constituído pela escansão entre o que é loucura e o que é não loucura: é nesse domínio binário, é no campo propriamente dual que se exerce o diagnóstico da loucura. Direi por conseguinte que a atividade psiquiátrica não requer, salvo justificação de segunda ordem e, de certo modo, superfetatória, o diagnóstico diferencial. Não é do diagnóstico diferencial que se trata no diagnóstico psiquiátrico, mas sim, digamos, da decisão ou, então, do diagnóstico absoluto. A psiquiatria funciona, portanto, com base no modelo do diagnóstico absoluto. A psiquiatria funciona, portanto, segundo o modelo do diagnóstico absoluto e não do diagnóstico diferencial.

Em segundo lugar – e nisso também a psiquiatria, tal como está se constituindo no século XIX, se opõe à medicina –, é evidentemente uma medicina na qual o corpo está ausente. Mas também aqui é preciso se entender, porque é absolutamente certo que, por um lado, desde o início do desenvolvimento da psiquiatria do século XIX, procuraram-se correlativos orgânicos, o domínio de lesão, o tipo de órgão que poderia estar envolvido numa doença do tipo da loucura. Procurou-se e, em certo número de casos, encontrou-se; em 1822-1826, foram a definição de Bayle da paralisia geral e as lesões meníngeas como sequelas da sífilis[1]. É verdade, e podemos dizer que nisso o corpo não estava muito mais ausente na ordem da psiquiatria do que na ordem da medicina comum. E no entanto havia uma diferença essencial: é que o problema que estava para ser resolvido na atividade psiquiátrica não era tanto, não era primeiramente o de saber se determinado comportamento, determinada maneira de falar, determinado tipo de alusão, determinada categoria de alucinação se referiam a esta ou aquela forma de lesão; o problema era saber se dizer determinada coisa, comportar-se de determinada maneira, ouvir determinada voz etc., se isso era ou não era loucura. E a melhor prova de que era essa a questão fundamental é que, nessa mesma paralisia geral que foi uma das grandes formas nas quais se acreditou poder assinalar as relações entre a doença mental e o organismo, Bayle reconhecia em 1826 que havia três grandes tipos de síndrome: a síndrome motora da paralisia progressiva, a síndrome psiquiátrica da loucura e a que era o estado terminal da demência[2]. Ora, quarenta anos depois, Baillarger dizia: em Bayle tudo ou quase tudo é verdade, mas há entretanto o erro fundamental de que não há de modo algum loucura na paralisia geral, há tão somente uma intrincação entre a paralisia e a demência[3].

Logo, creio que podemos dizer: diagnóstico absoluto e ausência de corpo, tudo isso faz com que a liquidação dessa crise médica, que a medicina podia se permitir graças à anatomia patológica, não fosse possível no domínio da psiquiatria*. E o problema da psiquiatria vai ser precisamente constituir, instaurar uma prova ou uma série de provas tal que possa

....

* O manuscrito precisa: "Isso implica portanto um procedimento de estabelecimento da doença totalmente específico".

corresponder a essa exigência do diagnóstico absoluto, isto é, uma prova tal que dê realidade ou irrealidade, que inscreva no campo da realidade ou desqualifique como irreal o que se supõe seja a loucura.

Em outras palavras, pode-se dizer o seguinte: a noção clássica de crise na medicina, a prática clássica da crise médica tal como foi aplicada por mais de dois mil anos, essa crise clássica, no fundo, rendeu ao século XIX duas posteridades. De um lado, pela anatomia patológica, substituiu-se a crise médica clássica e sua prova por procedimentos de verificação na forma da constatação e da demonstração. Esta foi a posteridade médica. Depois, a posteridade psiquiátrica da crise clássica foi outra: tratou-se, para a psiquiatria – já que não se tinha campo no interior do qual essa constatação da verdade fosse possível –, de instaurar e substituir a velha crise médica clássica por alguma coisa que fosse, como a velha crise clássica, uma prova, mas não uma prova de verdade, uma prova de realidade. Em outras palavras, a prova de verdade se dissocia. Por um lado, nas técnicas da constatação da verdade: é a medicina comum; [por outro], numa prova de realidade: é o que se produz na psiquiatria.

Em resumo, e para começar a estudar esse sistema, esse jogo, essa panóplia das provas de realidade, creio que se pode dizer o seguinte: é que, na psiquiatria, o momento essencial que vem pontuar, organizar e ao mesmo tempo distribuir esse campo do poder disciplinar de que lhes falei até aqui, é esta prova de realidade, que, no fundo, tem um duplo sentido.

Por um lado, trata-se de fazer existir como doença ou eventualmente como não doença os motivos dados para um internamento ou uma intervenção psiquiátrica possível. A prova psiquiátrica é portanto a prova que chamarei de duplicação administrativo-médica: é possível transcrever em termos de sintomas e em termos de doença o que motivou a demanda? Transcrever a demanda como doença, fazer existir os motivos da demanda como sintomas da doença é a primeira função da prova psiquiátrica.

Quanto à segunda, ela lhe é correlativa. É, de certo modo, muito mais importante. É que se trata nessa prova de fazer existir como saber médico o poder de intervenção e o poder disciplinar do psiquiatra. Tentei lhes mostrar como esse poder funcionava no interior de um campo disciplinar que era, por certo, medicamente marcado, mas sem conteúdo médico real; pois bem, esse poder disciplinar tem de ser posto para funcionar agora como poder médico, e a prova psiquiátrica vai ser a que, por um lado, constituirá como doença a demanda de internamento e, por outro lado, fará funcionar como médico aquele a quem se dá um dos poderes de decisão no internamento.

Na medicina orgânica, o médico formula obscuramente essa demanda: mostre seus sintomas e eu direi que doente você é. Na prova psiquiátrica, a demanda do psiquiatra é muito mais pesada, é muito mais sobrecarregada, é a seguinte: com o que você é, com a sua vida, com o que se queixa a seu respeito, [...*], com o que você faz e o que você diz, forneça-me sintomas, não para que eu saiba que doente você é, mas para que eu possa ser um médico diante de você.

Ou seja, a prova psiquiátrica é uma dupla prova de entronização. Ela entroniza a vida de um indivíduo como tecido de sintomas patológicos, mas entroniza sem cessar o psiquiatra como médico ou a instância disciplinar suprema como instância médica. Podemos dizer, por conseguinte, que a prova psiquiátrica é uma perpétua prova de entrada no hospital. Por que não se pode sair do asilo? Não se pode sair do asilo, não porque a saída esteja longe, mas porque a entrada está demasiado próxima. Não se cessa de entrar no asilo, e cada um desses encontros, cada um desses afrontamentos entre o médico e o doente recomeçam, repetem indefinida-

* Na gravação, repetição de: "com o que você é".

mente esse ato fundador, esse ato inicial que é aquele pelo qual a loucura vai existir como realidade e o psiquiatra vai existir como médico.

Vocês estão vendo por conseguinte que temos aí um jogo muito curioso e complexo, mas no qual precisamente vão se precipitar todos os jogos reais do asilo e da história da psiquiatria e da loucura no século XIX. Todo um jogo que faz o seguinte: se vocês considerarem as coisas no nível do funcionamento disciplinar (que eu havia analisado nas sessões precedentes), no nível do sistema disciplinar, vocês terão um sobrepoder médico que é formidável, já que o médico finalmente se incorpora ao sistema disciplinar; o próprio hospital é o corpo do médico. Mas, de outro lado, vocês têm um prodigioso sobrepoder do doente, já que é o doente que, conforme a maneira como vai passar pela prova psiquiátrica, a maneira como sairá dela, é ele que vai ou não entronizar o psiquiatra como médico, que vai remetê-lo a seu puro e simples papel disciplinar ou que vai, ao contrário, fazê-lo desempenhar seu papel de médico – vocês compreendem por meio de qual abertura.

Vocês veem que caberão bem aí os fenômenos que procurarei lhes explicar da próxima vez, da histeria e do jogo entre Charcot e as histéricas. A histérica é precisamente aquela que diz: é graças a mim, mas somente graças a mim que o que você faz comigo – me internar, me receitar drogas etc. – seja efetivamente um ato médico, e eu te entronizo como médico na medida em que te forneço sintomas. Sobrepoder do doente abaixo do sobrepoder do médico.

✦

Eis, por assim dizer, [uma] apresentação geral dessa prova psiquiátrica que, eu lhes dizia da última vez, adquiriu, creio, três formas principais nos sessenta primeiros anos do século XIX. Três técnicas portanto para essa prova da realização da doença que entroniza o psiquiatra como médico e faz funcionar a demanda como sintoma: primeiro, o interrogatório; segundo, a droga; terceiro, a hipnose.

Primeiro, a técnica do interrogatório, no sentido amplo. Digamos: interrogatório, anamnese, confissão etc. A que responde esse interrogatório? Como exatamente é praticado? Eu já lhes assinalei o aspecto disciplinar desse interrogatório, na medida em que se trata de vincular, pelo interrogatório, o indivíduo à sua identidade, de obrigá-lo a se reconhecer no seu passado, num certo número de acontecimentos da sua vida[4]. Mas isso é apenas uma função minúscula, superficial, do interrogatório. Há, creio, outras que são como operações de realização da loucura. Creio que o interrogatório realiza a loucura de quatro maneiras ou por quatro procedimentos.

Em primeiro lugar, um interrogatório psiquiátrico clássico, isto é, tal como vocês o veem funcionar a partir dos anos 1820-1830, sempre comporta a chamada pesquisa de antecedentes. O que é pesquisar antecedentes? É perguntar ao doente quais foram as diferentes doenças que seus ascendentes ou seus colaterais puderam ter. Pesquisa que é muito paradoxal, por um lado, porque é – pelo menos até o fim do século XIX – uma pesquisa completamente anárquica que coteja, à medida que vai se apresentando, tudo o que pode ter sido doença nos ascendentes ou nos colaterais; e é uma pesquisa curiosa na época em que me situo, isto é, por volta dos anos 1830-1840, no momento em que a vemos aparecer, porque é uma época na qual não existe nem a noção de hereditariedade patológica[5], nem tampouco a noção de degenerescência, que será mais tardia, pois só se formula nos anos 1855-1860[6].

Quer dizer, é de espantar a amplitude da pesquisa que é feita nesse questionamento dos antecedentes de todos os ascendentes, de todos os colaterais, de todo tipo de doenças que os puderam afetar, e ao mesmo tempo é de espantar também seu caráter precoce e sua obstinação ainda hoje. De que se trata, no fundo, quando se pergunta a um doente mental quais foram as doenças da sua família e quando se anota com todo cuidado se seu pai morreu de apoplexia, se sua mãe tinha reumatismo, se seu tio não teve um filho idiota etc.? De que se trata? Trata-se, é claro, de ampliar a uma escala poli-individual a pesquisa de certo número de sinais, pródromos etc., mas trata-se sobretudo e essencialmente, creio, de suprir a anatomia patológica, suprir essa ausência de corpo ou esse distanciamento do corpo de que eu lhes falava. Já que não se pode e não se sabe encontrar no doente um substrato orgânico para a sua doença, trata-se então de encontrar no nível da sua família certo número de acontecimentos patológicos que serão tais que, qualquer que seja aliás sua natureza, eles se referirão à comunicação e, por conseguinte, à existência de certo substrato material patológico. A hereditariedade é certa maneira de dar corpo à doença no momento mesmo em que não se pode situar essa doença no nível do corpo individual; então inventa-se, demarca-se uma espécie de grande corpo fantasmático que é o de uma família afetada por um grande número de doenças: doenças orgânicas, doenças não orgânicas, doenças constitucionais, doenças acidentais, pouco importa; se elas se transmitem é porque possuem um suporte material e, se se alcança assim o suporte material, então se tem o substrato orgânico da loucura, um substrato orgânico que não é o substrato individual da anatomia patológica. É uma espécie de substrato metaorgânico, mas que constitui o verdadeiro corpo da doença. O corpo doente no interrogatório da loucura, esse corpo doente que se apalpa, que se toca, que se percute, que se ausculta e em que se pretende encontrar sinais patológicos, esse corpo é, na realidade, o corpo da família inteira; melhor dizendo, é o corpo constituído pela família e a hereditariedade familiar. Pesquisar a hereditariedade é portanto substituir o corpo da anatomia patológica por outro corpo e certo correlativo material, é constituir um *análogon* metaindividual para o organismo de que os médicos se ocupam. Eis, creio, o primeiro aspecto do interrogatório médico: a pesquisa dos antecedentes.

Em segundo lugar, vocês têm a pesquisa dos pródromos, das marcas de disposição, dos antecedentes individuais: quais são os episódios pelos quais a loucura se anunciou antes de existir realmente como loucura? E este é um outro aspecto constante do interrogatório psiquiátrico: conte-nos suas lembranças de infância; diga-me o que se passou; dê-me informações sobre a sua vida; quando você esteve doente, o que lhe aconteceu? etc. Isso supõe de fato que a loucura como doença sempre foi precedida, mesmo nos casos em que se trata de doenças que são marcadas por sua subitaneidade – mesmo nesses casos, é preciso encontrar elementos antecedentes.

Enquanto na medicina geral encontrar essas antecedências individuais, essas ocorrências que anunciam a doença é permitir distinguir entre este ou aquele tipo de doença, descobrir se se trata de uma doença evolutiva ou não, de uma doença crônica ou não etc., a pesquisa dos antecedentes no domínio da psiquiatria é bem diferente. Buscar esses antecedentes individuais é, no fundo, procurar mostrar, por um lado, que a loucura existia antes de ser constituída como doença e, ao mesmo tempo, mostrar que esses sinais ainda não eram a loucura propriamente, mas as condições de possibilidade da loucura. Logo é necessário encontrar sinais que sejam tais que, por um lado, não sejam propriamente patológicos – pois, nesse caso, seria dizer que são sinais da doença, elementos efetivos da doença e não simplesmente pródromos –, é necessário portanto que seja outra coisa que não os sinais internos da doença, mas que tenham com a doença uma relação tal, que seja possível apresentá-los como pródromos, como sinais anunciadores, como marcas de disposição de uma doença – ao mesmo tempo interiores e exteriores à doença[7]. Isto é, no fundo, situar a loucura no contexto individual do que podemos chamar de anomalia[8].

A anomalia é a condição de possibilidade individual da loucura; é o que é preciso estabelecer para conseguir mostrar que aquilo que está sendo tratado, aquilo com o que se está lidando e que se quer mostrar precisamente que são sintomas de loucura, é efetivamente de ordem patológica. A condição para transformar em sintomas patológicos os diferentes elementos que são o objeto, o motivo do pedido de internamento, é situá-los nesse tecido geral da anomalia.

Eu os remeto, por exemplo, para detalhes a esse respeito, ao dossiê Pierre Rivière[9]. Quando os médicos tentaram determinar se Rivière era um doente mental ou não, se sofria ou não de alguma coisa que não se ousava denominar “monomania” – a monomania já era nessa época uma doença que Esquirol havia definido como uma doença que explodia bruscamente e que se caracterizava pelo fato de que, precisamente, era súbita e tinha por sintoma principal a aparição súbita, pois, de uma conduta de tipo criminosa[10] – como provar que essa conduta criminosa era louca? Era necessário situá-la num campo de anomalias; e esse campo de anomalias foi constituído por certo número de elementos. O fato, por exemplo, de alguém ter cortado a cabeça dos repolhos quando era criança, imaginando que era o comandante de um exército e que estava liquidando os inimigos, de crucificar uma rã etc.[11], tudo isso constituía um horizonte de anomalias no interior do qual era possível realizar em seguida como loucura aquilo que era o elemento em questão. Logo, segunda operação do interrogatório: constituição de um horizonte de anomalias.

O terceiro papel do interrogatório é organizar o que se poderia chamar de cruzamento ou quiasma entre a responsabilidade e a subjetividade. No fundo de todo interrogatório psiquiátrico, tenho a impressão de que há sempre uma espécie de trato que teria a seguinte forma. O psiquiatra diria àquele que está diante dele: pois bem, você está aqui, seja por vontade própria, seja trazido por outra pessoa, mas você vem aqui porque há em torno de você e a seu respeito queixas, um mal-estar; você disse isto, você fez aquilo, você se comporta assim ou assado. Eu não o interrogo de modo algum sobre a verdade desses fatos, não quero saber em termos de asserção se aquilo de que o acusam, ou se os mal-estares que você sente são verdadeiros ou não – não sou um juiz de instrução –, mas estou disposto a isentá-lo da responsabilidade, jurídica ou moral, pelo que você fez ou pelo que acontece com você, ou pelos sentimentos que você tem, com uma condição no entanto: que você assuma subjetivamente a realidade disso tudo, que você me restitua todos esses fatos como sintomas subjetivos da sua existência, da sua consciência. Quero encontrar todos esses elementos, mais ou menos transformados, pouco importa, no seu relato e nas suas confissões, como elementos do seu sofrimento, como força de um desejo monstruoso, como marcas de um movimento irresistível, em suma, como sintomas. Aceito que os motivos pelos quais você está aqui já não imprimam em você uma marca jurídica ou moral de responsabilidade, mas só realizarei essa subtração, só removerei essas marcas da sua cabeça se você, precisamente, os fornecer a mim, sob uma forma ou outra, como sintomas. Me dê seu sintoma, e eu removerei sua culpa.

E é isso, creio, essa espécie de trato, que está em jogo no fundo do interrogatório psiquiátrico, que faz com que, de fato, o interrogatório psiquiátrico sempre incida, essencialmente, sobre os motivos pelos quais o indivíduo se encontra ali, diante do psiquiatra. O questionamento das razões pelas quais o indivíduo se encontra diante do psiquiatra – razões que podem estar ligadas a uma conduta voluntária ou que, ao contrário, podem ser as razões dos outros, pouco importa –, transformar essas razões de estar ali em sintomas, é isso que o interrogatório psiquiátrico deve realizar.

A quarta função do interrogatório psiquiátrico é o que chamarei de organização da confissão central. Vale dizer que no fundo o interrogatório psiquiátrico sempre tem certa finalidade, e aliás ele sempre se interrompe realmente em certo ponto. Essa finalidade, esse ponto de horizonte para o interrogatório psiquiátrico é o que seria o âmago da loucura, seu núcleo, essa espécie de foco que corresponderia na ordem da loucura ao que é o foco de uma lesão patológica*. Esse foco da loucura que o interrogatório procura realizar, efetuar, é a forma extrema, irrecusável, da loucura. Trata-se de obter do sujeito interrogado, não apenas que reconheça a existência desse foco delirante, mas atualize-o efetivamente no interior do interrogatório.

E podemos obter essa atualização de duas maneiras: ou, precisamente, sob a forma da confissão, da confissão ritualmente obtida no interior desse interrogatório: "Sim, ouço vozes! Sim tenho alucinações!"[12], "Sim, acredito ser Napoleão!"[13], "Sim, eu deliro!". Eis a que o interrogatório psiquiátrico deve tender. Ou, se não for essa atualização na confissão, pela vinculação em primeira pessoa do sintoma, é preciso obter no interrogatório a atualização da própria crise, suscitar a alucinação, provocar a crise histérica. Em suma, seja portanto sob a forma da confissão, seja sob a forma da própria atualização do sintoma central, é necessário situar o sujeito numa espécie de ponto de estrangulamento, de estreitamento extremo, que é o ponto em que o sujeito se vê obrigado a dizer "sou louco" e desempenhar efetivamente sua loucura. Nesse momento, imprensado nesse ponto extremo do interrogatório, ele já não pode escapar dos seus próprios sintomas; ele já não pode esgueirar-se por entre eles. É obrigado a dizer: efetivamente, sou aquele para quem foi constituído o hospital psiquiátrico, sou aquele para quem é necessário haver um médico; sou doente e, já que sou doente, você, que tem por função me internar, é médico. Chega-se assim a esse momento essencial da dupla entronização do indivíduo internado como doente e do indivíduo internante como médico e psiquiatra.

Confissão extrema que, no fundo, é extraída com base no tema e a partir da afirmação de que, se você diz a loucura, você se livra dela. E é aí que atua, na técnica do interrogató-

* O manuscrito acrescenta: "Mais ou menos como a família faz as vezes de substrato somático para a loucura".

rio psiquiátrico, a dupla analogia, ao mesmo tempo, com a confissão religiosa e a crise médica: a confissão religiosa ajuda o perdão; a expectoração, a excreção na crise médica faz a substância morbífica sair. No ponto de convergência ou, se preferirem, numa espécie de oscilação entre a confissão que faz perdoar e a expectoração que expulsa a doença, a confissão extrema da loucura é – garantem os psiquiatras daquela época e sem dúvida muitos outros ainda hoje –, é afinal de contas aquilo a partir do que o indivíduo poderá libertar-se da sua loucura. "Eu libertarei você da sua loucura, contanto que você me confesse a sua loucura", isto é: "Dê-me os motivos pelos quais eu te confino; dê-me efetivamente os motivos pelos quais privo você da sua liberdade e, nesse momento, liberarei você da sua loucura. O movimento pelo qual você vai se curar da sua loucura é aquele pelo qual eu me assegurarei de que o que faço é de fato um ato médico". É essa a superposição entre o poder do médico e a extorsão da confissão do doente, que constitui, acredito, o ponto absolutamente central da técnica do interrogatório psiquiátrico.

Creio que esse interrogatório cujos principais momentos procurei lhes indicar pode ser decifrado em três níveis. Deixemos de lado o primeiro, o nível disciplinar de que já lhes falei[14]; restam dois níveis que são, creio, essenciais. No interrogatório psiquiátrico, trata-se, de um lado, de constituir uma *mímesis* médica, o *análogon* de um esquema médico dado pela anatomia patológica: o interrogatório psiquiátrico constitui, em primeiro lugar, um corpo pelo sistema das assinalações de hereditariedade, dá corpo a uma doença que não tinha corpo; em segundo lugar, em torno dessa doença e para poder identificá-la como doença, ele constitui um campo de anomalias; em terceiro lugar, ele fabrica sintomas a partir de uma demanda; e, enfim, em quarto lugar, ele isola, circunscreve, define um foco patológico que mostra e atualiza na confissão ou na realização desse sintoma maior e nuclear.

O interrogatório é, portanto, na psiquiatria do século XIX, certa maneira de reconstituir exatamente os elementos que caracterizam a atividade do diagnóstico diferencial na medicina orgânica. É uma maneira de reconstituir ao lado, paralelamente à medicina orgânica, algo que funcione da mesma maneira, mas na ordem da *mímesis* e do *análogon*. A outra camada no interrogatório é o nível em que efetivamente, por um jogo de ilusionismo, trocas, promessas, doações e contradoações entre o psiquiatra e o doente, vai-se ter a tríplice realização: realização de uma conduta como loucura, realização da loucura como doença e, enfim, realização do guardião do louco como médico.

Vocês hão de entender que, nessas condições, essa espécie de interrogatório constituinte é o ritual absolutamente renovado do diagnóstico absoluto. Qual é a atividade do psiquiatra num hospital-modelo do século XIX? Vocês sabem que há duas, e somente duas. Em primeiro lugar, a visita; em segundo lugar, o interrogatório. A visita é o movimento pelo qual o médico percorre os diferentes serviços do seu hospital para efetuar todas as manhãs a mutação da disciplina em terapêutica: eu irei, percorrerei todas as engrenagens do asilo, verei todos os mecanismos do sistema disciplinar para, com a minha simples presença, transformá-los em aparelho terapêutico[15].

Segunda atividade, o interrogatório, que é precisamente o seguinte: dê-me sintomas, faça-me da sua vida sintomas e você fará de mim um médico.

Os dois ritos, da visita e do interrogatório, são necessariamente os elementos pelos quais, como vocês veem, funciona o campo disciplinar de que lhes falei. Vocês compreendem igualmente por que esse grande rito do interrogatório precisa ser revigorado de tempos em tempos. Mais ou menos, vamos dizer, como há as missas comuns e as missas solenes, a apresentação clínica diante dos estudantes é, no interrogatório privado do doente pelo médico, o que a missa cantada é em relação à missa comum. E por que essa *Missa sollemnis* da psiquiatria, que é a apresentação clínica do doente diante dos estudantes, por que a psiquiatria precipitou-se tão cedo, tão depressa nesse rito da apresentação quase pública, em todo caso da apresentação dos doentes aos estudantes? Eu já lhes disse duas palavras a esse respeito[16], mas vocês têm agora, creio, a possibilidade de apreender outro nível do funcionamento dessa apresentação clínica.

Com efeito, na dupla ausência do corpo e da cura que caracteriza a prática psiquiátrica, como se pode fazer para que o médico seja efetivamente entronizado como médico, para que as operações de que lhes falei – transmutação da demanda em sintomas, dos acontecimentos da vida em anomalias, da hereditariedade em corpo etc. –, como essas operações podem ser realmente efetuadas se não houver, além do funcionamento cotidiano do asilo, essa espécie de rito que marca solenemente o que acontece no interrogatório? Pois bem, organiza-se um espaço no qual o alienista vai ser marcado como médico pelo simples fato de que há em volta dele, como ouvintes e espectadores, os estudantes. O caráter médico do seu papel vai portanto encontrar-se atualizado, de modo algum pelo êxito da sua terapia, não pelo fato de ter encontrado a verdadeira etiologia – já que, precisamente, não se trata disso –, o caráter médico do seu papel e as operações de transmutação de que lhes falei são possíveis na medida em que houver em torno do médico o coro e o corpo dos estudantes. Como falta o corpo do doente, vai ser necessária a existência dessa espécie de corporeidade institucional que vai ser o círculo de estudantes ouvindo, em torno do mestre, o que o doente vai responder. A partir do momento em que essa audição é assim codificada e institucionalizada como audição dos estudantes ouvindo o que diz o psiquiatra enquanto mestre e enquanto mestre do saber médico, a partir desse momento todas as operações de que lhes falei vão atuar, com uma intensidade e um vigor renovados, no sentido dessa transmutação médica da loucura em doença, da demanda em sintoma etc.

Em outras palavras, creio que a dimensão magistral da palavra que é, no caso do médico, por assim dizer, simplesmente aditiva, certo modo de aumentar seu prestígio e de tornar um pouco mais verdadeiro o que ele diz, no caso do psiquiatra essa dimensão magistral é muito mais essencial, muito mais inerente: a dimensão magistral da palavra do psiquiatra é constitutiva do seu poder médico. Para que essa palavra realize efetivamente as transmutações médicas de que lhes falei é necessário, pelo menos de tempo em tempo, que ritualmente, institucionalmente, ela seja marcada como tal pelo rito da apresentação clínica do doente aos estudantes.

É o que eu queria lhes dizer sobre os interrogatórios. Claro, seria preciso sutilizar isso tudo, na medida em que as formas de interrogatório variaram. Para alguém como Leuret, o interrogatório possui formas muito mais sutis; Leuret inventou, por exemplo, o interrogatório pelo silêncio: não dizer nada ao doente, esperar que este fale, deixá-lo dizer o que ele quer – pois, segundo Leuret, é a única ou, em todo caso, a melhor maneira de chegar, precisamente, à confissão focal da loucura[17]. Vocês têm também, sempre de acordo com Leuret, a espécie de jogo que faz com que por trás de um sintoma se reconheça na realidade outra demanda, e que é esta que se deve analisar pelo interrogatório. Enfim, tudo isso são complementos em relação a um rito central que é o do interrogatório.

Ao lado do interrogatório e, na verdade, aqui também de forma anexa, mas com uma fortuna histórica muito maior do que as técnicas de Leuret de que eu falava há pouco, vocês têm os dois outros grandes operadores de medicalização, da realização da loucura como doença: a droga e a hipnose.

Primeiro, a droga. Também a esse respeito eu lhes assinalei o uso disciplinar de certo número de drogas, que existia desde o século XVIII: láudano[18], opiáceos etc.[19]. Vocês veem surgir, no fim do século XVIII, um novo fenômeno que é a utilização médico-legal da droga. Foi no fim do século XVIII que um médico italiano teve a ideia de utilizar o ópio em doses maciças para conseguir determinar se um sujeito é efetivamente um doente mental ou se não é, como instância de determinação entre a loucura e a simulação da loucura[20].

Esse foi o ponto de partida, e encontramos então, podemos dizer durante os oitenta primeiros anos do século XIX, uma enorme prática da droga no interior dos hospitais psiquiátricos, sendo essas drogas essencialmente o ópio, o nitrito de amila[21], o clorofórmio[22] e o éter[23]. Em 1864 – remeto vocês a esse texto –, vocês têm um importante texto de Morel, publicado nos *Archives générales de médecine* sobre a eterização dos doentes em hospital psiquiátrico[24]. Mas creio que o episódio [maior] de tudo isso foi evidentemente o livro – e a prática – de Moreau de Tours: *Du haschisch et de l'aliénation mentale*, em 1845[25]. No livro de Moreau de Tours sobre o haxixe, que, creio, teve uma grande importância histórica, ele conta que "ele mesmo" – e já veremos a importância desse "ele mesmo" – experimenta o haxixe e que, depois de ter tomado em geleia uma quantidade considerável, pôde perceber na intoxicação por haxixe certo número de fases que são as seguintes: primeira, "sentimento de felicidade"; segunda, "excitação, dissociação das ideias"; terceira, "erro sobre o tempo e o espaço"; quarta, "desenvolvimento da sensibilidade, tanto do ponto de vista visual como do ponto de vista auditivo [*sic*]: exagero das sensações quando se ouve música etc."; quinta, "ideias fixas, convicções delirantes"; sexta, alteração ou, como ele diz, "lesões das afecções", exagero dos medos, da excitabilidade, da paixão amorosa etc.; sétima, "impulsos irresistíveis"; oitava e última etapa, "ilusões, alucinações"[26]. Creio que a experiência de Moreau de Tours e o uso que ele fez dela são importantes por toda uma série de razões.

Em primeiro lugar – e não serei capaz de lhes dar uma explicação, nem mesmo uma análise –, está o fato de que, imediatamente, logo de saída, nessa experiência, os efeitos da droga, como vocês estão vendo, foram relacionados por Moreau de Tours aos processos da doença mental*. Quando ele descreve as diferentes etapas de que acabo de lhes falar, vocês podem ver que bem depressa, desde o segundo item, passado o momento do sentimento de felicidade – e veremos que ele consegue recuperá-lo –, estamos na ordem da doença mental: dissociação das ideias, erro sobre o tempo e o espaço etc. Creio que esse confisco psiquiátrico dos efeitos da droga no interior do sistema da doença mental levanta um problema importante, mas para dizer a verdade creio que seria preciso analisá-lo muito mais no interior de uma história da droga do que no interior de uma história da doença mental. Em todo caso, no que diz respeito à história da doença mental, essa utilização da droga e essa assimilação entre os efeitos da droga e os sintomas da doença mental dão ao médico, segundo Moreau de Tours, a possibilidade de uma reprodução da loucura, reprodução ao mesmo tempo artificial, já que foi necessária essa intoxicação para que os fenômenos ocorressem, e natural, porque nenhum dos sintomas que são enumerados por Moreau de Tours são alheios, não apenas em seu conteúdo, mas inclusive em seu encadeamento sucessivo, ao desenrolar da loucura como doença espontânea e natural; temos pois uma reprodução provocada e autêntica da doença. Estamos em 1845; estamos em plena série de trabalhos de fisiologia experimental. É o Claude Bernard da loucura; é a função glicogênica do fígado que encontramos assim transposta por Moreau de Tours[27].

Outra coisa importante é que não apenas tem-se a ideia, portanto ao que parece o instrumento, de uma experimentação voluntária, consentido sobre a loucura, mas além disso tem-se a ideia de que os diferentes fenômenos que caracterizam a intoxicação por haxixe constituem uma sequência natural, necessária, um encadeamento espontâneo, uma série

....

* Desenvolvimento intitulado no manuscrito: "Ideia de que os fenômenos derivados da absorção do haxixe são idênticos aos da loucura".

homogênea. Vale dizer que, como esses fenômenos são homogêneos aos da loucura, chega-se à ideia de que os diferentes sintomas da loucura que poderiam ser distribuídos pelos nosógrafos neste ou naquele registro, atribuídos a esta ou aquela forma de doença, todos os sintomas da loucura pertencem no fundo à mesma série. Enquanto a psiquiatria de tipo Pinel e, sobretudo, Esquirol, procurava ver qual era a faculdade lesada nesta ou naquela doença mental[28], vai-se ter a ideia de que, no fundo, só há uma loucura que evolui ao longo da existência dos indivíduos, que pode, é claro, deter-se, bloquear-se, fixar-se numa etapa, do mesmo modo que a intoxicação [por] haxixe, mas que, como quer que seja, é a mesma loucura que vamos encontrar em toda parte e ao longo de toda a evolução. De tal sorte que o haxixe vai permitir descobrir o que os psiquiatras haviam procurado por tanto tempo, isto é, precisamente a espécie de "fundo" único, a partir do qual todos os sintomas da loucura podem se manifestar. Esse foco, esse célebre foco que os anatomopatologistas tinham a sorte de poder apreender e fixar num ponto do corpo, esse foco vai ser captado pela experimentação do haxixe, pois vai-se ter o próprio núcleo a partir do qual toda a loucura vai se manifestar. E esse núcleo fundamental que Moreau de Tours pensava ter encontrado é o que ele chamava em 1845 de "modificação intelectual primitiva"[29] e que chamará mais tarde, num texto de 1869, de "modificação primordial"[30]. Eis como ele descreve essa modificação primitiva: "Toda forma, todo acidente do delírio ou da loucura propriamente dita – ideias fixas, alucinações, irresistibilidade dos impulsos [vocês estão vendo que se trata de todos os sintomas que encontramos na intoxicação por haxixe; M.F.] – têm sua origem numa modificação intelectual primitiva, sempre idêntica a si mesma, que é evidentemente a condição essencial da sua existência. É a excitação maníaca"[31]. Essa expressão não é muito justa, pois se trata de um "estado simples e complexo, tudo ao mesmo tempo, de vagueza, de incerteza, de oscilação e de mobilidade das ideias, que se traduz com frequência por uma incoerência profunda. É uma desagregação, uma verdadeira dissolução do composto intelectual a que chamamos faculdades morais"[32].

Está identificado portanto, graças ao haxixe, o sintoma maior, ou antes, o próprio foco a partir do qual vão se manifestar os diferentes sintomas da loucura. É portanto possível, por meio do haxixe, reproduzir, identificar, reconstituir, atualizar na verdade, esse "fundo" essencial de toda loucura. Mas, como vocês estão vendo, e é isso que é importante, esse "fundo" essencial da loucura é reproduzido pelo haxixe, e reproduzido em quem? Em qualquer um e, no caso, no médico. Vale dizer que a experiência sobre o haxixe vai dar ao médico a possibilidade de se comunicar diretamente com a loucura por outra coisa que não a observação exterior dos sintomas visíveis; vai ser possível comunicar-se com a loucura por meio da experiência, subjetivamente feita pelo médico, dos efeitos da intoxicação por haxixe. Esse célebre corpo orgânico que os anatomopatologistas tinham diante de si e que falta ao alienista, esse corpo, esse solo de evidência, essa instância de verificação experimental que falta ao psiquiatra, o psiquiatra vai poder substituir por sua própria experiência. Donde a possibilidade de vincular a experiência do psiquiatra à experiência do louco; possibilidade, por conseguinte, de ter acesso a algo que será como que o ponto zero entre a psicologia moral e a psicologia patológica. E, sobretudo, para o psiquiatra, possibilidade, em nome da sua normalidade e das experiências que pode fazer como psiquiatra normal, mas intoxicado, de ver, de dizer, de ditar a lei à loucura.

Até a experiência de Moreau de Tours, claro, era o psiquiatra como indivíduo normal que ditava a lei à loucura, mas fazia isso sob a forma da exclusão: você é louco uma vez que não pensa como eu; reconheço que você é louco na medida em que o que você faz não é penetrável às razões que são válidas para mim. Era sob a forma dessa exclusão, dessa alternativa, que o psiquiatra como indivíduo normal ditava a lei ao louco. Mas eis que agora, a partir da experiência com o haxixe, o psiquiatra vai poder dizer: sei qual é a lei da sua loucura, eu a reconheço precisamente porque posso reconstituí-la em mim mesmo; posso acompanhar em mim mesmo, desde que faça algumas alterações, como a intoxicação por haxixe, posso reconstituir todo o fio dos acontecimentos e dos processos que caracterizam sua loucura. Posso compreender o que acontece; posso apreender e reconstituir o movimento autêntico e autônomo da sua loucura; posso, por conseguinte, apreendê-la do interior.

É assim que se acha fundada essa célebre e absolutamente nova apreensão da psiquiatria sobre a loucura, que tem a forma da compreensão. A relação de interioridade que o psiquiatra estabelece pelo haxixe vai lhe possibilitar dizer: isto é loucura, pois eu mesmo posso efetivamente compreender, como indivíduo normal, o movimento pelo qual esse fenômeno se produziu. A compreensão como lei do psiquiatra normal sobre o próprio movimento da loucura encontra aqui seu princípio originário. E, enquanto, até então, a loucura era precisamente o que não podia ser reconstituído por um pensamento normal, ela vai ser agora, ao contrário, o que deve poder ser reconstituído por e a partir da compreensão do psiquiatra; suplemento de poder, por conseguinte, que é dado por essa apreensão interior.

Mas esse "fundo" primordial que o psiquiatra pode reconstituir por intermédio do haxixe, e que não é a loucura, portanto – já que o haxixe não é a loucura –, mas que é apesar disso loucura – já que o encontramos no estado puro e espontâneo na loucura –, o que é esse fundo primordial assim identificado? Pois bem, o que é esse fundo primordial, homogêneo à loucura* e que no entanto não é a loucura, que

* O manuscrito acrescenta: "por ser ao mesmo tempo o suporte e o modelo".

vamos encontrar no psiquiatra e no louco? Esse elemento, Moreau de Tours o nomeia, é claro, e vocês já conhecem: é o sonho. O sonho enquanto mecanismo que podemos encontrar no indivíduo normal e que vai servir precisamente de princípio de inteligibilidade para a loucura, é isso que se abre com a experiência do haxixe. "Parece portanto que dois modos de existência moral, duas vidas foram concedidas ao homem. A primeira dessas duas existências resulta das nossas relações com o mundo exterior, com esse grande todo a que chamamos universo; ela é comum a nós e aos seres que se nos assemelham. A segunda nada mais é do que o reflexo da primeira, só se alimenta, de certo modo, com os materiais que esta lhe fornece, mas é no entanto perfeitamente distinta dela. O sono é como que uma barreira erguida entre ambas, o ponto fisiológico em que acaba a vida exterior e em que a vida interior começa[33]."

E o que é precisamente a loucura? Pois bem, a loucura, como a intoxicação por haxixe, é esse estado particular do nosso sistema nervoso que é tal que as barreiras do sono ou as barreiras da vigília, ou a dupla barreira constituída pelo sono e a vigília, vão ser quebradas ou, em todo caso, rompidas em certo número de lugares. E a irrupção dos mecanismos do sonho na vigília é o que vai provocar a loucura, se o mecanismo for de certo modo endógeno, é o que vai provocar a experiência alucinatória dos intoxicados, se a ruptura for provocada pela absorção de um corpo estranho. O sonho é fixado portanto como sendo a lei comum à vida normal e à vida patológica; é o ponto a partir do qual a compreensão do psiquiatra vai poder impor sua lei aos fenômenos da loucura.

Claro, a formulação de que "os loucos são sonhadores acordados"[34] não é uma formulação nova, vocês já a encontram claramente formulada em Esquirol[35]; vocês a encontram em toda uma tradição psiquiátrica, no fim das contas[36]. Mas o que há de absolutamente novo e, creio, capital em Moreau de Tours e no seu livro sobre o haxixe é que não se trata simplesmente de uma comparação entre a loucura e o sonho, é um princípio de análise[37]. Mais ainda: em Esquirol e todos os psiquiatras que nessa época, ou mesmo antes, diziam que "os loucos são uns sonhadores", fazia-se a analogia entre os fenômenos da loucura e os fenômenos do sonho, enquanto Moreau de Tours faz a relação entre os fenômenos do sonho e, ao mesmo tempo, os fenômenos da vigília normal e os fenômenos da loucura[38]. É a posição do sonho entre a vigília e a loucura, é isso que foi apontado e estabelecido por Moreau de Tours, e é nisso que ele é, na história da psiquiatria e na história da psicanálise, o ponto absolutamente fundador. Em outras palavras ainda, não foi Descartes quem disse que o sonho excede a loucura e a inclui[39], foi Moreau de Tours que pôs o sonho numa posição tal em relação à loucura, que o sonho envolve a loucura, inclui a loucura, permite compreendê-la. E é a partir de Moreau de Tours que o psiquiatra diz, e que, no fundo, o psicanalista não cessará de repetir: já que posso sonhar, posso compreender o que é a loucura. A partir do meu sonho e a partir do que posso apreender do meu sonho, vou acabar compreendendo como se passam as coisas em alguém que é louco. Isso está em Moreau de Tours e no livro sobre o haxixe.

Logo, a droga é o sonho injetado na vigília, é a vigília de certo modo intoxicada pelo sonho. É a própria efetivação da loucura. Donde a ideia de que, fazendo-se um doente tomar haxixe, alguém que já está doente, vai-se simplesmente aumentar sua loucura. Ou seja, fazer um indivíduo normal tomar haxixe é torná-lo louco, mas fazer um doente tomar haxixe será tornar sua loucura mais visível, será precipitar seu curso. Foi assim que Moreau de Tours instaurou uma terapêutica pelo haxixe em seus serviços. E começou – ele próprio disse – cometendo um erro: fazia melancólicos tomarem haxixe, acreditando que a "excitação maníaca", essa espécie de agitação que é ao mesmo tempo o fato primordial da loucura e o caráter do sonho, fosse compensar o que havia de triste, de petrificado, de imóvel nos melancólicos; compensar portanto a fixidez melancólica pela agitação maníaca do haxixe era o que ele tinha em mente[40]. Percebendo logo que isto não funcionava, então teve a ideia de, justamente, reatualizar a velha técnica da crise médica.

Ele teria dito: como a mania consiste numa espécie de excitação e como, na tradição médica clássica, aquela que aliás ainda encontramos em Pinel[41], a crise é precisamente o momento em que os fenômenos de uma doença se tornam mais rápidos e mais intensos, vamos tornar um pouco mais maníacos os maníacos, vamos lhes dar haxixe e, com isso, curá-los[42]. E nos livros-protocolos dessa época encontramos um grande número de casos de cura sem, é claro, a análise dos casos eventuais de recidiva, pois estava entendido que uma cura, uma vez adquirida, mesmo que fosse questionada alguns dias depois, ainda assim constituía uma cura.

Temos portanto, como vocês estão vendo, uma espécie de reconstituição, paralela ao interrogatório, alheia ao interrogatório, dos mecanismos que são precisamente os que vimos ser aplicados no interrogatório. O haxixe é uma espécie de interrogatório automático e, se o médico perde poder na medida em que deixa a droga agir, o doente, por sua vez, se acha tomado no automatismo da droga, não pode opor seu poder ao do médico, e o que o médico pode perder em poder, ele recupera, pelo fato de ter uma compreensão no próprio interior da loucura.

O terceiro sistema de provas na prática psiquiátrica dos dois primeiros terços do século XIX é o magnetismo e a hipnose. Originalmente, o magnetismo foi utilizado, no fundo, essencialmente como uma espécie de deslocamento da crise. O magnetizador, na prática magnética do fim do século XVIII, era essencialmente aquele que impunha sua vontade ao magnetizado e, por conseguinte, se os psiquiatras tiveram, já nos anos 1820-1825, a ideia de utilizar o magnetismo nos hospitais psiquiátricos – na Salpêtrière –, era precisamente para reforçar ainda mais o poder que o médico queria atribuir a si próprio[43]. Havia algo mais, no entanto. É que, no magnetismo, tal como o vemos funcionar no fim do século XVIII e no início do século XIX, o efeito do magnetismo é, de um lado, proporcionar ao médico um domínio, e um domínio total, absoluto, sobre o doente, mas é também proporcionar ao doente uma lucidez suplementar – o que os mesmerianos chamavam de "a intuitiva" –, proporcionar uma "intuitiva" suplementar graças à qual o sujeito ia poder conhecer seu próprio corpo, sua própria doença e, eventualmente, a doença dos outros[44]. O magnetismo no fim do século XVIII era, no fundo, uma maneira de confiar ao próprio doente o que era a tarefa do médico na crise clássica. Na crise clássica, o médico era aquele que devia prever o que era a doença, adivinhar em que ela consistia, organizá-la no decorrer da crise[45]. Agora, no interior do magnetismo, tal como é praticado pelos mesmerianos ortodoxos, [trata-se de] pôr o doente num estado que seja tal, que ele possa efetivamente conhecer a natureza, o processo e a data de vencimento da sua doença[46].

Vocês encontram, assim, nas experiências que foram feitas durante os anos 1820-1825 na Salpêtrière, uma primeira tentativa de magnetismo desse tipo. Adormecia-se um doente ou uma doente e perguntava-se que doença eles tinham, desde quando, por que motivos e como deviam vencê-la. Temos toda uma série de testemunhas disso.

Eis uma mesmerização que se fez por volta dos anos 1825-1826. Uma doente é apresentada ao magnetizador que lhe pergunta: "Quem a adormeceu? – O senhor. – Por que você vomitou ontem? – Porque me deram caldo frio. – A que horas você vomitou? – Às quatro horas. – Você comeu depois? – Sim, senhor, e não vomitei o que comi. – Que acidente a tornou doente, pela primeira vez? – É que eu fiquei com frio. – Faz muito tempo? – Mais de um ano. – Você não levou um tombo? – Levei sim, senhor. – Nesse tombo, você caiu de barriga? – Não, caí de costas etc."[47]. O diagnóstico médico se fazia portanto, de certo modo, na abertura realizada pela prática magnética.

E é assim que um dos alienistas mais sérios dessa época, Georget, magnetizou duas doentes, uma das quais se chamava "Pétronille", a outra era chamada de "Braguette"[48]. Pétronille, interrogada por Georget, disse sob magnetismo: "O que me adoeceu foi que caí dentro d'água e, se o senhor quiser me curar, também vai ter de me jogar dentro d'água"[49]. O que Goerget fez, mas não houve cura porque, na verdade, a doente havia deixado bem claro que ela tinha caído na água no Canal de l'Ourcq, e Georget a tinha feito cair num laguinho[50]. Era a repetição do trauma o que efetivamente pedia Pétronille, que depois foi considerada uma simuladora, e Georget, a vítima inocente e ingênua das manobras de Pétronille. Pouco importa, eu queria insistir nisso para lhes mostrar como o magnetismo, nessa época, ou seja, ainda por volta de 1825, funcionava como um suplemento, um prolongamento da crise clássica: conhecer, testar a doença em sua verdade.

Na realidade, a verdadeira inserção do magnetismo e da hipnose na prática psiquiátrica se fará bem mais tarde, depois de Braid, isto é, depois do tratado *Neurhypnology, or the Rationale of Nervous Sleep*, que data de 1843[51], e principalmente depois da introdução na França das práticas de Braid em torno de Broca, em 1858-1859[52].

Por que o braidismo foi aceito, enquanto o velho mesmerismo foi abandonado por volta dos anos 1830?[53] Se foi abandonado é precisamente porque, ingenuamente, os magnetizadores queriam confiar aos doentes e à "lucidez" dos doentes o poder médico e o saber médico que, no próprio funcionamento da instituição, só podia caber ao médico; donde a barragem que foi erguida pela Academia de Medicina e pelos médicos diante das primeiras práticas da hipnose. Em compensação, o braidismo foi aceito e penetrou muito facilmente a partir dos anos 1860 na prática asilar e psiquiátrica.

Por quê? De um lado, claro, porque o braidismo, digamos simplesmente a hipnose, abandona a velha teoria do suporte material do magnetismo[54]. Em outras palavras, a hipnose tal como Braid a define põe todos os efeitos da hipnose unicamente na vontade do médico. Ou seja, somente a afirmação do médico, somente seu prestígio, somente o poder que ele exercerá sobre o doente sem nenhum intermediário, sem nenhum suporte material, sem a passagem de nenhum fluido, esse poder sozinho conseguirá produzir os efeitos próprios da hipnose.

A segunda razão é que o braidismo despoja o doente da faculdade de produzir essa verdade médica que lhe pediam ainda em 1825 ou 1830. No braidismo, a hipnose é o elemento no interior do qual o saber médico vai poder se manifestar. O que seduziu os médicos e o que os levou a aceitar o que eles recusavam em 1830 é que, graças à técnica de Braid, era possível de certo modo neutralizar inteiramente a vontade do doente e deixar o campo absolutamente aberto à pura vontade do médico. O que voltou a entronizar a hipnose na França foi a operação feita por Broca (Broca fez uma operação cirúrgica em alguém que estava em estado hipnótico)[55]. De fato, nesse momento a hipnose aparecia como a abertura através da qual o poder-saber médico ia poder se precipitar e se assenhorear do doente.

Essa neutralização do doente pela hipnose, o fato de que não se pede mais ao doente hipnotizado para saber sua doença, mas, ao contrário, lhe dão por tarefa ser como que uma superfície neutra em que vai se imprimir a vontade do médico, terá uma enorme importância porque, a partir daí, vai ser possível definir a ação hipnótica. É o que Braid fez e é sobretudo, após Braid, o que fez na França alguém cujos livros são assinados Philips, mas que na verdade se chamava Durand de Gros, um emigrado de 1852, que voltou à França poucos anos depois e que vivia e publicava com o nome de Philips. Esse Philips definiu, em 1860-1864, os processos e os diferentes episódios da ação hipnótica[56]. Ele mostra como a hipnose é importante; primeiro porque ela tem um efeito disciplinar – ela é sedativa, exatamente, assim como o interrogatório, a droga, não vou voltar a isso. Mas, principalmente, o estado hipnótico no qual se encontra o sujeito a partir do momento em que começa a ser hipnotizado[57] – o que ele chamava de "estado hipotáxico" – vai dar ao médico a possibilidade de dispor como bem entender do doente. De dispor, em primeiro lugar, do comportamento: ele poderá impedi-lo de se comportar desta ou daquela maneira dando-lhe uma ordem, ou poderá, ao contrário, forçá-lo. Logo, possibilidade do que Durand de Gros chama de "ortopedia": "O braidismo nos proporciona a base de uma ortopedia intelectual e moral que, certamente, será inaugurada um dia nas casas de educação e nos estabelecimentos penitenciários"[58], diz ele. Logo, modelagem, adestramento do comportamento, é isso que a hipnose possibilita.

Ela também possibilita uma anulação dos sintomas. Deve-se poder impedir, pela hipnose, o aparecimento de um sintoma; Durand de Gros pretende que o tremor da coreia pode perfeitamente ser anulado se se der essa ordem ao doente[59].

Enfim, em terceiro lugar, no próprio nível da análise e da modificação das funções, o hipnotizador pode exercer um domínio sobre o corpo do doente. Ele pode determinar a contratura ou a paralisia de um músculo, pode excitar ou anular a sensibilidade na superfície do corpo, debilitar ou avivar as faculdades intelectuais ou morais; pode modificar inclusive funções automáticas como a circulação, a respiração[60].

Logo, vocês veem definir-se, ou antes, aparecer nessa hipnose, tal como ela é agora aceita, esse célebre corpo do doente que estava até então ausente da prática psiquiátrica. A hipnose é o que vai efetivamente possibilitar intervir no corpo, não simplesmente no nível disciplinar dos comportamentos manifestos, mas no nível dos músculos, dos nervos, das funções elementares. Por conseguinte, a hipnose é uma nova maneira, muito mais aperfeiçoada, muito mais extremada que o interrogatório, de o psiquiatra dominar efetivamente o corpo do doente; ou antes, é a primeira vez que o corpo do doente, em seu detalhe de certo modo funcional, vai enfim se encontrar ao alcance do psiquiatra. O poder psiquiátrico vai enfim atuar sobre esse corpo que lhe escapava desde que se soube que a anatomia patológica nunca seria capaz de explicar o funcionamento e os mecanismos da loucura*.

Pois bem, creio que temos, com esses diferentes instrumentos, essas diferentes técnicas de realização da doença, os elementos a partir dos quais vai se desenrolar o que é o grande episódio central na história da psiquiatria e da loucura no século XIX. Temos portanto três instrumentos: o interrogatório, a hipnose e a droga. O interrogatório, a hipnose e a droga são três maneiras de realizar efetivamente a doença, mas, no interrogatório, essa realização da doença, é claro, só se dá na linguagem e, sobretudo, tem o duplo defeito de, em primeiro lugar, não pôr o psiquiatra em comunicação interna com os mecanismos da loucura, a não ser pelo jogo das perguntas e respostas; e, em segundo lugar, o interrogatório não possibilita agir sobre o detalhe do corpo do doente.

Ao contrário, com a droga vai-se ter a possibilidade dessa apreensão interna, dessa espécie de suplemento de poder que é dado ao psiquiatra pelo fato de que ele pensa, de que ele imagina poder compreender os fenômenos da loucura.

* O manuscrito acrescenta: "Temos pois com a hipnose um tipo de prova da doença, que se aproxima da droga pelo efeito de disciplina e pelo efeito de reprodução da realidade patológica
– mas distingue-se dela e, em certo sentido, é privilegiada em relação à droga,
– porque é inteiramente adequada à vontade do médico: fazer o que se quer do doente,
– porque ela permite, ou pelo menos espera-se dela, a anulação dos sintomas, um a um, porque ela possibilita uma atuação direta sobre o corpo".

Apreensão interna, por conseguinte. Quanto à hipnose, vai ser o instrumento pelo qual o psiquiatra vai apreender o próprio funcionamento do corpo do doente.

Vocês estão vendo que temos aí os elementos a partir dos quais vão poder se constituir... ou melhor, os elementos que estão instaurados e que, bruscamente, nos anos 1860-1880, vão adquirir uma importância e uma intensidade extremas, quando, justamente, do próprio interior da medicina orgânica clássica, vai surgir uma nova definição, ou antes, uma nova realidade do corpo, isto é, quando se vai descobrir um corpo que não é simplesmente um corpo com órgãos e tecidos, mas um corpo com funções, desempenhos, comportamentos – em suma, quando se descobrir o corpo neurológico, e isso em torno de Duchenne de Boulogne, por volta de 1850-1860[61].

Nesse momento, vai-se ter a possibilidade de, conectando esse novo corpo que vai ser descoberto pela medicina, pelas técnicas da hipnose e da droga, tentar inscrever os mecanismos da loucura num sistema de conhecimento diferencial, numa medicina fundada essencialmente sobre a anatomia patológica ou sobre a fisiologia patológica – essa inscrição, essa tentativa de inscrição da loucura no interior de uma sintomatologia médica geral, que, até então, havia sido mantida sempre à margem por essa ausência de corpo, por essa ausência de diagnóstico diferencial, é isso que vai ser o grande fenômeno. O fracasso dessa tentativa de Charcot, o fato de que o corpo neurológico vai escapar ao psiquiatra, como o corpo da anatomia patológica, vai deixar ao poder psiquiátrico os três instrumentos de poder que foram instaurados na primeira parte do século XIX. Ou seja, depois do desaparecimento da grande esperança neurológica, só encontraremos os três elementos: o interrogatório – a linguagem –, a hipnose e a droga; isto é, os três elementos com os quais, seja nos espaços asilares, seja nos espaços extra-asilares, o poder psiquiátrico funciona ainda hoje.

NOTAS

1. De fato, foi preciso esperar 1879 para que os trabalhos de Alfred Fournier (1832-1914) mostrassem que a paralisia geral era uma complicação frequente da sífilis terciária: cf. *Syphilis du cerveau*, Paris, Masson, 1879. Antes de ser admitida, essa relação suscitou muitos debates na Sociedade Médico-Psicológica, de abril a junho de 1879 e de fevereiro a novembro de 1898. No dia 27 de março de 1893, Le Filliatre, numa comunicação intitulada "Des antécédents syphilitiques chez quelques paralytiques généraux", apresenta a sífilis como "uma grande causa predisponente" e não encontra contraditores; cf. *Annales médico-psychologiques*, 7ª série, t. XVII, julho de 1893, p. 436. Como recorda o secretário-geral da Sociedade Médico-Psicológica, "em 1893, os partidários exclusivos da origem específica da paralisia geral ainda eram raros entre nós" (A. Ritti, "Histoire des travaux de la Société médico-psychologique (1852-1902)", *Annales médico-psychologiques*, 8ª série, t. XVI, julho de 1902, p. 58). Sua etiologia específica só se imporá com a descoberta, em 1913, por Noguchi e Moore do *Treponema pallidum* no cérebro de paralíticos gerais.

2. A. L. J. Bayle, *Traité des maladies du cerveau et de ses membranes*, *op. cit.*, pp. 536-7: "Dentre os numerosos sintomas que acompanham essa afecção, pode-se reduzir a dois os que servem essencialmente a caracterizá-la...: 1º o desarranjo das faculdades intelectuais ou delírio; 2º a paralisia incompleta. 1º Delírio: a alienação mental..., de início parcial, consistindo numa espécie de monomania com debilitação das faculdades, torna-se depois geral e maníaca com exaltação...; ela degenera em seguida num estado de demência...; 2º Paralisia: a paralisia que, reunida ao delírio, estabelece o diagnóstico da meningite crônica é uma diminuição e uma debilitação que, a princípio leve e limitada a um só órgão, aumenta progressiva e gradativamente, estende-se a um número maior de partes e acaba invadindo todo o sistema locomotor, de modo que o nome que melhor nos parece lhe convir... é o de *paralisia geral e incompleta*". Cf. *supra*, p. 175, nota 17; e J. Christian e A. Ritti, verbete "Paralysie générale", *in Dictionnaire encyclopédique des sciences médicales*, 2ª série, t. XX, Paris, Masson/Asselin, 1884.

3. Jules Baillarger (1809-1890) afirma que "é impossível considerar com Bayle a loucura como um sintoma constante e essencial da paralisia geral. Portanto só se pode admitir duas ordens de sintomas essenciais para caracterizar a paralisia geral: os sintomas de demência e de paralisia" (apêndice à tradução por Doumic da 2ª edição (1861), rev. e aum., da obra de Wilhelm Griesinger [*Die Pathologie und Therapie der psychischen Krankheiten*, *op. cit.*], *Traité des maladies mentales. Pathologie et thérapeutique*, precedido de uma classificação das doenças mentais, acompanhado de notas e seguido de um trabalho sobre a paralisia geral pelo dr. Baillarger: *Des symptômes de la paralysie générale et des rapports de cette maladie avec la folie*, Paris, A. Delahaye, 1865, pp. 389-876; texto citado, p. 612). Baillarger volta várias vezes a esse problema: [1] "Des rapports de la paralysie générale et de la folie" (aula dada no hospício da Salpêtrière), *Annales médico-psychologiques*, 2ª série, t. V, janeiro de 1853, pp. 158-66; [2] "De la folie avec prédominance du délire des grandeurs dans ses rapports avec la paralysie générale", *ibid.*, 4ª série, t. VIII, julho de 1866, pp. 1-20. Em seu artigo sobre a teoria da paralisia geral: [3] "De la folie paralytique et de la démence paralytique considérées comme deux maladies distinctes", ele reafirma que "a 'paralisia geral' deve ser *completamente separada da loucura* e vista como uma doença especial independente" (*ibid.*, 6ª série, t. IX, janeiro de 1883, p. 28; grifado no texto).

4. Cf. *supra*, pp. 198-203.

5. Na verdade, a hereditariedade já era evocada como uma das causas da loucura. [a] Ph. Pinel, na 2ª edição do seu *Tratado*, afirma que seria difícil "não admitir uma transmissão hereditária da mania, ao se observar em todos os lugares e em várias gerações sucessivas alguns dos membros de certas famílias acometidos por essa doença" (*Traité médico-philosophique sur l'aliénation mentale*, *op. cit.*, ed. de 1809). [b] Esquirol declara que "a hereditariedade é a causa predisponente mais comum da loucura" ("De la folie" (1816), *op. cit.* [*in Des maladies mentales*..., t. I], p. 64). Mas, para a questão ser abordada como tema de pleno direito, vai ser preciso aguardar a obra de [c] Cl. Michéa, *De l'influence de l'hérédité dans la production des maladies nerveuses* (obra premiada pela Academia de Medicina em 20 de dezembro de 1843) e o artigo de [d] J. Baillarger, "Recherches statistiques sur l'hérédité de la folie" (nota lida na Academia de Medicina em 2 de abril de 1844), no qual ele pode declarar (*ab initio*) que: "Todo o mundo está de acordo quanto à influência da hereditariedade na produção da loucura" (*An-*

nales médico-psychologiques, t. III, maio de 1844, pp. 328-39; texto citado: p. 328). – A noção de "hereditariedade patológica" é precisada entre 1850 e 1860 pelos trabalhos de Jacques Moreau de Tours, que introduzem a ideia de uma transmissão do patológico sob formas diferentes, ou "hereditariedade dissimilar", abrindo assim a possibilidade de introduzir no quadro hereditário a maior parte das formas de alienação: [1] "De la prédisposition héréditaire aux affections cérébrales" (comunicação à Academia de Ciências, 15 de dezembro de 1851), *Annales médico-psychologiques*, 2ª série, t. IV, janeiro de 1852, pp. 119-29; CR: julho de 1852, pp. 447-55; [2] *La Psychologie morbide dans ses rapports avec la philosophie de l'histoire, ou De l'influence des névropathies sur le dynamisme intellectuel*, Paris, Masson, 1859. – A questão do hereditarismo tem seu auge com os últimos debates da Sociedade Médico-Psicológica sobre os sinais da loucura hereditária em 1885 e 1886 (cf. *infra*, nota 7). Cf.: [a] J. Déjerine, *L'Hérédité dans les maladies du système nerveux*, *op. cit.* [b] A. Voisin, verbete "Hérédité", *in Nouveau Dictionnaire de médecine et de chirurgie pratiques*, t. XVII, Paris, J.-B. Baillière, 1873, pp. 446-88. M. Foucault volta a essa questão em 19 de março de 1975, em seu curso sobre *Les Anormaux*, *op. cit.*, pp. 296-300.

6. Cf. *supra*, p. 297, nota 71, e *Les Anormaux*, 5 de fevereiro e 19 de março de 1975, pp. 110 e 297-300.

7. Ver a comunicação de Moreau de Tours (cit. *supra*, nota 5) sobre a questão dos sinais prognósticos da loucura, "De la prédisposition héréditaire aux affections cérébrales. Existe-t-il des signes particuliers auxquels on puisse reconnaître cette prédisposition?", e sua "Mémoire sur les prodromes de la folie" (lida na Academia de Medicina em 22 de abril de 1851). Em 1868, um interno de Morel, Georges Doutrebente, recebe o Prêmio Esquirol por seu "Étude généalogique sur les aliénés héréditaires", consagrado aos "sinais da ordem moral, física e intelectual que permitem diagnosticar imediatamente a influência mórbida hereditária nos indivíduos predispostos ou acometidos de alienação mental" (*Annales médico-psychologiques*, 5ª série, t. II, setembro de 1869, pp. 197-237; texto citado: p. 197). A Sociedade Médico-Psicológica consagra à questão dos "sinais físicos, intelectuais e morais das loucuras hereditárias" dez sessões, repartidas em mais de um ano, de 30 de março de 1885 a 26 de julho de 1886.

8. Sobre a formação da noção de anomalia, cf. *Les Anormaux*, 22 de janeiro de 1975 e 19 de março de 1975, pp. 53-6 e 293-8.

9. *Moi, Pierre Rivière...*, *op. cit.*

10. Sobre a noção de "monomania homicida", cf. *supra*, p. 342, nota 45.

11. "Détail et explication de l'événement arrivé le 3 juin à Aunay, village de la Fauctrie, écrite par l'auteur de cette action" (*Moi, Pierre Rivière...*, *op. cit.*, pp. 124 e 127).

12. Alusão ao interrogatório de A., 42 anos, que deu entrada no dia 18 de junho de 1839 em Bicêtre por alucinações auditivas e visuais, ideias eróticas e ambiciosas. Cf. F. Leuret, *Du traitement moral de la folie*, *op. cit.*, I, "Hallucinés", Observação 1, pp. 199-200.

13. Alusão à terapia de M. Dupré; cf. *Du traitement moral de la folie*, *op. cit.*, pp. 441-2; e *supra*, aula de 9 de janeiro de 1974.

14. Cf. *supra*, pp. 201-3.

15. Sobre a visita, cf. J.-P. Falret, *De l'enseignement clinique des maladies mentales*, *op. cit.*, pp. 105-9.

16. Cf. *supra*, pp. 232-5.

17. Para ilustrar o interrogatório pelo silêncio, o manuscrito se refere à observação XLIV do *Traité* de W. Griesinger, trad. cit., p. 392:

"Dir-se-ia que ela ouvia... dei uns cem passos sem falar nada, sem parecer fixar minha atenção nela... parei de novo... e fitei-a atentamente, tomando o cuidado de manter minha figura imóvel e sem deixar transparecer nem sequer alguma curiosidade...

"Estávamos assim havia mais de meia hora, entreolhando-nos, quando ela murmurou algumas palavras que não entendi; ofereci-lhe meu caderno, no qual ela escreveu [...]"

Cf. também J.-P. Falret, *Leçons cliniques de médecine mentale*, *op. cit.* [*supra*, p. 249, nota 28], p. 222: "Em vez de estimular a astúcia de um alienado para evitar uma autoridade que o importuna, mostre... abandono; afaste do espírito dele qualquer ideia... de desejo de penetrar os pensamentos dele e, então, esteja certo, não o vendo preocupado em controlar tudo nele, ele não ficará desconfiado, mostrar-se-á como é e você poderá estudá-lo mais facilmente e com maior sucesso".

18. Cf. *supra*, p. 210, nota 2.

19. Cf. *supra*, pp. 209-10, nota 1.

20. Trata-se do cirurgião das prisões de Milão, Monteggia, que, suspeitando que um criminoso estivesse simulando a loucura, administra-lhe repetidamente ópio em forte dose, de tal modo que o detento ficou tão cansado "do efeito do ópio que, temendo morrer, considerou inútil prosseguir a simulação" ("Folie soupçonnée d'être feinte, obser-

vée par le professeur Monteggia", trad. fr. por C. C. H. Marc em "Matériaux pour l'histoire médico-légale de l'aliénation mentale", *Annales d'hygiène publique et de médecine légale*, t. II, parte 2, 1829, pp. 367-76; texto citado: p. 375). Cf. também: [a] C. C. H. Marc, *De la folie considérée dans ses rapports avec les questions médico-judiciaires*, *op. cit.*, t. I, p. 498. [b] A. Laurent, *Étude médico-légale sur la simulation de la folie*, *op. cit.* [*supra*, p. 177, nota 20], p. 239.

21. Descoberto em 1844 por Antoine Jérôme Balard (1802-1876) para tratar as dores da angina do peito, o nitrito de amila encontra na epilepsia e na histeria campo para sua experimentação terapêutica na psiquiatria. Cf. A. Dechambre, verbete "Nitrite d'amyle", *in Dictionnaire encyclopédique des sciences médicales*, 2ª série, t. XIII, Paris, Masson/Asselin, 1879, pp. 262-9.

22. Cf. *supra*, p. 326, nota 2.

23. Cf. *supra*, p. 246, nota 18.

24. B. A. Morel preconiza o recurso à eterização como "o mais inocente e o mais pronto meio para chegar ao conhecimento da verdade" ("De l'éthérisation dans la folie du point de vue du diagnostic et de la médecine légale", art. cit., p. 135).

25. J. J. Moreau de Tours, *Du haschisch et de l'alinénation mentale*, *op. cit.*

26. Os itens mencionados correspondem respectivamente aos títulos das seções II a VIII do capítulo I, "Phénomènes psychologiques", *ibid.*, pp. 51-181.

27. Alusão aos trabalhos de Claude Bernard (1813-1878) que, iniciados em 1843, levariam à descoberta da função glicogênica do fígado, objeto da sua tese de doutorado em ciências naturais, defendida em 17 de março de 1853: *Recherches sur une nouvelle fonction du foie, considéré comme organe producteur de matière sucrée chez l'homme et les animaux*, Paris, J.-B. Baillière, 1853. A história das etapas da sua descoberta figura em sua *Introduction à l'étude de la médecine expérimentale*, Paris, J.-B. Baillière, 1865, pp. 286-9 e 318-20.

28. Cf. *supra*, p. 148, nota 12.

29. J. J. Moreau de Tours, *Du haschisch...*, *op. cit.*, p. 36.

30. J. J. Moreau de Tours, *Traité pratique de la folie névropathique (vulgo hystérique)*, Paris, J.-B. Baillière, 1869, pp. IX, XIV, XVII, XIX.

31. J. J. Moreau de Tours, *Du haschisch...*, *op. cit.*, pp. 35-6.

32. *Ibid.*, p. 36.

33. *Ibid.*, pp. 41-2; e *id.*, "De l'identité de l'état de rêve et de la folie", *Annales médico-psychologiques*, 3ª série, t. I, julho de 1855, pp. 361-408.

34. Como lembra M. Foucault na *Histoire de la folie*, a ideia de uma analogia dos mecanismos produtores dos sonhos e da loucura se desenvolve a partir do século XVII; cf. parte II, cap. 2, "La transcendance du délire", ed. de 1972, pp. 256-61. Além dos textos a que ele se refere então, podemos acrescentar uma carta de Espinosa a Pierre Bailling, na qual ele evoca um tipo de sonho que, dependendo do corpo e do movimento dos seus humores, é análogo ao que encontramos nos delírios (carta a Pierre Balling, 20 de julho de 1664, *in Oeuvres*, t. IV, trad. fr. e notas de Ch. Appuhn, Paris, Garnier-Flammarion, 1966, nº 17, p. 172), assim como a célebre fórmula de Kant: "O transtornado também é um sonhador acordado [Der Verrückte ist also ein Traumer im Wachen]" (*Essai sur les maladies de la tête*, trad. fr. J.-P. Lefevre, *in Évolution psychiatrique*, Toulouse, Privat, ed. de 1971, p. 222). Cf. também *Anthropologie in pragmatischer Hinsicht aßgefasst von Immanuel Kant*, Königsberg, Friedrich Nicolovius, 1798 [*Anthropologie du point de vue pragmatique*, trad. fr. M. Foucault (Paris, Vrin, 1964)]: "Aquele que [...] é entregue a um jogo de ideias em que vê, se comporta e julga não num mundo compartilhado com outros, mas (como num sonho) [está] num universo que só pertence a ele" ("Didactique", I.53, p. 173).

35. J. E. D. Esquirol: [1] verbete "Délire", cit. [*in Dictionnaire des sciences médicales*, t. VIII, 1814], p. 252: "O delírio, como os sonhos, só se faz sobre objetos que se apresentaram aos nossos sentidos no estado de saúde e despertos. [...] Então podíamos nos afastar ou nos aproximar deles; no sono e no delírio, não desfrutamos dessa faculdade"; republicado em *Des maladies mentales*..., *op. cit.*, t. I; [2] verbete "Hallucinations", *in Dictionnaire des sciences médicales*, t. XX, Paris, C. L. F. Panckoucke, 1817, p. 67: "Quem delira, quem sonha... está entregue às suas alucinações, aos seus sonhos...; sonha acordado"; republicado em *Des maladies mentales*..., t. I, p. 292; [c] Em sua Dissertação "Des illusions chez les aliénés (Erreurs des sens)" (republ. *in op. cit.*), Esquirol escreve que os "alucinados são sonhadores acordados".

36. Sobre essa tradição psiquiátrica, podemos nos reportar às bibliografias: [a] A. Maury, [1] "Nouvelles observations sur les analogies des phénomènes du rêve et de l'aliénation mentale" (Dissertação lida na Sociedade Médico-Psicológica em 25 de outubro de 1952), *Annales médico-psychologiques*, 2ª série, t. V, julho de 1853, pp. 404-21;

[2] "De certains faits observés dans les rêves et dans l'état intermédiaire entre le sommeil et la veille", em que, inscrevendo-se nessa tradição, Maury sustenta que "o homem que cai sob o império de um sonho representa verdadeiramente o homem acometido de alienação mental" (*Annales médico-psychologiques*, 3ª série, t. III, abril de 1857, pp. 157-76; texto citado: p. 168); [3] *Le Sommeil et les Rêves. Études psychologiques sur ces phénomènes et les divers états qui s'y attachent*, Paris, Didier, 1861 (principalmente cap. V, "Des analogies de l'hallucination et du rêve", pp. 80-100, e cap. VI, "Des analogies du rêve et de l'aliénation mentale", pp. 101-48). [b] S. Freud, *Die Traumdeutung* (1901), cap. I, "Die wissenschaftliche Literatur der Traumprobleme", e cap. VIII, "Literatur. Verzeichnis", *in* GW, t. II-III, Frankfurt sobre o Meno, S. Fischer Verlag, 1942, pp. 1-99 e 627-42 [*L'interprétation des rêves*, trad. D. Berger, cap. I, "La littérature scientifique concernant les problèmes du rêve", e cap. VIII, "Bibliographie", Paris, PUF, 1967, pp. 11-89 e 529-51. [c] H. Ey, [1] "Brèves remarques historiques sur les rapports des états psychopatiques avec le rêve et les états intermédiaires au sommeil et à la veille", *Annales médico-psychologiques*, 14ª série, t. II, junho de 1934; [2] *Études psychiatriques*, vol. I, *Historique, Méthodologie, Psychopathologie générale*, parte II, "Le 'rêve, fait primordial' de la psychopathologie. Historique et position du problème" e "Bibliographie", Paris, Desclée de Brouwer, 2ª ed. rev. e aum., 1862, pp. 218-28 e 282; [3] "La dissolution de la conscience dans le sommeil et le rêve et ses rapports avec la psychopathologie", *Évolution psychiatrique*, t. XXXV, nº 1, 1970, pp. 1-37. Ver as páginas que M. Foucault consagra à questão na *Histoire de la folie*, *op. cit.*, ed. de 1972, pp. 256-61.

37. Coisa que J. Baillarger salienta quando da discussão do relatório da obra de J. J. Moreau de Tours pelo dr. Bousquet: "Du délire au point de vue pathologique et anatomo-pathologique" (Dissertação lida na Academia Imperial de Medicina, em 8 de maio de 1855), *Annales médico-psychologiques*, 3ª série, t. I, julho de 1855, pp. 448-55. Respondendo a críticas de Bousquet, ele precisa que "o que importa fazer admitir não é a identidade do estado orgânico nos dois casos, mas apenas a analogia extrema que apresentam, do ponto de vista psicológico, o estado de sono e o estado de loucura, e os preciosos ensinamentos que podem ser tirados desse estudo comparado" (*ibid.*, p. 465). Moreau de Tours, de seu lado, evocando as "condições orgânicas" do sono e os "fenômenos fundamentais do delírio", sustenta

que "para bem apreender, estudar e compreender um conjunto de fenômenos tão complexo quanto o das desordens intelectuais, é preciso [...] agrupar entre eles esses fenômenos, acompanhando as analogias, as afinidades mais ou menos numerosas que apresentam" (*Du haschisch...*, *op. cit.*, p. 44).

38. J. J. Moreau de Tours, *ibid.*, parte II, § 1: "Généralités physiologiques", pp. 32-47.

39. Alusão ao privilégio que, segundo J. Derrida, Descartes atribui ao sonho sobre a loucura em sua Primeira Meditação, "Des choses que l'on peut révoquer en doute", *in Méditations touchant la première philosophie* (1641), *in op. cit.* (*supra*, p. 47, nota 11), pp. 268-9. Cf. os comentários de M. Foucault na *Histoire de la folie*, *op. cit.*, ed. de 1972, parte I, cap. II, pp. 56-9, e apêndice II, "Mon corps, ce papier, ce feu", citado (*supra*, *ibid.*).

40. J. J. Moreau de Tours, *Du haschisch...*, *op. cit.*, parte III, "Thérapeutique", p. 402: "Um dos efeitos do haxixe que mais me impressionou [...] é essa espécie de excitação maníaca sempre acompanhada de um sentimento de alegria e de felicidade... Vi nisso um meio de combater eficientemente as ideias fixas dos melancólicos... Estaria me enganando nas minhas conjecturas? Inclino-me a crer que sim".

41. *Ibid.*, p. 405: "Pinel e, com ele, todos os médicos de alienados viram a alienação mental ser julgada por acessos de agitação". Alusão aos relatos de curas obtidas após um "acesso crítico" que Pinel relata no seu *Traité médico-philosophique*, seção I, § XIII, "Motifs qui portent à regarder la plupart des accès de manie comme l'effet d'une réaction salutaire et favorable à la guérison" (*op. cit.*, ed. de 1800, pp. 37-41). Ver também o verbete "Crise", redigido por Landré-Beauvais (que foi adjunto de Pinel na Salpêtrière) para o *Dictionnaire des sciences médicales*, t. VII, Paris, C. L. F. Panckoucke, 1813, pp. 370-92.

42. J. J. Moreau de Tours, *loc. cit.*: "Sobressaía para nós uma indicação precisa que poderíamos formular assim: conservar a acuidade primeira do delírio que tende ao estado crônico ou trazer de volta essa acuidade, reavivá-la quando ela ameaça extinguir-se. O extrato de cânhamo indiano era, de todos os medicamentos conhecidos, o mais eminentemente apropriado para satisfazer a essa indicação".

43. *Supra*, pp. 177-8, nota 21.

44. P. Foissac, *Mémoire sur le magnétisme animal, adressé à messieurs les membres de l'Académie des sciences et de l'Académie royale de médecine*, Paris, Didot Jeune, 1825, p. 6: "Tendo caído num sono pro-

fundo, o magnetizado mostra o fenômeno de uma nova vida... A esfera da consciência se amplia e já se manifesta essa faculdade tão preciosa, que os primeiros magnetizadores chamaram de 'intuitiva' ou 'lucidez'... Por ela, os sonâmbulos [...] reconhecem as doenças de que sofrem, as causas próximas ou distantes dessas doenças, sua sede, seu prognóstico e o tratamento que lhes convém... Pondo sucessivamente a mão na cabeça, no peito e no abdome de um desconhecido, os sonâmbulos descobrem também as doenças, as dores e as diversas alterações que elas ocasionam; eles indicam, além disso, se a terapia é possível, fácil ou difícil, próxima ou distante, e que meios devem ser empregados para alcançar o resultado".

45. *Supra*, p. 336, nota 28, e p. 337, nota 33.

46. É o caso da terapia magnética praticada em 4 de maio de 1784 por Armand Marc Jacques de Chastenet, marquês de Puységur (1751-1825), em Victor Race, um camponês de 23 anos, serviçal da sua propriedade de Buzancy (na região de Soissons): adormecido, ele responde às perguntas, dá uma opinião sobre o seu estado, indica uma linha de conduta terapêutica e prognostica a data da sua volta à saúde, que se confirmará. E em Charles François Amé, de 14 anos, que posto em sono magnético anuncia a duração e a intensidade das suas crises futuras. Cf. A. M. J. Chastenet de Puységur, [1] *Mémoires pour servir à l'histoire et à l'établissement du magnétisme animal*, Paris, [s.n.], vol. I, 1784, respectivamente pp. 199-211 e 96-7; [2] *Détail des cures opérées à Buzancy, près de Soissons, par le magnétisme animal*, opúsculo, anônimo, publicado por Puységur, Soissons, 1784; ver também o relato da terapia do jovem Hébert, precedido de um arrazoado em favor do magnetismo: [3] *Appel aux savans observateurs du dix-neuvième siècle de la décision portée par leurs prédécesseurs contre le magnétisme animal, et fin du traitement du jeune Hébert*, Paris, Dentu, 1813. – Sobre a história das terapias magnéticas, pode-se reportar a: [a] S. Mialle, *Exposé par ordre alphabétique des cures opérées en France par le magnétisme animal depuis Mesmer jusqu'à nos jours (1774-1826)*, Paris, Dentu, 1826. Cf. também [b] H. F. Ellenberger, "Mesmer and Puységur: from magnetism to hypnotism", *Psychoanalytic Review*, vol. 52, 1965, nº 2.

47. Trata-se da oitava sessão, praticada em 2 de novembro de 1820, pelo barão Jules Dupotet de Sennevoy no serviço do dr. Husson, médico-chefe do Hôtel-Dieu, com Catherine Samson, de 18 anos: cf. *Exposé des expériences publiques sur le magnétisme animal faites à*

l'Hôtel-Dieu de Paris, pendant le cours des mois d'octobre, novembre et décembre 1820 [1821], Paris, 3ª ed., Béchet Jeune, 1826, p. 24.

48. Étienne Jean Georget, que ingressou em 1816 no serviço de Esquirol na Salpêtrière, defende em 8 de fevereiro de 1820 sua tese (citada) "Dissertation sur les causes de la folie", antes de publicar em 1829 a obra a que deve sua reputação: *De la folie. Considérations sur cette maladie…, op. cit.* Em 1821, com Léon Rostan, transforma em sujeitos de experiência duas pacientes, Pétronille e Manoury, viúva Brouillard, denominada Braguette (cf. *supra*, nota 43).

49. "Pétronille [...] pede a Georget que a joguem na água quando ela estiver menstruada" (Cl. Burdin e F. Dubois, denominado Dubois d'Amiens, *Histoire académique du magnétisme animal*, Paris, J.-B. Baillière, 1841, p. 262).

50. *Ibid.*, pp. 262-3: "As prescrições de Pétronille não tinham sido pontualmente seguidas; Pétronille tinha dito que era no Canal de l'Ourcq que deviam mergulhá-la, pois foi nesse canal que ela havia caído e contraído sua doença: *similia similibus*; de fato, devia ser esse o fim da história".

51. James Braid (1795-1860), cirurgião escocês, convertido ao magnetismo após as demonstrações de "mesmerismo" feitas em novembro de 1841 em Manchester por um discípulo do marquês de Puységur, Charles Lafontaine, populariza sua prática com o vocábulo "hipnotismo". Cf. J. Braid, *Neurhypnology, or the Rationale of Nervous Sleep Considered in Relation with Animal Magnetism. Illustrated by Numerous Cases of its Successful Application in the Relief and Cure of Diseases*, Londres, John Churchill, 1843 [*Neurhypnologie, ou Traité du sommeil nerveux considéré dans ses rapports avec le magnétisme animal, et relatant de nombreux succès dans ses applications au traitement des maladies*, trad. fr. G. Simon, prefácio de E. Brown-Séquard, Paris, A. Delahaye, 1883].

52. Cf. *infra*, nota 55.

53. O crescimento do magnetismo é visto, na época da Restauração, como uma ameaça pela medicina institucional. O enfrentamento corresponde ao estabelecimento de comissões oficiais. A primeira, nomeada em 28 de fevereiro de 1826, inicia seus trabalhos em janeiro de 1827 e apresenta suas conclusões em 28 de junho de 1831, as quais, consideradas demasiado favoráveis, não são publicadas pela Academia de Medicina. Uma segunda, desfavorável, é votada em 5 de setembro de 1837. Em 15 de junho de 1842 é firmada a sentença de morte do magnetismo, com a decisão da Academia de não mais se ocupar com a

questão. Cf. L. Peisse, "Des sciences occultes au XIXe siècle. Le magnétisme animal", *Revue des deux mondes*, t. I, março de 1842, pp. 693-723.

54. Enquanto o mesmerismo propõe "demonstrar que os corpos celestes agem sobre nossa terra e que nossos corpos humanos são igualmente submetidos à mesma ação dinâmica" (A. Mesmer, *Dissertatio physico-medica de planetarum influxu*, Vindobonae, Typis Gheleniants, [s.d.]; Viena, Chelem, 1766, p. 32) e que a ação do magnetizador consiste em canalizar esse fluido em direção ao doente, James Braid invoca uma ação subjetiva, baseada na fisiologia do cérebro: cf. *The Power of the Mind over the Body: An Experimental Enquiry into the Nature and Cause of the Phenomena Attributed by Baron Reichenbach and Others to a New Imponderable*, Londres, John Churchill, 1846. Pelo que é saudado, entre outros, pelo dr. Edgar Bérillon: "É a Braid que cabe a honra de ter introduzido definitivamente o estudo do sono provocado no domínio científico" e ter prestado "um grande serviço à ciência, ao dar ao conjunto das suas pesquisas o nome genérico de hipnotismo" (*Histoire de l'hypnotisme expérimental*, Paris, Delahaye, 1902, p. 5).

55. M. Foucault faz referência à operação praticada numa mulher de 40 anos em 4 de dezembro de 1859 no hospital Necker por Paul Broca – a quem um cirurgião de Bordeaux, Paul Azam, havia acabado de dar a conhecer os trabalhos de Braid – e por E. F. Follin. A intervenção foi objeto de uma comunicação à Academia de Ciências, apresentada por A. A. L. M. Velpeau em 7 de dezembro de 1859: "Note sur une nouvelle méthode anesthésique", *Comptes rendus hebdomadaires des séances de l'Académie des sciences*, Paris, Mallet-Buchelier, t. 49, 1859, pp. 902-11.

56. Joseph Pierre Durand, denominado Durand de Gros (1826-1900), exilado na Inglaterra, onde descobre o braidismo, depois nos Estados Unidos, retorna à França, onde publica, sob o pseudônimo de Joseph Philips, *Électrodynamisme vital, ou les Relations physiologiques de l'esprit et de la matière, démontrées par des expériences entièrement nouvelles* (Paris, J.-B. Baillière, 1855), depois um *Cours théorique et pratique de braidisme, ou Hypnotisme nerveux considéré dans ses rapports avec la psychologie, la physiologie et la pathologie, et dans ses applications à la médecine, à la chirurgie, à la physiologie expérimentale, à la médecine légale et à l'éducation*, Paris, J.-B. Baillière, 1860.

57. Durand de Gros define "o estado hipotáxico" como "uma modificação preparatória da vitalidade, modificação que na maioria das vezes permanece latente e cujo total efeito está em dispor a orga-

nização a sofrer a ação determinante e específica que constitui o segundo tempo" (*Cours théorique et pratique*..., p. 29).

58. *Ibid.*, p. 112.

59. *Ibid.* A coreia é uma afecção nervosa caracterizada por movimentos involuntários, amplos e desordenados, de aspecto gesticulatório.

60. *Ibid.*, p. 87: "O bradismo é uma operação pela qual procura-se determinar no homem certas modificações fisiológicas destinadas a preencher certas indicações de tratamento médico ou cirúrgico, ou a facilitar estudos experimentais de biologia".

61. Entre 1850 e 1860, sob o impulso de Guillaume Benjamin Amand Duchenne, denominado de Boulogne (1806-1875), a nosologia dos distúrbios funcionais da motricidade é redefinida e enriquecida com dois novos grupos de afecções. Por um lado, a "atrofia muscular progressiva", estudada desde 1849, e as "atrofias musculares de origem miopática", em 1853: [1] *La Paralysie atrophique de l'enfance*, Paris, [s.n.], 1855. Por outro, a "atrofia locomotora progressiva", conhecida até então pelo nome de *tabes dorsalis*: [2] "De l'ataxie locomotrice progressive. Recherches sur une maladie caractérisée spécialement par des troubles généraux de coordination des mouvements", *Archives générales de médecine*, série V, t. 12, dezembro de 1858, pp. 641-52; t. 13, janeiro de 1859, pp. 5-23; fevereiro de 1859, pp. 158-64; abril de 1859, pp. 417-32. Em 1860, ele descreve [3] a "paralisia glossolabiolaríngea", *ibid.*, série V, t. 16, 1860, pp. 283-96 e 431-45. – Sobre Duchenne de Boulogne, cf. P. Guilly, *Duchenne de Boulogne*, Paris, Baillière, 1936. – Sobre a constituição do campo neurológico, cf.: [a] W. Riese, *A History of Neurology*, Nova York, MD. Publications, 1959; [b] F. H. Garrison, *History of Neurology*, ed. rev. e aum. org. por Laurence McHenry, Springfield, III., C. C. Thomas, 1969.

AULA DE 6 DE FEVEREIRO DE 1974

A emergência do corpo neurológico: Broca e Duchenne de Boulogne. – Doenças com diagnóstico diferencial e doenças com diagnóstico absoluto. – O modelo da "paralisia geral" e as neuroses. – A batalha da histeria: I. A organização de um "cenário sintomatológico". – II. A manobra do "manequim funcional" e a hipnose. A questão da simulação. – III. Neurose e traumatismo. A irrupção do corpo sexual.

Eu havia lhes indicado da última vez que, a meu ver, um dos acontecimentos que tinham sido importantes na história do remembramento do poder psiquiátrico foi o aparecimento do que chamei de "corpo neurológico"*. O que podemos entender por "corpo neurológico"? É por aí que gostaria de começar hoje.

Claro, o corpo neurológico ainda é, é sempre o corpo da localização anatomopatológica. Não há por que opor o corpo neurológico ao corpo anatomopatológico. O segundo faz parte do primeiro, é, se assim podemos dizer, um derivado ou uma expansão dele. Aliás, a melhor prova disso é que Charcot, num dos seus cursos, em 1879, dizia que a constituição, os progressos e, a seu ver, inclusive o perfazimento da neurologia, era o triunfo do "espírito de localização"[1]. Mas creio que o que é importante é que os procedimentos para ajustar a localização anatômica e a observação clínica não são em absoluto os mesmos quando se trata da neurologia e quando se trata da medicina geral comum. E parece-me que a neurologia, a clínica neurológica, implica uma colocação bem diferente do corpo no campo da prática médica. Tenho a impressão de que o face a face do corpo-doente e do corpo-médico se faz

....

* O manuscrito acrescenta: "De 1850 a 1870, emergência de um novo corpo".

de acordo com uma disposição totalmente diferente na neurologia e na medicina geral. E é a instauração desse novo dispositivo que me parece ser o episódio importante, e é por isso que eu gostaria de procurar identificar o novo dispositivo que é instituído assim pela constituição e através da constituição de uma neuropatologia ou de uma medicina clínica neurológica.

De fato, o que é esse dispositivo, em que ele consiste? Como a captação do corpo doente* se faz na clínica neurológica? Ela se faz, creio eu, de maneira bem diferente daquela captação do corpo doente a que pudemos assistir no momento da formação da anatomia patológica; vamos dizer, entre Bichat[2] e Laënnec[3]. Vou lhes dar já um exemplo, pegando um texto que nem é de Charcot; é um texto que se encontra nos arquivos Charcot da Salpêtrière e que certamente foi recolhido por um dos seus alunos – não sabemos qual, é claro. É uma observação de uma doente. Eis como essa doente é descrita: o sintoma da doente era muito simples, era o abaixamento da pálpebra esquerda, que tem o nome de ptose. Então, o aluno de Charcot toma para o próprio Charcot, para que ele dê uma aula sobre o tema, as seguintes notas – não vou ler a descrição de todo o rosto da doente, só um pedaço:

"Se lhe mandamos abrir as pálpebras, ela levanta normalmente a do lado direito, mas a do lado esquerdo não se mexe de forma perceptível, como tampouco a sobrancelha, de modo que a assimetria superciliar se acentua ainda mais. Nesse movimento [...] a pele da testa se enruga transversalmente do lado direito, enquanto fica quase lisa do lado esquerdo. No estado de repouso, a pele da testa não fica enrugada nem à direita nem à esquerda [...]

"Cabem assinalar mais dois pontos: uma covinha bem visível sob certa incidência da luz, acima da sobrancelha esquerda a oito milímetros e mais ou menos dois centímetros

....

* O manuscrito precisa: "corpo cuja superfície é portadora de valores plásticos".

fora e à esquerda da linha mediana da testa; e uma pequena saliência dentro da covinha, que parece dever-se à contração do músculo superciliar. Esses dois pontos são bem apreciáveis em comparação com o estado normal do lado direito."[4]

Temos aí um tipo de descrição que é, creio, bem diferente afinal de contas do que encontramos no procedimento anatomopatológico, no olhar anatomopatológico[5]. Em certo sentido, volta-se com uma descrição assim a uma espécie de olhar de superfície, de olhar quase impressionista, como já se podia encontrar na medicina do século XVIII, numa época em que a tez do doente, sua coloração, o vermelho das bochechas, a injeção dos olhos etc., eram elementos importantes para o diagnóstico clínico[6]. A anatomia patológica – Bichat, Laënnec, se assim podemos dizer – havia reduzido infinitamente essa descrição impressionista da superfície e havia codificado certo número de sinais, na verdade bastante limitados, um certo número de sinais de superfície que eram destinados a identificar, conforme um código bem estabelecido, que era o da clínica, a coisa essencial que era precisamente uma lesão que, depois, graças ou a uma operação cirúrgica, ou principalmente à autópsia, era descrita pelo anatomopatologista com quase tanta riqueza de detalhes, senão mais, do que o que acabo de ler para vocês. Em outras palavras, a anatomopatologia fazia a descrição, em seus ínfimos detalhes, centrar-se essencialmente no órgão profundo e lesionado, a superfície só era interrogada através de um quadriculamento de sinais, no fim das contas simples e limitados.

Aqui, ao contrário, vocês têm, no interior do discurso e do saber médicos, uma reemergência notável, como estão vendo, dos valores de superfície. É essa superfície que temos de percorrer em todos os seus rebaixos e em todos os seus ressaltos, e praticamente apenas olhando... Apenas olhando até este ponto. Na verdade, e mais ainda, sem dúvida, do que essa requalificação clínica dos valores quase impressionistas da superfície, o que é importante e, creio, decisivo, nessa nova captura clínica do doente neurológico e na constituição correlativa de um corpo neurológico diante desse olhar e desse dispositivo de captura, é que o que se busca no exame neurológico são essencialmente "respostas".

Quero dizer o seguinte: na anatomia patológica de Bichat-Laënnec, os sinais podem, é claro, ser imediatamente percebidos, ao primeiro olhar; também é possível obtê-los em consequência de um estímulo: percute-se, ouve-se etc. Ou seja, no fundo é o sistema estímulo-efeito que é buscado na anatomia patológica clássica: percute-se o peito, ouve-se o barulho[7]; pede-se para tossir e ouve-se a estridência da tosse; apalpa-se e vê-se se há calor. Logo: estímulo-efeito.

No caso do exame neurológico como está se constituindo no meado do século XIX, o essencial dos sinais, enfim o que faz um sinal ser um sinal, não é tanto o fato de que ele é [decifrado como um] efeito mais ou menos mecânico, como o barulho que segue a percussão na anatomia patológica clássica, mas de que um sinal é [decifrado] como resposta. A substituição do esquema estímulo-efeito pelo esquema estímulo-resposta, a instituição de toda uma bateria de estímulos-respostas é que é, a meu ver, capital.

Dessa aplicação de uma bateria de estímulos-respostas temos uma porção de exemplos. No nível propriamente elementar, foi a descoberta fundadora da neuropatologia, a descoberta de Duchenne de Boulogne, quando, em suas pesquisas do que ele chamava de "faradização localizada", conseguiu obter uma resposta muscular única, ou antes, a resposta de um músculo único a uma eletrização da superfície da pele umectando os dois eletrodos; umedecendo a superfície da pele, ele conseguiu limitar o efeito da eletrização e obter uma resposta singular de um só músculo – foi a descoberta fundadora disso tudo[8]. Depois vocês têm a partir daí os estudos de reflexos e, sobretudo, o estudo dos comportamentos complexos que implicam seja uma engrenagem de automatismos diversos, seja uma apredizagem anterior, e é aí que encontramos os dois grandes domínios nos quais a captura, os dispositivos de captura neurológica foram perfeitamente instaurados. Foi o estudo da afasia por Broca[9], e foi o estudo do andar, notadamente do andar dos tabéticos por Duchenne de Boulogne[10].

Vejamos esse segundo exemplo, o andar dos tabéticos. Duchenne de Boulogne dá uma descrição que é feita precisamente em termos de estímulo-resposta, ou antes, em termos de comportamento e de encadeamento do comportamento aos diferentes episódios que o ato de andar constitui. O problema de Duchenne era distinguir o que podia ser o distúrbio de equilíbrio que encontramos nos tabéticos, isto é, em certa fase e sob certa forma de paralisia geral, assim como a vertigem que podemos encontrar seja na intoxicação etílica, seja também em certos distúrbios do cerebelo. Em 1864, num artigo fundamental, Duchenne conseguiu dar a descrição diferencial do andar tabético e da oscilação da vertigem[11]. No caso da vertigem, as oscilações do sujeito são oscilações amplas, a que o sujeito se entrega, ao passo que, quando ele sofre de tabes, as oscilações são "curtas", "são bruscas" – o sujeito tem, diz Duchenne de Boulogne, a atitude de um equilibrista de corda sem a vara, que avança cheio de precauções, pondo um pé diante do outro e procura recuperar o equilíbrio[12]. No caso da vertigem, não há contração muscular, mas, ao contrário, debilitação geral da musculatura e do tônus, enquanto [...*] o tabético está sempre se contendo e, se se observa o que acontece na panturrilha e nas pernas, vê-se, antes mesmo de ele perder o equilíbrio, antes mesmo de ele ter consciência de perder o equilíbrio, certo número de pequenas contraturas breves que percorrem, que fulguram pela musculatura das suas pernas e, pouco a pouco, essas contraturas se tornam mais importantes, até o momento em que elas se tornam voluntárias quando o sujeito toma consciência de que está perdendo o equilíbrio[13]. Bem diferente, por

* Na gravação, repete: "ao contrário".

conseguinte, da desestruturação da vertigem. Na vertigem, o sujeito ziguezagueia, ou seja, é incapaz de manter uma linha reta para ir de um ponto a outro, enquanto o tabético anda perfeitamente em frente, seu corpo é que simplesmente vacila em torno dessa linha reta[14]. E, enfim, na embriaguez: sensação interna de vertigem, enquanto o tabético tem a impressão de que o equilíbrio não falta a todo o seu corpo, que ele não é pego numa espécie de grande desequilíbrio geral, mas que simplesmente falta às suas pernas, de certo modo localmente, o equilíbrio[15]. Eis, se assim podemos dizer, os principais temas da análise do andar tabético por Duchenne de Boulogne.

Ora, como vocês estão vendo, numa análise como essa – poderíamos fazer a mesma coisa com as análises da afasia por Broca, mais ou menos na mesma época, entre 1859 e 1865 –, que busca um sistema de sinais a serem obtidos, não efeitos que revelariam a presença de lesões num ponto dado, mas respostas que mostram disfunções, o que se obtém? Obtém-se, é claro, a possibilidade de distinguir, de analisar o que os neurologistas chamavam e continuam chamando de sinergias, isto é, as diferentes correlações que existem entre este e aquele músculo: quais são os diferentes músculos que devem ser postos em ação para obter esta ou aquela resposta? Quando um deles, precisamente, é posto fora de circuito, o que acontece? Estudo, por conseguinte, das sinergias.

Em segundo lugar, possibilidade de escalonar os fenômenos analisados de acordo com um eixo, e é essa, acho eu, a coisa importante, de acordo com um eixo que é o do voluntário e do automático. Vale dizer que é possível, a partir dessa análise dos comportamentos, das respostas aos diferentes estímulos, ver qual a diferença funcional, a diferença de acionamento neurológico e muscular entre um comportamento que é simplesmente um comportamento reflexo [e] um comportamento automático [e], enfim, um comportamento voluntário que pode ser espontâneo, ou então um comportamento voluntário que pode se realizar por uma ordem vinda de fora.

Toda essa hierarquia no acionamento corporal do voluntário e do involuntário, do automático e do espontâneo, do que é requerido a partir de uma ordem ou do que se encadeia espontaneamente no interior de um comportamento, tudo isso vai possibilitar – é esse o ponto essencial – a análise em termos clínicos, em termos de assinalação corporal, da atitude intencional do indivíduo.

Possibilidade, por conseguinte, de certa captura da atitude do sujeito, da consciência, da vontade do sujeito no próprio interior do seu corpo. A vontade investida no corpo, os efeitos da vontade ou os graus da vontade legíveis na própria organização das respostas aos estímulos, foi isso que a neuropatologia mostrou. Vocês conhecem todas as análises que Broca iniciou sobre os diferentes níveis de desempenho dos afásicos, conforme se trate de simples borborigmos, de palavrões pronunciados automaticamente, de frases que se desencadeiam espontaneamente em certa situação, de frases que precisam ser repetidas numa certa ordem e sob certa injunção[16]. Tudo isso, toda essa diferença clínica de desempenhos entre diferentes níveis de comportamento, permite a análise clínica do indivíduo no próprio nível da sua intenção, no próprio nível dessa célebre vontade, que eu procurei lhes mostrar que havia sido, no poder psiquiátrico, o grande correlativo da disciplina. No poder disciplinar, a vontade era aquilo sobre o que, aquilo a que devia se aplicar o poder disciplinar; era aquilo que era o face a face do poder disciplinar, mas, afinal de contas, só era acessível pelo sistema da recompensa e da punição. E eis que agora a neuropatologia proporciona o instrumento clínico que, acreditamos, vai poder permitir captar o indivíduo no próprio nível dessa vontade.

Tomemos as coisas de maneira um pouco diferente e um pouco mais precisa. Poderíamos dizer o seguinte: com o exame neurológico, de um lado o médico vai perder parte do seu poder em relação à anatomopatologia clássica. Quer dizer, na anatomopatologia tal como havia sido constituída por

Laënnec, Bichat etc., solicitavam-se no fim das contas poucas coisas ao indivíduo: pedia-se que se deitasse, dobrasse a perna, tossisse, respirasse fundo etc. Por conseguinte, mínimo de injunções da parte do médico, mínimo de dependência do médico para com a vontade do doente. Já com a neurologia, o médico vai ser obrigado a passar pela vontade, em todo caso pela cooperação, a compreensão do seu doente. Ele não vai simplesmente lhe dizer: "Deite-se! Tussa!", mas vai ser obrigado a lhe dizer: "Ande! Estique a perna! Estenda a mão! Fale! Leia esta frase! Tente escrever esta!" etc. Ou seja, temos agora uma técnica do exame que repousa na instrução e na injunção. Como a instrução e a injunção passam necessariamente pela vontade do doente, esta vai se encontrar no próprio cerne disso e, nessa medida, a autoridade do médico vai estar de certo modo no cerne desse dispositivo neurológico. O médico vai dar ordens, vai procurar impor sua vontade e, no fim das contas, o doente sempre pode, fingindo não poder, não querer. Vale dizer que vai se depender da vontade do doente. Mas o que eu lhes dizia agora há pouco, a possibilidade clínica de identificar os comportamentos voluntários e involuntários, automáticos e espontâneos etc., a possibilidade da decifração clínica dos níveis de vontade do comportamento vai permitir ver – e é aqui que o médico vai recuperar o poder que perde dando instruções – se o doente responde como lhe dizem para responder, qual é a qualidade, a natureza das suas respostas, até que ponto suas respostas são viciadas ou não pela vontade que intervém. Por exemplo, os neurologistas, desde Broca, sabem perfeitamente distinguir um mutismo voluntário de uma afasia do tipo anartria: no caso da anartria, a impossibilidade de falar é sempre acompanhada por toda uma série de ruídos de fundo, de automatismos que acompanham a tentativa de falar; é sempre acompanhada também por distúrbios motores que são correlativos, é igualmente acompanhada de déficits de expressão na mímica, na expressão escrita etc.[17]. Alguém que se recusa a falar, e, aliás, um histérico que não fala, é alguém que não fala, mas que tem mímicas, pode escrever, que compreende, que não tem todo esse acompanhamento de distúrbios anexos característicos da anartria.

É possível portanto, como vocês estão vendo, captar no nível do comportamento real do indivíduo, ou melhor, no nível da observação clínica do seu comportamento, o que é sua vontade; e, por conseguinte, se é verdade que pelo jogo da instrução, característica do exame neurológico, se é verdade que a instrução faz a possibilidade de exame depender até certo ponto da vontade do doente, em compensação a observação clínica de que se dispõe agora, a decifração clínica, permite contornar e curto-circuitar assim o doente.

Digamos agora, para resumir isso em duas palavras, que se instaura um novo dispositivo médico clínico, diferente em sua natureza, em sua aparelhagem e seus efeitos, do dispositivo clínico que podemos chamar de Bichat-Laënnec e diferente também do dispositivo psiquiátrico. Na medicina orgânica, tinha-se um mínimo de injunções dadas ao doente: "Deite-se! Tussa!" etc., e o resto era dado, inteiramente comunicado no exame do médico, operado pelo jogo dos estímulos e dos efeitos. Na psiquiatria, procurei mostrar a vocês que a peça essencial da captura era o interrogatório, que é o substituto das técnicas de exame que encontramos na medicina orgânica. Interrogatório que depende, é claro, da vontade do sujeito e no qual as respostas constituem para o psiquiatra, não um teste de verdade ou a possibilidade de fazer uma decifração diferencial da doença, mas simplesmente uma prova de realidade; o interrogatório responde simplesmente à pergunta: "Ele é louco?".

Pois bem, a neurologia não é nem um exame no sentido anatomopatológico nem um interrogatório; é um novo dispositivo que substitui o interrogatório por injunções e que procura obter, por meio dessas injunções, respostas, mas respostas que não são, como no interrogatório, as respostas verbais do sujeito, e sim as respostas do corpo do sujeito; respostas que são decifráveis clinicamente no nível do corpo e, por conseguinte, que se pode submeter, sem medo de ser enganado pelo sujeito que responde, a um exame diferencial. Sabe-se agora diferenciar entre alguém que não quer falar e um afásico, isto é, pode-se agora estabelecer um diagnóstico diferencial no interior desses comportamentos com que não se sabia lidar até então e que eram interrogados em termos de diagnóstico absoluto. A prova de realidade já não é necessária: a clínica neurológica vai dar, pelo menos num certo domínio, a possibilidade de aplicar um diagnóstico diferencial, do mesmo modo que a medicina orgânica, só que a partir de um dispositivo totalmente diferente. Em linhas gerais, o neurologista diz: obedeça às minhas ordens, mas cale-se, e seu corpo responderá por você, dando respostas que só eu, por ser médico, poderei decifrar e analisar em termos de verdade.

"Obedeça às minhas ordens, cale-se e seu corpo responderá": vocês percebem que é precisamente aí que, naturalmente, vai se precipitar a crise histérica. É nesse dispositivo que a histeria vai entrar. Não digo que ela vá aparecer: esse é um problema que, a meu ver, é inútil colocar em termos de existência histórica da histeria. Quero dizer que sua emergência no campo médico, a possibilidade de fazer da histeria uma doença, sua manipulação médica só são possíveis a partir do momento em que esse novo dispositivo clínico, que não é de origem psiquiátrica, mas neurológica, foi instaurado, em que essa nova cilada foi armada.

"Obedeça, cale-se, seu corpo falará." Pois bem, vocês querem que meu corpo fale! Meu corpo falará e eu lhes garanto que nas respostas que ele dará haverá muito mais verdade do que vocês podem imaginar. Não, claro, que meu corpo saiba mais do que vocês, mas porque nas injunções de vocês há algo que vocês não formulam, mas que eu ouço, certa injunção silenciosa à qual meu corpo responderá*. E é

* O manuscrito acrescenta: "Ouvirei o que você não diz, e obedecerei, dando os sintomas cuja verdade você será obrigado a reconhecer, pois eles responderão, sem que você saiba, às suas injunções não ditas".

isso, o efeito das suas injunções silenciosas que vocês chamarão de "a histeria em sua natureza". Eis, em linhas gerais, o discurso do histérico precipitando-se na cilada que acabo de lhes descrever.

Bom. Pois bem, como vai se dar a cilada, esse novo dispositivo de captura?

Em linhas gerais, creio que podíamos dizer até aqui que, na medicina, até a existência da neurologia e do dispositivo clínico próprio da neurologia, havia dois grandes domínios de doença: as doenças mentais e as outras, as verdadeiras doenças. Não creio que baste dizer que as doenças mentais e todas as outras se opunham umas às outras como doenças do espírito, de um lado, e doenças do corpo, do outro. Não seria exato, primeiro porque, para muitos psiquiatras da década de 1820 aos anos 1870-1880, as doenças do espírito são doenças do corpo que têm simplesmente como característica comportar sintomas ou síndromes psíquicas. Em seguida, também se admitia perfeitamente nessa época que as doenças ditas convulsivas – não havia uma diferença eficaz, do ponto de vista médico, clínico, entre a epilepsia e as outras[18] – eram doenças do espírito. De modo que não creio que a oposição corpo/espírito, doenças orgânicas/doenças psíquicas seja a verdadeira distinção que dividiu a medicina entre os anos 1820 e 1880, quaisquer que tenham sido as discussões teóricas, e inclusive por causa das discussões teóricas sobre o fundo orgânico das doenças[19]. De fato, creio que a única, a verdadeira diferença era aquela de que eu falava da última vez. Ou seja, tinha-se certo número de doenças que podiam ser julgadas em termos de diagnóstico diferencial – eram as doenças válidas, consistentes, de que tratavam os médicos verdadeiros e sérios – e havia as doenças sobre as quais o diagnóstico não podia se exercer e que só podiam ser reconhecidas por uma prova de realidade – eram as doenças ditas mentais, aquelas a que só se podia responder em termos binários: "ele é louco mesmo" ou "ele não é louco".

Creio que está aí a verdadeira linha divisória entre a prática médica e o saber médico nos dois primeiros terços do século XIX: entre doenças que se integram num diagnóstico diferencial e doenças que se prendem a um diagnóstico absoluto. Entre essas duas categorias de doenças, havia evidentemente certo número de intermediários, e creio que havia essencialmente dois que eram importantes. Havia o intermediário válido, a doença válida; era ela, é claro, a paralisia geral. Era uma doença válida epistemologicamente e, por conseguinte, válida moralmente, na medida em que, por um lado, ela comportava síndromes psicológicas – delírio, segundo Bayle[20], demência, segundo Baillarger[21] – e síndromes motoras: tremores da língua, paralisia progressiva dos músculos etc. Vocês têm as duas síndromes, e ambas remetem, em termos de anatomopatologia, a uma lesão encefálica. Doença válida, portanto, que servia exatamente de intermediária entre essas doenças de prova de realidade que eram, se assim podemos dizer, as doenças ditas mentais, e as doenças com assinalação diferencial e referência anatomopatológica[22]. Doença perfeitamente válida, e tanto mais "válida", tanto mais plena, proporcionando tanto maior fundamento a tudo quanto ainda não se sabia que a paralisia geral era de origem sifilítica[23]. Por conseguinte, tinha-se todos os benefícios epistemológicos e nenhum dos inconvenientes morais.

Em compensação, sempre como intermediário dessas doenças com diagnóstico diferencial e as doenças com diagnóstico absoluto, vocês tinham toda uma outra região, "inválida" e pantanosa, que nessa época era chamada de "as neuroses"[24]. O que era a palavra "neurose" por volta da década de 1840? Essa palavra abrangia doenças que tinham componentes motores ou sensitivos, "distúrbios das funções de relação", como se dizia, mas sem lesão anatomopatológica que permitisse estabelecer a etiologia. Então, evidentemente, essas doenças com "distúrbios das funções de relação", sem correlações anatômicas assinaláveis, abrangiam as convulsões, a epilepsia, a histeria, a hipocondria etc.

Ora, essas doenças eram inválidas por dois motivos. Eram epistemologicamente inválidas porque havia nelas uma espécie de confusão, de irregularidade sintomática. Não se conseguia, por exemplo, no domínio das convulsões, distinguir entre os diversos tipos, porque, precisamente, o dispositivo neuropatológico não possibilitava uma análise precisa dos comportamentos. Diante de uma convulsão, dizia-se: "é uma convulsão". Era-se incapaz de realizar aquelas decifrações corporais tênues de que lhes falava há pouco e, por conseguinte, estava-se numa "região" de confusão e de irregularidade. No primeiro número dos *Annales médico-psychologiques*, de 1843, os redatores diziam: é necessário ocupar-se da loucura, seria preciso também ocupar-se das neuroses, mas é muito difícil: "porque esses distúrbios são fugidios, variados, proteiformes, excepcionais, difíceis de analisar e de compreender, são banidos da observação, são afastados como se afastam da memória lembranças incômodas"[25].

Inválidos epistemologicamente, esses distúrbios também eram inválidos moralmente pela extrema facilidade que havia em simular, pelo fato de haver, além dessa possibilidade, um perpétuo componente sexual do comportamento. Assim, Jules Falret num artigo, que era republicado ainda em 1890 em seus *Études cliniques*, dizia: "A vida das histéricas não passa de uma perpétua mentira; elas afetam ares de piedade e devoção, e às vezes conseguem fazer-se passar por santas, mas se abandonam em segredo às mais vergonhosas ações, mas fazem em seu lar, com o marido e os filhos, as cenas mais violentas, nas quais dizem coisas grosseiras e às vezes obscenas"[26].

A emergência do corpo neurológico, ou melhor, desse sistema constituído pelo aparelho de captura clínica da neurologia e pelo corpo neurológico que é seu correlato, vai possibilitar precisamente apagar a desqualificação, essa dupla desqualificação epistemológica e moral de que as neuroses eram objeto até por volta da década de 1870. Essa desqualificação vai poder ser apagada na medida em que vai se poder colocar finalmente essas doenças ditas "neuroses", isto é, essas doenças dotadas de componentes sensitivos e motores, não exatamente no domínio das doenças neurológicas propriamente ditas, mas bem ao lado, não tanto por suas causas como essencialmente devido às suas formas. Ou seja, agora, graças ao dispositivo clínico da neurologia, vai ser possível inserir entre as doenças neurológicas, como, por exemplo, os distúrbios devidos a um tumor cerebelar, e as convulsões, os tremores histéricos, a lâmina do diagnóstico diferencial. Esse célebre diagnóstico diferencial, que nunca se pudera aplicar à loucura, que não conseguia ajustar-se realmente às doenças mentais, esse diagnóstico diferencial que não se podia incluir entre uma doença comum e a loucura, porque a loucura dependia acima de tudo e essencialmente de um diagnóstico absoluto, pois bem, esse diagnóstico diferencial, graças ao aparelho que procurei descrever, vai poder agora ser inserido entre os distúrbios neurológicos com lesões anatômicas assinaláveis, e esses distúrbios ditos "neuroses". De tal modo que a que era moralmente, epistemologicamente a última categoria no domínio da doença mental – as neuroses – vai ser bruscamente promovida, graças a esse novo instrumento da análise neurológica, da clínica neurológica, ao nível das doenças verdadeiras e sérias. Vale dizer que, graças à utilização do diagnóstico diferencial, vai-se ter uma consagração patológica dessa zona, antes desqualificada, que é a da neurose.

Num livro – nada bom, aliás – que um neurologista da época, chamado Guillain, consagrou a seu predecessor Charcot, ele diz, com uma espécie de alegria radiante: "Charcot conseguiu afinal de contas tirar a histeria dos psiquiatras", isto é, ele a fez entrar efetivamente nesse domínio da medicina que é a única medicina: a medicina do diagnóstico diferencial[27]. E, no fundo, creio que Freud pensava a mesma coisa quando aproximava Charcot de Pinel e dizia: Pinel libertou os loucos das correntes, isto é, ele fez que fossem reconhecidos como doentes. Pois bem, Charcot também fez que os histéricos pudessem ser reconhecidos como doentes. Ele os patologizou[28].

✦

Creio que, se situarmos assim a operação Charcot, podemos ver como se desenrolaram..., quer dizer, como se constituíram o que chamarei de "as grandes manobras da histeria" na Salpêtrière. Procurarei analisar isso, mas não em termos de história dos histéricos, tampouco em termos de conhecimentos psiquiátricos adquiridos sobre os histéricos, e sim em termos de batalha, de enfrentamento, de envolvimento recíproco, de disposição de ciladas em espelho, de ataque e contra-ataque, de tentativa de tomada de controle entre os médicos e os histéricos*. Não creio que tenha havido exatamente uma epidemia de histeria; creio que a histeria foi o conjunto dos fenômenos, e dos fenômenos de luta, que se desenrolaram no asilo e também fora do asilo, em torno desse novo dispositivo médico que era a clínica neurológica; e foi o turbilhão dessa batalha que de fato reuniu em torno dos sintomas histéricos todo o conjunto das pessoas que efetivamente a eles se entregaram. Mais que uma epidemia, houve um turbilhão, uma espécie de sorvedouro histérico no interior do poder psiquiátrico e do seu sistema disciplinar. Pois bem, como isso se deu? Creio que podemos distinguir certo número de manobras nessa luta entre o neurologista e o histérico.

Primeira manobra: é o que poderíamos chamar de organização do cenário sintomatológico. Creio que podemos esquematizar as coisas da seguinte maneira: para que a histeria pudesse ser posta no mesmo plano de uma doença orgânica, para que seja uma doença verdadeira que depende de um

....

* O manuscrito acrescenta: "também de transações e de pactos tácitos".

diagnóstico diferencial, isto é, para que o médico seja um verdadeiro médico, o histérico tem de apresentar uma sintomatologia estável. Por conseguinte, a consagração do médico como neurologista, diferentemente do psiquiatra, implica necessariamente injunção dada em surdina ao doente, o que já dizia o psiquiatra: "Dê-me sintomas, mas sintomas estáveis, codificados, regulares", e essa regularidade, essa estabilidade dos sintomas devia ter duas formas. Primeiro, constância dos sintomas que deveriam ser permanentemente legíveis no doente a qualquer momento em que o exame neurológico fosse realizado: chega dessas doenças que aparecem e desaparecem, que só têm como sintomas a fulguração de um gesto ou a recorrência de crises; queremos sintomas estáveis, e é assim que os encontraremos toda vez que os procurarmos. É assim que foram definidos o que Charcot e seus sucessores chamaram de "estigmas" da histeria. "Estigmas", ou seja, fenômenos que encontramos em todo histérico, mesmo quando não está em crise[29]: redução do campo visual[30], hemianestesia simples ou dupla[31], anestesia faringiana, contratura provocada por uma ligadura circular em torno de uma articulação[32]. Aliás, Charcot dizia: todos esses estigmas caracterizam a histeria; eles são constantes na histeria, mas, apesar dessa constância, tenho de reconhecer que muitas vezes não encontramos todos eles ou, no limite, não encontramos nenhum[33]. Mas a exigência epistemológica estava ali, a injunção estava ali. Notem que todos esses famosos estigmas eram evidentemente respostas a instruções: instruções para se mexer, para sentir um roçar ou um contato no corpo.

Em segundo lugar, as crises tinham de ser ordenadas e regulares, tinham de se desenrolar por conseguinte de acordo com um cenário bem típico que fosse suficientemente próximo de uma doença existente, de uma doença neurológica existente, para que fosse efetivamente possível fazer passar a linha do diagnóstico diferencial, e no entanto diferente para que esse diagnóstico pudesse se dar. Donde, codificação da crise de histeria com base no modelo da epilepsia[34]. E essa espécie de grande domínio do que se chamava, antes de Charcot, a "histeroepilepsia", as "convulsões", viu-se assim dividido em dois[35]. Vocês tinham duas doenças, uma que comportava os célebres elementos da crise epiléptica, isto é, fase tônica, fase clônica e período de torpor; outra que devia ter uma fase tônica, uma fase clônica como na epilepsia, com certo número de sinais menores, de diferenças de fases, e certo número de elementos absolutamente próprios da histeria, que eram: a fase dos movimentos ilógicos, isto é, os movimentos desordenados; a fase das atitudes passionais, isto é, movimentos expressivos, movimentos que querem dizer alguma coisa – fase que também era chamada de "plástica", na medida em que isso reproduzia e exprimia certo número de emoções como a lubricidade, o terror etc.; e, enfim, a fase de delírio, que também era encontrada fora da epilepsia. Temos aí os dois grandes quadros clássicos da oposição histeria/epilepsia[36].

Temos nessa manobra, como vocês estão vendo, um duplo jogo. De um lado, o médico, solicitando esses estigmas supostamente constantes da histeria; e, ao solicitar crises regulares, apaga com isso seu próprio estigma, isto é, o fato de que é apenas um psiquiatra e o fato de que é obrigado a perguntar e cobrar a cada instante, em cada uma das suas operações de interrogatório: "Você é louco? Mostre sua loucura! Atualize sua loucura". O médico, solicitando seus estigmas e a regularidade das suas crises, pede que o histérico lhe dê a possibilidade de praticar um ato estritamente médico, isto é, um diagnóstico diferencial. Mas, ao mesmo tempo – e é esse o benefício para o histérico, e é por isso que ele vai responder positivamente a essa demanda do psiquiatra –, o histérico vai escapar assim da extraterritorialidade médica ou, mais simplesmente, vai escapar da territorialidade asilar. Em outras palavras, a partir do momento em que poderá efetivamente fornecer seus sintomas que, pela constância deles, por sua regularidade, permitem que o neurologista faça um diagnóstico diferencial, o histérico não será com isso mais um louco dentro do asilo; ele vai adquirir um direito de cidadania no interior de um hospital digno desse nome, isto é, de um hospital que não terá mais o direito de não ser nada além de um asilo. O direito de não ser louco, mas de ser doente é adquirido pelo histérico graças à constância e à regularidade dos seus sintomas.

Ora esse direito que o histérico adquire se baseia em quê? Ele se baseia na dependência em que finalmente o médico vai se encontrar em relação a ele. Porque, se o histérico se recusasse a lhe fornecer seus sintomas, o médico já não poderia ser um neurologista diante dele; seria mandado de volta ao estatuto de psiquiatra e à obrigação de fazer um diagnóstico absoluto e de responder à incontornável pergunta: "Ele é louco ou não?". Por conseguinte, o funcionamento neurológico do médico depende do histérico, que de fato lhe fornece seus sintomas regulares; e, nessa medida, o que é oferecido ao psiquiatra é não apenas aquilo que vai garantir seu próprio estatuto de neurologista, mas aquilo que vai garantir ao doente o domínio que ele tem sobre o médico, pois é lhe fornecendo seus sintomas que pode ter uma ascendência sobre ele, já que o consagra assim como médico, e não mais como psiquiatra.

Vocês percebem que é nesse suplemento de poder, que é dado ao histérico quando lhe pedem sintomas regulares, que vai se precipitar todo o prazer dos histéricos. Compreende-se por que eles nunca se recusaram a fornecer tantos sintomas quantos os médicos queriam, a fornecer até muito mais do que os médicos queriam, porque, quanto mais forneciam, mais seu sobrepoder em relação ao médico era afirmado. Não nos faltam provas de que os tenham fornecido em grande quantidade, pois uma das doentes de Charcot – é um exemplo dentre muitos –, que ficou trinta e quatro anos na Salpêtrière, forneceu regularmente durante quinze anos o mesmo estigma: uma "hemianestesia esquerda completa"[37].

Tinha-se portanto o que se queria quanto à duração; teve-se também o que se queria no que diz respeito à quantidade, pois uma enferma de Charcot teve em treze dias 4.506 crises e, não contente com isso, poucos meses depois, teve 17.083 em catorze dias[38].

A segunda manobra é a que chamarei de manobra do "manequim funcional"[39]. Ela se deflagra a partir da primeira, na medida em que, nessa proliferação sintomática que provocou – já que seu estatuto e seu poder dependem dela –, o médico se vê ao mesmo tempo confirmado e perdedor. De fato, essa pletora, essas 17.083 crises em catorze dias são obviamente muito mais do que ele pode controlar e do que seu pequeno aparelho de clínica neurológico é capaz de registrar. É preciso portanto que o médico se dê a possibilidade, não é claro de controlar essa pletora da sintomatologia histérica, mas em todo caso – mais ou menos como Duchenne de Boulogne, cujo problema era "como limitar o estímulo elétrico de tal modo que aja apenas sobre um músculo" – dar-se um instrumento tal, que seja possível deflagrar fenômenos tipicamente histéricos, exclusivamente histéricos, mas sem assistir a essa enxurrada de milhares de crises em tão pouco tempo.

Provocar a tempo, quando quiser, mostrar que todos esses fenômenos [são] patológicos, naturalmente patológicos – foi para corresponder a esse objetivo, para evitar de certo modo a manobra do exagero, da generosidade exagerada dos histéricos, foi para conseguir contornar essa pletora, que foram instituídas essas duas técnicas.

Em primeiro lugar, a técnica da hipnose e da sugestão, isto é: pôr o sujeito em tal situação que seja possível, por uma ordem precisa, obter dele um sintoma histérico perfeitamente isolado – a paralisia de um músculo, uma impossibilidade de falar, um tremor etc. –, em suma, pôr o doente em tal situação que ele terá exatamente o sintoma que se quer, quando se quer, e nada mais. A hipnose serve precisamente para isso. A hipnose não serviu a Charcot para multiplicar os fenômenos histéricos; ela foi, analogicamente, como a eletrização localizada de Duchenne, uma maneira de limitar os fenômenos da histeria e de poder deflagrá-los com exatidão à vontade[40]. Ora, a partir do momento em que se deflagrava à vontade, por meio da hipnose, um sintoma histérico, e só um, não iria o médico tropeçar nesta dificuldade: se eu provoquei, se eu disse a um doente hipnotizado "você não consegue andar", e ele ficou paralisado, "você não consegue falar", e ele ficou afásico, será que é mesmo uma doença? Será que não é simplesmente o inverso, no corpo do doente, do que lhe impus? Por conseguinte, se a hipnose é uma boa técnica para isolar os fenômenos histéricos, é um meio perigoso, porque corre o risco de não ser mais que o efeito de uma instrução dada – o efeito, e não a resposta.

Por conseguinte, obrigação para os médicos, no momento mesmo e na medida em que eles aplicavam a hipnose, de ter no exterior da técnica hipnótica uma espécie de correlato que garantisse o caráter natural do fenômeno assim provocado. É necessário encontrar doentes que sejam tais que, fora de toda cultura asilar, de todo poder médico, fora é claro, nesse caso, de toda hipnose e de toda sugestão, apresentem exatamente os distúrbios que vai ser possível observar a pedido, sob hipnose, nos doentes hospitalizados. Em outras palavras, é necessária uma histeria natural, sem hospital, sem médico, sem hipnose. Na verdade, acontece que Charcot tinha esses doentes à sua disposição, esses doentes que tinham de certo modo por papel, em face da hipnose, naturalizar os efeitos da intervenção hipnótica.

Ele os tinha, e isso pede uma breve referência a uma história bem diferente, que vem se conectar curiosamente, não sem efeitos históricos importantes, à história da histeria. Em 1872, Charcot assume o serviço de histeria-epilepsia[41] e começa a hipnose em 1878[42]. Estamos na época dos acidentes do trabalho, dos acidentes ferroviários, dos sistemas de seguro de acidentes e doenças[43]. Não que os acidentes do trabalho datem daí, mas estamos no momento em que está surgindo no interior da prática médica uma categoria absolutamente nova de doentes – mas que, infelizmente, os historiadores da medicina raramente mencionam –, os doentes não pagantes nem assistidos. Em outras palavras, na medicina do século XVIII e do início do século XIX, havia no fundo apenas duas categorias de doentes: os que pagavam e os que eram assistidos no hospital. Mas agora aparece uma nova categoria de doentes, que nem são propriamente pagantes, nem propriamente assistidos: é a categoria dos doentes segurados[44]. Essa dupla aparição, a partir de elementos totalmente diferentes, do doente segurado e do corpo neurológico é, certamente, um dos fenômenos importantes da história da histeria. Aconteceu na verdade o seguinte: a sociedade, na mesma medida em que queria tirar proveito de uma saúde maximizada, viu-se, desde fins do século XVIII, levada pouco a pouco a instituir toda uma série de técnicas de vigilância, de quadriculamento, de cobertura da doença, de seguro também, da doença e dos acidentes.

Mas, na mesma medida em que a sociedade, para poder tirar um proveito máximo dos corpos, era obrigada a quadrilhar, a vigiar a saúde e a segurar os acidentes e as doenças, no mesmo momento em que a sociedade, para poder tirar o máximo desse benefício, estabelecia essas técnicas, por isso mesmo a doença se tornava, para o que estava doente, uma coisa proveitosa. No século XVIII, o único proveito que um doente assistido podia tirar da sua doença era ficar um pouco mais no hospital, e encontramos com frequência esse pequeno problema na história da instituição hospitalar no século XVIII. A partir desse quadriculamento que data do século XIX e dessa cobertura geral dos fenômenos de doença pela medicina e pelo seguro, a partir desse momento, a própria doença, como tal, pode se tornar para o sujeito uma fonte de lucro e certa maneira, em todo caso, de tirar proveito desse sistema geral.

A doença se torna proveitosa no mesmo momento em que coloca um problema no nível geral dos proveitos da sociedade. A doença se entrelaça por conseguinte com todo o problema econômico do lucro.

E, com isso, vemos aparecerem novos doentes, isto é, doentes segurados que apresentam os distúrbios denominados pós-traumáticos: paralisia, anestesia, sem suporte anatômico assinalável, contraturas, dores, convulsões etc. E o problema, nesse momento, é, sempre em termos de lucro, o de saber se eles devem ser considerados doentes e efetivamente cobertos pelo seguro ou se, ao contrário, devemos considerá-los simuladores[45]. A literatura sobre as sequelas dos acidentes ferroviários – sobre os acidentes de trabalho também, mas num nível menor e um pouco mais tarde, quase no fim do século – é gigantesca e cobre, creio, um enorme problema que suportou de certo modo toda essa elaboração das técnicas neurológicas, das técnicas de exame de que eu falava[46].

O doente segurado que vinha integrar-se ao corpo neurológico, o doente segurado portador de um corpo neurológico que se pode captar pelo dispositivo clínico da neuropatologia – é este que vai ser, em face do histérico, o outro personagem, precisamente o personagem que se procura. E, com isso, vão fazê-los atuar um contra o outro. Por um lado, no caso desses doentes, vai-se ter pessoas que ainda não estão hospitalizadas, que ainda não estão medicalizadas, que portanto não estão sob hipnose, sob o poder médico, e que apresentam certo número de fenômenos naturais, mesmo que não sejam estimulados. Por outro lado, vocês têm os histéricos que estão no interior do sistema hospitalar, sob poder médico e aos quais se impõem doenças artificiais por meio da hipnose. Então, o histérico vai permitir, quando confrontado com o traumatismo, que se reconheça se o traumatizado é um simulador ou não. Com efeito, de duas coisas, uma: ou o traumatizado apresenta os mesmos sintomas que o histérico – estou falando, é claro, do traumatizado que não teria nenhum vestígio de lesão – e, com isso, pode-se dizer: "ele tem a mesma doença que o histérico", já que a primeira manobra consistiu em mostrar que o histérico era doente e, por conseguinte, o histérico vai autenticar a doença do traumatizado; ou o traumatizado não terá a mesma doença, não apresentará os mesmos sintomas que o histérico e, com isso, cairá fora do campo da patologia e poderá ser assinalado como simulador.

Em compensação, do lado da histeria, o confronto vai levar ao seguinte resultado: se é possível encontrar em alguém que não está sob hipnose certo número de sintomas que, naturalmente, são semelhantes aos que se obtêm no histérico por intermédio da hipnose, isso indica que os fenômenos hipnóticos obtidos nesses histéricos são fenômenos naturais. Naturalização do histérico pelo traumatizado, denúncia da possível simulação do traumatizado pelo histérico.

Donde a grande encenação de Charcot. Disseram várias vezes que ela consistia em chamar uma histérica e dizer aos alunos: "Vejam de que doença ela está acometida", e praticamente ditar os sintomas à doente. É verdade, isso corresponde à primeira manobra de que eu lhes falava, mas a grande e, creio, a mais sutil, a mais perversa das manobras de Charcot foi precisamente mostrar as duas personagens juntas. E quando, à sua consulta, logo vindas de fora, compareciam pessoas que eram traumatizadas, acidentadas diversas, que não apresentavam traços lesionais visíveis e que tinham paralisias, coxalgias, anestesias, ele mandava trazerem uma histérica, hipnotizava-a e dizia: "Você não consegue mais andar". E observava se a paralisia da histérica era semelhante à do traumatizado. Foi assim que aconteceu num célebre caso de coxalgia pós-traumática, de um funcionário da ferrovia. Charcot tinha quase certeza de que essa coxalgia não tinha origem lesional; mas tinha a impressão de que não era pura e simples simulação. Ele mandou chamar duas histéricas, colocou-as sob hipnose e lhes deu certo número de instruções. Através dessas instruções, conseguiu reconstituir, nessa espécie de manequim funcional em que o histérico tinha se tornado, a coxalgia do funcionário, que foi portanto considerado histérico[47].

Todo benefício para todo o mundo. Todo benefício, em primeiro lugar, para as companhias de seguros, claro, para as pessoas que tinham de pagar e também, até certo ponto, para o doente, porque, a partir do momento em que ele não era simulador, Charcot dizia: mas não se lhe pode recusar algo, algo evidentemente que não pode ser da mesma ordem que se houvesse uma verdadeira lesão. Por conseguinte, o embaraço era dividido em dois. Mas evidentemente não é esse o problema importante: o benefício também era para o médico, já que, graças à utilização do histérico como manequim funcional, o médico podia fazer um diagnóstico diferencial que ia incidir agora sobre o simulador. Essa preocupação pânica com o simulador, que tanto obcecou os médicos da primeira metade do século XIX, agora vai poder ser dominada, pois vai se dispor desses histéricos que, de certo modo, traidores de sua própria mentira, vão permitir denunciar a mentira dos outros e, com isso, o médico vai enfim ter ascendência sobre a simulação[48].

Enfim, claro, benefício para as histéricas, já que, se elas servem assim de manequins funcionais que autenticam a doença não lesional, funcional, "dinâmica", como se dizia na época, se a histérica servia para autenticar assim essa doença, ela escapava necessariamente de toda suspeita de simulação, já que era a partir dela que se podia denunciar a simulação dos outros. Com isso, é mais uma vez e de novo graças à histérica que o médico vai poder garantir seu poder; ele só escapa da cilada do simulador porque a histérica está ali e porque ela possibilita o duplo diagnóstico diferencial orgânico/dinâmico/simulação. E, por conseguinte, pela segunda vez a histérica tem ascendência sobre o médico, já que, obedecendo precisamente às instruções que ele lhe dá na hipnose, ela consegue ser de certo modo a instância de verificação, de verdade, entre a doença e a mentira. Segundo triunfo da histérica. Vocês compreendem que aqui também as histéricas não hesitavam em reconstituir a pedido as coxalgias, as anestesias etc., que lhe pediam sob hipnose.

Donde, terceira manobra, que é a redistribuição em torno do traumatismo. O médico, ao cabo dessa segunda manobra, se encontra pela segunda vez na dependência do histérico, porque, se os distúrbios são assim reproduzidos pelo histérico por ordem do médico e com tamanha generosidade, tamanha pletora, tamanha obediência e, ao mesmo tempo, tamanha sede de poder, não será isso, afinal de contas, a prova de que é tudo forjado, como já começava a dizer Bernheim?[49] Será que, no fim das contas, toda essa grande sintomatologia histérica que aparecia na Salpêtrière não se devia ao conjunto dos poderes médicos que estavam se exercendo dentro do hospital?

Para que o médico não fique inteiramente dependente desse comportamento histérico, do qual se poderia perfeitamente dizer que é forjado, para que afirme novamente seu poder sobre o conjunto dos fenômenos, para que retome o controle de tudo isso, vai ser preciso ao mesmo tempo que ele inscreva no interior de um esquema patológico estrito o fato de que alguém é hipnotizável, o fato de que, sob hipnose, esse alguém reproduz fenômenos de tipo patológico, e que, no interior desse quadro patológico, ele também possa situar os tais distúrbios funcionais, que Charcot mostrou quão próximos estavam dos fenômenos da histeria. É necessário um quadro patológico que englobe ao mesmo tempo a hipnose e os sintomas histéricos que são produzidos no interior da hipnose, e o acontecimento que causa os distúrbios funcionais dos doentes não hipnotizados. Essa busca de um quadro patológico vai levar Charcot a procurar a assinalação, já que o corpo não pode falar aqui, pois não tem lesão. Vai ser preciso procurar algo para vincular no nível da etiologia todos esses fenômenos e, por conseguinte, assinalá-los como patologia estrita, isto é, vai ser preciso encontrar algo que seja um acontecimento.

E foi assim que Charcot elaborou a concepção do traumatismo[50].

O que é um traumatismo para Charcot? É algo – um acontecimento violento, uma pancada, um tombo, um medo, um espetáculo etc. – que vai provocar uma espécie de estado de hipnotismo discreto, localizado, mas às vezes de longa duração, de modo que, em consequência desse traumatismo, determinada ideia entra na cabeça do indivíduo, inscreve-se em seu córtex e age como uma espécie de injunção permanente.

Exemplo de traumatismo: uma criança é atropelada por um veículo, desmaia. No instante que precede o seu desmaio, tem a impressão de que as rodas passam por cima do seu corpo; na verdade, ela só foi derrubada, as rodas não passaram sobre o corpo. A criança volta a si e, passado certo tempo, percebe que está paralisada; e, se está, é porque acredita que as rodas passaram por cima do seu corpo[51]. Ora, essa crença se inscreveu e continua a funcionar no interior de uma série de estados de micro-hipnose, de hipnose localizada a propósito desse fato. De certo modo, essa ideia tornada em injunção hipnótica é que vai provocar a paralisia das pernas[52]. É assim que vocês vão encontrar aí, ao mesmo tempo, é claro, o estabelecimento dessa noção, importante para o futuro, de traumatismo, e o vínculo que há entre isso e a velha concepção do delírio. Porque, se ela está paralisada, é que acredita que as rodas do veículo passaram por cima dela – vocês estão vendo como se vincula isso à velha concepção da loucura, que sempre envolve um delírio[53]. Logo, um traumatismo é algo que provoca um estado de hipnose localizada e permanente apenas sobre esse ponto.

Quanto ao hipnotismo, o que é? Pois bem, também vai ser um traumatismo, mas sob a forma de um choque completo, breve, transitório, que será suspenso pela simples vontade do médico, mas que vai envolver o comportamento geral do indivíduo, de modo que no interior desse estado de hipnose, que é uma espécie de traumatismo generalizado e provisório, a vontade do médico, a palavra do médico possam injetar no sujeito certo número de ideias, de imagens, que têm assim o mesmo papel, a mesma função, o mesmo efeito de injunção [que aquele] de que eu lhes falava a propósito dos traumatismos naturais, não hipnóticos. É assim que, entre o fenômeno histérico produzido no interior da hipnose e o fenômeno histérico que se segue a um acontecimento, vocês encontram uma convergência que aponta para essa noção fundamental de traumatismo. O traumatismo é o que provoca a hipnose, e a hipnose é uma espécie de reativação geral, pela vontade do médico, do traumatismo.

Donde a necessidade, a partir daí, na prática de Charcot, de partir em busca do próprio trauma.

Ou seja, para chegar a ter certeza de que a histérica é mesmo uma histérica, de que todos os sintomas que ela apresenta, seja em estado de hipnose, seja fora do estado de hipnose, são patológicos, é para ter certeza disso que será preciso encontrar a etiologia, esse trauma que é a espécie de lesão invisível e patológica que faz disso tudo um conjunto certamente mórbido*. Donde a necessidade, a propósito das histéricas sob hipnose ou não, de contar a infância, a vida, de encontrar essa espécie de acontecimento fundamental e essencial que vai se prolongar, que sempre se prolonga na síndrome histérica e de que esta é, de certo modo, a atualização permanente[54]**.

Mas, nessa injunção – e é aí que vamos encontrar de novo a histérica e sua contramanobra –, nessa injunção a encontrar o traumatismo que se prolonga no sintoma, o que as

* O manuscrito precisa: "Donde a dupla busca (a) da diátese nervosa, que torna suscetível do trauma; busca da hereditariedade. (b) E a busca do próprio trauma".

** O manuscrito acrescenta: "Daí a violência da oposição a Bernheim: se todo o mundo podia ser hipnotizado, era o desmoronamento do edifício".

doentes vão fazer? Elas vão precipitar sua vida, sua vida real, de todos os dias, isto é, sua vida sexual, na brecha aberta por essa injunção. E é essa vida sexual que elas vão contar, que vão efetivamente conectar ao hospital, atualizar perpetuamente no hospital. Para lhes dar a prova disso, desse contrainvestimento da busca do traumatismo pelo relato da vida sexual, não podemos infelizmente contar com o texto de Charcot, porque Charcot não toca no assunto. Em compensação, quando vemos as observações anotadas pelos alunos de Charcot, vemos de que se tratava ao longo dessas anamneses, o que estava em questão, de que se falava, de que também se tratava efetivamente nessas crises de forma pseudoepiléptica. Vou dar um só exemplo, um caso recolhido por Bourneville.

Eis como a doente contava sua vida. Ela tinha sido pensionista entre os 6 e os 13 anos num convento religioso em "La-Ferté-sous-Jouarre, onde tinha uma liberdade relativa, passeava pelo lugar, deixava-se beijar para ganhar balas". É o protocolo que um aluno de Charcot faz a partir dos relatos da própria doente. "Ela visitava com frequência a mulher de um pintor de paredes, Jules. Este tinha o hábito de se embriagar e, então, tinha discussões violentas em casa; batia na mulher, arrastava-a ou prendia-a pelos cabelos. Louise [a doente; M.F.] às vezes assistia a essas cenas. Um dia, Jules teria tentado beijá-la, violentá-la até, o que lhe causou enorme medo. Durante as férias [ela tinha entre 6 e 13 anos; M.F.], ela vinha a Paris e passava os dias com o irmão Antonio, um ano mais moço, que, muito adiantado, parece, lhe ensinava muitas coisas que ela ignorava. Ele zombava da ingenuidade dela, que lhe fazia aceitar as explicações que lhe davam, e lhe explicava, entre outras coisas, como se fazem os filhos. Durante as férias também ela tinha a oportunidade de ver, na casa em que seus pais trabalhavam, um senhor C. [que era o dono da casa; M.F.], que era amante da sua mãe. Esta obrigava Louise a beijar esse senhor e queria que o chamasse de pai. Vindo definitivamente para Paris, Louise foi colocada [logo depois do seu tempo de convento, quer dizer aos 13 anos; M.F.] na casa de C., a pretexto de aprender a cantar, costurar etc. Ela dormia num quartinho isolado. C., que estava estremecido com a esposa, aproveitava as ausências dela para tentar ter relações com Louise, que tinha 13 anos e meio. Da primeira vez, fracassou; queria que ela deitasse diante dele. Uma segunda tentativa resultou numa aproximação incompleta, devido à resistência que ela lhe opunha. Da terceira vez, depois de lhe ter enchido os olhos com todo tipo de promessas, de lhe ter oferecido lindos vestidos etc., vendo que ela não queria ceder, ameaçou-a com uma navalha; aproveitando-se do seu pavor, obrigou-a a tomar um licor, despiu-a, jogou-a na cama e teve relações completas. No dia seguinte, Louise estava doente etc.[55]."

Todas as vidas de histéricas contadas pelas doentes de Charcot são, de fato, frequentemente dessa ordem e desse nível. Quanto ao que acontecia nessas célebres crises que Charcot dizia parecerem estranhamente a crises de epilepsia, que era até muito difícil diferenciar, quando não se era um bom neurologista, das crises de epilepsia – o que acontecia de fato nessas crises, se consultarmos as observações anotadas pelos alunos de Charcot, para Charcot?

No nível do discurso, eis o que dizia Louise: "Diga-me!... Quer fazer o favor de me dizer! Malcriado! Que nojento você é. Você acredita mais nesse rapaz do que em mim... Eu juro que esse rapaz nunca pôs as mãos em mim... Eu não correspondia aos carinhos dele, a gente estava no mato... garanto que eu não queria... Chame eles (fisionomia imperativa)! E então? (Olha bruscamente para a direita)... Mas não é o que o senhor contou para ele!... Antonio, repita o que ele te disse... que ele tinha me tocado... Mas eu não quis. Antonio, você está mentindo!... É verdade, tinha uma cobra na cueca dele, ele queria enfiá-la na minha barriga, mas ele nem me tirou a roupa... vamos acabar com isso... A gente estava num banco... O senhor me beijou mais de uma vez, eu não beijava o senhor; eu sou lunática... Antonio, você está rindo..."[56].

Discursos assim se situavam no nível do período dito delirante, o último período da análise de Charcot. E, se remontarmos à fase dita "plástica" das "atitudes passionais", eis como elas se apresentam numa outra doente: "Celina M. está atenta, avista alguém, com a cabeça faz sinal para que ele venha, abre os braços, aproxima-os como se abraçasse o ser imaginário. Inicialmente, a fisionomia exprime descontentamento, decepção, depois, com uma brusca mudança, a felicidade. Observa-se nesse momento movimentos do ventre; as pernas se vergam, M. cai na cama e executa de novo movimentos clônicos. Com um movimento rápido, ela move o corpo para o lado direito da cama, a cabeça repousa no travesseiro; o rosto se congestiona, o corpo rola parcialmente sobre si mesmo, a bochecha direita se aplica contra o travesseiro, a face se dirige para a direita da cama, a doente apresenta as nádegas, que estão erguidas, estando os membros inferiores dobrados. Ao fim de alguns instantes, sempre conservando sua posição lúbrica, M. faz uns movimentos com a bacia. Endireita-se em seguida e faz seus grandes movimentos clônicos. Por fim, faz caretas, chora, parece vivamente contrariada. Senta-se, olha para a esquerda, faz um sinal com a cabeça e com a mão direita. Assiste a cenas variadas, parece experimentar sucessivamente sensações agradáveis ou penosas, a julgar pelo jogo da sua fisionomia. De repente, torna a levar o corpo para o meio da cama, ergue-o um pouco e, com a mão direita, executa os gestos do *mea culpa*, seguidos de contorções, de caretas. Depois solta gritos agudos: 'Uh lá lá!', sorri, olha com um ar lúbrico, senta-se, parece ver Ernest e diz: 'Venha, venha logo!'"[57].

É esse portanto, no nível das observações cotidianas das doentes feitas pelos alunos de Charcot, o conteúdo real dessas crises.

Ora, creio que é aí que as histéricas, pela terceira vez, retomam o poder sobre o psiquiatra, porque esses discursos, essas cenas, essas posturas que Charcot codificava com o termo de "pseudoepilepsia" ou de "grande crise histérica", análoga a, mas diferente da epilepsia, tudo isso, na realidade, esse conteúdo real que vemos aparecer nas observações de todos os dias, Charcot não podia admitir. Por que não podia? Não por razões de moralidade ou de pudor, digamos que simplesmente não podia admitir. Porque, se vocês estão lembrados, quando eu lhes falava da neurose tal como existia e tal como era desqualificada por volta da década de 1840, tal como ainda era desqualificada na época de Charcot por Jules Falret, por que era desqualificada?[58] Ao mesmo tempo porque era simulação – e Charcot procurou descartar essa objeção da simulação – e porque era sexual, porque comportava certo número de elementos lúbricos. Se se quisesse efetivamente demonstrar que a histeria era de fato uma doença, se se quisesse absolutamente fazê-la funcionar no interior do sistema do diagnóstico diferencial, se não se quisesse que ela fosse contestada em seu estatuto de doença, pois bem, ela tinha de ser absolutamente despojada desse elemento de desqualificação que era tão nocivo quanto a simulação e que era a lubricidade ou a sexualidade*. Por conseguinte, isso não podia se produzir ou não podia ser dito.

Ora, ele não podia impedir que se produzisse, porque era ele, Charcot, quem pedia sintomas, crises. E, efetivamente, as doentes forneciam crises cuja superfície sintomática, cujo cenário geral obedecia às regras estipuladas por Charcot, mas, de certo modo ao abrigo desse cenário, elas precipitavam toda a sua vida individual, toda a sua sexualidade, todas as suas lembranças; elas reatualizavam sua sexualidade no próprio interior do hospital, com os internos ou com os médicos. Por conseguinte, como Charcot não podia impedir

* O manuscrito acrescenta: "Se ele a deixasse se reintroduzir, todo o edifício da patologização, construído em colaboração com as histéricas, iria abaixo".

que isso se produzisse, só lhe restava uma coisa a fazer: era não dizer, ou melhor, dizer o contrário. De fato, vocês leem em Charcot isto, que é paradoxal, quando se sabe com base em que observações ele se fundava; ele dizia: "Por minha conta, estou longe de acreditar que a lubricidade esteja sempre em jogo na histeria, estou inclusive convencido do contrário"[59].

Vocês devem se lembrar daquele episódio que se situa no inverno de 1885-1886, quando Freud estagiava no serviço de Charcot e, certa noite, convidado à casa de Charcot, ouviu para sua estupefação Charcot dizer à parte a uma pessoa: "Oh! A histeria! Todo o mundo sabe que é de sexualidade que se trata!". E Freud comenta dizendo: "Quando ouvi isso, fiquei surpreso e me perguntei: 'Mas, se ele sabe, por que não o diz?'"[60]. Se ele não dizia, creio que era por esses motivos. Simplesmente, o que podemos nos perguntar é como é que Freud, que passou seis meses na Salpêtrière e que, portanto, assistiu todos os dias às cenas de que lhes dei [dois] exemplo[s], também não diz nada quando trata desse seu estágio na Salpêtrière e como é que a descoberta da sexualidade na histeria só emergiu para ele anos depois[61]. A única possibilidade para Charcot era exatamente não ver e não dizer.

Vou citar para vocês, para diverti-los, este pequeno episódio que encontrei nos arquivos de Charcot. É uma anotação de um aluno que, aliás, não é privada de ironia: "O sr. Charcot manda chamar Geneviève, que sofre de uma contratura histérica. Ela está numa maca; os internos, os chefes de clínica haviam-na hipnotizado antes. Ela tem uma grande crise histérica. Charcot, conforme sua técnica, mostra que a hipnose pode não apenas provocar, induzir fenômenos histéricos, mas igualmente detê-los; ele pega a bengala, aperta com ela o ventre da doente, exatamente sobre o ovário, e a crise, de acordo com a tradição do cenário, de fato cessa. Charcot retira a bengala; a crise recomeça; período tônico, período clônico, delírio e, no momento do delírio, Geneviève grita: 'Camille! Camille!

Beije-me! Dê-me seu pau!' O professor manda levarem embora Geneviève, cujo delírio continua"[62].

Parece-me que essa espécie de grande bacanal, de pantomima sexual, não é o resto, ainda não decifrado, da síndrome histérica. Tenho a impressão de que se deve considerar essa bacanal sexual como a contramanobra pela qual as histéricas respondiam à assinalação como traumatismo: você quer encontrar a causa dos meus sintomas, essa causa que permitirá que você os patologize e funcione como médico; você quer esse traumatismo, pois bem, terá toda a minha vida e não poderá me impedir de me estender contando minha vida e, ao mesmo tempo, de me ver gesticular de novo minha vida e de reatualizá-la incessantemente no interior das minhas crises!

Por conseguinte, não é um resto indecifrável essa sexualidade, é o grito de vitória do histérico, é a última manobra pela qual as histéricas finalmente levam a melhor sobre os neurologistas e os fazem calar: se você também quer o sintoma, o funcional; se você quer tornar natural a sua hipnose; se você quer que cada uma das injunções que me faz provoque sintomas que sejam tais que você possa considerá-los naturais; se você quer se servir de mim para denunciar os simuladores, pois bem, você será obrigado a ver e a ouvir o que eu tenho vontade de dizer e o que tenho vontade de fazer! E Charcot, que via tudo, que via até as menores covinhas realçadas pela luz do dia no rosto de um paralítico[63], Charcot era obrigado a desviar seu admirável olhar quando a doente estava lhe dizendo o que lhe dizia.

Sob esse corpo neurológico e ao fim dessa espécie de grande batalha entre o neurologista e o histérico, em torno do dispositivo clínico da neuropatologia, sob o corpo neurológico aparentemente captado*, do qual o neurologista esperava, acreditava tê-lo efetivamente captado em sua verdade,

....

* Variante do manuscrito: "e pelo qual se pretendia julgar a loucura, interrogá-la em sua verdade…".

vocês veem aparecer um novo corpo; esse corpo já não é o corpo neurológico, é o corpo sexual. Foi a histérica que impôs aos neurologistas, aos médicos, esse novo personagem que já não é o corpo anatomopatológico de Laënnec e Bichat, o corpo disciplinar da psiquiatria, o corpo neurológico de Duchenne de Boulogne ou de Charcot, é o corpo sexual, diante do qual só se poderá ter daí em diante duas atitudes.

Ou a de Babinski, sucessor de Charcot: a desqualificação da histeria, que não será mais uma doença, já que tem essas conotações[64]. Ou então uma nova tentativa para contornar o envolvimento histérico, para reinvestir medicamente esse novo rumo, que surgiu de todas as partes em torno do corpo neurológico que os médicos haviam forjado. Esse novo investimento será a assunção médica, psiquiátrica, psicanalítica, da sexualidade.

Forçando as portas do asilo, deixando de ser loucas para se tornarem doentes, sendo tratadas enfim por um verdadeiro médico, isto é, pelo neurologista, fornecendo-lhe verdadeiros sintomas funcionais, as histéricas, para o maior prazer delas, mas sem dúvida para nossa grande desgraça, deram à medicina a possibilidade de agir sobre a sexualidade.

NOTAS

1. "Se eu tiver conseguido apresentar sob a sua luz verdadeira os trabalhos relativos à anatomia mórbida dos centros nervosos, vocês não terão deixado de reconhecer a tendência principal que se acusa em todos esses trabalhos. Todos parecem, de certo modo, dominados pelo que poderíamos chamar de espírito de localização, o qual nada mais é, em suma, que uma emanação do espírito de análise", J. M. Charcot, "Faculté de Médecine de Paris: anatomo-pathologie du système nerveux", *Progrès médical*, 7º ano, nº 14, 5 de abril de 1879, p. 161.

2. Sobre Bichat, cf. *supra*, p. 251, nota 38.

3. Sobre Laënnec, cf. *ibid*. Já em 1803, este dá um curso particular de anatomia patológica, que ele sonha em transformar em disciplina à parte. Ele propõe uma classificação anatomopatológica das afecções orgânicas derivada da classificação de Bichat, porém mais completa; cf. "Anatomie pathologique", *in Dictionnaire des sciences médicales*, t. II, Paris, C. L. F. Panckoucke, 1812, pp. 46-61. Ver o capítulo que M. Foucault consagra à anatomia patológica, "L'invisible visible", *in Naissance de la clinique*, *op. cit.*, pp. 151-76.

4. Trata-se da observação de I.N., 18 anos, com ptose da pálpebra esquerda, levada à consulta de 18 de fevereiro de 1891; cf. J.-M. Charcot, *Clinique des maladies du système nerveux (1889-1891)*, aulas publicadas sob a direção de G. Guinon, aula de 24 de fevereiro de 1891 (recolhida por A. Souques), t. I, Paris, Aux bureaux du Progrès médical/Vve Babé, 1892, p. 332.

5. Sobre o "olhar anatomoclínico", ver *Naissance de la clinique*, *op. cit.*, cap. VIII, "Ouvrez quelques cadavres", pp. 136-42, e cap. IX, "L'invisible visible", pp. 164-72.

6. *Ibid.*, cap. VI, "Des signes et des cas", pp. 90-5.

7. M. Foucault faz referência ao modo de exame clínico pela "percussão", de que Jean Nicolas Corvisart (1755-1821) se fez o apóstolo, depois de ter traduzido e anotado a obra do vienense Leopold Auenbrugger (1722-1809), *Inventum novum ex percussione thoracis humani ut signo abstrusos interni pectoris morbos detegendi*, Vindobonae, Typis Joannis Thomas Trattner, 1761 [*Nouvelle méthode pour reconnaître les maladies internes de la poitrine par la percussion de cette cavité*, trad.

fr. e comentários por J. N. Corvisart, Paris, impr. Migneret, 1808]. Foi em setembro de 1816 que Laënnec criou o estetoscópio, no hospital Necker: cf. *De l'auscultation médiate, ou Traité du diagnostic des maladies des poumons et du coeur, fondé principalement sur ce nouveau moyen d'exploration*, Paris, Brosson et Chaudé, 1819, 2 vol.

8. Após numerosos trabalhos, entre eles os do fisiologista François Magendie (1783-1855) em 1826, que recorrem à estimulação elétrica para estudar os mecanismos da excitação nervosa e da contração muscular, G. B. A. Duchenne de Boulogne utiliza a "faradização" para explorar a excitabilidade dos músculos e dos nervos e estabelecer o diagnóstico e o tratamento das suas afecções. Ele expõe os resultados numa primeira dissertação apresentada em 1847 à Academia de Ciências: [1] "De l'art de limiter l'action électrique dans les organes, nouvelle méthode d'électrisation appelée 'électrisation localisée'"; republicado em *Archives générales de médecine*, em julho e agosto de 1850, e fevereiro e março de 1851. Em 1850, expõe numa segunda dissertação um método de "galvanização" empregando correntes contínuas, destinado a estudar as funções musculares e a fornecer os meios para "um diagnóstico diferencial das paralisias": [2] *Application de la galvanisation localisée à l'étude des fonctions musculaires*, Paris, J.-B. Baillière, 1851. Todos os seus trabalhos foram reunidos numa obra: [3] *De l'électrisation localisée et de son application à la physiologie, à la pathologie et à la thérapeutique*, Paris, J.-B. Baillière, 1855. Cf. também *supra*, p. 386, nota 61; e R. A. Adams, "A. Duchenne", *in* W. Haymaker e F. Schiller, orgs., *The Founders of Neurology*, t. II, Springfield, III., C. C. Thomas, 1970, pp. 430-5.

9. Pierre Paul Broca (1824-1880), cirurgião do hospício de Bicêtre, apresenta em 18 de abril de 1861 à Sociedade de Antropologia de Paris uma nota: [1] "Remarques sur le siège de la faculté du langage articulé, suivies d'une observation d'aphémie (perte de la parole)", a propósito de um paciente, Leborgne, hospitalizado em Bicêtre havia vinte e um anos, que tinha perdido fazia pouco o uso da palavra e só conseguia pronunciar então a sílaba "tan" repetida duas vezes. Transferido em 11 de abril de 1861 para o serviço de Broca, onde falece em 17 de abril, sua autópsia revela um foco de amolecimento do pé da terceira circunvolução frontal esquerda, a que Broca relaciona a perda da linguagem articulada: cf. *Bulletin de la Société d'Anthropologie de Paris*, 1ª série, t. II, agosto de 1861, pp. 330-57; republicado em H. Hécaen e J. Dubois, *La Naissance de la neurolophysiologie du langage*

(1825-1865), Paris, Flammarion ("Nouvelle Bibliothèque scientifique"), 1969, pp. 61-91. Entre 1861 e 1865, outras observações confirmam a Broca o papel da terceira circunvolução esquerda: cf. [2] "Localisation des fonctions cérébrales. Siège du langage articulé", *Bulletin de la Société d'Anthropologie de Paris*, 1ª série, t. IV, 1963, pp. 200-4; [3] "Sur le siège de la faculté du langage articulé", *ibid.*, 1ª série, t. VI, 1865, pp. 377-93; republicado em H. Hécaen e J. Dubois, *op. cit.*, pp. 108-23.

10. Devemos a G. B. A. Duchenne de Boulogne a descrição da "ataraxia locomotora progressiva" ou *tabes dorsalis*, de origem sifilítica, caracterizada por uma descoordenação motora acompanhada costumeiramente de uma abolição dos reflexos e da sensibilidade profunda: cf. "De l'ataxie locomotrice progressive...", art. cit. (*supra*, p. 386, nota 61); republicado em *De l'ataxie locomotrice progressive*, Paris, impr. Rignoux, 1859.

11. G. B. A. Duchenne, *Diagnostic différentiel des affections cérébelleuses et de l'ataxie locomotrice progressive* (extraído de *La Gazette hebdomadaire de médecine et de chirurgie*, 1864), Paris, impr. Martinet, 1864.

12. *Ibid.*, p. 5: "Desde que o homem começa a sentir os efeitos da embriaguez alcoólica, seu corpo, estando de pé, oscila em todos os sentidos... Nos pacientes que sofrem de ataraxia locomotora, as oscilações do corpo, estando de pé, têm uma característica muito diferente; elas são bruscas, enquanto as da embriaguez parecem uma espécie de balanço; são mais curtas e mais rápidas. Já comparei o atáxico de pé a um equilibrista que quer manter-se sem a vara numa corda esticada". Cf. *id.*, *De l'ataraxie locomotrice progressive*, *op. cit.*, p. 78: "O doente é comparável, até certo ponto, a um indivíduo que se manteria com dificuldade em equilíbrio numa corda, sem vara".

13. *Id.*, *Diagnostic différentiel des affections cérébelleuses...*, *op. cit.*, pp. 5-6.

14. *Ibid.*, p. 6: "O homem embriagado [...] caminha descrevendo curvas alternativamente para a direita ou para a esquerda, ou em zigue-zague, e não consegue andar em linha reta... O atáxico [...] geralmente anda em linha reta, vacilando, mas sem descrever curvas nem zigue-zagues como o homem embriagado".

15. *Ibid.*, p. 7: "Eu lhes perguntava se, de pé ou caminhando, [...] eles não sentiam a cabeça pesada ou girando, como quando se bebeu vinho ou álcool em excesso. Eles respondiam que a cabeça estava perfeitamente livre e que *o equilíbrio só lhes faltava nas pernas*" (grifado no texto).

16. Alusão às análises propostas por P. Broca em seu artigo de 1861, "Remarques sur le siège de la faculté du langage articulé", em que propõe o termo "afemia" (cf. *supra*, nota 9) para designar essa perda da "faculdade de articular as palavras" (*in* H. Hécaen e J. Dubois, *La Naissance de la neurolophysiologie du langage*, *op. cit.*, p. 63).

17. A anartria é uma afasia motora ligada a um dano na área de Broca, situada na face externa do hemisfério cerebral dominante, na parte interior da terceira circunvolução frontal. Caracterizada por distúrbios da articulação da palavra, sem lesão dos órgãos fonatórios, é descrita por Pierre Marie (1853-1940) em "De l'aphasie (cécité verbale, surdité verbale, aphasie motrice, agraphie)", *Revue de médecine*, vol. III, 1883, pp. 693-702.

18. Atesta-o o emprego do termo "histeroepilepsia" para designar uma forma híbrida (composta de histeria e epilepsia), marcada por crises convulsivas, como enuncia J.-B. Lodoïs Briffaut: "É possível ver a histérica tornando-se epiléptica, continuando a ser uma coisa e outra, o que constitui a histeroepilepsia, ou então a epilepsia dominando cada vez mais e, de certo modo, aniquilando a histeria primitiva" (*Rapports de l'hystérie et de l'épilepsie*, Th. Méd. Paris, nº 146, Paris, [s.n.], 1851, p. 24). Cf. E. J. Georget – segundo o qual a histeria é uma desordem nervosa convulsiva, que forma um *continuum* com a epilepsia –, verbete "Hystérie", *in Dictionnaire de médecine*, vol. 11, Paris, Béchet Jeune, 1824, pp. 526-51. Sobre essa confusão entre a epilepsia e os outros "distúrbios convulsivos", ver O. Temkin, *The Falling Sickness: A Story of Epilepsy from the Greeks to the Beginnings of Modern Neurology* [1945], 2ª ed. rev., Baltimore, Md., The Johns Hopkins Press, 1971, pp. 351-9.

19. M. Foucault toma duas datas referenciais:

(a) 1820, ano em que o debate sobre as causas da loucura começa por ocasião da defesa de tese de Étienne Georget, 8 de fevereiro de 1820: "Dissertation sur les causes de la folie" (cf. *supra*, p. 176, nota 18). Lançado em janeiro de 1843 por J. Baillarger, L. Cerise e F. Longet, os *Annales médico-psychologiques. Journal de l'anatomie, de la physiologie et de la pathologie du système nerveux destiné particulièrement à recueillir tous les documents relatifs à la science des rapports du physique et du moral, à la pathologie mentale, à la médecine légale des aliénés et à la clinique des névroses* (Paris, Fortin et Masson), são palco de um debate quase permanente sobre as causas orgânicas e morais da loucura, com um momento forte nos anos 1840, quando se opõem os partidários do organicismo, como: [a] L. Rostan, autor de uma *Exposition des princi-*

pes de l'organicisme, précédée de réflexions sur l'incrédulité en matière de médecine, Paris, Asselin, 1846. [b] A. [de] Foville, autor com J.-B. Delaye de uma dissertação para o prêmio Esquirol de 1821: "Sur les causes de la folie et leur mode d'action, suivies de recherches sur la nature et le siège spécial de cette maladie", *Nouveau Journal de médecine*, t. XII, outubro de 1821, pp. 110 ss.; assim como G. Ferrus e L. Calmeil. [c] J. J. Moreau de Tours, que defende em 1830 uma tese intitulada *De l'influence du physique, relativement au désordre des facultés intellectuelles, et en particulier dans cette variété de délire désignée par M. Esquirol sous le nom de Monomanie* (Th. Méd. Paris, nº 127, Paris, Didot, 1830), que adotam como bandeira os termos "organicismo", "organicista" – e os partidários da escola psicológica, que preferem dizer-se "dualistas": P.-N. Gerdy, Frédéric Dubois d'Amiens (1799-1873), Cl. Michéa, Louis François Émile Renaudin (1808-1865). Assim como: [d] J.-B. Parchappe de Vinay, autor de um artigo intitulado precisamente "De la prédominance des causes morales dans la génération de la folie" (*Annales médico-psychologiques*, t. II, novembro de 1843, pp. 358-71). [e] L. F. Lélut, que critica as utilizações da anatomia patológica em medicina mental em *Inductions sur la valeur des altérations de l'encéphale dans le délire aigu et dans la folie*, Paris, Trinquart, 1836.

(b) 1880, momento em que se desenvolve uma terceira vaga organicista, com os trabalhos de Magnan e de Charcot, que, pensando terem dominado a fisiopatologia do cérebro, creem ter chegado o tempo das conclusões definitivas.

20. Sobre a concepção de A. L. J. Bayle, cf. *supra*, p. 175, nota 17, e pp. 241-2, nota 2.

21. Contra Bayle, que admitia "três ordens de sintomas essenciais pertencentes à loucura, à demência e à paralisia", J. Baillarger sustenta que "os sintomas essenciais dessa doença, aqueles sem os quais ela nunca existe, são de duas ordens: uns são constituídos pelos fenômenos de paralisia e os outros pelos fenômenos de demência", e o delírio, quando existe, constitui apenas "um sintoma totalmente acessório" ("Des symptômes de la paralysie générale et des rapports de cette maladie avec la folie", apêndice à tradução do *Traité* de W. Griesinger, *op. cit.*, respectivamente, pp. 614 e 612).

22. "Boa doença" ou, como dizia Foucault na *Histoire de la folie* (ed. de 1972, p. 542), "boa forma". A grande estrutura que comanda toda a percepção da loucura encontra-se exatamente representada na análise dos sintomas psiquiátricos da sífilis nervosa. Já em 1955 Hen-

ri Ey via nela um "protótipo" que exerceu "um poder de atração irresistível sobre os psiquiatras" ("Histoire de la psychiatrie", *in Encyclopédie médico-chirurgicale. Psychiatrie*, t. I, 1955, p. 7). Isso se deve ao fato de que, no mesmo momento em que se constitui a anatomoclínica, A. L. J. Bayle isola em psiquiatria uma entidade que corresponde ao modelo médico (cf. *supra*, p. 175, nota 17): ela tem uma causa definível do ponto de vista anatomopatológico, apresenta uma sintomatologia específica e comporta uma evolução definida por três períodos que conduzem à impotência motora e à demência. Sobre o histórico do problema, cf. J. Baillarger, "De la découverte de la paralysie générale et des doctrines émises par les premiers auteurs", *Annales médico-psychologiques*, 3ª série, t. V, outubro de 1859, parte I, pp. 509-26; 3ª série, t. VI, janeiro de 1860, parte II, pp. 1-14.

23. Cf. *supra*, p. 375, nota 1.

24. Na década de 1840, a definição fundamental das neuroses pouco havia mudado, desde que o médico escocês William Cullen introduziu o termo em *Apparatus ad nosologiam methodicam, seu Synopsis nosologiae methodicae*... (*op. cit.*), antes de se impor com a publicação de *First Lines of the Practice of Physic* (Edimburgo, Elliot, 1777, 4 vol.): "Proponho abranger sob esse título de neuroses, ou doenças nervosas, todas as afecções contra a natureza do sentimento e do movimento, em que a pirexia [febre; J.L.] não constitui uma parte da doença primitiva e todas as que não dependem de uma afecção tópica dos órgãos, mas de uma afecção mais geral do sistema nervoso e das forças do sistema de que dependem mais especialmente o sentimento e o movimento" (*Élements de médecine pratique*, trad. fr. da 4ª ed., com notas, por M. Bosquillon, t. II, Paris, Barois et Méquignon, 1785, p. 185). Assim, em 1843, no item "Névrose", a introdução dos *Annales médico-psychologiques* (t. I, janeiro de 1843, pp. XXIII-XXIV) afirma: "NEUROSES. Vê-se predominar nelas, assim como nas diversas formas da alienação mental, o distúrbio das funções da vida de relação. Esse distúrbio se manifesta de mil maneiras, na hipocondria, na histeria, na catalepsia, na epilepsia, no sonambulismo, nas nevralgias, no histericismo etc. [...] Intermediárias de certo modo entre os distúrbios da vida de nutrição e as doenças mentais, elas parecem estar presentes nas duas naturezas. Aqui é um distúrbio funcional da vida orgânica que preside os acessos; ali é um distúrbio intelectual que domina os paroxismos". Cf.: [a] A. [de] Foville, verbete "Névroses", *in Dictionnaire de médecine et de chirurgie pratiques*, vol. XII, Paris, Gabon, 1834,

pp. 55-7. [b] E. Monneret e L. Fleury, verbete "Névroses", *in Compendium de médecine pratique*, vol. VI, Paris, Béchet, 1845, p. 209. [c] E. Littré e C. Robin, *Dictionnaire de médecine, de chirurgie, de pharmacie, des sciences accessoires et de l'art vétérinaire*, Paris, 1855, s.v.: "NEUROSE: nome genérico das doenças que se supõe terem sede no sistema nervoso e que consistem num distúrbio funcional sem lesão sensível na estrutura das partes, nem agente material apto a produzi-la." [d] J.-M. Bruttin, *Différentes Théories sur l'hystérie dans la première moitié du XIXe siècle*, Zurique, Juris, 1969.

25. Introdução dos *Annales médico-psychologiques*, t. I, janeiro de 1843, p. XXV.

26. Jules Falret, "La folie raisonnante ou folie morale" (lido na Sociedade Médico-Psicológica em 8 de janeiro de 1866), *Annales médico-psychologiques*, 4ª série, t. VII, maio de 1866, p. 406: "Um outro fato principal, essencialmente característico das histéricas, é o espírito de duplicidade e de mentira. Essas doentes [...] não têm prazer maior que o de enganar e induzir em erro as pessoas com quem se encontram em relação. As histéricas, que exageram até mesmo seus movimentos convulsivos (os quais são muitas vezes parcialmente simulados), disfarçam e também exageram todos os movimentos da sua alma... Numa palavra, a vida das histéricas não passa de uma perpétua mentira...". Republicado em *Études cliniques sur les maladies mentales et nerveuses*, estudo XII, Paris, J.-B. Baillière, 1889, p. 502.

27. É Jules Déjerine que se expressa assim na sua "Leçon inaugurale à la clinique des maladies du système nerveux", em 31 de março de 1911 (*La Presse médicale*, 1º de abril de 1911, pp. 253-8): "Por seus estudos sobre a histeria, Charcot soube tomar dos psiquiatras um domínio que estes tentarão inutilmente reconquistar. Claro, sua doutrina sobre a histeria não ficou intacta. No entanto, mesmo que Charcot só tivesse tido o mérito de fazer os médicos compreenderem que, fora das lesões materiais, os problemas causados por certos distúrbios psíquicos proporcionavam à atividade deles um campo considerável, mesmo assim ele mereceria todo o nosso reconhecimento" (citado em G. Guillain, *J.-M. Charcot (1825-1893): sa vie, son oeuvre*, Paris, Masson, 1955, p. 143). Uma ilustração disso seria a transferência para os neurologistas da paternidade dos verbetes sobre a histeria nas enciclopédias médicas e nos dicionários.

28. M. Foucault faz referência ao necrológio que Freud redige em agosto de 1893 e publica na *Wiener medizinische Wochenschrift*

(vol. 43, nº 37, 1893, pp. 1513-20): "A sala em que ele dava aulas era decorada com um quadro representando o 'cidadão' Pinel mandando tirar as correntes dos pobres insensatos da Salpêtrière" ("Charcot", *in* S. Freud, *GW*, t. I, 1952, p. 28 ["Charcot", trad. fr. J. Altounian, A. e O. Bourguigon, G. Goran, J. Laplanche, A. Rauzy, *in* S. Freud, *Résultats, Idées, Problèmes*, t. I, *1890-1920*, Paris, PUF ("Bibliothèque de psychanalyse"), 1984, p. 68]).

29. J.-M. Charcot, *Leçons sur les maladies du système nerveux*, *op. cit.*, t. I, aula XI. "De l'hyperesthésie ovarienne", pp. 320-45: os "estigmas" designam "a maioria dos acidentes que persistem de uma maneira mais ou menos permanente no intervalo dos ataques convulsivos nas histéricas e que quase sempre possibilitam reconhecer, em razão das características que esses acidentes oferecem, a grande neurose, [...] mesmo na ausência de convulsões". Assim é com a "hemianestesia, a paralisia, a contratura, os pontos dolorosos fixos sediados em diversas partes do corpo" (p. 320).

30. J.-M. Charcot, [1] "Des troubles de la vision chez les hystériques. Clinique médicale de l'hospice de la Salpêtrière", *Progrès médical*, ano VI, nº 3, 10 de janeiro de 1878, pp. 37-9; [2] *Leçons sur les maladies du système nerveux*, t. I, apêndice V, "Des troubles de la vision chez les hystériques", pp. 427-34.

31. *Leçons sur les maladies du système nerveux*, t. I, aula X, "De l'hémianesthésie hystérique", pp. 300-19.

32. *Ibid.*, aula XII, "De la contracture hystérique", pp. 347-66; *ibid.*, t. III, aula VII, "Deux cas de contracture hystérique d'origine traumatique" e aula VIII, continuação, Paris, Lecrosnier & Babé, 1890, pp. 97-107 e 108-23.

33. Assim, na Policlínica de 21 de fevereiro de 1888, "L'Hystérie chez les jeunes garçons", Charcot reconhece: "É muito curioso que, nas formas particularmente mentais, os estigmas não apareçam". (*Leçons du mardi à la Salpêtrière. Policlinique 1887-1888*, *op. cit.*, t. I, p. 208: "Todos esses estigmas [...] são constantes na histeria, mas, apesar da sua constância, devo reconhecer que muitas vezes não os encontramos todos, ou mesmo, no limite, não encontramos nenhum".)

34. Esboçada desde 1872 nas *Leçons sur les maladies du système nerveux* (*op. cit.*, t. I, aula XIII, "De l'hystéro-épilepsie", pp. 373-4, e apêndice VI, "Description de la grande attaque hystérique", pp. 435-48), sua codificação é apresentada em 1878, quando Charcot a reduz a "uma fórmula muito simples": "Todos esses fenômenos, aparentemen-

te tão desordenados, tão variáveis [...] se desenvolvem de acordo com uma regra. O ataque completo se compõe de quatro períodos: 1º Período epileptoide. Pode se parecer, e na maioria das vezes parece, com o ataque epiléptico verdadeiro... Pode-se dividir esse período epilético em três fases: a) fase tônica...; b) fase clônica. Os membros e todo o corpo são animados por oscilações breves e rápidas [...] que terminam com grandes estremecimentos generalizados...; c) fase de resolução... 2º Período das contorções e dos grandes movimentos... 3º Período das atitudes passionais. A alucinação preside manifestamente esse terceiro período. A própria doença entra em cena e, pela mímica expressiva e animada a que se entrega [...], é fácil acompanhar todas as peripécias do drama a que ela crê assistir e em que ela representa com frequência o papel principal... 4º Período terminal. A doente volta enfim ao mundo real" ("Description de la grande attaque hystérique. Hospice de la Salpêtrière", resumo de P. Richer, *Progrès médical*, ano 7, nº 2, 11 de janeiro de 1879, pp. 17-8).

35. Enquanto o termo "histeroepilepsia" [cf. *supra*, nota 18] abrangia, como lembra Charcot, "uma combinação em doses variáveis, conforme os casos, das duas neuroses", constituindo "uma forma mista, uma espécie de híbrido composto metade de histeria, metade de epilepsia" (*Leçons sur les maladies du système nerveux*, t. I, [3ª ed., 1877, cit., ou 5ª ed., 1884, V. Adrien Delahaye & Cie], p. 368), Charcot pretende diferenciar entre epilepsia e histeroepilepsia enquanto entidades patológicas distintas, que não poderiam se combinar para formar uma doença "híbrida". Por isso, ele distingue uma "histeroepilepsia com crises distintas", em que a epilepsia é a doença primitiva, na qual a histeria vem se enxertar, e uma "histeria com crises mistas", em que a convulsão de forma epiléptica só aparece a título de "elemento acessório": "nesses casos, tratar-se-ia unicamente e sempre da histeria que reveste a aparência da epilepsia" (*ibid.*, aula XIII, "De l'hystéro-épilepsie", 11 de junho de 1872, pp. 368-9). O termo "histeroepilepsia" passa a designar, então, somente o último grau da histeria levada ao seu desenvolvimento extremo, ou *hysteria major*. Mais tarde, ele repudiará o próprio termo: "Meu respeito pela tradição me fez manter outrora essa denominação de histeroepilepsia; mas ela me incomoda muito, confesso, porque é absurda. Não há a menor relação entre a epilepsia e a histeroepilepsia, nem mesmo aquela com crises mistas" (*Leçons du mardi à la Salpêtrière*, *op. cit.*, aula XVIII, 19 de março de 1889, pp. 424-5). M. Foucault retorna a essa questão em 26 de

fevereiro de 1975: cf. *Les Anormaux* (*op. cit.*), p. 167. Ver também Ch. Féré, "Notes pour servir à l'histoire de l'hystéro-épilepsie", *Archives de neurologie*, vol. III, 1882, pp. 160-75 e 281-309.

36. Sobre esse quadro diferencial, ver a aula resumida no *Progrès médical*, ano 2, nº 2, 10 de janeiro de 1874, pp. 18-9, "Caractères différentiels entre l'épilepsie et l'hystéro-épilepsie"; e *Leçons sur les maladies du système nerveux*, t. I, aula XIII (cit.), "De l'hystéro-épilepsie", pp. 374-85.

37. Trata-se de Aurel, 62 anos, que desde 1851 apresenta "uma hemianestesia esquerda completa", que "encontramos nela ainda hoje, isto é, após um longo período de 34 anos! Essa doente é submetida à nossa observação há quinze anos, e nunca a hemianestesia em questão deixou de estar presente" (*op. cit.*, t. III, Paris, Lecrosnier & Babé, 1890, aula XVIII, "À propos de six cas d'hystérie chez l'homme", recolhida por G. Guinon, pp. 260-1).

38. Trata-se de Habill que, "em dezembro de 1885, teve duas séries de acessos: a primeira, que durou treze dias, em que foram contados 4.506 acessos, a outra, que durou catorze dias, em que foram contados 17.083 acessos" (*Leçons du mardi à la Salpêtrière*, *op. cit.*, t. II, aula IV, policlínica da terça-feira, 13 de novembro de 1888, "Attaque de sommeil hystérique", p. 68).

39. Alusão à reprodução artificial das manifestações histéricas sob hipnose, a propósito das quais Charcot declara: "é verdadeiramente, em toda a sua simplicidade, o homem-máquina sonhado por De la Mettrie que temos diante dos olhos" ("Sur deux cas de monoplégie brachiale hystérique, de cause traumatique, chez l'homme", *in Leçons sur les maladies du système nerveux*, *op. cit.*, t. III, p. 337). Cf. Julien Offray de La Mettrie (1709-1751), *L'Homme machine*, Paris, [s.n.], 1747; Leiden, Luzac, 1748.

40. Charcot, *Leçons du mardi à la Salpêtrière*, *op. cit.*, t. I, policlínica da terça-feira, 24 de janeiro de 1888, "Paralysies hystéro-traumatiques développées par suggestion", pp. 135-6: "Essa paralisia… nós poderíamos reproduzir artificialmente em certas circunstâncias, o que é o sublime do gênero e o ideal em matéria de fisiologia patológica. Poder reproduzir um estado patológico é a perfeição, porque é como se controlássemos a teoria quando temos em mãos o meio de reproduzir os fenômenos mórbidos". Cf. *ibid.*, policlínica da terça-feira, 1º de maio de 1888, "Production artificielle de paralysie dans l'état hypno-

tique: procédés de guérison de ces paralysies expérimentales" (numa histeroepiléptica hipnotizável), pp. 373-85.

41. Em 1870, com a renovação do edifício Sainte-Laure, onde estavam hospitalizadas as alienadas, epilépticas e histéricas do serviço de Louis Delasiauve (1804-1893), a administração coloca as alienadas e as epilépticas tidas como alienadas no serviço de Baillarger, e abre um serviço para as outras epilépticas e histéricas: a "ala das epilépticas simples", que é confiada a Charcot em 1872. Cf. a "aula inaugural" da cátedra de clínica das doenças do sistema nervoso, *in Leçons sur les maladies du système nerveux*, *op. cit.*, t. III, pp. 2-3.

42. J.-M. Charcot, "Métallothérapie et hypnotisme. Électrothérapie", *in Oeuvres complètes*, t. IX, Paris, Lecrosnier & Babé, 1890, p. 297: "As pesquisas empreendidas no hospício da Salpêtrière pelo sr. Charcot e, sob a sua direção, por vários alunos seus, sobre o hipnotismo, datam de 1878". Charcot expõe seus primeiros resultados em suas "Lições sobre o grande hipnotismo das histéricas". Em 13 de fevereiro de 1882, faz na Academia de Ciências uma comunicação que propõe uma descrição em termos neurológicos e pretende dar à hipnose um estatuto científico: "Physiologie pathologique. Sur les divers états nerveux déterminés par l'hypnotisation chez les hystériques", *Comptes rendus hebdomadaires des séances de l'Académie des sciences*, vol. 94, nº 1, 13 de fevereiro de 1882, Paris, Gauthier-Villars, 1882, pp. 403-5. Ver A. R. Owen, *Hysteria, Hypnosis and Healing: the Work of J.-M. Charcot*, Londres, D. Dobson, 1971.

43. Na década de 1860, desenvolvem-se os problemas ligados às sequelas de acidentes do trabalho ou ferroviários: problemas de perícia, de indenizações, de determinação da incapacidade de trabalhar. No que concerne aos acidentes do trabalho, um decreto de 14 de novembro de 1865 cria a Sécurité Générale, sustentada pelo Crédit Industriel et Commercial. A lei de 11 de julho de 1868 preconiza a criação de duas caixas nacionais de seguro, em caso de morte e em caso de acidentes resultantes de trabalhos industriais e agrícolas; é regulamentada pelo decreto de 10 de agosto de 1868. Em maio de 1880, um projeto de lei sobre "a responsabilidade dos acidentes de que os operários são vítimas em seu trabalho" é apresentado por Martin Nadaud, mas só em 9 de abril de 1898 será votada uma lei sobre os acidentes de trabalho. Cf.: [a] G. Hamon, *Histoire générale de l'assurance en France et à l'étranger*, Paris, A. Giard e F. Brière, 1897. [b] V. Senés, *Les Origines des compagnies d'assurances...*, Paris, L. Dulac, 1900. [c] J.-P.

Richard, *Histoire des institutions d'assurances en France*, Paris, Éd. de l'Argus, 1956. [d] H. Hatzfeld, *Du paupérisme à la Sécurité sociale (1850-1940)*, Paris, 1971. M. Foucault volta a essa questão em outubro de 1974: cf. DE, III, nº 170, p. 54.

44. Em janeiro e fevereiro de 1867, Henri Legrand du Saulle (1830-1886) consagra à questão uma série de lições publicadas em sua obra, *Étude médico-légale sur les assurances sur la vie*, Paris, Savy, 1868.

45. Assim, Cl. Guillemaud aborda a questão da detecção da simulação em sua obra, *Des accidents de chemin de fer et de leurs conséquences médico-judiciaires*, Paris, [s.n.], 1851, pp. 40-1; reed., Lyon, A. Storck, 1891. A. Souques dedica sua tese à questão da simulação: *Contribution à l'étude des syndromes hystériques "simulateurs" des maladies organiques de la moelle épinière*, Th. Méd. Paris, nº 158, Paris, Lecrosnier & Babé, 1891. Cf. também *supra*, p. 177, nota 20, e p. 379, nota 20.

46. Cf. *supra*, pp. 230 ss. e 418 ss. Na segunda metade do século XIX desenvolve-se toda uma literatura referente às sequelas desses acidentes: [a] Anglo-saxã, que as atribui a uma inflamação seja da medula ("Railway Spine"), seja do cérebro ("Railway Brain"). Cf.: [a] J. E. Erichsen, *On Railway and Other Injuries of the Nervous System*, Filadélfia, Pa., H. C. Lea, 1867; e *On Concussion of the Spine, Nervous Shock, and Other Obscure Injuries of the Nervous System*, Nova York, Wood, 1875; [b] H. W. Page, *Injuries of the Spine and Spinal Cord without Apparent Mechanical Lesion and Nervous Shock in their Surgical and Medico-legal Aspects*, Londres, J. Churchill, 1883, e sua obra, de que manda um exemplar com dedicatória a Charcot: *Railway Injuries with Special Reference to those of the Back and Nervous System in their Medico-legal and Clinical Aspects*, Londres, Griffin & Co., 1891. [b] Alemã, que considera que essas sequelas constituem uma "neurose traumática" específica. Cf.: [a] H. Oppenheim e R. Thomsen, "Über das Vorkommen und die Bedeutung der sensorischen Anästhesie bei Erkrankungen des zentralen Nervensystems", *Archiv für Psychiatrie*, Berlim, vol. 15, 1884, pp. 559-83 e 663-80; [β] H. Oppenheim, *Die traumatischen Neurosen...*, Berlim, Hirschwald, 1889. – Charcot consagra à questão uma aula já em 1877, "De l'influence des lésions traumatiques sur le développement des phénomènes d'hystérie locale" (aula dada no hospital da Salpêtrière, dezembro de 1877), *Progrès médical*, ano 6, nº 18, 4 de maio de 1878, pp. 335-8. Não admitindo a existência de uma entidade clínica específica e questionando a possibilidade de reproduzir sob hipnose paralisias semelhantes às paralisias traumáticas, Charcot defi-

ne uma variedade de histeria: "a histeria traumática". De 1878 a 1893, publica cerca de vinte casos de paralisia devidas a acidentes de trabalho ou ferroviários: [1] *Leçons sur les maladies du système nerveux*, *op. cit.*, t. III, aula XVIII, cit. (em que critica a concepção alemã), p. 258; aula XXII, "Sur deux cas de monoplégie brachiale hystérique chez l'homme", pp. 354-6; aula XXIII, "Sur deux cas de coxalgie hystérique chez l'homme", pp. 370-85; aula XXIV (pp. 386-98, em que faz uma analogia entre o "*nervous shock*" dos ingleses e o estado hipnótico por sugestão) e apêndice I, pp. 458-62; [2] *Leçons du mardi à la Salpêtrière*, *op. cit.*, t. II, policlínica da terça-feira 4 de dezembro de 1888, aula VII, pp. 131-9, apêndice I, "Hystérie et névrose traumatique. Collision de trains et hystérie consécutive", pp. 527-35; [3] *Clinique des maladies du système nerveux (1889-1891)*, *op. cit.*, t. I, aula III, 13 de novembro de 1889, pp. 61-4; [4] J.-M. Charcot e P. Marie, "Hysteria, mainly hystero--epilepsy" – opondo-se à concepção alemã de uma "neurose traumática" específica –, *in* D. Hack Tuke, *A Dictionary of Psychological Medicine*, vol. I, Londres, J. & A. Churchill, 1892, pp. 639-40. Cf. também: [a] Ch. Vibert, *La Névrose traumatique. Étude médico-légale sur les blessures produites par les accidents de chemin de fer et les traumatismes analogues*, Paris, J.-B. Baillière, 1893. [b] E. Fischer-Homberger, "Railway-Spine und traumatische Neurose. Seele und Rückenmark", *Gesnerus*, vol. 27, 1970, pp. 96-111; desde então, dispomos da sua obra *Die Traumatische Neurose. Vom somatischen zum sozialen Leiden*, Berna, Hans Huber, 1975.

47. *Leçons sur les maladies du système nerveux*, *op. cit.*, t. III, aula XXIV, "Sur un cas de coxalgie hystérique de cause traumatique chez l'homme", recolhida pelo dr. P. Marie. Para demonstrar que C., operário de uma serraria, vítima de um acidente de trabalho em maio de 1883, sofre de uma coxalgia histérica, sem lesão orgânica, Charcot faz esta ser reproduzida por duas pacientes postas em "estado hipnótico" (*ibid.*, pp. 391-2).

48. Sobre a simulação, cf. *supra*, nota 45. Referências a essa literatura podem ser encontradas em: [a] A. Laurent, *Étude médico-légale sur la simulation de la folie*, *op. cit.* [b] E. Boisseau, verbete "Maladies simulées", *in Dictionnaire encyclopédique des sciences médicales*, 2ª série, t. IV, Paris, Masson/Asselin, 1876, pp. 266-81. [c] G. Tourdes, verbete "Simulation", cit. [*supra*, p. 177, nota 20]. Charcot aborda a questão várias vezes: [1] *Leçons du mardi à la Salpêtrière*, *op. cit.*, t. I, policlínica da terça-feira 20 de março de 1888, "Ataraxie locomotrice. Forme anomale", Delahaye et Lecrosnier, 1892, pp. 281-4; [2] *Leçons sur les*

maladies du système nerveux, t. I, aula IX, "De l'ischurie hystérique", § "Simulation" (1873), 5ª ed. Delahay et Lecrosnier, 1884, pp. 281-3; t. III, "Leçon d'ouverture de la chaire de la clinique des maladies du système nerveux", 23 de abril de 1882, § VII, "Simulation" (1887), Lecrosnier & Babé, 1890, pp. 17-22, e aula XXVI, "Cas de mutisme hystérique chez l'homme. Les simulations", p. 422.

49. Hippolyte Bernheim (1840-1919), professor da faculdade e presidente da Société médicale de Nancy, critica desde os anos 1880 as experiências de Charcot: *De la suggestion dans l'état hypnotique et dans l'état de veille*, Paris, Doin, 1884. Crítica que ele precisa em *Hypnotisme, Suggestion, Psychologie*, Paris, Doin, 1891, p. 172: "Não se pode imaginar quanto nos expomos a fazer uma sugestão inconsciente nos neuropatas e nas histéricas; criamos nevralgias, zonas histerogênicas, [...]; exteriorizamos no doente suas concepções; forjamos uma observação com as ideias preconcebidas que temos no espírito". Já num artigo publicado em *Le Temps* de 29 de janeiro de 1891, ele declarava: "Creio que o ataque de grande histeria que a Salpêtrière nos apresenta como clássico, desenrolando-se em fases nítidas e precisas [...] é uma histeria de cultura". Recusando-se, além disso, a confinar o hipnotismo no registro patológico, afirma que "o que se chama hipnotismo outra coisa não é senão a ativação de uma propriedade normal do cérebro, a sugestibilidade, isto é, a aptidão para ser influenciado por uma ideia aceita e a procurar sua realização". Sobre o debate Charcot-Bernheim, cf. Hillman, "A Scientific Study of Hystery" (1817-1868), *Bulletin of the History of Medicine*, vol. 29, nº 2, 1955, pp. 163-82.

50. A noção de "traumatismo", entendida de início como uma "ação mecânica" capaz de desencadear acidentes histéricos, impõe-se a partir de 1877; cf. *Leçons sur les maladies du système nerveux*, *op. cit.*, t. I, apêndice VII, "De l'influence des lésions traumatiques sur le développement des phénomènes d'hystérie locale" (dezembro de 1877), pp. 446-57. A partir de 1885, a noção se aprofunda e passa a levar em conta um mecanismo de "sugestão traumática"; cf. *ibid.*, t. III, aula XX, "Sur deux cas de monoplégie brachiale hystérique, de cause traumatique chez l'homme", pp. 299-314; aula XXI, "Sur deux cas...", continuação pp. 315-43; aula XXII, "Sur deux cas...", fim, pp. 344-69 (com uma passagem consagrada a "Hypnotisme et choc nerveux", pp. 354-6).

51. Caso Le Logeais, mensageiro de 29 anos, atropelado em 21 de outubro de 1885 por uma carroça puxada a cavalo. Depois de duas hospitalizações, em Beaujon e no Hôtel-Dieu, é internado no serviço

de Charcot em 21 de março de 1886, apresentando uma paralisia e uma anestesia dos membros: cf. *ibid.*, t. III, apêndice I, "Cas de paralysie hystéro-traumatique survenue à la suite d'un accident de voiture" (observação recolhida por M. Berbèz), pp. 441-59. O acidente fez "nascer no espírito de Lelog a convicção de que as rodas da carroça que o atropelou lhe 'passaram por cima do corpo', como ele diz. Essa convicção que o persegue até nos sonhos é totalmente errônea, porém" (p. 555).

52. *Ibid.*, pp. 553-4: "É no próprio fato do choque local e, em particular, nos fenômenos sensitivos e motores relacionados a ele que cumpre procurar o ponto de partida da sugestão... A ideia de impotência motora do membro [...], em razão do estado mental sonambúlico tão particularmente favorável à eficácia das sugestões, poderá adquirir, em consequência de uma espécie de incubação, um desenvolvimento considerável e se realizar enfim objetivamente sob a forma de uma paralisia completa".

53. Concepção ilustrada pelas palavras de Esquirol, verbete "Manie", *in Dictionnaire des sciences médicales*, t. XXX, Paris, C. L. F. Panckoucke, 1818, p. 454: "Os atos a que se entregam os alienados são sempre o resultado do delírio". Ou de E. J. Georget, *De la folie. Considérations sur cette maladie...*, *op. cit.*, p. 75: "Não há loucura sem delírio". Ou ainda de F. F. Fodéré, *Traité de médecine légale et d'hygiène publique*, vol. I, Paris, Mame, 1813, p. 184.

54. Sobre o relato de infância, ver o caso Augustine, em *Iconographie photographique de la Salpêtrière*, publicada por D. M. Bourneville, Delahaye e Regnard, t. II, Paris, Delahaye, 1878, p. 167.

55. Trata-se de Louise Augustine, internada no serviço de Charcot com 15 anos e meio de idade; cf. *Leçons sur les maladies du système nerveux*, *op. cit.*, segunda parte, "Hystéro-épilepsie", observação 2, pp. 125-6.

56. Trata-se da cena durante a qual ela interpela um amigo, Émile, diante do irmão para se desculpar das censuras deste último; cf. *ibid.*, p. 149.

57. Caso Celina, internada no serviço de Charcot em 1870: *ibid.*, t. I, observação 5, 9 de fevereiro de 1877, Paris, Delahaye et Lecrosnier, 1877, p. 132.

58. Cf. *supra*, nota 26. E também Jules Falret, "Responsabilité légale des aliénés", § "Hystérie" (1876), *in Les Aliénés et les Asiles d'aliénés*, *op. cit.*, p. 189: "Esses doentes apresentam muitas vezes distúrbios

de caráter mais ou menos pronunciados que lhes imprimem um cunho particular e que foram designados sob o termo genérico de caráter das histéricas. Elas são fantasistas, dispostas à mentira e à invenção; são romanescas, apreciadoras da dominação e caprichosas".

59. Foi a propósito da obra de Paul Briquet, *Traité clinique et thérapeutique de l'hystérie* (Paris, J.-B. Baillière, 1859), que Charcot pronunciou essa frase; cf. *Leçons sur les maladies du système nerveux*, *op. cit.*, t. I, aula X, "De l'hémianesthésie hystérique" (recolhida por D. M. Bourneville, 1872), p. 301.

60. Trata-se de um jantar durante o qual Freud assiste a uma discussão entre Charcot e Paul Brouardel, professor de medicina legal. Charcot declara a propósito de uma paciente: "'Mas, em casos assim, é sempre a coisa genital, sempre'... Sei que caí por um instante numa surpresa quase paralisante, em que eu me dizia: 'Mas, se ele sabe, por que nunca diz?'" (*Zur Geschichte der psychoanalytischen Bewegung* (1914), *in* GW, vol. X, 1946, p. 51).

61. Foi graças a uma bolsa que Freud fez um estágio no serviço de Charcot, de 30 de outubro de 1885 a 28 de fevereiro de 1886. Cf. S. Freud, "Bericht über meine mit Universitäts-Jubiläums Reisestipendium unternommene Studienreise nach Paris und Berlin" (1886), *in* J. e R. Gicklhorn, *Sigmund Freuds akademische Laufbahn, im Lichte der Dokumente von [J. & R.G.]*, Viena, Urban & Schwarzenberg, 1960, pp. 82-9 ["Rapport sur mon voyage à Paris e à Berlin grâce à la bourse de voyage du fonds jubilaire de l'Université (octobre 1885-mars 1886)", tradução parcial para o francês de Anne Berman na *Revue française de psychanalyse*, vol. XX, 1956, nº 3, pp. 299-306]. Os primeiros textos em que Freud considera uma etiologia sexual das neuroses concerniam à neurastenia e à neurose de angústia: cf. *La Naissance de la psychanalyse*, *op. cit.*, manuscrito A, fim de 1892, pp. 59-60; manuscrito B, 8 de fevereiro de 1893, pp. 61-5. Em 1894, ele estenderá essa hipótese às psiconeuroses: cf. *Die Abwehr-Neuropsychosen*, *op. cit.* [*in* GW, t. I] ["Les Psychonévroses de défense. Essai d'une théorie psychologique de l'hystérie acquise, de nombreuses phobies et obsessions et de certaines psychoses hallucinatoires", trad. fr. J. Laplanche, *in Névrose, Psychose et Perversion*, *op. cit.*, pp. 1-14]. Cf. também o artigo que recapitula o problema: "Die Sexualität in de Ätiologie der Neurosen" (1898), *in GW*, t. I, pp. 489-516 ["La sexualité dans l'étiologie des névroses", trad. fr. J. Altounian, A. e O. Bourguignon, G. Goran, J. Laplanche, A. Rauzy, *in Résultats, Idées, Problèmes*, t. I (1890-1920), *op. cit.*, pp. 75-97].

62. Trata-se do "período do delírio erótico" de Geneviève, nascida em Loudun, em 2 de janeiro de 1843, internada como "epiléptica simples" no serviço de Charcot em 1872; cf. *Iconographie photographique de la Salpêtrière*, *op. cit.*, "Période du délire érotique": "O observador, ainda não acostumado com essas cenas, fica estupefato ao ver as contorções pavorosas do seu rosto, aquela expressão de lubricidade extrema [...] dirigindo-se a um dos presentes, ela se inclina bruscamente para ele, dizendo: 'Beije-me!... Dê-me...'" (t. I, p. 70). Observação cit. por M. Foucault em *La Volonté de savoir*, t. I, Paris, Gallimard ("Bibliothèque des histoires"), 1976, p. 75, n. 1.

63. Cf. *supra*, nota 4.

64. Joseph François Félix Babinski (1857-1932), depois de ter sido chefe de clínica no serviço de Charcot, de 1885 a 1887, distancia-se depois da morte deste das suas concepções, propondo em 7 de novembro de 1901, numa comunicação à Sociedade de Neurologia de Paris, substituir o termo "histeria" pelo de "pitiatismo" (de πείθειν, persuadir), para designar uma classe de fenômenos mórbidos resultantes da sugestão e capazes de serem curados por esta, dissociando assim a histeria do hipnotismo: "significando as palavras gregas *peithó* [πειθώ] e *iatós* [ἰατος], respectivamente, 'persuasão' e 'curável', o neologismo 'pitiatismo' poderia designar muito bem o estado psíquico que se manifesta por distúrbios curáveis pela persuasão e substituiria vantajosamente a palavra 'histeria'" ("Définition de l'hystérie", *Revue neurologique*, 1901, nº 9, p. 1090; republicado em *Oeuvres scientifiques*, parte IX, "Hystérie-Pithiatisme", Paris, Masson, 1934, p. 464). Babinski desenvolve sua concepção entre 1906 e 1909: [1] "Ma conception de l'hystérie et de l'hypnotisme (Pithiatisme)" (Conferência feita na Société de l'Internat des hôpitaux de Paris, 28 de junho de 1906), *ibid.*, pp. 465-85; [2] "Démembrement de l'hystérie traditionelle. Pithiatisme" (*La Semaine médicale*, 6 de janeiro de 1909, pp. 66-7), em que declara: "Não se veem mais esses grandes ataques com os quatro célebres períodos, esses grandes estados hipnóticos caracterizados pela letargia, a catalepsia e o sonambulismo. Os alunos ou os jovens médicos que leem nas obras da época a descrição desses distúrbios têm a impressão de que se trata de paleopatologia" (republicado em *Oeuvres scientifiques*, p. 500).

RESUMO DO CURSO*

Por muito tempo e, em boa parte, ainda em nossos dias, a medicina, a psiquiatria, a justiça penal, a criminologia permaneceram nos confins de uma manifestação da verdade nas normas do conhecimento e de uma produção da verdade na forma da prova, tendendo esta sempre a se ocultar sob aquela e a se fazer justificar por ela. A atual crise dessas "disciplinas" não põe em questão apenas os limites e as incertezas delas no campo do conhecimento, põe em questão o conhecimento, a forma do conhecimento, a norma "sujeito-objeto"; ela interroga as relações entre as estruturas econômicas e políticas da nossa sociedade e o conhecimento (não em seus conteúdos verdadeiros ou falsos, mas em suas funções de poder-saber). Crise, por conseguinte, histórico-política.

Seja, para começar, o exemplo da medicina, com o espaço que lhe é conexo, a saber, o hospital. Até bem tarde, o hospital era um lugar ambíguo: de constatação, para uma verdade oculta, e de prova, para uma verdade a ser produzida.

Uma ação direta sobre a doença: não apenas permitir-lhe revelar sua verdade ao médico, mas produzi-la. O hospital, local de eclosão da verdadeira doença. De fato, supunha-se que

* Publicado no *Annuaire du Collège de France, 74e année, Histoires des systèmes de pensée, année 1973-1974*, 1074, pp. 293-300. Republicado em *Dits et Écrits, 1954-1968*, editado por D. Defert e F. Ewald, com a colaboração de J. Lagrange, Paris, Gallimard ("Bibliothèque des sciences humaines"), 1994, 4 vol.; cf. t. II, pp. 674-85.

o doente deixado em estado livre – em seu "meio", em sua família, em seu círculo pessoal, com seu regime, seus hábitos, seus preconceitos, suas ilusões – só podia ser afetado por uma doença complexa, confusa, intrincada, uma espécie de doença contra a natureza que era ao mesmo tempo uma mistura de várias doenças e um impedimento para que a verdadeira doença se produzisse na autenticidade da sua natureza. O papel do hospital era, portanto, afastando essa vegetação parasita, essas formas aberrantes, não apenas deixar ver a doença tal como ela é, mas produzi-la enfim em sua verdade até então emparedada e entravada. Sua natureza própria, suas características essenciais, seu desenvolvimento específico iam finalmente poder se tornar realidade, por efeito da hospitalização.

O hospital do século XVIII deveria criar as condições para que a verdade do mal eclodisse. Era portanto um lugar de observação e de demonstração, mas também de purificação e de prova. Era uma espécie de aparelhagem complexa que devia ao mesmo tempo fazer despontar e produzir realmente a doença: lugar botânico para a contemplação das espécies, lugar ainda alquímico para a elaboração das substâncias patológicas.

Essa dupla função é que foi assumida por muito tempo ainda pelas grandes estruturas hospitalares instauradas no século XIX. E durante um século (1760-1860), a prática e a teoria da hospitalização e, de modo geral, a concepção da doença foram dominadas por esse equívoco: o hospital, estrutura de acolhimento da doença, deve ser um espaço de conhecimento ou um lugar de prova?

Daí toda uma série de problemas que perpassaram o pensamento e a prática dos médicos. Eis alguns:

1) A terapêutica consiste em suprimir o mal, em reduzi-lo à inexistência; mas, para que essa terapêutica seja racional, para que possa se fundar em verdade, não deve ela deixar a doença se desenvolver? Quando se deve intervir e em que sentido? Deve-se mesmo intervir? Deve-se agir para que a

doença se desenvolva ou para que se detenha? Para atenuá-la ou para conduzi-la a termo?

2) Há doenças e modificações de doenças. Doenças puras e impuras, simples e complexas. Não há, afinal, uma só doença, de que todas as outras seriam formas mais ou menos proximamente derivadas, ou devem-se admitir categorias irredutíveis? (Discussão entre Broussais e seus adversários a propósito da noção de irritação. Problema das febres essenciais.)

3) O que é uma doença normal? O que é uma doença que segue seu curso? Uma doença que leva à morte ou uma doença que sara espontaneamente, terminada sua evolução? Era assim que Bichat se interrogava sobre a posição da doença entre a vida e a morte.

É sabida a prodigiosa simplificação que a biologia pasteuriana introduziu em todos esses problemas. Determinando o agente do mal e fixando-o como um organismo singular, ela permitiu que o hospital se torne um lugar de observação, de diagnóstico, de identificação clínica e experimental, mas também de intervenção imediata, de contra-ataque voltado contra a invasão microbiana.

Quanto à função de prova, vemos que pode desaparecer. O lugar em que se produzirá a doença será o laboratório, o tubo de ensaio; mas, aí, a doença não se efetua numa crise; reduz-se seu processo a um mecanismo, que se pode ampliar; reduz-se a doença a um fenômeno verificável e controlável. O meio hospitalar já não tem de ser, para a doença, um lugar favorável a um acontecimento decisivo; ele possibilita simplesmente uma redução, uma transferência, uma ampliação, uma constatação; a prova se transforma em prova na estrutura técnica do laboratório e na representação do médico.

Se se quisesse fazer uma "etno-epistemologia" do personagem médico, seria necessário dizer que a revolução pasteuriana privou-o do seu papel sem dúvida milenar na produção ritual e na prova da doença. E o desaparecimento desse papel foi sem dúvida dramatizado pelo fato de que Pasteur não só mostrou que o médico não tinha de ser o produtor da doença "em sua verdade", mas que, por ignorância da verdade, ele se tornara, milhares de vezes, seu propagador e seu reprodutor: o médico de hospital, ao ir de leito em leito, era um dos agentes maiores do contágio. Pasteur causava nos médicos uma formidável ferida narcísica, que eles levaram muito tempo para lhe perdoar; aquelas mãos do médico, que deviam percorrer o corpo do doente, apalpá-lo, examiná-lo, aquelas mãos que deviam descobrir a doença, trazê-la à luz do dia, mostrá-la, foram designadas por Pasteur como portadoras do mal. O espaço hospitalar e o saber do médico haviam tido até então o papel de produzir a venda "crítica" da doença; e eis que o corpo do médico, o amontoamento hospitalar apareciam como produtores da realidade da doença.

Asseptizando o médico e o hospital, foi-lhes dada uma nova inocência, de onde ambos tiraram novos poderes e um novo estatuto na imaginação dos homens. Mas esta é outra história.

✦

Estas poucas anotações podem ajudar a compreender a posição do louco e do psiquiatra no interior do espaço asilar.

Há sem dúvida uma correlação histórica entre dois fatos: antes do século XVIII, a loucura não era sistematicamente internada e era essencialmente considerada uma forma do erro ou da ilusão. Ainda no início da idade clássica, a loucura era percebida como pertencente às quimeras do mundo; ela podia viver no meio delas e só tinha de ser separada dela quando adquiria formas extremas ou perigosas. Compreende-se nessas condições que o lugar privilegiado em que a loucura podia e devia eclodir em sua verdade não podia ser o espaço artificial do hospital. Os locais terapêuticos que eram reconhecidos eram, em primeiro lugar, a natureza, pois ela era a forma visível da verdade; ela tinha em si o poder de dissipar o erro, de fazer as quimeras se dissipar. As prescrições dadas pelos médicos eram portanto a viagem, o descanso, o passeio, o retiro, o corte com o mundo artificial e fútil da cidade. Esquirol ainda se lembrará disso quando, ao projetar um hospital psiquiátrico, recomendará que cada pátio interno se abra amplamente para a vista de um jardim. O outro local terapêutico posto em uso era o teatro, natureza invertida: representava-se, encenava-se para o doente a comédia da sua própria loucura, dava-se a ele por um instante uma realidade fictícia, fazia-se, com os cenários e os figurinos, como se essa realidade fosse verdadeira, mas de tal modo que, pego nessa cilada, o erro acabasse despontando aos olhos daquele que era sua vítima. Essa técnica também não havia totalmente desaparecido no século XIX. Esquirol, por exemplo, recomendava processar os melancólicos para estimular sua energia e seu gosto de lutar.

A prática do internamento no início do século XIX coincide com o momento em que a loucura é percebida menos em relação ao erro do que em relação à conduta regular e normal; em que ela já não aparece como juízo perturbado, mas como distúrbio na maneira de agir, de querer, de experimentar paixões, de tomar decisões e ser livre; em suma, quando não se inscreve mais no eixo verdade-erro-consciência, mas sim no eixo paixão-vontade-liberdade; momento de Hoffbauer e de Esquirol. "Há alienados cujo delírio mal é visível; não há nenhum cujas paixões, cujas afeições morais não sejam desordenadas, pervertidas ou aniquiladas... A diminuição do delírio só é um sinal certo de cura quando os alienados voltam às suas primeiras afeições."* Qual é, com efeito, o processo da cura? O movimento pelo qual o erro se dissipa e a

* J. E. D. Esquirol, "De la folie" (1816), *in Des maladies mentales considérées sous les rapports médical, hygiénique et médico-légal*, Paris, J.-B. Baillière, 1838, t. I, p. 16 (reed. Paris, Éd. Frénésie, col. "Les introuvables de la psychiatrie", 1989).

verdade aparece de novo? Não, e sim "a volta das afeições morais a seus justos limites, o desejo de rever os amigos, os filhos, as lágrimas da sensibilidade, a necessidade de abrir o coração, de se encontrar no seio da família, de retomar seus hábitos"*.

Qual poderá então ser o papel do asilo nesse movimento de retorno das condutas regulares? Claro, ele terá antes de mais nada a função que se atribuía aos hospitais no fim do século XVIII: possibilitar descobrir a verdade da doença mental, afastar tudo o que pode, no ambiente do enfermo, mascará-la, misturá-la, dar-lhe formas aberrantes e, também, mantê-la e revigorá-la. Porém, mais que um lugar de desvendamento, o hospital, cujo modelo Esquirol ideou, é um lugar de enfrentamento; a loucura, vontade perturbada, paixão pervertida, deve encontrar nele uma vontade reta e paixões ortodoxas. O face a face das duas, seu choque inevitável e, na verdade, desejável produzirão dois efeitos: a vontade doente, que podia perfeitamente permanecer inapreensível, pois não se exprimia em nenhum delírio, trará seu mal à luz do dia pela resistência que oporá à vontade reta do médico; por outro lado, a luta que se estabelece a partir daí deverá, se bem travada, levar à vitória da vontade reta, à submissão, à renúncia da vontade perturbada. Portanto, um processo de oposição, de luta e de dominação. "É necessário aplicar um método perturbador, quebrar o espasmo com o espasmo... É necessário subjugar o caráter inteiro de certos doentes, vencer suas pretensões, domar seus arroubos, quebrar seu orgulho, ao passo que é necessário estimular, incentivar os outros."**

Assim se estabelece a curiosa função do hospital psiquiátrico do século XIX, lugar de diagnóstico e de classificação, retângulo botânico em que as espécies de doenças são repartidas em dois pátios cuja disposição lembra uma vasta horta; mas também espaço fechado para um enfrentamento,

....

* *Ibid.*

** J. E. D. Esquirol, *op. cit.*, § V, "Traitement de la folie", pp. 132-3.

liça de uma justa, campo institucional onde o que está em causa é vitória e submissão. O grande médico de asilo – seja ele Leuret, Charcot ou Kraepelin – é ao mesmo tempo aquele que pode dizer a verdade da doença pelo saber que tem dela e aquele que pode produzir a doença em sua verdade e submetê-la na realidade pelo poder que sua vontade exerce sobre o próprio doente. Todas as técnicas ou procedimentos postos em prática nos asilos do século XIX – o isolamento, o interrogatório privado ou público, os tratamentos-punições como a ducha, as conversas morais (incentivos ou repreensões), a disciplina rigorosa, o trabalho obrigatório, as recompensas, as relações preferenciais entre o médico e alguns dos seus doentes, as relações de vassalagem, de posse, de domesticidade, às vezes de servidão entre o doente e o médico –, tudo isso tinha como função fazer do personagem médico o "mestre/senhor da loucura": aquele que a faz aparecer em sua verdade (quando ela se esconde, quando ela permanece oculta e silenciosa) e aquele que a domina, aplaca e a faz desaparecer, depois de tê-la doutamente deflagrado.

Digamos, pois, de maneira esquemática: no hospital pasteuriano, a função "produzir a verdade" da doença não cessou de se diluir; o médico produtor de verdade desaparece numa estrutura de conhecimento. Ao contrário, no hospital de Esquirol ou de Charcot, a função "produção de verdade" se hipertrofia, se exalta em torno do personagem do médico. E isso num jogo em que o que está na berlinda é o superpoder do médico. Charcot, taumaturgo da histeria, é certamente o personagem mais altamente simbólico desse tipo de funcionamento.

Ora, essa exaltação se produz numa época em que o poder médico encontra suas garantias e suas justificações nos privilégios do conhecimento: o médico é competente, o médico conhece as doenças e os doentes, detém um saber científico que é do mesmo tipo que o do químico ou do biólogo, e é isso que o autoriza agora a intervir e a decidir. O poder que o asilo dá ao psiquiatra deverá portanto se justificar (e se mascarar ao mesmo tempo como superpoder primordial) produzindo fenômenos integráveis à ciência médica. Compreende-se por que a técnica da hipnose e da sugestão, o problema da simulação, o diagnóstico diferencial entre doença orgânica e doença psicológica estiveram por tão longos anos (de 1860 a 1890 pelo menos) no centro da prática e da teoria psiquiátricas. O ponto de perfeição, de por demais milagrosa perfeição, foi alcançado quando os doentes do serviço de Charcot puseram-se a reproduzir, solicitados pelo poder-saber médico, uma sintomatologia normalizada com base na epilepsia, isto é, capaz de ser decifrada, conhecida e reconhecida nos termos de uma doença orgânica.

Episódio decisivo em que se redistribuem e vêm se superpor exatamente as duas funções do asilo (prova e produção da verdade, de um lado; constatação e conhecimento dos fenômenos, do outro). O poder do médico lhe permite produzir a partir de então a realidade de uma doença mental cuja característica é reproduzir fenômenos inteiramente acessíveis ao conhecimento. A histérica era a doente perfeita, pois dava a conhecer: ela própria retranscrevia os efeitos do poder médico em formas que o médico podia descrever de acordo com um discurso cientificamente aceitável. Quanto à relação de poder que tornava possível toda essa operação, como teria podido ser detectada em seu papel determinante, se – virtude suprema da histeria, docilidade sem par, verdadeira santidade epistemológica – as próprias doentes a assumiam e aceitavam a responsabilidade por ela? Essa relação aparecia na sintomatologia como sugestionabilidade mórbida. Tudo se desenvolvia agora na limpidez do conhecimento purificado de todo poder, entre o sujeito cognoscente e o objeto conhecido.

✦

Hipótese: a crise foi aberta, e a era, ainda apenas esboçada, da antipsiquiatria começa quando se tem a desconfiança e logo a certeza de que Charcot produzia efetivamente a crise de histeria que descrevia. Tem-se aí, de certo modo, o equivalente da descoberta feita por Pasteur, de que o médico transmitia as doenças que devia combater.

Parece-me em todo caso que todas as grandes comoções que abalaram a psiquiatria desde o fim do século XIX puseram essencialmente em questão o poder do médico. Seu poder e o efeito que ele produzia no doente, mais até que seu saber e a verdade do que ele dizia sobre a doença. Digamos mais exatamente que, de Bernheim a Laing ou a Basaglia, o que esteve em questão foi a maneira como o poder do médico estava implicado na verdade do que ele dizia e, inversamente, a maneira como esta podia ser forjada e comprometida por seu poder. Disse Cooper: "A violência está no cerne do nosso problema".* E Basaglia: "A característica dessas instituições (escola, fábrica, hospital) é uma nítida separação entre os que detêm o poder e os que não o detêm".** Todas as grandes reformas, não apenas da prática psiquiátrica, mas também do pensamento psiquiátrico, se situam em torno dessa relação de poder: são tentativas de deslocá-lo, mascará-lo, eliminá-lo, anulá-lo. O conjunto da psiquiatria moderna é atravessado no fundo pela antipsiquiatria, se entendermos por isso tudo o que questiona o papel do psiquiatra outrora encarregado de produzir a verdade da doença no espaço hospitalar.

Poder-se-ia falar portanto de antipsiquiatrias que atravessaram a história da psiquiatria moderna. Mas talvez tam-

....

* D. Cooper, *Psychiatry and Antipsychiatry*, Londres, Tavistosk Publications, 1967 [*Psychiatrie et antipsychiatrie*, trad. fr. M. Braudeau, Paris, Le Seuil (col. "Le Champ freudien"), 1970, cap. I, "Violence et psychiatrie", p. 33].

** F. Basaglia, org., "L'Istituzione negata. Rapporto da un ospedale psichiatrico", *Nuovo Politecnico*, Turim, vol. 19, 1968 [F. Basaglia, "Les institutions de la violence", *in id.*, org., *L'Institution en négation. Rapport sur l'hôpital psychiatrique de Gorizia*, trad. fr. L. Bonalumi, Paris, Le Seuil (col. "Combats"), 1970].

bém seja melhor distinguir com cuidado dois processos que são perfeitamente distintos do ponto de vista histórico, epistemológico e político.

Houve inicialmente o movimento de "despsiquiatrização". É ele que aparece logo depois de Charcot. E não se trata tanto de anular o poder do médico quanto de deslocá-lo em nome de um saber mais exato, de lhe dar outro ponto de aplicação e novas medidas. Despsiquiatrizar a medicina mental para restabelecer em sua justa eficácia um poder médico que a imprudência (ou a ignorância) de Charcot havia levado a produzir abusivamente doenças, logo falsas doenças.

1) Uma primeira forma de despsiquiatrização começa com Babinski, em quem ela encontra seu herói crítico. Em vez de procurar produzir teatralmente a verdade da doença, mais vale procurar reduzi-la à sua estrita realidade, que muitas vezes nada mais é que a aptidão a se deixar teatralizar: pitiatismo. Doravante, não somente a relação de dominação do médico sobre o enfermo não perderá nada do seu rigor, mas seu rigor se centrará na redução da doença a seu mínimo: os sinais necessários e suficientes para que ela possa ser diagnosticada como doença mental, e as técnicas indispensáveis para que essas manifestações desapareçam.

Trata-se de certo modo de pasteurizar o hospital psiquiátrico, de obter para o asilo o mesmo efeito de simplificação que Pasteur havia imposto aos hospitais: articular diretamente um no outro diagnóstico e terapêutica, conhecimento da natureza da doença e supressão das suas manifestações. O momento da prova, aquele em que a doença se manifesta em sua verdade e chega à sua consumação, esse momento nem tem mais de figurar no processo médico. O hospital pode se tornar um lugar silencioso em que a forma do poder médico se mantém no que ele tem de mais estrito, mas sem que tenha de encontrar ou de enfrentar a própria loucura. Chamemos essa forma "asséptica" e "assintomática" de despsiquiatrização de "psiquiatria de produção zero"; a psicocirurgia e a psiquiatria farmacológica são duas das suas formas mais notáveis.

2) Outra forma de despsiquiatrização, exatamente inversa à precedente. Trata-se de tornar a mais intensa possível a produção da loucura em sua verdade, mas fazendo de modo que as relações de poder entre médico e doente sejam exatamente investidas nessa produção, que permaneçam adequadas a ela, que não se deixem desbordar por ela e possam conservar seu controle. A primeira condição para essa manutenção do poder médico "despsiquiatrizado" é pôr fora de circuito todos os efeitos próprios do espaço asilar. É necessário evitar antes de mais nada a cilada em que havia caído a taumaturgia de Charcot; impedir que a obediência hospitalar desdenhe a autoridade médica e que nesse local das cumplicidades e dos obscuros saberes coletivos, a ciência soberana do médico se veja envolvida em mecanismos que ela teria involuntariamente produzido. Logo regra do face a face; logo regra do livre contrato entre o médico e o doente; logo regra da limitação de todos os efeitos da relação no nível do discurso ("Só lhe peço uma coisa: dizer, mas dizer mesmo, tudo o que passa pela sua cabeça"); logo da liberdade discursiva ("Você não poderá mais se gabar de que tapeia seu médico, porque não vai mais responder às perguntas que faço; você vai dizer o que lhe vem à mente, sem que nem sequer tenha de me perguntar o que eu acho e, se quiser me enganar infringindo essa regra, não serei mais realmente enganado; você é que vai cair por conta própria na cilada, pois terá perturbado a produção da verdade e acrescentado algumas sessões ao total que você me deve"); logo regra do sofá que só concede realidade aos efeitos produzidos nesse lugar privilegiado e durante essa hora singular em que se exerce o poder do médico – poder que não pode ser pego em nenhum efeito de contragolpe, já que ele está inteiramente retirado no silêncio e na invisibilidade.

A psicanálise pode ser historicamente decifrada como a outra grande forma da despsiquiatrização provocada pelo traumatismo de Charcot: retirada para fora do espaço asilar de modo que suprima os efeitos paradoxais do sobrepoder psiquiátrico; mas reconstituição do poder médico, produtor de verdade, num espaço organizado para que essa produção seja sempre adequada a esse poder. A noção de transferência, como processo essencial à terapia, é uma maneira de pensar conceitualmente essa adequação na forma do conhecimento; o pagamento em dinheiro, contrapartida monetária da transferência, é uma maneira de garanti-la na realidade: uma maneira de impedir que a produção da verdade se torne um contrapoder que pegue numa cilada, anule, derrube o poder do médico.

A essas duas grandes formas de despsiquiatrização, ambas conservadoras do poder, uma porque anula a produção de verdade, a outra porque tenta tornar adequados produção de verdade e poder médico, opõe-se a antipsiquiatria.

Em vez de uma retirada para fora do espaço asilar, trata-se da sua destruição sistemática por um trabalho interno; e trata-se de transferir para o próprio doente o poder de produzir sua loucura e a verdade da sua loucura, em vez de procurar reduzi-lo a zero. A partir daí, pode-se compreender, creio eu, o que está em jogo na antipsiquiatria e que não é, em absoluto, o valor de verdade da psiquiatria em termos de conhecimento (de exatidão diagnóstica ou de eficácia terapêutica).

No âmago da antipsiquiatria, a luta com, na e contra a instituição. Quando foram instauradas no início do século XIX as grandes estruturas asilares, justificavam-nas com uma maravilhosa harmonia entre as exigências da ordem social – que pedia para ser protegida contra a desordem dos loucos – e as necessidades da terapêutica – que pediam o isolamento dos enfermos. Justificando o isolamento dos loucos, Esquirol dava cinco razões principais: (1) garantir a segurança pessoal deles e da família; (2) libertá-los das influências externas; (3) vencer as resistências pessoais deles; (4) submetê-los a um regime médico; (5) impor-lhes novos hábitos intelectuais e morais. Como se vê, tudo é uma questão de poder; dominar o poder do louco, neutralizar os poderes exteriores que podem se exercer sobre ele; estabelecer sobre ele um poder de terapêutica e de adestramento – de "ortopedia". Ora, é à instituição, como lugar, forma de distribuição e mecanismo dessas relações de poder, que a antipsiquiatria se opõe. Com as justificações de um internamento que permitiria, num lugar purificado, constatar o que é e intervir onde, quando e como for necessário, ela faz surgir as relações de dominação próprias da relação institucional: "O puro poder do médico", diz Basaglia, constatando no século XX os efeitos das prescrições de Esquirol, "aumenta tão vertiginosamente quanto diminui o poder do doente; este, pelo simples fato de estar internado, se torna um cidadão sem direitos, entregue ao arbítrio do médico e dos enfermeiros, que podem fazer dele o que quiserem sem possibilidade de apelação".* Parece-me que seria possível situar as diferentes formas de antipsiquiatria de acordo com sua estratégia em relação a estes jogos do poder institucional: escapar delas na forma de um contrato dual e livremente consentido por ambas as partes (Szasz); construção de um espaço privilegiado em que elas devem ser suspensas ou expulsas, se vierem a se reconstituir (Kingsley Hall); identificá-las uma a uma e destruí-las progressivamente no interior de uma instituição de tipo clássico (Cooper, no pavilhão 21); conectá-las às outras relações de poder que já puderam determinar, no exterior do asilo, a segregação de um indivíduo como doente mental (Gorizia). As relações de poder constituíam o *a priori* da prática psiquiátrica: elas condicionavam o funcionamento da instituição asilar, distribuíam por esta as relações entre os indivíduos, regiam as formas de intervenção médica. A inversão própria da antipsiquiatria consiste em colocá-las, ao contrário, no centro do campo problemático e a questioná-las de maneira primordial.

....

* F. Basaglia, *op. cit.*, p. 111.

Ora, o que estava implicado em primeiro lugar nessas relações de poder era o direito absoluto da não loucura sobre a loucura. Direito transcrito em termos de competência exercendo-se sobre uma ignorância, de bom senso (de acesso à realidade) corrigindo erros (ilusões, alucinações, fantasmas), da normalidade impondo-se à desordem e ao desvio. É esse tríplice poder que constituía a loucura como objeto de conhecimento possível para uma ciência médica, que a constituía como doença, no mesmo momento em que o "sujeito", vítima dessa doença, se via desqualificado como louco – isto é, despojado de todo poder e de todo saber quanto à sua doença: "Nós sabemos sobre o seu sofrimento e a sua singularidade a quantidade suficiente de coisas (de que você nem desconfia) para reconhecer que é uma doença; mas conhecemos essa doença o suficiente para saber que você não pode exercer sobre ela e em relação a ela nenhum direito. Nossa ciência nos permite chamar sua loucura de doença e, por conseguinte, estamos, nós, médicos, qualificados para intervir e diagnosticar em você uma loucura que te impede de ser um doente como os outros: você será portanto um doente mental". Esse jogo de uma relação de poder que dá lugar a um conhecimento, o qual funda por sua vez os direitos desse poder, caracteriza a psiquiatria "clássica". É esse círculo que a antipsiquiatria procura romper: dando ao indivíduo a tarefa e o direito de levar a cabo sua loucura, levá-la até o fim, numa experiência para a qual os outros podem contribuir, mas nunca em nome de um poder que lhes seria conferido por sua razão ou por sua normalidade; destacando as condutas, os sofrimentos, os desejos do estatuto médico que lhes havia sido conferido, emancipando-os de um diagnóstico e de uma sintomatologia que não tinham simplesmente valor de classificação, mas de decisão e de decreto; invalidando enfim a grande transcrição da loucura na doença mental que havia sido empreendida a partir do século XVII e encerrada no século XX.

A desmedicalização da loucura é correlativa a esse questionamento primordial do poder na prática antipsiquiátrica. Por aí se mede a oposição desta à "despsiquiatrização", que parece caracterizar tanto a psicanálise como a psicofarmacologia: ambas dependem muito mais de uma sobremedicalização da loucura. E, com isso, acha-se aberto o problema da eventual emancipação da loucura em relação a essa forma singular de poder-saber que é o conhecimento. Será possível que a produção da verdade da loucura possa se efetuar em formas que não são as da relação de conhecimento? Problema fictício, dirão, questão que só tem seu lugar na utopia. De fato, ela se coloca concretamente todos os dias a propósito do papel do médico – do sujeito estatutário de conhecimento – na empresa de despsiquiatrização.

✦

O seminário foi consagrado em alternância a dois temas: a história da instituição e da arquitetura hospitalares no século XVIII; e o estudo da perícia médico-legal em matéria psiquiátrica a partir de 1820.

SITUAÇÃO DO CURSO

Jacques Lagrange

Dado entre 7 de novembro de 1973 e 6 de fevereiro de 1974, o curso consagrado ao "Poder psiquiátrico" tem uma relação paradoxal com trabalhos anteriores. É uma relação de continuidade na medida em que, como aponta o próprio Michel Foucault, inscreve-se no "ponto de chegada ou, em todo caso, de interrupção do trabalho que eu havia feito antes na *História da loucura*" (aula de 7 de novembro de 1973). De fato, essa obra deixava uma abertura para pesquisas vindouras, que teriam restituído "o fundo constitutivo, mas historicamente móvel, que tornou possível o desenvolvimento dos conceitos desde Esquirol e Broussais até Janet e Freud"[1]. O que confirmará uma entrevista (inédita) a Colin Gordon e Paul Patton, de 3 de abril de 1978: "Quando escrevi a *História da loucura*, em meu espírito devia ser o primeiro capítulo ou o início de um estudo que levaria até o presente".

Mas também é uma relação de descontinuidade, como atestam declarações preocupadas com assinalar os deslocamentos e, em seus próprios termos, com "perceber o que foi feito de um ângulo diferente e numa luz mais nítida"[2]. Era

....

1. *Histoire de la folie à l'âge classique*, 2ª ed., Paris, Gallimard ("Bibliothèque des histoires"), 1972, p. 541.
2. *Dits et écrits*, 1954-1988, ed. por D. Defert e E. Ewald, colab. J. Lagrange, Paris, Gallimard, 1994, 4 vol. [doravante DE, em referência a essa edição]; cf. t. IV, nº 338, "Usage des plaisirs et techniques de soi" (novembro de 1983), p. 545.

muito mais a "doença mental" do que a "medicina mental" o objeto de interesse das primeiras obras[3], e o prefácio da primeira edição da *História da loucura* apresentava esta como uma "história, não da psiquiatria, mas da própria loucura, em sua vivacidade, antes de qualquer captura pelo saber"[4]. Assim, o curso retoma a análise no ponto de chegada da *História da loucura*, desloca seu objeto, muda o terreno em que se desenvolve e as ferramentas conceituais que utiliza. Donde a questão: o que tornou possíveis e necessários esses deslocamentos? Isso implica compreender a produção desse curso, não apenas na dinâmica conceitual que levou a atribuir um lugar significante e estratégico ao poder e a seus dispositivos, mas também no campo dos problemas que a psiquiatria tinha de encarar nos anos 1970 e que trouxeram para o primeiro plano a questão do seu poder.

1. Objeto do curso

A primeira aula previa tomar como ponto de partida a situação presente da psiquiatria à luz das contribuições que a antipsiquiatria tinha dado ao recentramento das questões em torno das "relações de poder [que] condicionavam o funcionamento da instituição asilar [...], regiam as formas de intervenção médica"[5] e empreender, a partir do presente, análises retrospectivas da formação histórica desse dispositivo de poder. O que confere especificidade a essa maneira de

....

3. [1] *Maladie mentale et Personnalité*, Paris, PUF (col. "Initiation philosophique"), 1954; [2] *Maladie mentale et Psychologie*, versão modificada, Paris, PUF (col. "Initiation philosophique"), 1962.
4. *Folie et Déraison. Histoire de la folie à l'âge classique*, Paris, Plon, 1961, pref., p. VII; DE, I, nº 4, p. 164.
5. DE, II, nº 143, p. 685; cf. *supra*, p. 451.

escrever a história da psiquiatria[6]. Ao contrário das abordagens preocupadas em reconstruir a evolução dos conceitos e das doutrinas, ou a analisar o funcionamento das instituições em que a psiquiatria tem efeito, essa maneira de fazer a história do dispositivo psiquiátrico pretende revelar suas linhas de força ou de fragilidade, os possíveis pontos de resistência ou de ataque. Assim, não se trata mais, como nos primeiros escritos, de condenar uma psiquiatria acusada de mascarar sob suas abstrações nosológicas e seu modo de pensar causalista as verdadeiras condições da patologia mental[7]. Não se trata tampouco, como na *História da loucura*, de compreender por que, na história das nossas relações com os loucos, em certo momento estes foram internados em certas instituições específicas que deveriam curá-los. Trata-se doravante de fazer a história servir ao desnudamento das relações de continuidade que vinculam nossos dispositivos presentes a antigas bases ligadas a determinado sistema de poder, com o fim de identificar objetivos de luta: "No domínio da psiquiatria", declarava Michel Foucault em maio de 1973, "parece-me interessante saber como se instauraram o saber psiquiátrico, a instituição psiquiátrica, no início do século XIX, [...] se quisermos lutar agora contra todas as instâncias de normalização"[8].

....

6. Especificidade em relação a estudos sobre a história da psiquiatria anteriores ou posteriores ao curso. Cf. notadamente E. H. Ackerknecht, *A Short History of Psychiatry*, Nova York, Hafner, 1968.

7. Assim, a introdução a L. Binswanger, *Le Rêve et l'Existence* (trad. fr. J. Verdeaux), denuncia a propensão dos psiquiatras a "considerar a doença como um 'processo objetivo', e o doente como uma coisa inerte em que se desenrola o processo" (Paris, Desclée de Brouwer, col. "Textes et Études anthropo-logiques", 1954, p. 104). Cf. também DE, I, p. 109.

8. DE, II, nº 139, "La vérité et les formes juridiques" (junho de 1974), p. 644. Cf. também a entrevista realizada na Radio-France em 8 de outubro de 1976 sobre "Punir ou curar": "Creio que essa análise histórica é politicamente importante na medida em que é preciso situar exatamente aquilo contra o que se combate".

Donde a novidade da problemática do curso. Porque se, às vezes, se manifestava a desconfiança de que a luz da verdade médica era projetada pela sombra das relações de força que se manifestavam sob as formas da autoridade e da dominação[9], ele não chegava ao ponto de empreender uma análise do poder, extraordinariamente meticuloso e inteligentemente hierarquizado, constitutivo do asilo. No que concerne ao poder, M. Foucault reconhece *a posteriori*: "Tenho plena consciência de não ter praticamente empregado a palavra e de não ter tido esse campo de análises à minha disposição"[10].

O que trouxe ao primeiro plano o problema do poder psiquiátrico deve-se sem dúvida à conjunção de dois elementos: um, próprio da dinâmica conceitual das pesquisas de Foucault; o outro, pertencente à conjuntura dos anos 1970.

É o deslocamento efetuado por Foucault que o leva a trocar as referências à "violência" institucional e aos modos de "dominação" pelo que ele chama, no curso do Collège de France de 1971-1972, de "Teorias e instituições penais", de "formas fundamentais do 'poder-saber'"[11]. Recentramento ligado sem dúvida ao interesse pelas perícias médico-legais – objeto do seu seminário –, que o confrontavam à necessidade de pensar como e por que um discurso com pretensão científica, mas também duvidoso, levava consigo tais efeitos de poder em matéria de prática penal. Interesse mantido por casos que haviam tido grande repercussão: os casos de Denise Labbé e de Jacques Algarron, em 1955, ou de Georges Rapin, em 1960, mencionados em 8 de janeiro de 1975 no seu

9. "Se a personagem médica pode demarcar a loucura, não é que ela a conheça, é que ela a domina; e aquilo que, para o positivismo, fará o papel de objetividade nada mais é que a outra vertente, a consequência dessa dominação" (*Histoire de la folie*, *op. cit.*, ed. de 1972, p. 606).

10. DE, III, nº 192: entrevista a A. Fontana e P. Pasquino (junho de 1976), p. 146.

11. DE, II, nº 115, "Théories et institutions pénales" (1972), p. 390.

curso "Os anormais"[12]. É também a atenção dada aos problemas da prisão que o convence de que é "em termos de tecnologia, em termos de tática e de estratégia" que se deve abordar o problema do poder[13]. Mas foi preciso, ao mesmo tempo, que a conjuntura fizesse que a questão da psiquiatria não se colocasse mais em termos de justificação teórica, como ocorria nos anos 1950, quando, recorda M. Foucault, "um dos grandes problemas que se colocavam era o do estatuto político da ciência e das funções ideológicas que ela podia veicular"[14], mas faça aparecer, de repente, esse baluarte elementar: o poder. Quem tem o poder? Sobre quem ele se exerce? A propósito de que ele se exerce? Como funciona? Para que serve? Qual seu lugar entre os outros poderes?[15]

Claro, a primeira resposta à crise da psiquiatria no pós-guerra foi pelo menos tão política quanto médica. Assim, do movimento "desalienista" iniciado pelo psiquiatra comunista Lucien Bonnafé, que se dava como objetivo "desencerrar o olhar sobre esse conjunto alienado/alienante constituído, com o socorro da ciência da 'alienação', [...] numa ordem conforme os princípios e usos de uma ordem social excludente do que a incomoda"[16].

Mas nessas denúncias de um alienismo acusado de cumplicidade com procedimentos de discriminação e de condutas de exclusão, não se conseguia formular a questão do "poder" psiquiátrico como tal. Várias razões para isso.

....

12. *Les Anormaux. Cours au Collège de France, 1974-1975*, ed. sob a dir. de F. Ewald e A. Fontana por V. Marchetti e A. Salomoni, Paris, Gallimard/Seuil (col. "Hautes Études"), 1999, pp. 35, 16-20, 143-4.

13. DE, III, nº 197, "Les rapports de pouvoir passent à l'intérieur des corps" (janeiro de 1977), p. 229.

14. DE, III, nº 192 (cit.), p. 140.

15. Cf. *supra*, "Resumo do curso".

16. L. Bonnafé, "Sources du désaliénisme", *in Désaliéner? Folie(s) et Société(s)*, Toulouse, Presses Universitaires du Mirail/Privat, 1991, p. 221.

Primeiro, porque a herança da guerra levava a colocar menos a questão do poder psiquiátrico do que da "miséria da psiquiatria"[17]. Depois, como frisa M. Foucault, porque "os psiquiatras que, na França, por motivos de opção política, teriam estado em condições de questionar o aparelho psiquiátrico [...] viam-se imobilizados por uma situação política em que, no fundo, não se desejava de maneira nenhuma que essa questão fosse colocada, por causa do que acontecia na União Soviética"[18]. Enfim, a crítica pode muito bem contestar os meios de que a prática psiquiátrica dispõe, denunciar as contradições, entre o que a instituição psiquiátrica pretende fazer e o que ela faz efetivamente, mas o fato é que ela só se enuncia em função do projeto institucional e dos critérios que este instaura, propondo novas modalidades de intervenção mais maleáveis, mais distantes do modelo "médico", reivindicando uma "psiquiatria diferente", para retomar os termos propostos por Lucien Bonnafé e Tony Laîné[19]. E se essa

....

17. *Esprit*, ano 20, dezembro de 1952, "Misère de la Psychiatrie. La vie asilaire. Attitudes de la société (Textes de malades, de médecins, d'un infirmier, dénonçant la vie asilaire chronicisante, la surpopulation, le règlement modèle de 1838)". Michel Foucault menciona esse "notável número de *Esprit*" em *Maladie mentale et Personnalité*, *op. cit.*, p. 109, n. 1.

18. Alusão aos casos de internamento arbitrário, os mais célebres dos quais são os do general Grigorenko, detido em fevereiro de 1964 sob a acusação de atividades antissoviéticas e internado no Instituto Serbski de Moscou, e de Vladimir Borissov, internado no hospital psiquiátrico especial de Leningrado – para cuja libertação foi realizada uma campanha organizada por Victor Fainberg e apoiada por intelectuais como David Cooper e Michel Foucault; cf. DE, III, nº 209, "Enfermement, psychiatrie, prison" (outubro de 1977), pp. 332-60. E também ao internamento do dissidente Wladimir Boukovski no outono de 1971; cf. W. Boukovski, *Une nouvelle maladie mentale en* URSS*: l'opposition*, Paris, Le Seuil (col. "Combats"), 1971.

19. T. Laîné, "Une psychiatrie différente pour le malaise à vivre", *La Nouvelle Critique*, nº 59, dezembro de 1972; republicado pelas Éditions de la Nouvelle Critique, abril de 1973, pp. 23-36.

contestação das práticas psiquiátricas não desaguou na questão do "poder psiquiátrico" foi sem dúvida porque as lutas travadas não puderam ir além do âmbito do corporativismo psiquiátrico e da defesa do corpo médico dos hospitais psiquiátricos, como salienta Michel Foucault: "Muitos foram levados, por causa do estatuto dos psiquiatras, que são em sua maioria funcionários públicos, a questionar a psiquiatria em termos de defesa sindical. Assim, essas pessoas, que, por suas capacidades, seus interesses e sua abertura para tantas coisas, teriam podido colocar os problemas da psiquiatria, foram levadas a impasses"[20]. De sorte que o problema do poder não pôde encontrar forma de expressão a não ser num modo derivado: a luta sindical do corpo dos médicos dos hospitais psiquiátricos. Como frisa M. Foucault, os psiquiatras "puderam se opor à medicina e ao governo sem poder se libertar nem de uma nem do outro"[21].

Foi preciso portanto que, de fora, interviessem acontecimentos para colocar à psiquiatria a questão do seu "poder". Foi um novo ativismo político, que, nos anos pós-68, pôs em questão o poder que um médico detinha de decidir do estado mental de uma pessoa e propôs-se dar lugar a outro modo de acolhimento da loucura, libertado das estruturas e da ideologia psiquiátricas. Assim, viu-se desenvolverem-se lutas setoriais, dispersas e locais, nas quais Michel Foucault pôde enxergar "a insurreição dos saberes sujeitados", isto é, desqualificados como saberes mal elaborados teoricamente e hierarquicamente inferiores. Foi, por exemplo, a luta dos jovens psiquiatras, cujas preocupações corporativistas eram mais matizadas e abriam espaço para tomadas de posição mais políticas, e que, em 1972, com base no modelo do GIP (Grupo Informação Prisões), criaram o GIA (Grupo Informa-

....

20. DE, IV, nº 281, entrevista a D. Trombadori (fim de 1978), p. 61.

21. DE, II, nº 163, entrevista a C. Bojunga e R. Lobo (novembro de 1975), p. 813.

ção Asilos), logo substituídos por "psiquiatrizados", a fim de denunciar os escândalos das internações arbitrárias. Donde novas alianças com os "psiquiatrizados", que geraram o jornal *Psychiatrisés en lutte*, e a palavra dada a atores da saúde mental e aos doentes[22]. Foi em contraponto ao congresso de psiquiatria e de neurologia, *Formação e papel do enfermeiro em psiquiatria* (Auxerre, setembro de 1974), movimento animado por enfermeiros preocupados com se libertar de uma tutela médica acusada de ocultar sua prática e seu saber e com integrar em seu trabalho componentes sociais e políticos marginalizados pelo *establishment* psiquiátrico. Nasceu assim a Associação para o Estudo e a Realização do Livro Branco das Instituições Psiquiátricas (AERLIP) e veio à luz o relatório do seu contracongresso: *Os enfermeiros psiquiátricos tomam a palavra*[23]. Reconhecendo na referência a uma "competência especializada" o que confere ao "poder" do psiquiatra sua legitimidade social, correntes ditas "antipsiquiátricas" pretenderam romper com toda assistência que reduziria a complexidade da situação do doente a um problema técnico que caberia a especialistas competentes tratar. O que assinala

....

22. Em abril de 1970 já havia surgido um jornal de extrema esquerda que pretendia lutar contra "a psiquiatria de classe", *Cahiers pour la folie*, que teve um número especial consagrado, em junho de 1973, ao serviço de segurança para doentes difíceis do hospital psiquiátrico de Villejuif: *Clés pour Henri Colin*. O jornal *Marge* consagra seu número de abril-maio de 1970 a esse "*nojo que é a psiquiatria*". Em novembro de 1973, é publicada uma brochura intitulada *Psychiatrie: la peur change de camp* e, em dezembro de 1973, sai o número 0 de *Psychiatrie et Lutte de classe*, que se propõe ser "um lugar de elaboração teórica que 'deve' resultar na formação de palavras de ordem que favoreçam uma tomada de consciência revolucionária dos trabalhadores 'sociais' em ligação com o combate da classe operária" (p. 1). Sobre o papel que os "jovens psiquiatras" representaram, cf. DE, IV, nº 281 (cit.), p. 60.

23. *Des infirmiers psychiatriques prennent la parole*, Paris, Capédith, 1974.

o título de uma obra de Roger Gentis, *A psiquiatria deve ser feita/desfeita por todos*[24].

Tirando a lição desses movimentos, Michel Foucault podia sustentar, em junho de 1973, que "a importância da antipsiquiatria reside em que ela questiona o poder que o médico detém de decidir do estado mental de um indivíduo"[25].

2. Registro do curso

Atribuir-se um objeto "histórico-político" que implique a análise das condições de formação dos saberes e práticas psiquiátricas a fim de definir "estratégias de luta" requer um deslocamento dos pontos de problematização. Difícil, de fato, empreender uma análise assim enquanto o jogo histórico se vê relativizado pela referência a algum "fundo" constituinte ou, como em *Maladie mentale et Psychologie*, à experiência originária de um "homem verdadeiro"[26]. Por isso, enquanto a *História da loucura*, pretendendo reinterpretar "a bela retidão que leva o pensamento racional à análise da loucura como doença mental [...] numa dimensão vertical"[27], o curso abandona esse imaginário da profundidade para ater-se à realidade dos efeitos de superfície. Por conseguinte, ele empreende captar as práticas discursivas da psiquiatria no ponto em que elas se formam: um "dispositivo" de poder em que se amarram elementos tão heterogêneos quanto discursos, modos de tratamento, medidas administrativas e leis, disposições regulamentares, projetos arquitetônicos etc.[28]. Problema, portanto,

....

24. M. Burton e R. Gentis, *La psychiatrie doit être faite/défaite par tous*, Paris, Maspero, 1973.
25. DE, II, nº 126, "Le monde est un grand asile" (junho de 1973), p. 433.
26. *Maladie mentale et Psychologie*, *op. cit.*, p. 2.
27. *Histoire de la folie*, *op. cit.*, ed. de 1972, p. 40.
28 DE, III, nº 206, "Le jeu de Michel Foucault" (julho de 1977), p. 299. Em 3 de abril de 1978, numa entrevista inédita (mencionada *supra*),

muito mais de "vizinhança" do que de "fundação". Donde um estilo de análise que obedece a um princípio de "dispersão", que multiplica saberes e práticas para extrair os componentes, restaurar seus espaços associados e estabelecer conexões que deem desse modo "figura" à massa documental convocada.

3. Ferramentas conceituais

Recomeçar assim o trabalho encetado pela *História da loucura* requer uma mudança das ferramentas conceituais que esta utilizava. Primeiro, substituir pela referência a um "dispositivo de poder" a referência às formas de "representação", além da qual a *História da loucura* não havia avançado, como o próprio Michel Foucault confessa. Assim, o curso substitui um estilo de análises que colocava no seu centro uma "espécie de núcleo representativo"[29] – a imagem que se tinha da loucura, o pavor que ela provocava, uma loucura que figurava a "já-presença da morte"[30] etc. – pela referência a um "dispositivo de poder" que, num momento dado, possui uma função estratégica dominante.

Em segundo lugar, abandonar o recurso à noção de "violência" que subtendia as análises dos modos de tratamento apresentados nas partes II e III da obra. De fato, as conotações que essa noção leva consigo tornam-na particularmente inadequada à análise das relações de poder e das táticas que tramam a prática psiquiátrica. Sugerindo a ideia de uma coerção imediata, do exercício de um poder irregular, não refletido, ela não pode traduzir a ideia de um exercício calculado e meticuloso do poder posto em prática no asilo, de que a "violência"

....

a Paul Patton e Colin Gordon, Michel Foucault dirá: "O que estudo é uma arquitetura".

29. Cf. *supra*, aula de 7 de novembro de 1973, p. 14.

30. *Histoire de la folie*, *op. cit.*, ed. de 1972, p. 26.

constitui apenas uma figura limite. Além disso, essa noção, que faz do poder uma instância com efeitos apenas negativos – exclusão, repressão, interdição... –, fracassa ao levar em conta a produtividade do poder psiquiátrico; este, é claro, produz discursos, forma saberes, induz prazer etc. Enfim, levando consigo a ideia de uma relação de força desequilibrada, que coloca o outro na impossibilidade de fazer algo diferente daquilo a que é obrigado, essa noção não é nem um pouco apta a traduzir a complexidade dos jogos de poder, tal como se manifesta nessas "grandes manobras" realizadas pelas histéricas na Salpêtrière, ante o poder médico[31].

Enfim, não mais se dar como referente essencial a "instituição" asilar, mas passar ao seu "exterior" para situar a cons-

....

31. Cf. *supra*, aula de 6 de fevereiro de 1974 (p. 400), em que é assinalada a diferença entre a problemática de Michel Foucault e a dos movimentos antipsiquiátricos anglo-saxões e italianos, que, propondo-se como alvo a "violência" exercida pela sociedade em geral e pela psiquiatria em particular, alinha-se à figura paradigmática do "esquizofrênico" que, recusando-se a constituir-se um "falso ego" alienado e submetido às exigências sociais, rasga as máscaras dessa violência ordinária, e graças ao qual, como diz R. Laing, "a luz começou a filtrar através das fissuras de nossos espíritos fechados" (*The Politics of Experience and the Bird of Paradise*, Londres, Tavistock Publications, 1967 [*La Politique de l'expérience. Essai sur l'aliénation et l'Oiseau du Paradis*, trad. fr. Cl. Elsen, Paris, Stock, 1969, p. 89]). Cf. as obras de David Cooper, [1] *Psychiatry and Antipsychiatry*, Londres, Tavistock Publications, 1967 [*Psychiatrie et Anti-psychiatrie*, trad. fr. M. Braudeau, Paris, Le Seuil (col. "Le Champ freudien"), 1970]; [2] D. Cooper e R. Laing, *Reason and Violence*, Londres, Tavistock Publications, 1964 [*Raison et Violence. Dix ans de la philosophie de Sartre (1950-1960)*, trad. fr. J.-P. Cottereau, preâmbulo de J.-P. Sartre, Paris, Payot ("Petite Bibliothèque Payot" 202), 1972]. Cf. também F. Basaglia *et al.*, "L'Istituzione negata. Rapporto da un ospedale psichiatrico", *Nuovo Politecnico*, Turim, vol. 19, 1968 [F. Basaglia, "Les institutions de la violence", *in id.*, org., *L'Institution en négation. Rapport sur l'hôpital psychiatrique de Gorizia*, trad. fr. L. Bonalumi, Paris, Le Seuil (col. "Combats"), 1970].

tituição e o funcionamento novamente numa tecnologia de poder característica da sociedade. Donde a distância tomada em relação à *História da loucura* que, de acordo com os próprios termos de Michel Foucault, pretendia ser "uma história [...] da instituição psiquiátrica" e que ligava a formação do saber psiquiátrico a um processo de "institucionalização" da medicina mental[32].

O que confere a este curso sua originalidade em relação a todas as tendências críticas que se desenvolveram desde a guerra e que têm em comum tomar como alvo a "instituição" asilar, seja para reformá-la, seja para sublimá-la, seja para negar sua legitimidade.

3.1. *Reformar a instituição asilar*. Até então indissociavelmente pensada como meio de tratamento e espaço de segregação, no pós-guerra um movimento que denuncia um alienismo acusado de cumplicidade com procedimentos discriminatórios e condutas de exclusão se propõe livrar a intervenção psiquiátrica da ganga da estrutura asilar e da sua "estagnação" para fazer dela uma "atividade inteiramente dirigida por uma perspectiva terapêutica"[33]. É por isso que um Lucien Bonnafé batiza sua crítica com o nome de "pós-esquirolismo", manifestando com isso a preocupação em transformar um meio de segregação herdado num verdadeiro instrumento terapêutico, em referência à "mutação consumada na ideia fundamental da instituição de tratamento [...] formulada em 1822, com a nitidez que se sabe, por Esquirol: 'Uma casa de alienados é um instrumento de cura em mãos de um médico hábil, é o agente terapêutico mais poderoso contra as doenças mentais'"[34].

....

32. DE, III, nº 216, "Pouvoir et savoir" (dezembro de 1977), p. 414.

33. L. Bonnafé, "Le milieu hospitalier au point de vue psychothérapique, ou Théorie et pratique de l'hôpital psychiatrique", *La Raison*, 1958, nº 17, p. 7.

34. L. Bonnafé, "De la doctrine post-esquirolienne. I. Problèmes généraux", *Information psychiatrique*, t. I, nº 4, abril de 1960, p. 423. Referência a:

Mas, ao mesmo tempo, ao afirmar "a unidade e a indivisibilidade da prevenção, da profilaxia, da terapia e da pós-terapia"[35], esse movimento efetua um distanciamento progressivo em relação a uma instituição asilar constituída desde a lei de 30 de junho de 1838 como lugar quase exclusivo da intervenção psiquiátrica, para não fazer dela nada mais que um elemento dentre outros de um dispositivo diretamente conectado com a comunidade[36]. Mas o que representa um *aggiornamento* da psiquiatria não rompe com os objetivos desta: constituir em objeto de uma intervenção médica comportamentos sociais qualificados de "patológicos" e montar dispositivos para desenvolver uma atividade terapêutica. De sorte que, se esse movimento pode muito bem identificar as contradições entre o que a instituição pretende fazer e o que ela realiza efetivamente, a questão do "poder" psiquiátrico não consegue se formular, visto que a crítica só se enuncia em função do projeto institucional e dos critérios que ele mesmo coloca.

3.2. *Sublimar a instituição*. Enquanto os partidários da "psicoterapia institucional" primeira versão se submetiam à existência dos estabelecimentos a que eram nomeados, tentando utilizá-los da melhor maneira possível no plano terapêutico, os da "psicoterapia institucional" segunda versão empreendem, a partir de uma suposta descontinuidade entre psiquiatria e psicanálise, uma modificação radical da institui-

....

Esquirol, "Mémoires, statistiques et hygiéniques sur la folie. Préambule", *in Des maladies mentales, considérées sous les rapports médical, hygiénique et médico-légal*, t. II, Paris, J.-B. Baillière, 1838, p. 398.

35. L. Bonnafé, "Conclusions des journées psychiatriques de mars 1945", *Information psychiatrique*, ano 22, nº 2, outubro de 1945, p. 19.

36. L. Bonnafé, "De la doctrine post-esquirolienne. II. Exemples appliqués", *Information psychiatrique*, t. I, nº 5, maio de 1960, p. 580: "O pivô do serviço não é mais o asilo, mas a cidade, em cujo território se exerce a função do psiquiatra, estendida à proteção da saúde mental".

ção de tratamento. É que, desenrolando-se numa cena totalmente diferente, implicando um tipo de relação totalmente diferente entre o paciente e o terapeuta, organizando um outro modo de formação e de distribuição dos discursos, a psicanálise aparece como um perpétuo recurso para os problemas postos pela vida asilar, permitindo readaptar as estruturas de tratamento. A instituição se vê então como que "sublimada" de dentro, mediante uma espécie de coletivização dos conceitos analíticos: as transferências se tornam "institucionais"[37] e os fantasmas, "coletivos". É então em nome da lógica do inconsciente que se articula a crítica "política" da psiquiatria e se veem denunciadas como focos de resistência à verdade do desejo as estruturas hierárquicas das instituições e as representações socioculturais da doença mental em que são pegos os que tratam e os que são tratados. E, assim como o hospital de Saint-Alban (Lozère) havia sido a referência da primeira "psicoterapia institucional", a clínica de La Borde, em Cour-Cheverny (Loir-et-Cher), aberta em abril de 1953 por Jean Oury e Félix Guattari, é que representa a realização do modelo de uma "psicoterapia institucional" analítica e seu principal foco de difusão[38].

....

37. [a] H. Torrubia, "Analyse et interprétation du transfert en thérapeutique institutionnelle", *Revue de psychothérapie institutionnelle*, vol. I, 1965, pp. 83-90. [b] J. Oury, [1] "Dialectique du fantasme, du transfert et du passage à l'acte dans la psychothérapie institutionnelle" (24 de janeiro de 1968), *Cercle d'études psychiatriques*, 1968/2, Paris, Laboratoire Specia; [2] "Psychothérapie institutionnelle: transfert et espace du dire", *Information psychiatrique*, t. 59, nº 3, março de 1983, pp. 413-23. [c] J. Ayme, Ph. Rappard, H. Torrubia, "Thérapeutique institutionnelle", *Encyclopédie médico-psychiatrique. Psychiatrie*, t. III, outubro de 1964, col. 37-930, G. 10, pp. 1-12.

38. Sobre a clínica de La Borde, ver o número especial da revista *Recherches*, nº 21, março-abril de 1976: *Histoires de La Borde. Dix ans de psychothérapie institutionnelle à la clinique de Cour-Cheverny*, complemento, p. 19.

Ora, numa perspectiva centrada no institucional "interno", fica difícil remontar ao que, fora da instituição, determina sua organização e seu papel. Tanto mais que a dimensão de indexação pública da psiquiatria tal como a lei a organiza e que faz o psiquiatra ser levado a assumir certas funções na medida em que exerce um mandato público, vê-se dissolvida no campo dos discursos e do imaginário. Assim, Tosquellès pode sustentar que "a problemática do poder, tal como se joga nos coletivos de tratamento, vem então, no campo da palavra, articular-se por si mesma em algum lugar, no mais das vezes como projeção imaginária no discurso coletivo que se tece no coletivo em questão"[39].

A versão italiana correspondente – se bem que a etiqueta de "antipsiquiatria" tenha sido contestada por Franco Basaglia (1924-1980)[40] – critica o dispositivo asilar de um ponto de vista político, na medida em que ele é o lugar privilegiado das contradições da sociedade capitalista. Nascido no contexto bem particular da lei de 14 de fevereiro de 1904, que confere, no essencial, a responsabilidade da assistência aos doentes mentais à polícia e à justiça, e no âmbito da experiência das deploráveis condições de hospitalização destes, vivida por Basaglia ao assumir, em 1961, a direção do hospital psiquiátrico de Gorizia, perto de Trieste, a corrente italiana se situa numa perspectiva decididamente revolucionária[41].

....

39. F. Tosquellès, "La problématique du pouvoir dans les collectifs de soins psychiatriques", *La Nef*, ano 28, nº 42, janeiro-março de 1971, *L'Antipsychiatrie*, p. 98.

40. Como ele declarava na sua intervenção na Universidade de Vincennes, em 5 de fevereiro de 1971: "Pessoalmente, não aceito a etiqueta de antipsiquiatria" (notas pessoais; J.L.).

41. Sobre o movimento italiano, cf.: [a] F. Basaglia, org., [1] *Che cos'è la psychiatria?* Turim, Einaudi, 1973 [*Qu'est-ce que la psychiatrie?*, trad. fr. R. Maggiori, Paris, PUF (col. "Perspectives critiques"), 1977]; [2] "L'Istituzione negata...", art. cit. [*L'Institution en négation*, trad. fr. cit.]; [3] "Le rapport de Trieste", *in Pratiques de la folie. Pratiques et folie*,

Dando as costas à ideia de uma possível reconversão do asilo, seja sob a forma de uma "setorização", seja sob a forma de "comunidades terapêuticas", suspeitas de reintroduzir num modo tolerante o antigo dispositivo de controle social[42], essa corrente se engaja em práticas baseadas na ruptura de todos os mecanismos institucionais que poderiam continuar a reproduzir a separação e o sequestro da vida social de todos os que tinham a ver com a psiquiatria: "Nossa ação", declara Basaglia, "tem de prosseguir necessariamente numa dimensão negativa, que seja em si uma destruição e uma superação que, indo além do sistema coercitivo-penitenciário das instituições psiquiátricas [...] possa transportar-se para o terreno da violência e da exclusão inerentes ao sistema sociopolítico"[43]. Pretendendo engajar um trabalho de desinstitucionalização da assistência aos doentes, o movimento italiano joga a cartada da abertura, voltada aos não profissionais, e da aliança com forças políticas e sindicais de esquerda, que desemboca em 1974 na constituição de *Psichiatrica Democratica*.

....

Paris, Ed. Solin, 1981, pp. 5-70. Sobre essa corrente, cf. também: [b] G. Jervis, "Il Mito dell'Antipsychiatria", *Quaderni Piacentini*, nº 60-61, outubro de 1976 [*Le Mythe de l'antipsychiatrie*, trad. fr. B. de Fréminville, Paris, Éd. Solin, 1977]. [c] R. Castel, "La ville natale de 'Marco Cavallo', emblème de l'antipsychiatrie", *Critique*, nº 435-436, agosto-setembro de 1983, pp. 628-36. Mais geralmente, sobre os movimentos antipsiquiátricos na Europa, ver [d] *Réseau. Alternative à la psychiatrie. Collectif international*, Paris, Union générale d'Édition (col. "10-18"), 1977.

42. F. Basaglia, "L'assistance psychiatrique comme problème anti-institutionnel: une expérience italienne", *Information psychiatrique*, vol. 47, nº 2, fevereiro de 1971: "A instituição tolerante, outra face da instituição violenta, continua a cumprir sua função originária, sem que tenha sido modificada sua significação estratégica e estrutural nem os jogos de poder em que ela se funda".

43. F. Basaglia, "Les institutions de la violence", *in L'Institution en négation*, trad. cit., p. 137.

Mas é a corrente inglesa, oriunda dos trabalhos de David Cooper (1931-1989), Aaron Esterson e Ronald Laing (1927-1989) sobre os esquizofrênicos e seu círculo familiar, que encontra maior eco na França[44]. Recebendo de Cooper o rótulo de "antipsiquiatria"[45], esse movimento desenvolve nos anos 1960 uma crítica radical da psiquiatria e da sua violência institucional e simbólica. Violência, de fato, que não é apenas aquela, física, das coerções do internamento, mas a violência exercida pela racionalidade analítica que, através das suas categorizações nosológicas, faz passar por "doença mental", que está sob a dependência de uma competência especializada e requer o estabelecimento de uma relação de tutela, a maneira como um sujeito tenta responder à opressão de que é vítima desde o seu nascimento e que continua através das instituições delegadas pela sociedade: família, escola, trabalho etc. E é porque a instituição psiquiátrica "violenta" essa "experiência" a que o sujeito deveria dar seguimento

....

44. Foi a partir de um colóquio organizado no outono de 1967 em Paris pela Federação dos Grupos de Estudos e Pesquisas Institucionais (FGERI), a que Cooper e Laing foram convidados, que as obras da antipsiquiatria inglesa começaram a ser traduzidas e difundidas na França. Cf.: [a] R. Castel, *La Gestion des risques. De l'antipsychiatrie à l'après-psychanalyse*, I, § "Grandeurs et servitudes contestataires", Paris, Éd. de Minuit (col. "Le Sens commun"), 1981, pp. 19-33. [b] J. Postel e D. F. Allen, "History and Anti-psychiatry in France", *in* M. Micale e R. Porter, org., *Discovering the History of Psychiatry*, Oxford, Oxford University Press, 1994, pp. 384-414. [c] *Recherches*, nº especial, *Enfance aliénée*, t. II, dezembro de 1968, em que figuram notadamente as contribuições de D. Cooper, "Aliénation mentale et aliénation sociale", pp. 48-50, e de R. Laing, "Metanoia. Some Experiences at Kingsley Hall", pp. 51-7.

45. "Um questionamento mais radical levou alguns de nós a propor concepções e procedimentos que parecem se opor absolutamente às concepções e procedimentos tradicionais – e que, de fato, podem ser consideradas como o germe de uma antipsiquiatria" (D. Cooper, *Psychiatrie et Anti-psychiatrie*, trad. cit., p. 9).

até seus derradeiros limites, a fim de ter alguma chance de sair dela "transformado" – processo para o qual Laing toma emprestado do vocabulário evangélico o termo de metanoia, que significa "conversão" –, que é necessário desmedicalizar o espaço e pôr fora de jogo as relações de poder que nele se desenvolvem. "Em vez de hospitais psiquiátricos, que são como fábricas de reparo, necessitaríamos de lugares em que as pessoas que viajaram mais longe que os psiquiatras e os seres tidos como sãos de espírito teriam a possibilidade de ir mais longe ainda no espaço e no tempo interiores, e voltar."[46] Donde a constituição, em abril de 1965, por Cooper, Esterson e Laing, da *Philadelphia Association*, com o fim de "organizar centros de acolhimento para as pessoas que sofrem ou sofreram doenças mentais" e "mudar a maneira como os fatos da 'saúde mental' e da 'doença mental' são considerados"[47].

....

46. R. D. Laing, *La Politique de l'expérience*..., trad. cit., p. 88.
47. Relatório de atividade da *Philadelphia Association* (1965-1967), citado no artigo de G. Baillon, "Introduction à l'antipsychiatrie", *La Nef*, ano 28, nº 42, janeiro-maio de 1971, *L'Anti-psychiatrie*, p. 23. Em razão do que Michel Foucault poderá dizer na sua intervenção no colóquio "Será preciso internar os psiquiatras?", organizado por H. Ellenberger em 9 de maio de 1973, em Montreal – a que ele faz alusão numa entrevista a Stephen Riggins (DE, IV, nº 336, junho de 1982, pp. 536-7) –, intitulada "História da loucura e antipsiquiatria": "Nessa forma de antipsiquiatria, tal como é praticada por Laing e Cooper, trata-se da desmedicalização do espaço em que se produz a loucura. Uma antipsiquiatria, por conseguinte, em que o que é reduzido a zero é a relação de poder. Essa desmedicalização não implica apenas um rearranjo institucional dos estabelecimentos psiquiátricos; trata-se até, sem dúvida, muito mais que de um simples corte epistemológico; talvez, mais até que de uma revolução política, seja em termos de ruptura etnológica que a questão deveria ser colocada. Talvez não seja simplesmente nem nosso sistema econômico, nem tampouco nossa forma atual de racionalismo, mas sim toda a nossa imensa racionalidade social, tal como ela se tramou historicamente desde os gregos, talvez seja isso que rejeite atualmente validar, no

✦

Ora, enquanto essas correntes críticas que se desenvolveram desde a guerra estabelecem a instituição psiquiátrica como ponto de problematização, o curso desloca o sítio, atribuindo-se como princípio que "aquilo com que se tem de lidar, antes de lidar com as instituições, são as relações de força nessas disposições táticas que perpassam as instituições"[48]. De fato, a noção de instituição encerra certo número de insuficiências, de "perigos" sobre os quais Michel Foucault torna várias vezes. Primeiro, aproximar os problemas da psiquiatria através dessa noção equivale a dar-se objetos já constituídos: o coletivo e suas regularidades funcionais, o indivíduo que é seu membro etc., onde conviria analisar os procedimentos de constituição no nível das disposições de poder e dos processos de individualização que elas comportam. Depois, centrar-se num microcosmo institucional é correr o risco de cortá-lo das estratégias em que toma lugar e toma seus efeitos e de aí "precipitar", como diz o curso, "todos os discursos psicológicos ou sociológicos". Compara-se, por exemplo, a problemática do curso com a da obra de Erwin Goffman, *Asilos*, que Foucault elogia várias vezes[49]. Claro, um mérito

....

próprio âmago da nossa sociedade, uma experiência da loucura que seria prova de verdade sem controle do poder médico" (doc. datilografado, p. 19).

48. Cf. *supra*, aula de 7 de novembro de 1973, p. 20.

49. E. Goffman, *Asylums: Essays on the Social Situation of Mental Patients and Other Inmates*, Nova York, Doubleday, 1961 [*Asiles. Études sur la condition sociale des malades mentaux et autres reclus*, trad. fr. L. e Cl. Laîné, prefácio de R. Castel, Paris, Éd. de Minuit (col. "Le Sens commun"), 1968]. Cf. M. Foucault, [1] DE, II, nº 139, "La vérité et les formes juridiques" (junho de 1974), pp. 611-2; [2] DE, III, nº 272, entrevista a M. Dillon (outubro de 1979), pp. 802-3; [3] DE, IV, nº 280, "Foucault étudie la raison d'État" (primavera de 1980), p. 38; e nº 310, "Espace, savoir et pouvoir" (entrevista a P. Rabinow, março de 1982), p. 277.

do livro é possibilitar escapar das racionalizações médicas "desespecificando", se assim podemos dizer, a instituição psiquiátrica ao ressituá-la num leque de outras estruturas – escola, prisão etc. – por intermédio da noção de *total institution* (instituição "totalitária") que caracteriza estabelecimentos especializados na guarda de indivíduos e no controle do seu modo de vida. Mas esse enfoque quase etnográfico da instituição asilar encontra seus limites. De fato, ao tomar esta como uma "totalidade" autônoma, para recolocá-la simplesmente num leque de outras instituições, esse enfoque deixa de mostrar que o asilo é uma resposta a uma problemática histórica em evolução. Com isso, a natureza da ruptura constitutiva do lugar asilar é pensada num modo estático, através de oposições binárias como dentro/fora, ser confinado/sair etc., que assinalam as barreiras que as instituições totalitárias "erguem para os intercâmbios sociais com o exterior [...] e que são frequentemente concretizadas por obstáculos materiais: portas trancadas, muros altos etc."[50]. Substitua-se essa imagem de um espaço "fechado" pela ideia de um espaço "fechado para um enfrentamento, liça de uma justa, campo institucional onde o que está em causa é vitória e submissão"[51], e a ruptura asilar adquirirá uma nova dimensão. Esse meio "fechado" aparece como ele realmente é: um meio ativamente cortado, isto é, conquistado de antigas formas de assistência, através de processos históricos que fazem o louco emergir como aquele que se diferencia menos em relação à família do que no interior de um campo técnico-administrativo. O que a aula de 5 de dezembro de 1973 sublinha: "O louco emerge [...] como perigo para a sociedade, e não mais como o indivíduo que pode pôr em risco os direitos, as riquezas, os privilégios de uma família". Ao mesmo tempo, o lugar central do psiquiatra, bem salientado por Goffman, ad-

....

50. E. Goffman, *Asiles*, trad. cit., p. 46.
51. DE, II, nº 143, p. 679.

quire outra dimensão: o psiquiatra não se distingue do alienado pelo fato de ser livre; o que o caracteriza é que ele intervém como um embaixador do mundo exterior, encarregado de impor dentro do asilo as normas da sociedade. Ele "é aquele que deve dar ao real essa força coativa pela qual o real vai poder se apoderar da loucura, atravessá-la por inteiro e fazê-la desaparecer"[52].

Enquanto o problema a que Goffman se dedica é o problema colocado pela própria instituição e seu estabelecimento, aquele a que o curso se consagra é o de saber como determinada técnica de poder, ligada a estruturas sociais e políticas, autoriza "a racionalização da gestão do indivíduo"[53].

Donde o estilo particular de uma arqueologia da instituição psiquiátrica que, de Jorge III a Charcot, multiplica "cenas" maravilhosamente panópticas, que fazem surgir as operações e os procedimentos que compõem essa "microfísica" do poder e dissolvem o que havia de maciço na instituição asilar. "Cenas" a cujo respeito o manuscrito da aula de 14 de novembro de 1973 precisa que por esse termo não se deve "entender um período teatral, mas sim um ritual, uma estratégia, uma batalha"; cenas que, inseridas no trabalho da análise como fragmentos de um espelho, reúnem, num olhar, as implicações teóricas que a argumentação desenvolverá.

Abordar assim o dispositivo da psiquiatria em referência a mecanismos de poder fragiliza o ponto de ancoragem a partir do qual a psiquiatria desenvolveu suas conquistas teóricas e práticas: uma exigência de especificidade. De fato, desde a sua constituição em "medicina especial", dotada de "estabelecimentos especiais", de médicos "especializados", os alienistas, e de uma legislação "especial", a lei de 30 de junho de 1838, às tentativas de transformação dessas estruturas institucionais depois da guerra, essa ideia de "especificidade" da

....

52. Cf. *supra*, aula de 12 de dezembro de 1973, p. 162.

53. DE, IV, nº 280, entrevista a M. Dillon (1980), p. 38.

medicina mental constitui uma linha de força em torno da qual pode-se dizer que o essencial da profissão se reuniu[54].

4. Pontos de problematização

A análise do dispositivo psiquiátrico se articula então em torno de três eixos: o do poder, na medida em que o psiquiatra se institui como sujeito agindo sobre outros; o eixo da verdade, na medida em que o alienado é constituído em objeto de saber; o eixo da subjetivação, já que o sujeito tem de fazer suas as normas que se impõem a ele.

4.1. *O poder*. Definido nos anos 1970 com a problemática do saber-poder, esse eixo desloca questionamentos anteriores. No fundo, os primeiros textos dirigiam, de fato, à psiquiatria a questão: "O que você diz é verdade? Dê-me os títulos da sua verdade!". A partir de então a interrogação, a exigência é: "Dê-nos os títulos do seu poder! Com que direito você o exerce? Em nome de quem? Para quais benefícios?". "Poder" portanto, não mais "violência", como nos trabalhos precedentes. Com isso muda a figura paradigmática a que se alinhava a crítica dos "antipsiquiatras" anglo-saxões que colocavam em seu foco a questão da "violência" exercida pela sociedade em geral e pela psiquiatria em particular[55]: o esquizofrênico[56].

....

54. Como atestam o combate de um Henri Ey (1900-1977) para manter a "especificidade" da psiquiatria ante a psicanálise e contra as tentações biológicas ou sociopolíticas, e a publicação de uma coletânea intitulada precisamente *Spécificité de la psychiatrie*, org. por F. Caroli, Paris, Masson, 1980.

55. D. Cooper, *Psychiatrie et Anti-psychiatrie*, trad. cit., p. 33: "Na medida em que a psiquiatria representa os interesses, ou os supostos interesses, dos homens normais, podemos constatar que na verdade a violência em psiquiatria é, por excelência, violência da psiquiatria."

56. Cf. *supra*, nota 31.

Mas, quando se aborda o dispositivo psiquiátrico em referência aos mecanismos de poder que o organizam, é o histérico que vem figurar de maneira paradigmática o reverso militante do poder psiquiátrico, armando para um Charcot, munido do mais elevado saber médico, a "cilada" da mentira[57]. É por isso que o histérico merece, para Michel Foucault, o título de primeiro "militante da antipsiquiatria", tal como enuncia a aula de 23 de janeiro de 1974, pois, por suas "manobras", questiona o papel do médico "encarregado de produzir a verdade da doença no espaço hospitalar"[58]. Por isso Michel Foucault pode declarar em sua intervenção num colóquio organizado em maio de 1973 por Henri Ellenberger: "A era da antipsiquiatria começou quando se desconfiou e, logo, se teve a certeza de que o grão-senhor/mestre da loucura, aquele que a fazia aparecer e desaparecer, Charcot, era aquele que não produzia a verdade da doença, mas que fabricava seu artifício"[59].

Ora, esse poder a que se consagra o atual curso apresenta um duplo caráter. Ele tem como ponto de aplicação, em última instância, os corpos: a repartição deles no espaço asilar, suas maneiras de se comportar, suas necessidades, seus prazeres, em suma, um poder que "obedece a todas as disposições de uma espécie de microfísica dos corpos". Por outro lado, as relações de poder que se instauram entre o psiquiatra e seu paciente são essencialmente instáveis, constituídas de lutas e enfrentamentos, em que a todo instante estão presentes pontos de resistência. É o caso dessas "contramanobras" pelas quais as histéricas minam o poder de Charcot, escapando das categorizações a que este queria assiná-las, obrigando com isso o dispositivo de poder-saber médico a ricochetear nessas resis-

....

57. Cf. *supra*, aula de 6 de fevereiro de 1974, pp. 395 ss.
58. DE, II, nº 143, p. 681.
59. "Histoire de la folie et antipsychiatrie" [cit. *supra*, nota 47], p. 12; republicado com algumas modificações em DE, II (ver nota precedente).

tências e voltar até o ponto em que se abre, diz Michel Foucault, "uma crise que devia levar à antipsiquiatria"[60].

4.2. *O saber e a verdade*. Como recorda a aula de 5 de dezembro de 1973, "o asilo como sistema disciplinar é igualmente um lugar de formação de certo tipo de discurso de verdade". Donde essas análises das maneiras como vêm se articular dispositivos de poder e jogos de verdade. É o caso da modalidade "protopsiquiátrica" em que todo um jogo se organiza em torno da convicção delirante, sob o regime de uma "prova" na qual o médico se erige em mestre/senhor ambíguo da realidade e da verdade[61]; ou, ao contrário, um jogo em que a questão da verdade já não surge no enfrentamento entre o médico e o doente, pois só se coloca agora no interior mesmo do poder psiquiátrico instituído em ciência médica. Nesse modo de análise, como se vê, a verdade é convocada menos a título de propriedade intrínseca de enunciados do que no plano da sua funcionalidade, pelo horizonte de legitimação que ela fornece aos discursos e práticas a propósito dos quais o poder psiquiátrico organiza seu exercício e pelo modo de exclusão que ela autoriza.

4.3. *A sujeição*. O terapeuta que aborda do exterior o indivíduo a tratar, ao mesmo tempo que recorre a procedimentos que lhe possibilitam tirar deste a interioridade da sua subjetividade – interrogatório, anamnese etc. –, coloca o sujeito em posição de ter de interiorizar as orientações e as normas que lhe são impostas. Por isso o problema é abordado, na aula de 21 de novembro de 1973, sob o ângulo dos modos de sujeição que fazem o sujeito aparecer como uma "função" complexa e variável dos regimes de verdade e das práticas discursivas.

....

60. *Ibid.*
61. *Ibid.*

Mas este curso, que pretendia dar seguimento, em novas bases, à *História da loucura*, não terá futuro. Porque, naqueles anos, as circunstâncias levaram a preferir a participação em ações efetivas ao "rabisco de livros", como diz Michel Foucault. Assim, já em 1972 este reconhecia que "escrever hoje uma continuação da minha *História da loucura*, que chegasse à época atual, não tem interesse para mim. Em compensação, uma ação política concreta a favor dos prisioneiros parece-me cheia de sentido"[62]. Todavia, ao mesmo tempo, M. Foucault preparava *Vigiar e punir. Nascimento da prisão.*

J.L.

....

62. DE, II, nº 105, "Le grand enfermement" (entrevista a N. Meienberg, março de 1972), p. 301.

ÍNDICES

* Índices feitos com a colaboração de Vincent Guillin.

ÍNDICE DAS NOÇÕES

ÍNDICE DE NOMES DE PESSOAS

ÍNDICE DE NOMES DE LUGAR